BIBLIOTECA JURIDICA

INTRODUCCION
A LA
FILOSOFIA DEL DERECHO

DERECHO NATURAL Y JUSTICIA MATERIAL

HANS WELZEL
PROFESOR DE LA UNIVERSIDAD DE BONN

INTRODUCCION A LA FILOSOFIA DEL DERECHO

DERECHO NATURAL Y JUSTICIA MATERIAL

Traducción del alemán por
FELIPE GONZÁLEZ VICEN
Catedrático de la Universidad de La Laguna

TOLLE, LEGE

AGUILAR

biblioteca jurídica aguilar
asesor pedro bravo gala

edición española

depósito legal m 30956/1974
segunda edición–primera reimpresión–1974
ISBN 84-03-25056-8
printed in spain impreso en españa por musigraf arabí s a
hermanos del hoyo s/n torrejón de ardoz madrid

edición original

naturrecht und materiale gerechtigkeit 4 aufl
vandenhoeck und ruprecht göttingen

INTRODUCCION

INTRODUCCION

El siguiente estudio histórico sobre el Derecho natural no pretende desarrollar toda la compleja suma de cuestiones que plantea el problema de un Derecho «natural», sino que trata tan solo, en lo esencial, de investigar el motivo principal del Derecho natural, un motivo que podría designarse de la manera más exacta como el problema de la «ética jurídica material». No obstante, este estudio no se limita al fenómeno histórico que se designa a sí mismo como «Derecho natural», sino que tiene como objetivo el problema de los principios materiales del recto obrar social, en el centro del cual se encuentra históricamente el Derecho natural. Durante dos milenios, el Derecho natural ha sido el rótulo común bajo el cual se han tratado como un complejo unitario todas las cuestiones éticas y jurídicas, hasta que, en época relativamente reciente, se procedió a separar las unas de las otras, no siempre, hay que decirlo, en propio provecho de ambas.

La reunión del Derecho y la Moral en el «Derecho natural» solo fue objetivamente posible, porque, de hecho, los problemas morales y jurídicos se encuentran en una íntima conexión objetiva. La Moral y el Derecho, en tanto que valores del comportamiento práctico, tienen ambos un lado objetivo y un lado subjetivo. El lado objetivo se refiere al contenido, a los fines del obrar moral o jurídico: ¿qué es exigido o permitido moral o jurídicamente? Esta cuestión se refiere al lado «material» de la Moral y del Derecho, y en ella aparecen unidos íntimamente ambos campos axiológicos. Aquello, en efecto, que es exigido rectamente por el Derecho, no puede ser, por principio, distinto de lo exigido rectamente por la Moral, ya que, en otro caso, se daría una contradicción insalvable en los principios fundamentales del comportamiento humano respecto a uno y el mismo objeto—los fines del obrar social—, lo cual haría imposible, en principio, un obrar humano unitario. El problema material del recto obrar social, es decir, de los fines justos del obrar social, tiene, por eso, que plantearse en principio de igual manera para la Moral y para el Derecho. La ética jurídica material—teoría de la justicia—es un sector de la ética social material. Terminológicamente es conveniente reservar para el lado material de la Moral la palabra «ético», ya que la raíz griega designaba, en primera línea, determinados contenidos del obrar, diferenciándolo así ya idiomáticamente del lado subjetivo de la Moral o «moralidad».

El lado subjetivo se refiere a la relación de la voluntad con los fines materiales, jurídicos o éticos, del obrar. ¿Qué estructura tiene que revestir el acto moral o jurídico en relación con estos fines? En el dualismo moralidad y legalidad llegan a su máxima divergencia la Moral y el Derecho, al menos en lo que a la actitud íntima del individuo se refiere. ¿Con qué actitud interna tienen que cumplirse los fines materiales ética o jurídicamente rectos? ¿Moralmente o legalmente? Otra es la cuestión respecto al problema de la conciencia, es decir, del conocimiento de los fines justos del obrar. Lo mismo en la Moral que en el Derecho, la persona tiene en este respecto que esforzarse con igual afán en el conocimiento de los fines justos del obrar, y por ello la cuestión de la culpa se plantea, en principio, de forma semejante en la Moral que en el Derecho[1].

La problemática histórica del Derecho natural se concentra en primera línea en torno al problema ético-material del recto obrar social. Es la vieja pregunta de Pilato acerca de la Moral y el Derecho: ¿Qué es lo bueno, qué es lo justo? ¿Hay normas materiales que ofrezcan un criterio firme para su decisión a aquel que tiene que pronunciarse sobre una situación concreta? En la respuesta a estos interrogantes se contienen, a la vez, los fundamentos para una respuesta al problema de la conciencia, mientras que, en cambio, retrocede a segundo plano el problema de la actitud íntima del sujeto, que ha separado históricamente el Derecho y la Moral. En el Derecho natural, por eso, figuran en primer plano, del lado objetivo, el problema ético-material de los fines justos del obrar social, y del lado subjetivo, el problema de conciencia de la posibilidad del conocimiento de aquellos fines. En torno a estos dos problemas se concentra también el presente estudio.

El Derecho natural, y con él el problema de la ética jurídica material, han planteado al espíritu humano un cometido que este ha tratado de resolver en un coloquio de dos milenios y medio de duración. Este coloquio no está constituido, ni mucho menos, por una suma confusa de voces que se contradicen o intentan apagarse las unas a las otras, sino que desarrolla, en una polémica objetiva, las posibilidades de solución ya dadas en el tema. La historia del Derecho natural ofrece justamente un significativo ejemplo de la unidad del espíritu histórico, cuando este se encuentra orientado hacia un cometido concreto. La historia del Derecho natural constituye, como se verá con mayor claridad en las páginas siguientes, una continuidad de pensamiento íntimamente conexa, en la que cada generación recibe

---

[1] Cfr. sobre ello mi trabajo "Das Gesinnungsmoment im Recht", en la *Festschrift für Julius von Gierke*, 1950, págs. 290 y sgs.

y desenvuelve como cometido la problemática planteada por las generaciones anteriores.

Las páginas siguientes estudian, por eso, también, la historia del Derecho natural como la historia del problema objetivo de una ética jurídica material. Su propósito es menos ofrecer una exposición exhaustiva de cada singularidad histórica, que subrayar la aportación de cada una de ellas al desarrollo y solución del problema de la ética jurídica material.

INDICE GENERAL

INDICE GENERAL

INTRODUCCIÓN ... ... *Pág.* IX

CAP. I.—EL DERECHO NATURAL DE LA ANTIGÜEDAD:

1. Preliminares del Derecho natural 3
2. El Derecho natural de la sofística 6
3. Sócrates 13
4. Platón 16
5. Aristóteles 23
6. El estoicismo 33

CAP. II.—EL DERECHO NATURAL CRISTIANO-MEDIEVAL:

1. El tránsito al mundo cristiano: San Pablo y San Agustín 45
2. Santo Tomás de Aquino 54
3. Juan Duns Escoto 65
4. Guillermo de Ockham 81
5. Los últimos escolásticos y el tránsito a la Edad Moderna 89

CAP. III.—EL DERECHO NATURAL MODERNO:

1. Los fundamentos del Derecho natural moderno 110
2. Tomás Hobbes 116
3. Hugo Grocio 126
4. Samuel Pufendorf 133
5. Gottfried Wilhelm Leibniz 149
6. Jean Jacques Rousseau 163

CAP. IV.—EL IDEALISMO ALEMÁN (KANT Y HEGEL):

1. El derrumbamiento del Derecho natural y la pervivencia de sus problemas materiales 170
2. Kant 175
3. Hegel 181

CAP. V.—EL PRESENTE:

1. Positivismo y neokantismo 191
2. El marxismo 199
3. La filosofía de la vida 210
4. El existencialismo 219
5. La renovación del Derecho natural y la teología jurídica 230

CAP. VI.—OJEADA RETROSPECTIVA:

¿Qué es lo que queda? 248

INDICE ALFABÉTICO DE NOMBRES 271

INTRODUCCION
A LA
FILOSOFIA DEL DERECHO

CAPITULO I

EL DERECHO NATURAL DE LA ANTIGÜEDAD

1. PRELIMINARES DEL DERECHO NATURAL

En la idea de un Derecho «natural», la regulación humana de la conducta y el orden natural aparecen radicalmente separados. Aquella no se deriva «orgánicamente» de este, sino que ambos son tenidos como dos polos distintos, e incluso como una contradicción. La idea del Derecho natural solo pudo desarrollarse en una época de crisis, en la que se había resquebrajado la unidad del mundo del espíritu y en la que se había quebrantado tanto la fe religiosa tradicional como el orden político: en la época de la Ilustración griega, hacia mediados del siglo V antes de Jesucristo, en la época de la sofística.

Los conceptos fundamentales que manejan los sofistas son, sin duda, muy anteriores a ellos, y sus orígenes pueden perseguirse hasta los mismos comienzos de la filosofía griega; pero aquí, sin embargo, ocupan un lugar muy distinto que en la sofística. Ley y naturaleza, *nomos* y *physis* constituían una unidad esencial en la primera época del pensamiento griego; la regulación humana de la conducta estaba inserta en las mismas leyes del ser, y era entendida en ellas y desde ellas. La frase de Heráclito «Todas las leyes humanas se nutren del uno divino» [1], en la que ha querido verse a menudo el origen de la idea del Derecho natural, ha de entenderse también desde el punto de vista de aquella unidad esencial. Este «uno divino» es el *logos,* según el cual todo acontece y al que todo es común [2], y al que Heráclito designa también con la palabra *cosmos,* el orden universal, increado y eternamente el mismo para todos los seres, hombres y dioses [3]. El hombre participa de este orden, del *logos,* por ser un alma [4]. «La mayor virtud se encuentra en el pensamiento, y toda sabiduría consiste en decir la verdad y en obrar de acuerdo con la *physis,* escuchando sus mandatos» [5].

---

[1] DIELS: *Fragmente der Vorsokratiker.* Heráclito, fr. 114.
[2] *Ibídem,* fr. 1 y 2.
[3] *Ibídem,* fr. 30.
[4] *Ibídem,* fr. 115.
[5] *Ibídem,* fr. 112.

Quien obra, pues, según la naturaleza, obra de acuerdo con el *logos,* con la ley universal, y esta ley «nutre» las leyes humanas. Por eso también debe luchar el pueblo por sus *nomoi* como por sus murallas [6]. Está todavía muy lejos la idea de dos órdenes diversos, de los cuales uno, inferior y humano, debe reproducir el otro, superior y divino, poseyendo validez solo y en tanto que reproduce este último. Todas las regulaciones humanas vigentes en la *polis* son, más bien, de naturaleza divina, órdenes que se nutren del «uno divino». Solo más tarde, en el estoicismo, se insertarán las ideas de Heráclito en la construcción de un Derecho natural dualista, conduciendo a la noción, fundamental para el Derecho natural estoico y medieval, de la «ley universal». Para Heráclito, en cambio, *logos, cosmos, physis* y *nomos* constituían todavía una unidad interna.

Solo en el curso de la crisis religiosa y social de la época de Pericles y de los años que la siguen se quiebra esta unidad, haciendo sitio a una antítesis cada vez más radical entre regulación humana y orden natural. Este pensamiento antitético, sin embargo, no explica solo y de por sí el nacimiento precisamente de la idea del Derecho natural. Para ello era preciso un cambio en el concepto mismo de la naturaleza, tal como se abre paso en la medicina griega del siglo V [7]. El arte médico griego, llevado a sus mayores cimas por Hipócrates, había trasladado, del cosmos al hombre, el concepto de la naturaleza, tal como lo habían formulado los filósofos naturalistas jónicos. Se trata de una especialización del concepto de grandes consecuencias. Todo hombre posee una «naturaleza» determinada, su constitución especial, que exige de él, tanto sano como enfermo, un comportamiento determinado. En la dietética de la época, la medicina fomentó la observación de la naturaleza humana individual, extrayendo de ella «normas» para una vida sana. Salta a los ojos la estrecha relación entre una «teoría natural» médica así entendida y la ética, es decir, la doctrina del obrar justo. En los diálogos de Platón nos sale al paso, una y otra vez, el paralelo entre medicina y ética, entre la salud o la enfermedad corporal y moral. Desde este concepto médico de la naturaleza como constitución corporal del hombre, era poca la distancia que habían de salvar los sofistas para llegar al más amplio concepto de la naturaleza humana como una totalidad de cuerpo y alma, en la que se incluían sus cualidades morales y sociales. Este pequeño paso había de revestir, empero, enormes consecuencias, pues con él da comienzo la milenaria y cambiante historia del Derecho natural.

---

6 DIELS, *ob. cit.*, fr. 44.

7 WERNER JAEGER: *Paideia,* II, págs. 11 y sgs.

En la base del Derecho natural se halla la idea de que el Derecho puede deducirse e interpretarse partiendo de la peculiaridad de la naturaleza humana. Ahora bien: ¿qué es la naturaleza humana? ¿Es algo unívocamente determinado, o, al menos, algo unívocamente determinable, desde el cual puede llegarse a la idea de un algo desconocido, a saber: la idea del Derecho? Esta cuestión es el problema fundamental del Derecho natural, un problema en cuya solución este se afanará durante cerca de dos mil quinientos años.

¿Qué es la naturaleza del hombre? Los intentos de dar una respuesta a esta pregunta han escindido radicalmente, desde un principio, la doctrina del Derecho natural. A través de todos los tiempos y de todas las épocas en las que se acostumbra dividir la doctrina del Derecho natural, corre una antítesis de principio, la cual, aunque oculta a veces, aparentemente por compromisos, se abre paso una y otra vez con igual radicalidad. Es una antítesis que yo designaría como la antítesis entre un Derecho natural «ideal» y un Derecho natural «existencial». El contenido de estos conceptos aparecerá con toda claridad en el curso de nuestra investigación; por ahora, basten las siguientes indicaciones provisionales. Para el Derecho natural ideal, la esencia del hombre se determina partiendo de la razón, del logos; el hombre es un ser racional y social, un *animal rationale et sociale.* Para el Derecho existencial, en cambio, el hombre no es primariamente un ser racional, sino que se encuentra determinado por actos volitivos o impulsos de naturaleza prerracional. Para la doctrina ideal del Derecho natural, este es un orden ideal, eternamente válido y cognoscible por la razón; para la doctrina existencial del Derecho natural, en cambio, este se basa en decisiones condicionadas por la situación concreta dada o en la afirmación vital de la existencia.

Para la comprensión de la doctrina del Derecho natural es de importancia decisiva el hecho de que, en todas las épocas, lo mismo en la Antigüedad que en la Edad Media o que en la Moderna, nos salen al paso dos sistemas de Derecho natural esencialmente distintos, que parten de dos concepciones fundamentalmente opuestas acerca del ser del hombre. Harto a menudo se tienen en cuenta solo los sistemas del Derecho natural ideal, con lo cual, no solamente se obtiene una idea unilateral del Derecho natural, sino que se desconoce, sobre todo, su motivo más profundo, que es llegar a una idea precisa del ser del hombre.

La antítesis entre el Derecho natural ideal y el Derecho natural existencial no surge en toda su profundidad, es cierto, hasta la Edad Media, con la polémica entre el realismo y el nominalismo; pero, en germen, la oposición se encuentra ya en la Antigüedad, aunque aquí paliada por el hecho de que, mientras el Derecho natural ideal es desarrollado por Platón de una forma paradigmática para todos los tiempos, el Derecho natural existencial, en virtud de la oposición del espíritu griego al concepto de voluntad, solo se desarrolla en la forma de un Derecho natural de la esfera instintiva. Y, sin embargo, es harto significativo que la doctrina del Derecho natural dé comienzo precisamente con un Derecho natural existencial: con el Derecho natural de los sofistas.

2. El Derecho natural de la sofística

La aparición de los sofistas en Grecia, después de las guerras médicas, significa históricamente la entrada del espíritu griego en su período de Ilustración. La fe tradicional en los dioses es socavada más y más, y la cultura, cada vez más diferenciada, se emancipa de la religión. Desde el punto de vista sociológico, la aparición de los sofistas se halla en conexión con la democratización de Atenas, es decir, con la sustitución del antiguo régimen aristocrático por la democracia de la época de Pericles. Los sofistas eran «maestros de sabiduría», con el cometido especial de formar la nueva clase directiva de la democracia. En el centro de su enseñanza se hallaba, por eso, la retórica; para ello se precisaba, además, la transmisión de todo el saber y de todos los conocimientos necesarios para un caudillo político en Atenas. Los sofistas querían enseñar el «arte y destreza políticos» [8]. Ello trajo consigo, consiguientemente, un cambio en los intereses filosóficos.

No tan solo el ser en general, como anteriormente, sino el hombre avanzó al primer plano de la reflexión. A la llamada época «cosmológica» de la filosofía griega sigue una época antropológica. Así fue también fácil para el Derecho natural realizar el paso trascendente que había de llevar, de la naturaleza en sentido general, a la naturaleza especial del hombre.

El hombre es la medida de todas las cosas, πάντων χρημάτων μέτρον ἄνθρωπος [9]. Esta proposición fundamental de Protágoras, uno de los primeros y el más importante de los sofistas, podría servir de lema, no solo a la nueva forma de filosofar de la que nació el Derecho natural, sino a toda la doctrina del Derecho natural. Ahora bien: ¿qué es este hombre que debe ser la medida de todas las cosas? ¿Es el hombre empírico o es la idea del

---

8 Platón: *Protágoras*, 319 A, 323 B: πολιτικὴ τέχνη καὶ ἀρετή.
9 Diels: *Fragmente der Vorsokratiker*, Protágoras B1; Platón: *Theeteto*, 151 E.

hombre? Y si es el hombre empírico, ¿es el hombre individual y concreto en su peculiaridad, o es el hombre como tipo medio y ser colectivo? Los sofistas se pronunciaron por el hombre empírico, y esto incluye su doctrina del Derecho natural en la serie de las doctrinas iusnaturalistas existenciales. Pero, sin embargo, el Derecho natural de la sofística no constituye una unidad, sino que se pueden distinguir en él, más bien, tres direcciones principales, de las cuales Protágoras defiende una forma más conservadora y justificadora de la realidad histórica.

En esta etapa primera del Derecho natural de la sofística se distinguió, es cierto, entre las dos series conceptuales de *physis* y *nomos*, naturaleza y regulación humana, pero sin hacer de ellas una oposición. La distinción, al contrario, debía servir tan solo para justificar por medio de la naturaleza las leyes vigentes. El representante principal de esta teoría fue Protágoras de Abdera, un contemporáneo y amigo de Pericles. Su tesis del *homo mensura,* ya citada, tiene una significación tanto gnoseológica como ética, ya que la palabra griega χρῆμα alude a todo aquello con lo que el hombre se ocupa, es decir, no solo a las cosas, sino también a las cualidades, lo mismo las sensibles que las morales [10]. En el campo gnoseológico, la significación subjetivista de la proposición salta a la vista más radicalmente que en el campo ético. Desde este punto de vista, en ella se contiene la negación de una verdad supraindividual. «Para mí, todo es tal como me aparece; para ti, tal como te aparece» [11]. La verdad es relativa al sujeto cognoscente. Este subjetivismo aparece aminorado en el campo de la práctica. En lugar de la opinión individual, aquí nos sale al paso, como medida de lo bueno y de lo justo, la opinión general y pública: κοινὴ δόξα. «En el terreno político, hermoso y feo, justo e injusto, sagrado y condenable, lo es para cada Estado aquello que él tiene por tal y que, por razón de ello, eleva a ley... Nada de todo esto tiene un ser peculiar en sí, sino que la verdad general se convierte en verdad tan pronto como así se manifiesta y por tanto tiempo como se mantiene como tal» [12]. Cometido del político es dirigir la opinión pública. «Los oradores sabios y buenos consiguen que al Estado le parezca justo lo bueno, en lugar de lo malo. Pues lo que a un Estado le parece como justo y bueno, esto lo es también para él, mientras siga manteniendo tal opinión» [13]. Medida de lo bueno y justo es un subjetivismo colectivo que no reconoce ninguna verdad objetiva en el campo ético-político, sino que hace descansar todo en la opinión que sustenta la mayoría

---

[10] PLATÓN: *Protágoras,* 361 AB.
[11] Idem, *Theeteto,* 152 A.
[12] *Ibídem,* 172 AB.
[13] *Ibídem,* 167 C.

en cada momento, legitimándola como justa, es decir, como justa en el momento. Se trata del primer intento—harto problemático, aunque muy a menudo repetido—de justificar la democracia por medio del relativismo.

Platón nos ha transmitido, empero, otro ensayo más significativo de Protágoras, destinado también a la justificación de la democracia [14]. En el diálogo *Protágoras,* Sócrates pregunta al sofista por qué los atenienses, cuando en sus asambleas populares se trata de cuestiones de arquitectura o de navegación, solo consienten el parecer de los técnicos en la materia, mientras que, en cambio, cuando se trata de cuestiones no técnicas, sino políticas, cualquier persona se considera capaz de emitir su opinión, sin tener conocimientos especiales y sin haber gozado de enseñanza alguna. Con ello, Sócrates formula una de las cuestiones vitales de la democracia: como la democracia llama a todo ciudadano a la formación de la voluntad política, tiene que justificar que todo ciudadano—y, en principio, todos igual—está en situación de participar en la formación de aquella voluntad. Protágoras responde a Platón con un mito político. Mientras que los animales están especializados, y han recibido de la Naturaleza lo necesario para su existencia, el hombre es un «ser defectuoso», sin la protección natural contra las inclemencias del tiempo y sin armas naturales. Prometeo había puesto, sin duda, la base para el bienestar corporal del hombre, al hacerle don del fuego y de la técnica; pero al hombre, sin embargo, le faltaba la técnica o arte político. Por ello los hombres, en un principio, no acertaban a constituir asociaciones políticas. Para salvarlos de la destrucción total, Júpiter les envió, por medio de Mercurio, el respeto y el Derecho (αἰδὼς καὶ δίκη), haciendo que estos dones se repartieran por igual entre todos, no reservándolos para unos pocos, como en las demás técnicas. Nunca, en efecto, podrían existir comunidades humanas si no participaran todos en igual medida del respeto y del Derecho, y quien no tiene capacidad para ello debe ser extirpado como un tumor del cuerpo social. La disposición natural para el respeto y el Derecho debe, eso sí, ser desarrollada convenientemente por medio de la educación: primero, por la enseñanza de los niños, y después, por el estudio de las leyes. Pues con las leyes, estos modelos elaborados por los antiguos legisladores, el Estado ha dado directivas, de acuerdo con las cuales obliga a sus ciudadanos a regir y a ser regidos [15].

Con gran claridad pone de manifiesto Protágoras en este mito el fun-

---

[14] PLATÓN: *Protágoras,* caps. X-XIII.
[15] *Ibidem,* 326 D.

damento antropológico de toda democracia. Pese a la diversidad de sus capacidades objetivas, todos los ciudadanos libres deben poseer la suficiente penetración ética y social para poder actuar independientemente en los asuntos del Estado. La democracia presupone necesariamente una imagen «optimista» del hombre, de acuerdo con la cual la mayoría de los ciudadanos son capaces y susceptibles de una reflexión adecuada en cuestiones políticas.

Para su tiempo, además, Protágoras ofrece la justificación espiritual de la democracia de Pericles. Por lo que al problema del Derecho natural se refiere, muestra, de otra parte, la interna dependencia que existe entre naturaleza y leyes. Las leyes tienen como cometido el prefeccionamiento de la disposición natural para el respeto y el Derecho. Se distingue entre *physis* y *nomos*, pero sin separar ambos conceptos; el *nomos* es, más bien, la realización de la *physis*.

Siguiendo claramente a Protágoras, otro sofista desconocido ha dado expresión al mismo pensamiento con agudeza aún mayor: «Como los hombres no están en situación de vivir por sí aislados, sino que, obedeciendo a la necesidad, han tenido que reunirse en comunidades..., y como el vivir en comunidad pero sin leyes se demostró ser imposible..., por ello dominan majestuosamente la ley y el Derecho sobre los hombres y no podrán nunca ser suprimidos, pues se hallan firmemente enraizados en la naturaleza» [16].

En los comienzos de la sofística se trató, pues, de deducir de la naturaleza la ley positiva del Estado. El relativismo, empero, de Protágoras había ya destruido la base sobre la que hubiera sido realmente posible una justificación objetiva del *nomos*. Si el *nomos* se funda tan solo en las ideas dominantes en cada momento en el Estado, y si su rectitud natural solo está limitada a un tiempo determinado, hay que concluir que únicamente se trata de un compromiso transitorio, de un acuerdo no permanente entre los ciudadanos, acerca de lo que hay que hacer u omitir. La idea del *nomos* como un pacto entre los ciudadanos fue vivamente defendida por los sofistas, sirviendo de base a su relativismo. «¿Cómo podía el *nomos* poseer una fuerza vinculante basada en la naturaleza, si podía ser modificado constantemente por los ciudadanos?», se preguntaba ya Hipias [17]. La relativización del *nomos* tenía que conmover incluso la convicción, tan arraigada en la conciencia griega, de la función ético-social y pedagógico-social de la ley. Según Licofrón, el *nomos* es solo una garantía de lo justo para los ciudada-

---

[16] Anónimo de Iámblico, en DIELS: *Fragmente der Vorsokratiker*, fr. 6.
[17] JENOFONTE: *Memorables*, IV, 4, 13-14; cfr. PLATÓN: *República*, 359.

nos, pero no está en situación de hacer a los ciudadanos buenos y justos [18]. En un sentido que tiene casi acentos modernos, se limita la función del *nomos* a la protección jurídica, negándole toda significación pedagógico-social.

Con su relativismo, Protágoras había así preparado el camino para el Derecho natural antitético. En la época que sigue, *nomos* y *physis* son situados en una radical oposición. Una vez más, la pregunta por el ser del hombre hace surgir dos formas contradictorias de Derecho natural dentro de la sofística. Una de ellas creía poder determinar el ser del hombre por los caracteres comunes a todos; la otra, en cambio, definía el ser del hombre por los caracteres peculiares de cada individuo concreto. La primera da origen al Derecho natural crítico-humanista, y la segunda, al Derecho natural individualista-revolucionario.

«Es mi opinión, hombres que estáis aquí presentes—hace decir Platón al sofista Hipias—, que somos afines, hermanos y conciudadanos, no por el *nomos,* sino por la *physis.* Pues lo que es igual se halla emparentado con lo igual por virtud de la naturaleza, mientras que, en cambio, el *nomos,* ese tirano del hombre fuerza a hacer muchas cosas contra esta» [19]. *Physis* y *nomos* se oponen radicalmente: en aquella se encuentra fundada la igualdad natural de todos los hombres; en esta, en cambio, su desigualdad antinatural. «Por naturaleza son todos iguales, lo mismo si son bárbaros que si son helenos... Todos, en efecto, respiramos por la boca y la nariz, y todos comemos con las manos», enseñaba el sofista Antifón [20].

La común naturaleza biológica es puesta en juego para justificar la igualdad jurídica natural. Por muy insuficiente y problemática que sea la justificación, no debe pasarse por alto que, con ella, se abre paso por primera vez una gran idea ético-social: la idea de la Humanidad. No los grandes filósofos Platón y Aristóteles, sino sofistas como Licofrón, Hipias, Alcidamas, son quienes primero derribaron no solo las barreras nacionales que separaban a los helenos de los bárbaros, sino también las que separaban las diversas clases dentro del Estado: Dios ha creado a todos los hombres libres, a ninguno le ha hecho esclavo [21]. La nobleza es algo sin significación y que descansa tan solo en un prejuicio [22]. Frente al ímpetu re-

---

18 ARISTÓTELES: *Política,* 1280 b, y sobre ello NIEDERMEYER: "Aristoteles und der Begriff des Nomos bei Lykophron", en *Festschrift für Koschaker,* págs. 140 y sgs.

19 *Protágoras,* 337.

20 DIELS: *Fragmente,* Antifón, B, 44 B.

21 ALCIDAMAS: Escolio a Aristóteles, *Retórica,* I, 13.

22 Licofrón, en DIELS, *ob. cit.,* fr. 4.

volucionario de esta teoría, Aristóteles trató trabajosamente de defender la tradición con su teoría del «esclavo por naturaleza», el cual solo tiene parte en la razón en tanto que la percibe en otros, pero sin poseerla él mismo [23]. Y, sin embargo, esta doctrina de Aristóteles ha sido aceptada repetidamente hasta Pufendorf, con la intención de justificar por la «naturaleza» lo existente.

La fundamentación, empero, que, partiendo de la igualdad biológica natural, daban los sofistas a la igualdad jurídica general era, realmente, demasiado frágil para que pudiera ofrecer resistencia. La naturaleza empírica del hombre solo en determinados aspectos es igual, mientras que en otros, muy esenciales, es, al contrario, diferente. Esta desigualdad salta a los ojos en la «naturaleza», incluso más directamente que la igualdad. Hay fuertes y débiles, inteligentes y necios. ¿No es, por eso, la relación más «natural» entre los hombres la de la desigualdad jurídica, de tal manera que el fuerte rija al débil y el inteligente mande al necio? [24]. Ya en los comienzos de la teoría iusnaturalista aparece en toda claridad la profunda problemática del Derecho natural: la estructura proteica de la naturaleza humana toma en manos de cada pensador iusnaturalista la forma que él desea. Todo lo que tiene por justo y deseable lo ha introducido ya de antemano, tácitamente, en su concepto de la «naturaleza» del hombre, antes de extraerlo, de nuevo, para justificar su noción de lo justo «por naturaleza». La «naturaleza» del hombre es un concepto tan abierto y maleable, que puede decirse que no hay nada que no pueda ser introducido en ella y pueda después ser extraído en forma de argumento. En los primeros tiempos del Derecho natural esto se pone de manifiesto, paradigmáticamente, en el hecho de que, con la misma corrección metódica, se extrae de la «naturaleza» humana la igualdad que la desigualdad entre los hombres.

De la idea de la desigualdad «natural» entre los hombres surgió el Derecho natural individual-revolucionario. En este sentido enseñaba ya Gorgias que era «una ley natural, no que el débil cohíba al fuerte, sino que este rija y conduzca a aquel, que el fuerte vaya a la cabeza y el débil le siga» [25]. Platón, en el que alentaba una «naturaleza de león», ha puesto esta teoría en boca de Calicles con palabras impresionantes: «Por naturaleza, el más débil es también el peor... No obstante lo cual, en el Estado son los débiles y la gran masa los que dan las leyes, haciéndolo en su propio pro-

---

[23] *Política,* 1254 b.

[24] Sobre esta soberanía "natural" de los inteligentes sobre los necios descansa la doctrina aristotélica de los esclavos por naturaleza. Metódicamente, esta teoría se encuentra por eso a la misma altura que la doctrina de la igualdad de Antifón.

[25] DIELS, *ob. cit.* PLATÓN: *Gorgias,* fr. 11.

vecho y determinando así lo que es bueno y lo que es malo. Por ello tratan de amedrentar a los fuertes, es decir, a aquellos que tienen fuerza en sí para poseer más que los otros, a fin de que no aspiren a más. Con este propósito afirman que el deseo a tener más es vergonzoso e injusto..., y se sienten felices de poseer, al menos, lo mismo que los otros, aun siendo como son los peores. La naturaleza, sin embargo, prueba que es justo que el hombre hábil posea más que el que no lo es, y el más fuerte más que el más débil... Desde la infancia procuramos desnaturalizar a los mejores y más fuertes, los domesticamos como a leones con toda suerte de conjuros y artimañas, predicándoles, una y otra vez, que todos tienen que poseer lo mismo, y que esto es lo bueno y lo justo... Cuando, sin embargo, un día se alza un hombre que tiene por naturaleza la fuerza suficiente, vemos entonces cómo se quita todo de encima, rompiendo sus cadenas, haciéndose libre y pisoteando toda nuestra mala literatura, toda nuestra mentira, todos los conjuros y todas las leyes antinaturales. Hasta entonces nuestro esclavo, ahora se pone en pie y se nos muestra como nuestro señor. Es entonces cuando, de repente, brilla en todo su esplendor el Derecho de la naturaleza»[26].

De modo semejante, aunque menos rotundamente, defendía también Trasímaco en Platón[27] la idea de que la justicia es solo el provecho de los más fuertes, y en el Estado, por eso, el provecho del régimen dominante. Bajo el influjo evidente de la sofística, también Tucídides expuso, en relación con la guerra del Peloponeso, la teoría de que el Derecho es una función de la fuerza, y de que la igualdad jurídica solo se basa en el equilibrio de las fuerzas[28]; quien, en cambio, posee una fuerza superior va tan lejos como le es posible, y el más débil no tiene más que doblegarse[29].

La audacia y la sinceridad brutal con la que aquí se identifica el Derecho y la fuerza, tratando de deducir de la naturaleza esta equiparación, han tenido como consecuencia que, para los siglos siguientes, el Derecho natural de los sofistas haya pervivido especialmente bajo esta forma. Metódicamente, empero, este tipo de Derecho natural descansa sobre el mismo procedimiento que las restantes teorías iusnaturalistas de la sofística: tomar una parte de la naturaleza empírica del hombre y convertirla en fundamento de determinadas exigencias jurídicas.

---

[26] PLATÓN: *Gorgias,* 483 y sgs.

[27] Idem: *República,* 343.

[28] TUCÍDIDES: *Guerra del Peloponeso,* I, 91.

[29] *Ibídem,* v. 89 (disputa entre atenienses y melios). También la teoría jurídica de Epicuro se encuentra bajo el influjo de la sofística: negación de un Derecho natural (ideal) y de una comunidad natural; todo Derecho descansa sobre un contrato bilateral por el que se conviene no dañarse los unos a los otros ni dejarse dañar. Cfr. WOLF. SCHMID: *Reallexikon f. Antike u. Christentum,* 1961, art. "Epikur".

3. SÓCRATES

La figura de Sócrates representa un hito decisivo también en la historia de las doctrinas iusnaturalistas. Sócrates llevó a su última plenitud la doctrina sofística, superándola, sin embargo, a la vez. Con ella realizó él tamtambién el tránsito del pensamiento cosmológico al pensamiento antropológico, y como ella, también a él le era propia una actitud crítica y reflexiva frente al orden tradicional. Sócrates no fue ciego para el hecho de haberse conmovido radicalmente la fe ingenua en los órdenes moral y político tradicionales. Frente al subjetivismo y relativismo de la sofística, de naturaleza solo destructiva, Sócrates trató, sin embargo, de sentar las bases para un nuevo orden vinculante: hacia el interior, por un profundizamiento de la subjetividad descubierta por la sofística; hacia el exterior, buscando el acceso a la esfera objetiva de una verdad sustraída a toda duda.

Sócrates descubrió el alma como el centro de la personalidad espiritual y ética del hombre. Con una insistencia hasta entonces desconocida en el espíritu griego, habla Sócrates del alma como del asiento de lo propio y divino en el hombre [30]. El alma está en peligro [31], y su salvación es el cometido vital del hombre. Por eso, Sócrates quiere consagrarse plenamente al cuidado del alma (ψυχῆς ἐπιμέλεια): «Mientras me duren las fuerzas y el aliento, no cejaré en indagar la verdad ni en exhortaros y moveros..., jóvenes y viejos, a que no pongáis ni el bien corporal, ni la preocupación por los bienes y la hacienda, más alto que el bien de vuestra alma y su mejoramiento, y a que nunca dediquéis más esfuerzos a aquello que a esto» [32].

No obstante, grande como es el contenido ético-religioso que Sócrates da al concepto del alma para todo el posterior desarrollo del pensamiento occidental, no se trata, sin embargo, de ningún modo, del concepto cristiano del alma. El intelectualismo griego es tan vivo también en Sócrates, que sitúa en la razón la esencia del alma, si bien no entendiendo la razón como pura facultad teórica, sino también práctica, en el mismo sentido en que para él no existía una diferencia entre razón teórica y razón práctica. «Sócrates no separaba la verdad y la moralidad, sino que creía que aquel que conoce el bien obra también de acuerdo con ello, y que el que conoce (verdaderamente) el mal, lo evita de por sí» [33].

El fundamento de todo comportamiento moral es el dominio de sí

---

[30] Sobre ello cfr., sobre todo, W. JAEGER: *Paideia,* II, págs. 85 y sgs.
[31] PLATÓN: *Protágoras,* 313 A.
[32] Idem: *Apología,* 29.
[33] JENOFONTE: *Memorables,* III, 9, 4.

(ἐγκράτεια), es decir, el dominio de la razón sobre las pasiones, el cual conduce al equilibrio interno, a la armonía del alma [34]. Solo aquel que ha conseguido el dominio sobre sí, sobre sus pasiones, es un hombre libre; mientras que el que no acierta a dominarse es un esclavo de sus instintos, pero no un hombre libre [35].

Con ello da Sócrates un paso decisivo para la autocomprensión moral del hombre: aun cuando se haya conmovido la autoridad de la ley externa, el hombre tiene siempre un criterio interior, una propia ley del alma, que nos manda alcanzar y mantener el dominio de la razón sobre el animal en nosotros mismos. A la subjetividad, descubierta por la sofística y a la que ya no podrá hacerse desaparecer, se la priva así de lo destructor y nihilista, estableciéndose fundamentos esenciales para el concepto de la personalidad moral. Y, sin embargo, es preciso librarse de situar ya en este concepto de la personalidad contenidos modernos. El dominio de sí mismo no es todavía autonomía, autodeterminación, sino que está dirigido, más bien, exclusivamente a la esfera de los instintos, mientras que a la autonomía le es esencial el estar orientada al imperativo ético-material: acción autónoma es solo aquella en la que el sujeto acepta y afirma lo mandado objetivamente como propia obligación interna, mientras que, en cambio, aquella que se reduce al cumplimiento ciego de la obligación ética-material como si se tratara de un imperativo ajeno es una acción heterónoma y, como tal, éticamente indiferente. En el mero dominio de sí no se encuentra todavía esta distinción, como veremos aún más claramente, en el concepto del dominio de sí en Platón.

No obstante, el concepto de libertad experimenta aquí su primer gran profundizamiento. Libertad no significa ya simplemente una determinada posición social del individuo en la sociedad, sino que es característica de la persona moral y consecuencia del dominio de sí. Frente a los ensayos insuficientes de algunos sofistas, dirigidos a fundar la igual libertad de todos los hombres partiendo de la misma naturaleza biológica, se establece ahora un fundamento incomparablemente más sólido, sobre el cual se construirá, más adelante, en el estoicismo, el concepto social de la libertad, y se superará, al menos espiritualmente, la idea de la esclavitud.

La preocupación de Sócrates no está dirigida, empero, exclusivamente al problema subjetivo-moral, sino igualmente al problema objetivo-ético de la Moralidad, es decir, al problema de los contenidos ético-materiales de lo bueno, lo justo, lo valiente, lo piadoso, etc. En todos los diálogos socrá-

---

[34] JENOFONTE: *Memorables*, I, 5, 4.
[35] *Ibídem*, I, 5, 4; IV, 5, 4.

ticos se trata sin descanso de llegar a una «definición» de lo bueno, lo justo, lo valiente, lo piadoso, etc. En esta tarea, Sócrates se veía impulsado no solo por un interés conceptual y teórico, sino por el propósito ético-práctico de superar el relativismo de la sofística por la determinación de ciertos conceptos indiscutibles. En el curso de este esfuerzo, Sócrates se convierte en descubridor del concepto y de la definición [36]. Ninguno de sus intentos, sin embargo, le conduce al fin deseado. El único resultado que en ellos nos sale al paso es el principio fundamental de que lo recto éticamente tiene que ser objeto de un saber de validez general objetiva.

Frente a estos sus tres descubrimientos de carácter fundamental, retroceden a segundo plano sus doctrinas jurídicas y políticas. De acuerdo con las concepciones tradicionales, Sócrates tiene por idénticas la justicia y la legalidad (δίκαιον y νόμιμον), aceptando la definición de la ley como la determinación escrita de lo que, por acuerdo de los ciudadanos, debe hacerse u omitirse [37]. Esta identificación de ley y Derecho es mantenida también por Sócrates frente a Hipias, el cual había objetado que era imposible dar tal importancia a la obediencia de las leyes, viendo, como se ve, lo a menudo que las modifican o las derogan los mismos que las hacen [38]. Esta convicción la mantuvo también Sócrates a lo largo de toda su vida. Solo dentro de los límites permitidos por la ley denegó obediencia a los mandatos del poder [39]. Cuando los treinta tiranos le mandaron, violando la ley, que detuviera a un ciudadano inocente para poder ejecutarlo, Sócrates se negó a obedecer [40]. «En aquella ocasión, puedo decir, probé, no con palabras, sino con hechos, que no tiemblo por mi vida, sino que lo único que me preocupa es no hacer nada injusto. Pues incluso aquel régimen vergonzoso no pudo forzarme, pese a su poder, a que cometiera un acto injusto... ¡Y quién sabe si no hubiera perdido mi vida si aquel régimen no hubiera sido derribado de la noche a la mañana!» [41].

Cuando, de otro lado, empero, condenado a muerte él mismo por una sentencia injusta, ve cómo sus amigos le suplican que huya, rechaza sin vacilación el propósito de ser infiel a las leyes: «¿Crees tú que puede durar y no venirse abajo un Estado en el que no tienen fuerza las sentencias dictadas por los tribunales, sino que son desprovistas de eficacia y anuladas por los particulares?» [42]. Sócrates muere con la conciencia de que pronto

[36] Aristóteles: *Metafísica,* 387 b; Jenofonte: *Memorables,* IV, 6, 1.
[37] Jenofonte: *Memorables,* IV, 4, 13.
[38] *Ibídem,* IV, 4, 12 y sgs.
[39] *Ibídem,* IV, 4, 1.
[40] *Ibídem,* IV, 4, 3.
[41] Platón: *Apología,* 32.
[42] Idem: *Critón,* 50.

después de su muerte, sus jueces tendrán que rendir cuentas por lo injusto de la sentencia dictada [43], y que, por ello, su obediencia a esta última serviría para restablecer el Derecho conculcado y tendría efectos jurídicos y políticos integradores. La obediencia de Sócrates trata menos de confirmar el deber jurídico de obedecer una sentencia materialmente injusta que de proteger el orden jurídico total, violado por los jueces.

Su huida, en cambio, daría a la sentencia la apariencia de juridicidad [44]. No las leyes, sino los hombres, son reos de injusticia frente a él [45]. El conflicto en el que se debate se mueve plenamente en el campo del Derecho positivo, y Sócrates mismo lo entiende así. En ningún momento apela a un Derecho superior o natural [46]; de lo que se trata es de un conflicto entre la ley y una sentencia materialmente injusta [47]. ¿Qué ocurre, empero, si la injusticia no aparece bajo la forma de un mandato antijurídico o de una sentencia injusta, sino bajo la forma de la ley injusta? Este problema iusnaturalista de la «injusticia extrema» no será planteado hasta Aristóteles [48].

4. Platón

Platón prosigue fundamentalmente la segunda línea del pensamiento socrático, la búsqueda por una esfera de verdad sustraída a toda duda. También a él le inquietaron de la manera más profunda el subjetivismo y el relativismo de los sofistas. Con Sócrates, Platón persigue nuevos contenidos mentales que no sean mero objeto de opinión subjetiva (δόξα), sino objeto de un saber dotado de validez general (ἐπιστήμη), sustraídos al cambio y a la inseguridad del mundo sensible, y siempre iguales a sí mismos. En la reflexión sobre este problema, Platón se convirtió en el creador de la teoría de las ideas.

En relación con el *Theeteto,* de Platón (caps. XXIX-XXX), Hermann Lotze ha formulado en las siguientes bellas frases lo que hay en su contenido de sustancial para el pensamiento iusnaturalista: «En nuestras percepciones, las cosas sensibles cambian sus cualidades. Pero mientras que lo negro se vuelve blanco y lo dulce amargo, no es, en realidad, lo negro lo

[43] Platón: *Apología,* 39.
[44] Idem: *Critón,* 53.
[45] *Ibídem,* 54.
[46] Aquel que no considere justo el Derecho vigente debe enseñar convincentemente otro mejor. *Critón,* 51.
[47] Todavía hoy dura la polémica en torno al problema del estado de necesidad frente a la sentencia materialmente injusta.
[48] *Política,* 1281 a.

que pasa a ser blanco, ni lo dulce lo que se convierte en amargo; cada una de estas cualidades, siempre y eternamente iguales a sí mismas, deja en las cosas su lugar a otra, y los conceptos con los que pensamos las cosas no tienen aquella caducidad que nosotros, llevados por el cambio, predicamos de las cosas de las que son predicado... Si el curso del mundo externo nos hiciera percibir una sola vez y fugazmente la sucesión de dos tonos o de dos colores, ello bastaría para que, a partir de este momento, nuestro pensamiento los distinguiera, fijando sus afinidades y oposiciones como un objeto firme de nuestra intuición interna, independientemente de que volviéramos o no a percibirlos» [49].

Aquí Platón llegó, al fin, por encima del subjetivismo y relativismo de los sofistas, al descubrimiento de objetos firmes y permanentes del conocimiento. Por mucho que cambien los objetos de la percepción, y por mucho que varíen sus cualidades, estas mismas tienen que estar sustraídas a todo cambio. Estos contenidos *a priori*, idénticos a sí mismos en toda experiencia, son llamados por Platón «ideas» (ἰδέα, εἶδος). Y como, en tanto que presuposición de todo cambio, ellas mismas se hallan sustraídas a cualquier modificación, Platón las llama el verdadero ente (τὸ ὄντως ὄν), distinguiéndolas de las cosas cambiantes del mundo sensible, las cuales no son verdaderamente, sino solo nos parecen serlo. Las ideas son los prototipos del ser, frente a las cuales las cosas reales singulares solo son en tanto que participan (μέθεξις) de ellas o las imitan (μίμησις). Las ideas son objeto de un saber perfecto e infalible (ἐπιστήμη ἀναμαρτήτη) [50], mientras que las cosas cambiantes del mundo sensible son solo objeto de opinión (δόξα), insegura y defectuosa.

Con ello penetraba Platón en aquella región desde la cual era perfectamente posible la construcción de un Derecho natural ideal, es decir, la formulación con validez general de contenidos jurídicos. La teoría platónica de las ideas, en tanto que teoría de los contenidos esenciales *a priori* del mundo, constituye el nervio teórico de toda teoría ideal iusnaturalista. En la teoría platónica de las ideas se contienen, en efecto, tres momentos: las ideas son, en primer lugar, objetivos de un conocimiento de validez general estricta, ya que, independientemente de la experiencia singular, son válidas para toda experiencia posible. Estos contenidos posibilitan, en segundo lugar, un conocimiento objetivo de absoluta certeza y seguridad. En tercer lugar, son verdades racionales eternas, no decisiones volitivas cambiantes.

---

[49] LOTZE: *Logik*, págs. 587 y sgs.
[50] PLATÓN: *República*, 477. Cfr. también 534.

Ya en uno de sus primeros diálogos, en el *Eutifrón,* se había planteado Platón la pregunta decisiva para todo Derecho natural: «¿Es justo lo justo porque le parece a Dios, o le parece a Dios porque es justo?» [51]. Y Platón responde la pregunta en el segundo sentido. «Lo justo le parece así a Dios porque es justo, pero no es justo porque le parece así a Dios» [52].

Bueno y malo, justo e injusto, no son decisiones de la voluntad divina, y Dios no es el legislador del mundo, sino que lo bueno y lo malo, lo justo y lo injusto, son verdades racionales, esencias eternas, las cuales, al igual que las relaciones numéricas, están preordenadas a la voluntad divina, y a las cuales, por ello, el mismo Dios está vinculado. Con ello, Platón formula la tesis fundamental de todo el Derecho natural ideal hasta Leibniz; una tesis a la que, desde el punto de vista cristiano, iba Duns Escoto a oponer la de que no hay verdades racionales eternas, sino que la elección libre e inescrutable de Dios es la que determina los valores de lo bueno y de lo malo en el mundo.

Pero la teoría de las ideas no solo servía para fundamentar la tesis principal del Derecho natural ideal, sino que constituía también el nervio de la teoría política autoritaria de Platón. La contemplación de las ideas, en efecto, otorga a los capaces de ella un conocimiento seguro y cierto de los prototipos del ser, y les da un saber infalible [53] acerca de lo bueno y lo justo. De esta contemplación, empero, solo son capaces algunos hombres especialmente dotados, cuidadosamente escogidos y formados en la matemática y la dialéctica [54], mientras que la gran masa de los hombres tiene que contentarse con la opinión procedente de la engañosa percepción sensible. Ahora bien: si hay hombres que poseen tal «acceso infalible» [55] a lo bueno y lo justo, del cual se halla excluida la gran masa, es una consecuencia forzosa que a aquellos pocos sabios es a los que corresponde el gobierno del Estado. Solo partiendo de estas presuposiciones especiales de la teoría platónica de las ideas puede entenderse adecuadamente la exigencia de Platón, de que el poder absoluto en el Estado debe estar en manos de los filósofos [56].

Platón fundamenta la posición política opuesta a Protágoras. Mientras que, según este, todo ciudadano tiene fundamentalmente capacidad política suficiente para participar en la formación de la voluntad del Estado, mantiene Platón que solo un pequeño grupo de hombres especialmente califi-

---

[51] PLATÓN: *Eutifrón,* 10 A.

[52] *Ibídem,* 10 E.

[53] Idem: *República,* 477.

[54] Después de una instrucción fundamental en las bellas artes y la gimnástica; la experiencia, en cambio, solo se menciona al margen. *República,* 484, 539.

[55] *Ibídem,* 534.

[56] *Ibídem,* 473.

cados posee un saber verdadero acerca de aquello que es beneficioso al Estado. Frente a este pequeño grupo, los demás ciudadanos están obligados a una obediencia incondicionada, convirtiéndose en sus súbditos o esclavos. En la gran masa, en efecto, la parte más noble del alma, la razón, «es tan débil por naturaleza, que no acierta a dominar al animal que llevan dentro... A fin, por eso, de que se sitúen bajo el mismo imperio de la razón que los mejores, tienen que ser esclavos de estos... No porque creamos que el súbdito tiene que ser dominado para su propio perjuicio, como enseñaba Trasímaco, sino porque para todo el mundo es mejor dejarse dominar por lo divino y racional; lo más deseable sería que ello tuviera lugar poseyendo esto último como patrimonio de la propia alma; pero allí donde no es posible, hay que dejar que le mande desde fuera como su soberano» [57]

En bien de los sometidos, los que gobiernan pueden, por eso, utilizar la mentira y el engaño [58], e incluso el alcohol [59], siempre que los gobernados no estén en situación de seguir lo justo por propia convicción. Donde más lejos ha ido Platón en este respecto es en el diálogo *El político:* así como el médico, si domina plenamente su arte, puede obligar al enfermo, aun contra su voluntad, al tratamiento que le cura, sin violar por ello los deberes de su profesión, así también pueden los gobernantes forzar a los demás ciudadanos a hacer aquello que les es provechoso. «¿Qué puede decirse contra una coacción que lleva a los ciudadanos a obrar, no según lo mandado por leyes escritas y usos tradicionales, sino de una manera más justa, mejor y más bella que antes? ¿No habrá que decir que los así forzados no por eso se han dejado imponer algo vergonzoso, injusto y malo?» [60].

Por primera vez aparece aquí fundamentada filosóficamente la terrible tesis de que la coacción para «el bien» es también buena moralmente y lícita [61]. Consciente de haber encontrado en la esfera de las ideas un acceso

[57] PLATÓN: *República,* 590.

[58] *Ibídem,* 414, 459, *passim.*

[59] Aun cuando no fuera verdad la más importante doctrina política—a saber: que el justo es feliz y el injusto desdichado, si no en esta vida, al menos en la otra—, habría que fingirla, en todo caso, como ficción política necesaria, e insuflársela a los ciudadanos en las fiestas cúlticas con ayuda del alcohol. *Leyes,* 663 y sgs. Leibniz situará esta doctrina, de nuevo, en el centro de su Derecho natural. Cfr. más adelante, pág. 157.

[60] *El político,* 296. Sobre ello, KANT: "Nadie puede forzarme a ser feliz a su manera. Un Gobierno en el que los súbditos están forzados a comportarse de modo puramente pasivo, como niños pequeños que no saben distinguir lo que les es provechoso o perjudicial, y que tienen que esperar tan solo del juicio del soberano cómo pueden ser felices, es el mayor despotismo pensable." *Uber den Gemeinspruch: Das mag in der Theorie richtig sein...* (Phil. Bibliothek, VI, pág. 87.)

[61] Una tesis que ha servido siempre para justificar la persecución de los disidentes religiosos o políticos. Sobre la doctrina de San Agustín, cfr. más adelante, página 63.

directo a lo justo y lo bueno en sí, Platón ignora el lado subjetivo de la moralidad, desconoce el valor propio que se encuentra en el libre cumplimiento del deber, sin consideración a la «absoluta» justeza de lo hecho, e ignora el valor de la libertad individual con la soberana indiferencia del que se cree en posesión de la verdad absoluta. Tratar de explicar y, por tanto, de relativizar esta unilateralidad de Platón, apelando a las ideas dominantes en su época, no solo sería inexacto, teniendo en cuenta la función que, según Tucídides—en el discurso de Pericles a los caídos—, correspondía ya a la libertad individual en la Atenas de entonces, sino que equivaldría a desconocer, sobre todo, históricamente, la pretensión de verdad intemporal de la doctrina platónica. Si hay para algunos hombres un acceso directo e infalible a la verdad en lo que respecta a lo bueno, lo justo y lo políticamente conveniente, de ello habrá que deducir, sea la época que sea, las mismas consecuencias extraídas por Platón [62].

Ahora bien: ¿nos ha mostrado verdaderamente Platón un saber así de infalible en las cuestiones de lo bueno y de lo justo, o nos ha señalado, al menos, el camino que podía llevarnos a él? Significación fundamental reviste aquí el saber en torno a la idea de lo bueno. Pues, según Platón, «la idea del bien es el saber supremo, y solo por medio de ella pueden ser provechosas y favorables las acciones justas... Si no la conocemos, nada importa que conozcamos con toda perfección lo demás, pues nada nos acarreará provecho, de igual manera que de nada nos sirven los bienes materiales sin el bien» [63].

Después que el Sócrates platónico ha subrayado con tal fuerza el valor vitalizador del saber acerca de la idea del bien, nada tiene de extraño que sus interlocutores le insistan para que les descubra la esencia del bien. Aquí, empero, Platón retrocede. Teme—dice—no estar a la altura de la cuestión y ponerse en ridículo; por esta vez dejará en pie el problema de la esencia del bien, contentándose con mostrar un retoño del bien y su verdadera imagen. Lo que es el sol en el reino de lo visible, lo es la idea del bien en el reino de las ideas. «Lo que presta verdad a las cosas que son conocidas y lo que da al que conoce la fuerza para conocer es la idea del bien» [64]. La idea del bien está más alta que el ser de las ideas, y lo supera en fuerza y dignidad [65]. No es, como confiesa finalmente en su séptima carta, objeto de un conocimiento objetivo (μάθημα) que pudiera expresarse en pa-

---

[62] De igual manera que en todas las auténticas dictaduras se afirma la infalibilidad terrena del dictador.

[63] PLATÓN: *República,* 505.

[64] *Ibídem,* 508.

[65] *Ibídem,* 509.

labras, sino que, a semejanza de una chispa, surge en el alma tras largo trabajo y después de haberla vivido, alimentándose luego a sí misma [66].

La búsqueda de la idea del bien termina así, pues, en Platón, en un abismamiento e iluminismo religiosos, en una especie de contemplación filosófica de Dios, que apunta a la última vinculación de toda existencia humana. No obstante, bajo esta vinculación, en el seno de este múltiple ámbito terreno, continúa en pie la cuestión de los perfiles concretos de un orden justo de la convivencia, es decir, la cuestión del obrar social justo. Solo siempre y en tanto que sea posible aquí un saber infalible como conocimiento objetivo *a priori,* podrían y tendrían que aceptarse las consecuencias de la teoría platónica del Estado. De hecho, Platón trata de llegar a este saber, basándose en la idea de la justicia. Su procedimiento consiste en apelar a la naturaleza del hombre, para dar así un contenido material a la máxima formal de la justicia: «Hacer cada uno lo suyo.» La filosofía del Derecho y del Estado de Platón descansa en la estrecha correlación entre hombre y Derecho, hombre y Estado. Así como el Estado es el hombre en mayor escala, así también es el Derecho la ley del ser, tanto del Estado como de la persona moral. El núcleo de la persona moral se encuentra, empero, en el dominio de sí mismo descubierto por Sócrates, en el imperio de la razón sobre los instintos. La teoría platónica del Derecho y del Estado es solo una aplicación concreta del autodominio socrático. Este se basaba en la distinción entre razón y esfera instintiva, mientras que Platón distingue, a su vez, en esta última dos capas o estratos: la capa de los instintos sensibles, dirigidos a la posesión de bienes materiales y al placer, y la capa del «valor» viril y activo, que tiende a la lucha, al triunfo, a la actividad, y que puede aliarse, tanto con la parte inferior y sensible del alma como con la superior y racional. Sobre ambas capas se encuentra la razón. Apoyánse en esta teoría de los estratos, construye Platón su concepto de la justicia: justicia es la relación adecuada de los estratos entre sí, de tal suerte que cada uno realiza lo que le es propio, mientras que la razón domina y los estratos inferiores se dejan guiar por ella. Justicia es la ley del alma, y por ella entran en esta orden y equilibrio, y recibe libertad y dicha.

La misma ley rige en el Estado, el hombre en grande. En radical oposición a Protágoras, el Estado descansa, para Platón, incluso en el campo político, en el principio de la división del trabajo. De acuerdo con las tres partes del alma, hay también tres clases de ciudadanos: los trabajadores, los guerreros y los gobernantes. Los tres grupos están sometidos a la ley de la justicia, según la cual cada uno solo debe hacer lo suyo. Platón lleva

---

66 PLATÓN: Carta VII, 341 C.

este principio hasta sus últimas consecuencias: solo la clase de los trabajadores se dedica a actividades económicas, y solo ella tiene propiedad privada y familia propia. Los guerreros no tienen propiedad alguna, sino que son sustentados por los trabajadores; ni tienen tampoco familia propia, sino que sus relaciones sexuales se hallan reguladas sistemáticamente por los gobernantes. Sobre estas dos clases se encuentran los gobernantes, los cuales tienen en sus manos el poder absoluto, ya que solo ellos tienen la visión directa de lo absolutamente bueno, justo y provechoso.

Es evidente que todas estas exigencias de su teoría del Estado fueron deducidas por Platón, no de una idea general y *a priori* del hombre, sino de la observación de la naturaleza empírica, tal como él la veía. En ninguna parte salta esto más a la vista que allí donde su típica indiferencia frente a la mujer le lleva a una absoluta equiparación de los dos sexos, incluso en el servicio de las armas, pretendiendo deducir este principio de la «naturaleza» [67]. No otra cosa que una observación empírica de carácter personal—aunque de significación fundamental para toda su teoría del Estado—es también su juicio pesimista acerca de los hombres, los cuales, en su mayoría, no son para él más que muñecos, que solo participan en mínima medida de la verdadera esencia de las cosas [68].

No una intuición *a priori* de las ideas, sino la observación empírica de la naturaleza humana, es la base de las distintas tesis de la teoría platónica del Estado. Aquí también Platón señaló el camino metódico a la teoría ulterior del Derecho natural: las puras proposiciones esenciales apriorísticas—como «hacer lo suyo» o «hacer el bien»—son rellenadas, apelando a la condición «natural» del hombre, la cual solo es determinable empíricamente, prestándoseles así un contenido de validez general aparentemente apriorístico.

En su obra de senectud, en *Las leyes,* retrocede a segundo término el influjo de la teoría de las ideas, también por lo que respecta a sus consecuencias autoritarias. Adelantándose a la distinción entre igualdad numérica y proporcional, que Aristóteles iba a hacer famosa, Platón determina aquí la verdadera justicia como igualdad proporcional. Mientras que la igualdad numérica es fácil de establecer, no es, en cambio, tan fácil de reconocer la igualdad proporcional, la única verdaderamente justa. El juicio último sobre ella corresponde a Dios, mientras que a los hombres se les comunica siempre solo en medida reducida [69] Pero más aún que de la penetración, duda Platón de la firmeza de carácter de los hombres, incluso

67 PLATÓN: *República,* 451.
68 Idem: *Leyes,* 804.
69 *Ibídem,* 757.

del mejor entre ellos. «No hay hombre que, revestido de un poder absoluto para disponer sobre todos los asuntos humanos, no sea víctima de la soberbia y la injusticia» [70].

Este cambio de concepciones está en estrecha conexión con una nueva valoración de la función de la ley. Mientras que antes Platón [71] había tenido por completamente inútiles las leyes escritas, o todo lo más, como en *El político,* las había considerado como una solución de segundo grado, ya que el gobernante, en virtud de su visión directa de lo justo, regula mejor individualmente el caso concreto [72], ahora, en cambio, puede exclamar: «Sin vacilación profetizo la ruina a aquel Estado en el que la ley depende del poder del gobernante y no es ella misma quien gobierna» [73].

5. Aristóteles

La teoría platónica de las ideas había sentado, sin duda, las bases ideales para una teoría *a priori* del Derecho, pero sin fundamentar esencialmente la vinculación del Derecho a la naturaleza humana. Esto es lo que lleva a cabo Aristóteles por la transformación de la teoría platónica de las ideas en una metafísica teleológica, en la que la idea se ensalza con el concepto de naturaleza. La identificación de idea y *physis* en Aristóteles abre, a la teoría *a priori* del Derecho, el camino hacia el Derecho natural ideal en sentido propio.

Aristóteles hace suyo el impulso de la teoría platónica de las ideas, pero dando a esta una nueva forma. La diferencia esencial entre su teoría y la platónica se encuentra en la distinta concepción de las relaciones entre idea y realidad. En su período medio, y aquí especialmente en sus escritos éticos y filosófico-sociales *(República* y *Fedón),* Platón había establecido una radical separación entre el mundo de las ideas y el mundo de los fenómenos, situando las ideas en un lugar más allá de lo real (τόπος ὑπερουράνιος). Una razón esencial para ello se hallaba en el hecho de que, en el concepto platónico de la idea, se encontraban inclusos dos principios distintos: de un lado, las estructuras *a priori* del ser, es decir, las categorías ónticas, y de otro, los principios axiológicos *a priori,* las ideas del bien, de lo justo, lo bello, etc. Mientras que la tensión entre valor y realidad hace que

---

70 PLATÓN: *Leyes,* 713.
71 Idem: *República,* 425.
72 Idem: *El político,* 294 y sgs.
73 Idem: *Leyes,* 715.

en las ideas, en tanto que principios axiológicos, se dé ya una separación radical entre idea y realidad, es imposible una separación semejante entre categoría y ente. La categoría óntica tiene que ser inmanente al objeto, en tanto que ente. En los escritos de su período medio, Platón había partido primariamente del problema axiológico, y había llegado así, consecuentemente, a una separación radical entre idea y realidad; Aristóteles, en cambio, parte primariamente de problemas categoriales y ontológicos, llegando así, también consecuentemente, a una visión distinta de las relaciones entre idea y ente. Sin embargo, tanto en Aristóteles como en Platón, el concepto de idea abarca en igual medida categoría óntica y concepto de valor, y la única diferencia consiste en que el lado que se acentúa es distinto en los dos: en Platón—especialmente en los escritos del período medio—se acentúa, sobre todo, el lado axiológico, mientras que en Aristóteles avanza a primer plano primordialmente el lado categorial. Como consecuencia, empero, de la unidad del concepto de idea, no solo en Platón, sino también en Aristóteles, la categoría óntica reviste un acento axiológico, el cual tendrá mayores consecuencias en este último, al llevarlo a una metafísica específicamente teleológica.

El punto de partida para las relaciones entre idea y realidad había sido en Aristóteles la relación entre categoría y ente. Aquí, las ideas no son trascendentes, sino inmanentes a los objetos; son los principios ideales de conformación o las esencias conformadoras de la materia. Todo objeto es, por eso, una unidad inseparable de materia (ὕλη) y forma (εἶδος, μορφή). La materia no puede existir desprovista en absoluto de forma—la mera materia es una abstracción mental—, es decir, que la materia es siempre una materia con forma, y la forma es, por tanto, inmanente a la materia. Ahora bien: la forma no es inmanente a la materia en su manera definitiva, sino que se da en ella, en un principio, solo como posibilidad (τὸ δυνάμει ὄν) y solo en el proceso de desenvolvimiento real se hace realidad total, se «actualiza» (τὸ ἐνεργείᾳ ὄν). La materia es, pues, sustancia como potencia o posibilidad (ἡ δυνάμει οὐσία), mientras que la forma es sustancia como realidad actual (ἡ οὐσία ὡς ἐνέργεια). El devenir es el tránsito de la posibilidad a la realidad de la forma, y esta es, por eso, el objetivo y el fin del proceso del devenir. Todo devenir tiene lugar por razón del fin, y por eso este es, en último término, también la causa actuante del devenir. No hay acontecer casual y ciego, puramente mecánico, sino que todo acontecer está orientado a un fin, es acontecer teleológico. El fin es la «naturaleza» del objeto, el cual se actualiza en el proceso del devenir. Idea (esencia), forma, causa actuante, fin y «naturaleza» constituyen una unidad en el sistema aristotélico.

El modelo mental de esta concepción está tomado tanto del acontecer orgánico como, sobre todo, de la acción dirigida a un fin. De igual manera que el ser futuro se halla preformado potencialmente en el germen, actualizándose teleológicamente en el proceso de su desarrollo, y de igual manera que en la acción humana el fin está mentalmente previsto y dirige y guía los movimientos corporales reales, así también todo el acontecer universal es un gran proceso determinado desde un fin, movido y guiado por él. El universo es una serie graduada de formas, en la que cada estadio encierra en sí todos los precedentes: desde la materia orgánica a través de los seres vivos, con sus diversos grados de plantas, animales, hombres, a través de una liberación cada vez mayor de la forma de la materia, hasta llegar a la pura forma sin materia, a Dios, el cual es, por esencia, solo forma, pura razón, pensar del pensamiento (νόησις νοήσεως), motor inmóvil del todo. Todo objeto en cada estadio del ser tiene su fin propio y específico, su propia «entelequia»; pero se halla, a la vez, unido con el fin supremo, con Dios, por la conexión teleológica del todo, en virtud de la cual cada estadio superior es fin del inferior.

Esta metafísica teleológica—la creación más original de Aristóteles—constituía un esquema excelente para el desarrollo de la teoría ideal del Derecho natural. La unión de «naturaleza» y fin, sobre todo, establecida por primera vez por Aristóteles, representaba un puente por el que los contenidos materiales podían fluir ilimitadamente a los principios jurídicos formales. Idea, fin, *physis,* se aproximan, se convierten en una y la misma cosa. La «naturaleza» es la forma acabada de la realidad de un objeto, la cual se halla en la materia solo como posibilidad o principio y se actualiza en el curso del devenir. «La naturaleza es el fin de todo objeto. La condición que nos muestra, al término de su devenir, la llamamos naturaleza, bien se trate de un hombre, de un caballo o de una casa. También son el objetivo (τό οὗ ἕνεκα) y el fin (τό τέλος) lo mejor» [74].

No todo lo que los sentidos de la realidad externa llaman naturaleza es «naturaleza» en sentido teleológico. La naturaleza teleológica es, más bien, una realidad predeterminada según puntos de vista axiológicos. «Lo natural hay que verlo en las cosas que se hallan en su estado natural, no en aquellas que han degenerado.» Lo natural es siempre el mejor estado de una cosa [75]. El concepto teleológico de naturaleza es, pues, una función del concepto de valor, mientras que, al contrario, el concepto de valor no es una función del concepto teleológico de naturaleza. Sin embargo, con

---

[74] ARISTÓTELES: *Política,* I, 2-1252 b.
[75] *Ibídem,* I, 5-1254 a.

el concepto teleológico de naturaleza se introduce un peligroso doble sentido en el concepto de «naturaleza». Como el concepto de naturaleza en el sentido de la realidad externa, la cual abarca lo mismo lo conforme que lo contrario a un fin, igual lo pleno que lo carente de sentido, es más amplio y es independiente respecto al concepto teleológico de naturaleza, puede parecer como si el concepto de lo «natural» fuera también algo independiente y nuevo respecto al concepto de valor y como si la determinación del contenido del concepto de valor fuera una función del concepto de naturaleza. De esta suerte se cae en el círculo vicioso de definir como «natural» lo que se tiene como bueno o deseable, y extraer después lo bueno de este algo «natural». Lo natural, que, en realidad, es solo una función de lo bueno, se convierte así aparentemente en fundamento real y base del conocimiento de lo bueno. Lo natural, que es determinado solo partiendo de lo bueno, se transforma en aparente fundamento de determinación de lo bueno. Esta *petitio principii* ha hecho posible, a la teoría ideal del Derecho natural, determinar materialmente, en cada caso, lo bueno apelando a lo natural. La base para ello se encuentra en la metafísica aristotélica con su identificación de naturaleza, fin y valor.

Las concepciones filosófico-jurídicas de Aristóteles hay que entenderlas en íntima conexión con esta metafísica teleoiogica. El valor supremo de una comunidad humana es la autarquía, la cual corresponde exclusivamente al Estado. De aquí se sigue que el Estado es el fin de todas las comunidades menores, y en último término, también del hombre individual, ya que ninguno de ellos es autárquico. Por ello es el hombre, por naturaleza, un ser destinado a formar comunidades estatales (ἄνθρωπος φύσει πολιτικὸν ζῷον) [76], porque la constitución de comunidades autárquicas, es decir, políticas, es objetivo y fin de la existencia humana. «Quien no puede vivir en una comunidad, o quien no necesita de ella..., es o una bestia o un dios» [77]. Una vida perfecta solo puede llevarla el hombre en el Estado, en la *polis;* pues aunque el Estado solo se haya constituido por razón de la vida, es decir, para salvaguardia de la existencia, la verdad es que subsiste por razón de la vida perfecta [78]. Como fin y objetivo de la vida humana, el Estado tiene, según la idea, que haber existido antes que el hombre individual, de igual manera que también el plan precede a la obra real.

Esta *physis,* empero, no es solo fin ideal, sino también causa actuante real de la formación del Estado, y lo es tanto en un sentido orgánico-biológico como en un sentido teleológico consciente. «Por eso poseen todos

[76] ARISTÓTELES: *Política,* 1253 a.
[77] *Ibídem,* 1253 a.
[78] *Ibídem,* 1252 b y 1278 b.

los hombres en sí, por naturaleza, el impulso a la comunidad, y el hombre que por primera vez la constituye es el creador del más alto de los bienes» [79]. El acto racional teleológico realiza y acaba, pues, el impulso instintivo; ambos son fuerzas de la «naturaleza», dirigidas a un mismo fin.

El fundador del Estado es creador del más alto de los bienes, porque con el Estado creó también la ley y la justicia. «Justicia es, en efecto, un fenómeno estatal, porque el Derecho es el orden de la comunidad estatal. Este Derecho es también el criterio de lo justo» [80].

En la determinación de las relaciones entre justicia y ley, Aristóteles parte, primeramente, de la antigua concepción popular, que identificaba a ambas, si bien lo hace con evidente escepticismo. Todo lo legal es una especie de lo justo, pues lo ordenado por el legislador es lo legal, y a todo ello lo denominamos lo justo [81]. Ahora bien: ¿es que ha de tenerse por justa toda disposición legal del titular del poder político—sea este el *demos* o un soberano individual—solo porque la autoridad establecida así lo dispone? En ningún caso puede ser justa una ley que persigue solo el provecho de una parte del pueblo en perjuicio de otra, y que, por ello, lleva al Estado a su perdición [82]. ¿Cómo hay que llamar a esta injusticia extrema de lo injusto legal?

Ley y justicia parecen, pues, así separarse definitivamente. Aristóteles dice, en efecto, en este sentido, que la justicia y la injusticia tienen que determinarse en relación con dos clases de leyes, y son, por eso, en este respecto, de dos especies. De estas dos clases de leyes, a una la denomina particular (ἴδιος ὁυμος) y a otra general (κοινὸς νόμος). La primera ha sido establecida por los hombres, bien sea escrita o no escrita, mientras que la general es el Derecho natural (ὁ κατὰ φύσιν νόμος) [83]. De acuerdo con esta distinción, la célebre definición del Derecho natural en la *Etica a Nicómaco* reza así [84]: «El Derecho válido para las comunidades políticas [85] se divide

[79] ARISTÓTELES: *Política,* 1253 a.
[80] *Ibídem,* 1253 a.
[81] Idem: *Etica a Nicómaco,* 1129 h.
[82] Idem: *Política,* 1281 a. Sobre ello, PLATÓN: *Leyes,* 715: "Aquellos Estados y aquellas leyes que no están establecidos para el bien común y para el Estado como totalidad no son considerados por nosotros como Estados en sentido propio ni por leyes justas; al contrario, una legislación que solo sirve el interés de un partido es denominada por nosotros asunto de partido, no asunto del Estado, y al sedicente Derecho establecido por ella le negamos toda pretensión a este nombre." Cfr. también *Leyes,* 889 y sgs.
[83] Idem: *Retórica,* 1373 b.
[84] 1134 b.
[85] A diferencia del derecho del padre sobre los hijos o del señor sobre los esclavos.

en natural y legal. Natural es aquel que posee por doquiera la misma fuerza, independientemente de si es reconocido o no. Legal es aquel cuyo contenido puede ser, en principio, uno y otro, y que sólo por disposición legal se halla determinado tal como lo está.»

El Derecho natural se encuentra caracterizado por dos momentos: de un lado, por su validez general [86], y de otro, por su originaria diferenciación axiológica, mientras que la ley positiva es solo una determinación dentro de la esfera de lo axiológicamente indiferente. Respecto del primer momento, Aristóteles tiene que responder al argumento, que ya entonces, como en todas las épocas siguientes, se ha hecho valer contra el Derecho natural y que tampoco Aristóteles acierta a refutar: no es posible la existencia de un Derecho natural, porque todo Derecho está condicionado históricamente, es decir, sometido al movimiento y al cambio. Solo la naturaleza en sentido propio es inmutable, y posee por doquiera igual fuerza, de la misma manera que el fuego arde igual en Persia que en Grecia. Aristóteles responde al argumento diciendo que solo en Dios no hay cambio alguno; en tierra, todo, incluso el ámbito de lo «natural», se halla sometido al cambio. No obstante, sigue vigente la distinción entre lo que existe por naturaleza y lo que no. Y en las cosas que pudieran ser de otra manera a como son, es evidente de por sí lo que es por naturaleza y lo que es por ordenamiento y acuerdo, aunque ambas esferas están sometidas al cambio. Esta distinción se da en todos los terrenos. Así, por ejemplo, la mano derecha es, por naturaleza, la más fuerte, y, sin embargo, hay personas que pueden utilizar igualmente las dos manos [87]. Con la apelación a la evidencia inmediata, se corta aquí, como de un golpe, el mismo nudo del problema [88]. Aquí se pone de manifiesto, con toda claridad, cómo lo «natural» alcanza signi-

---

86 ναπταχοῦ αὐτὴν δύναμιν ἔχων.

87 ARISTÓTELES: *Etica a Nicómaco*, 1134 b.

88 En su instructiva conferencia *Das Naturrecht bei Aristoteles* (1961), Joachim Ritter indica que, en Aristóteles, el Derecho natural se halla referido a la "realidad ético-política de la *polis*", y que aquí es donde se encuentra la diferencia fundamental entre el Derecho natural aristotélico y el posterior Derecho natural estoico (cfr. más adelante, pág. 34). En el campo de los derechos pertenecientes a la *polis*, dice Ritter, encuentra Aristóteles lo "justo por naturaleza". "Frente a aquellos que solo atribuyen validez a lo regulado por medio de la promulgación, refiriendo a ello toda normación en absoluto, Aristóteles hace valer que en la *polis* se conoce bien lo que es justo por naturaleza, y en todo aquello "que puede también ser de otro modo" es posible distinguir "lo que es por naturaleza" y "lo que es por ley y convención". Que entre ambos sectores hay una diferencia "es evidente" (página 28). A ello hay que objetar que incluso en la *polis* no era "evidente" la diferencia entre lo justo por naturaleza y lo justo por ser así legislado; y no lo era, sobre todo, en las postrimerías de la *polis*, que es la época en que vivió Aristóteles. A ello se debe que la polémica sobre este punto adquiriera tonos tan virulentos.

ficación independiente, y cómo se deduce de ello la idea de una justeza de validez general. Esto se subraya aún más por la comparación con la mano, comparación que hace resaltar especialmente la multivocidad del concepto de naturaleza; de otra parte, esta analogía con la mano debilita precisamente el argumento de la evidencia inmediata de lo «natural». Quizá el mismo Aristóteles se percató de ello, pues, a continuación, y pese a la objeción precedente, responde de nuevo al problema de la mejor constitución política, diciendo que el carácter de la validez general es el criterio para juzgar de lo que es «natural» [89].

También Aristóteles, pues, trata de construir el esquema de la mejor constitución política, pero sin dar la última mano al proyecto. Pese a todas las reflexiones iusnaturalistas, reconoce pronto, como el gran empírico que es, que la mejor constitución política no es en realidad la mejor para todos los hombres. Solo para los hombres mejores es la mejor, mientras que para muchos es imposible participar de ella. El político tiene, por eso, que conocer no solo la mejor constitución en absoluto, sino también la mejor relativamente, es decir, la más adecuada para la mayoría de los Estados y de los hombres. Esta última no puede ser construida teniendo en cuenta una virtud o una formación que sobrepase las fuerzas, las dotes y los medios del hombre corriente, sino teniendo en cuenta la vida alcanzable a la mayoría. De esta suerte traza el esquema de la constitución relativamente mejor, con una clase media robusta y una forma moderada de gobierno. La mayor felicidad de un Estado radica en que los ciudadanos no sean ni muy ricos ni muy pobres, disponiendo solo de una riqueza media suficiente para su sustento. Aquí también el filósofo sostiene el criterio de la medida, de la μεσότης, su convicción fundamental. No obstante, por muy medidas y precavidas que sean sus ideas, y por mucho valor que tengan hoy todavía para nosotros, lo cierto es que con la relativización de la «mejor» constitución, Aristóteles renuncia a la idea de un Derecho natural ideal, abriendo el paso a la condicionalidad y singularidad históricas.

Aristóteles, sin embargo, ha legitimado también la idea del Derecho natural ideal por el descubrimiento de dos ámbitos, en los cuales, en efecto, pueden encontrarse estructuras de validez general, *a priori*, de carácter no puramente formal. La primera de estas estructuras *a priori*—eso sí, todavía muy formal—se refiere a la relación entre justicia e igualdad, ya mostrada por Platón, pero que Aristóteles va a desarrollar aún más esencialmente. Aristóteles determina, en primer término, la justicia más correctamente que Platón, en tanto que la califica desde el primer momento como

---

89 ARISTÓTELES: *Etica a Nicómaco,* 1135 a.

virtud social, mientras que la máxima «hacer cada uno lo suyo» no lleva necesariamente en sí la relación social [90]. Justicia es la virtud que se refiere a otros [91], y es por ello la virtud más perfecta, porque el hombre no la ejercita meramente para sí mismo, sino frente a otros [92]. Precisamente por este contenido altruístico de la justicia, Aristóteles le rinde la alta loa de que ni el lucero de la mañana ni el de la noche la igualan en su brillo. Como contenido de la justicia, Aristóteles establece el mantenimiento de la igualdad frente a los demás semejantes. Todo lo justo es un algo igual, todo δίκαιον es un ἴσον. Con Platón, Aristóteles distingue dos clases de igualdad: la absoluta, numérica o aritmética, y la proporcional o geométrica. La primera determina la compensación en el tráfico entre los hombres; así, por ejemplo, en la valoración de los daños y perjuicios, en la evaluación del precio de compra, y es la justicia conmutativa; la segunda determina el reparto de los bienes [93] en forma proporcional al valor de la persona, y es la justicia distributiva; así, p. ej., en la distribución entre los ciudadanos de las dignidades en el Estado. Aquí, empero, dice Aristóteles, surge la gran «aporía de la filosofía política» [94]. Todos los hombres son, a la vez, iguales en un determinado respecto y desiguales en otro. Ahora bien: en la participación del individuo en la vida del Estado, ¿ha de partirse de la igualdad o de la desigualdad? O, para decirlo con otras palabras, ¿ha de determinarse la participación del individuo en la vida del Estado según la igualdad absoluta o según la igualdad relativa? Aquí entran en colisión las diversas concepciones políticas: los demócratas, de acuerdo con el principio de la libertad general de los ciudadanos en sentido pleno, quieren que tenga validez tan solo la igualdad general, mientras que los oligarcas pretenden diferenciar de acuerdo con el patrimonio, y los aristócratas de acuerdo con el nacimiento. Aristóteles, por su parte, quiere tomar como punto de referencia la formación y la capacidad, παιδεία καὶ ἀρετή [95]. Pero ya Platón había echado de ver que este criterio solo se encuentra en Dios.

El momento de la proporcionalidad delimita, por eso, es verdad, objetivamente el concepto de la justicia de una manera válida *a priori*, pero deja, a la vez, sin determinar el criterio de referencia, sin el cual no es posible en cada caso fijar individualmente el canon de lo justo.

En su teoría de la imputación, Aristóteles roza un segundo ámbito de

---

90 Sobre ello, cfr. la crítica de Aristóteles a Platón en la *Etica a Nicómaco*, 1138 b.
91 *Ibídem*, 1129 b.
92 *Ibídem*, 1129 b.
93 *Ibídem*, 1131 b, 1132 b.
94 *Política*, 1282 b.
95 *Ibídem*, 1283 a.

estructuras jurídicas *a priori,* todavía más fructífero que el primero. En él desenvuelve resumidamente por primera vez los principios de la imputación, los cuales, en los siglos siguientes, aportarán dos veces—por Santo Tomás, en la Edad Media, y por Pufendorf, en la Edad Moderna—ideas permanentes en torno a las estructuras jurídicas materiales.

El principio más general de la imputación es, en Aristóteles, el del «dominio del hecho». Una acción es solo imputable si se halla en nuestro poder, o si somos sus dueños, de tal manera que también podríamos obrar de otra suerte. Solo una acción imputable es susceptible de valoración moral, de alabanza o de censura [96]. Los hechos imputables son designados por Aristóteles con el concepto, procedente de la tradición griega de *hekusion* = voluntario, mientras que no imputable es, en cambio, el *akusion* = involuntario. *Hekusion,* en sentido estricto [97], es todo aquello que se encuentra sometido al poder conformador de la razón. Según que esta fuerza conformadora de la razón penetre actualmente la acción o solo la domine potencialmente, Aristóteles distingue entre hechos imputables realizados con reflexión racional o sin ella [98]. En el concepto de la reflexión racional o προαίρεσις describe Aristóteles con gran claridad y plasticidad la función práctico-teleológica de la premeditación en la ejecución de la acción: cómo retrocediendo desde el fin propuesto se procede a elegir los medios más adecuados, siguiéndolos y fijándolos hasta el origen de la acción, con lo cual el actor puede dominar teleológicamente el curso del acontecer [99].

Los hechos realizados sin reflexión son, de un lado, acciones emocionales, y de otro, hechos impremeditados. Como Aristóteles entiende el concepto de la «reflexión» como un acto de la razón, tenía que reunir en uno y el mismo grupo de acciones «irreflexivas» las acciones emocionales premeditadas y los hechos impremeditados [100]: el actor obra, es verdad, consciente, pero impremeditadamente, haciendo así algo injusto, pero sin ser,

---

[96] *Etica a Nicómaco,* 1109 b. Sobre lo que sigue, cfr. R. MASCHKE: *Die Willenslehre im griechischen Recht,* 1926, y LIPP: *Die Zurechnungstehre bei Aristoteles und Thomas von Aquin* (tesis de la Univ. de Göttingen), 1950.

[97] Aristóteles conoce además un concepto más amplio de *hekusion,* el cual abarca también los actos espontáneos de apetito de los sères irracionales, animales y niños. *Etica a Nicómaco,* 1111 a y b. Que estos últimos están excluidos del concepto restringido de *hekusion* se deduce claramente de 1139 a, donde se dice de los animales, como desprovistos de razón, que no participan en lo que se llama acción. Sobre ello, LIPP, *ob. cit.*

[98] *Etica a Nicómaco,* 1135 b.

[99] *Ibídem,* 1112 b y sgs.

[100] *Ibídem,* 1111 b, 1135 b.

por eso, él mismo, un hombre injusto. Injusto es solo aquel que hace algo injusto reflexivamente [101].

En las acciones impremeditadas, es decir, realizadas por falta de conocimiento, Aristóteles distingue, menos felizmente, de acuerdo con la «causalidad» del error: si el actor obra basándose en el error, de tal suerte que sin este no hubiera obrado, entonces su acción no es imputable [102]. Si la falta de conocimiento, en cambio, no es la verdadera causa de la acción, sino, más bien, la ira, el instinto, la embriaguez, la imprevisión, etc., entonces lo decisivo es si y hasta qué punto el actor que obra impremeditadamente era autor y dueño de su falta de conocimiento [103].

Más fecunda para el desarrollo de la teoría de la culpa es la distinción, según el objeto del error, entre el error acerca de la prohibición y el error acerca de las circunstancias concretas del hecho [104]. Un error sobre los principios más generales del Derecho natural no excluye la imputación, ya que precisamente por causa de aquel error se formula la censura [105]; lo mismo puede decirse respecto de aquellos preceptos del Derecho positivo que el actor tiene que conocer y puede conocer sin dificultad [106], y no, en cambio, respecto de los preceptos más concretos y más difíciles. Si la falta de conocimiento versa sobre las circunstancias concretas del hecho, tales como objeto, medios y circunstancias del hecho [107], entonces lo decisivo según los principios generales de la imputación, es si el actor era dueño, y hasta qué punto, de aquella falta de conocimiento [108].

Las acciones realizadas bajo el impulso de una fuerza irresistible son involuntarias. En las demás situaciones de fuerza, Aristóteles se vale del concepto poco claro de las acciones «mixtas», preponderantemente voluntarias, sobre cuya imputación no formula ninguna regla clara [109]. Este concepto de las acciones «mixtas» ha pesado sobre la teoría de la imputación hasta Pufendorf [110].

---

[101] *Etica a Nicómaco,* 1135 b.

[102] *Ibídem,* 1110 b y sgs. Aristóteles hace la restricción de que el autor tiene que sentir, después de la acción, arrepentimiento y dolor. En otro caso, su acción no es involuntaria, sino solo no voluntaria. Hasta qué punto esta distinción reviste importancia para la imputación, es cosa en la que ahora no hemos de entrar. *Etica a Nicómaco,* 1111 a.

[103] *Ibídem,* 1113 b.

[104] Como es sabido, esta distinción es objetivamente más exacta que la distinción del *Corpus iuris* entre *error iuris* y *error facti.*

[105] *Etica a Nicómaco,* 1110 b, 1136 b.

[106] *Ibídem,* 1113 b.

[107] *Ibídem,* 1111 a.

[108] *Ibídem,* 1113 b.

[109] *Ibídem,* 1110 a y sgs.

[110] Sólo Pufendorf había de ver que el problema del estado de necesidad no es

Con este ámbito de los principios de la imputación, Aristóteles ha puesto al descubierto una esfera en la cual son posibles intuiciones hechas, es cierto, sobre la base de la experiencia, pero que, independientemente de toda experiencia, tienen validez general para todo caso empírico concreto; ideas descubiertas dentro de la historia, pero independientes de las condiciones históricas de su descubrimiento. Por ello, constituyen aquel ámbito de principios jurídicos suprapositivos, en el que ha sido y es también posible históricamente una penetración cada vez mayor. Se refieren, sobre todo, a la estructura y a los elementos categoriales de la acción humana y a las presuposiciones esenciales del juicio sobre la culpa. En este respecto ya Aristóteles nos suministra ideas esenciales acerca del principio fundamental de la imputación, en la estructura teleológica de la acción y en los problemas de la ignorancia de la prohibición. Aun cuando las intuiciones de esta esfera no dan respuesta de una vez y con una fórmula al problema de la justicia, se refieren, sin embargo, a relaciones materiales de rigurosa validez general que, como presuposiciones de la justicia, concretan y fijan su contenido en determinados sentidos.

6. El estoicismo

Si Platón y Aristóteles sientan los fundamentos ideales de la teoría idealista del Derecho natural, es el estoicismo el que le da la forma externa, que será decisiva para el curso posterior de su historia.

El estoicismo es una escuela filosófica fundada hacia el año 300 a. de C. en Atenas, en el pórtico Stoa Rikile, por Zenón, un chipriota de origen semítico, y a la que había de dar nueva forma Crisipo de Cilicia, pensador unos cincuenta años más joven que el fundador. En la época media de la escuela—con sus representantes principales, Panatio de Rodas, muerto hacia el 110 a. de C., y Poseidonio de Siria, muerto hacia el 50 a. de C.—, el pensamiento estoico pasa a Roma a través de algunos discípulos sobresalientes, como Lelio, Escipión y Cicerón, logrando aquí desplegar una vida independiente en el llamado estoicismo moderno con Séneca, Epicteto y Marco Aurelio.

---

un problema de la acción, sino un problema axiológico. *De jure naturae et gentium,* 2, cap. VI, 1 y sgs.: "Por estar el hombre bajo el instinto de la propia conservación, no puede pensarse sin más que pese sobre él una obligación tan fuerte como para hacerle superar el amor a la vida. La superación del instinto de conservación cuenta entre las cosas casi imposibles y superiores a la fortaleza humana ordinaria. Es verdad que Dios y la autoridad estatal pueden obligar a arriesgar la vida; pero, en general, las leyes naturales y positivas deben entenderse en el sentido de que salvan el caso del riesgo de la vida."

Con el estoicismo entramos en el amplio mundo, primero del helenismo, y después, del imperio romano. La desaparición de la libertad política de Grecia, la absorción de los Estados-ciudades helénicos en los imperios macedónico y romano, significa para el individuo, hacia el exterior, una ampliación inmensa de los angostos límites de la *polis,* el paso de la *polis* a la cosmópolis; pero, a la vez, le imponen la dependencia de poderes estatales irresistibles, frente a los cuales tenía que buscar un nuevo ámbito de libertad interna intangible. Esta nueva situación histórica había de ejercer un influjo decisivo sobre la historia del Derecho natural.

Mientras que Platón y Aristóteles se habían preguntado por la ley justa, ideal de la *polis,* cuyo ámbito no traspasaba las fronteras de un Estado-ciudad griego, la mirada de los estoicos no se dirige primariamente a los limitados Estados históricos, sino a la constitución de la «cosmópolis» y de su Derecho, el Derecho natural. El Estado y el Derecho se amplían hasta convertirse en las formas conformadoras del todo, del cosmos, y no es, por eso, de extrañar que los estoicos—aun cuando solo externamente—vuelvan los ojos a ideas de la filosofía cosmológica, sobre todo de Heráclito. ¿No había hablado ya Heráclito de una razón divina que todo lo rige, del «uno» divino que alimenta todas las leyes humanas? En forma semejante también los estoicos creían, por eso, poder enseñar que el *nomos* es parte integrante de la razón universal, de la que todo hombre participa en virtud de su razón individual. Todos los hombres se encuentran bajo un *nomos* unitario, que los convierte en ciudadanos del gran Estado universal, frente al cual los Estados singulares son solo individuaciones condicionadas por las especiales circunstancias territoriales, históricas y raciales. «El mundo es un gran Estado con una constitución y una ley, a través de la cual la razón natural ordena lo que hay que hacer y prohíbe lo que hay que omitir. Los Estados limitados territorialmente son, es cierto, infinitos en número y tienen constituciones y leyes diversas, de ninguna manera semejantes, ya que cada uno ha inventado nuevas costumbres y usos... De esta suerte, las distintas constituciones se convirtieron en suplementos de la ley natural única» [111].

A través del reconocimiento que Platón le otorga a regañadientes en su última época, y de la total aprobación por parte de Aristóteles, el *nomos,* que en los sofistas había significado el concepto opuesto al de *physis,* se eleva ahora, de nuevo, desde esta valoración ínfima, a la majestad de que la había rodeado Píndaro en su himno a la ley como rey: «La ley es el rey sobre todos los asuntos divinos y humanos. Tiene que ser la autoridad que determine lo que es moral o inmoral; es la pauta de lo justo e injusto y

[111] Crisipo, en ARNIM: *Stoicorum veterum fragmenta,* III, 323 (cit. en adelante, *SVF).* Para la traducción he tenido en cuenta NESTLE: *Die Nachsokratiker,* 1923.

prescribe a los seres sociales, por naturaleza, qué es lo que deben hacer, y les prohíbe lo que deben omitir» [112]. Se trata, empero, de un *nomos* distinto al que cantaron y del que hablaron Píndaro y Heráclito, del *nomos* alimentado por el «uno» divino y por el que el pueblo debería luchar como por sus murallas. El *nomos* estoico es, él mismo, el «uno» divino, la razón universal existente por naturaleza [113], mientras que las leyes humanas, de las que Píndaro y Heráclito hablaban, solo son ordenaciones y no pertenecen a la naturaleza. En relación con la sofística, lo único que ha cambiado es el nombre. La norma positiva no se llama ya *nomos,* sino *thesis,* pero objetivamente, lo mismo que en la sofística, aunque no lo mismo que en Heráclito, naturaleza y ordenación humana quedan radicalmente separadas. La antítesis sofística de naturaleza y ordenación humana es insertada en la concepción cosmológica—externamente aceptada—de Heráclito. Es así como surge el esquema característico para todo el Derecho natural posterior: ley universal-ley natural-ley humana, o, lo que es lo mismo: *lex aeterna, lex naturalis, lex humana.*

La ley eterna [114] o razón universal [115] es el destino o el *fatum,* es decir, el orden del ser, según el cual deviene lo devenido, nace lo que nace y llega a ser lo que llega a ser [116]; es la serie inquebrantable de las causas [117], las cuales actúan en una multiplicidad de fuerzas teleológicas seminales [118], provocando en la materia la tendencia a una conformación específica. Un determinismo teleológico penetra la visión del mundo del estoicismo.

Frente a la ley universal, el hombre no tiene más que inclinarse plenamente. El Destino guía al que se somete a él y arrastra al que intenta resistirse [119]. Dentro del acontecer universal, el hombre es comparado con el perro que va atado a la trasera de un carro; si el perro es inteligente, lo que hace es seguir dócilmente al carro; si se resiste, apoyándose en las patas de atrás, lo único que logra es ser arrastrado [120]. El comportamiento frente al acontecer universal es el criterio de los valores éticos. Los buenos siguen voluntariamente al Destino, incluyéndose así armónicamente en el

---

112 Crisipo: *SVF,* III, 314.

113 *Ibídem,* III, 308.

114 "Lex aeterna et perpetua": CRISIPO, cit. por CICERÓN: *De natura deorum,* I, 15, 40.

115 Crisipo: *SVF,* III, 913. Cicerón habla de la verdad inmutable que fluye desde toda la eternidad: "ex omni aeternitate fluens veritas sempiterna". *De divinatione,* I, 125.

116 Crisipo: *SVF,* II, 913.

117 *Ibídem, SVF,* II, 918.

118 λόγοι σπερματικοί

119 SÉNECA: *Ep.,* 107, 11: "fata volentem ducunt, nolentem trahunt".

120 Crisipo: *SVF,* II, 975.

acontecer universal; los malos, en cambio, que intentan resistirse al Destino, quieren perturbar, aunque sin éxito, el orden universal. En esta conexión, había de surgir, por primera vez, el problema de la conciliabilidad de aquel determinismo universal con la libertad individual [121].

La ley universal es también la ley de nuestra naturaleza, es decir, la ley natural en sentido estricto, ya que nuestra propia naturaleza es solo una parte de la naturaleza total. El fin supremo del hombre consiste, por eso, en llevar una vida de acuerdo con la naturaleza, es decir, una vida de acuerdo con nuestra propia naturaleza y la naturaleza total, de tal suerte que no hagamos nada prohibido por la ley general, la cual es la recta razón, que todo lo gobierna, o bien Zeus, la cabeza del gobierno universal [122]. La ley natural, en sentido estricto, es, pues, la *recta ratio,* la razón coincidente con la naturaleza humana. En este sentido estoico contrapone Cicerón la ley natural y la ley humana: «La ley verdadera es la recta razón coincidente con la naturaleza, en la que todos participan, constante y eterna, que exhorta imperativamente al deber y aparta prohibitivamente del mal... A esta ley no puede privársele de validez, no puede ser limitada ni abrogada; ni el Senado ni el pueblo pueden librarnos de nuestro deber frente a ella...; no es distinta ni en Roma ni en Atenas, ni ahora ni después, sino que abarca a todos los pueblos en todos los tiempos, como una ley única, eterna e invariable... Quien no la obedece, huye de sí mismo, y aun cuando eluda las demás penas, sufrirá la más grave de todas, como menospreciador de la naturaleza humana» [123]. La ley humana, por eso, solo en tanto es Derecho en cuanto coincide con la ley natural. «Si el Derecho fuera creado tan solo por decisiones del pueblo, por decretos de los príncipes o por sentencias de los tribunales, tendría que ser justo también el robo, el adulterio, la falsificación de testamentos, siempre que esto fuera aprobado por acuerdos de la multitud. Si se atribuye a los dichos y acuerdos de los necios tanta fuerza como para modificar la naturaleza de las cosas, ¿por qué no ordenan que se tenga por bueno y saludable lo malo y reprobable? ¿Por qué la ley, que hace de lo injusto justo, no ha de poder también hacer de lo malo bueno? Pero nosotros no podemos distinguir la ley buena de la mala por ningún otro criterio que el de la naturaleza» [124].

---

[121] Con esta aporía se ocupa, sobre todo, Crisipo, cfr. *SVF,* II, 998. De forma completamente distinta, y todavía sin problemática, ve Platón la relación entre necesidad y libertad. Cfr. *Leyes,* 904: Dios ha señalado a cada uno un lugar concreto, pero la constitución del carácter la ha dejado a la libre determinación.

[122] Crisipo: *SVF,* III, 4.

[123] CICERÓN: *De republica,* III, 22-23.

[124] Idem: *De legibus,* I, 16, 43.

De esta doctrina, Séneca extrajo la consecuencia de que la crueldad excesiva de un tirano liberaba de toda obligación frente a él, y de que, en bien de la Humanidad, era incluso un deber el eliminarlo [125]. Epicteto, en cambio, rechazaba la desobediencia y la rebelión incluso frente a leyes contrarias al Derecho natural. El filósofo, en efecto, tiene que estar dispuesto, de acuerdo con el principio de la naturaleza, a ceder en todo ante el Estado, como el más fuerte que es, reservándose solo para sí aquella esfera en que le supera, a saber: el pensamiento y los principios filosóficos [126].

Ahora bien: ¿en qué consiste ese criterio, de acuerdo con el cual debemos poder distinguir la buena de la mala ley? ¿Qué es la «naturaleza»? La respuesta a esta pregunta la da el estoicismo con su doctrina de la *oikeiosis*. *Oikeion* es aquello que nos es «consustancial», que nosotros percibimos como consustancial a nosotros mismos. La sensación más primaria del hombre es aquel amor a sí mismo derivado de la percepción de su propio ser, es decir, el instinto de conservación. Este instinto se dirige a la conservación de las «primeras cosas naturales», *prima naturae*, como salud, fuerza, forma corporal, agudeza de los sentidos, memoria, etc. Pero incluso en los animales, el instinto natural primario salta los límites del individuo y comprende también el amor a las crías. En el hombre, como ser racional, la *oikeiosis*, con mayor razón, no se limita a la propia conservación, sino que abarca, junto a los hijos, también a los demás parientes, amigos y conocidos, extendiéndose cada vez a círculos más amplios, hasta comprender la Humanidad entera. «El aprecio recíproco de los hombres es algo natural, de suerte que el hombre, solo por ser hombre, no es nunca extraño al hombre» [127]. La doctrina de la *oikeiosis* es también raíz de la idea de la Humanidad, tan característica del estoicismo. Ya Crisipo enseñaba que ningún hombre es esclavo por naturaleza [128]. En el estoicismo posterior, esta idea se fortalece, en virtud de motivos religiosos. El hombre, en tanto que ser racional, es imagen de Dios, algo sagrado para los demás hombres, enseñaba Séneca [129]. La *oikeiosis* es también el fundamento natural de toda sociedad humana, determinando e impulsando naturalmente al hombre a la constitución de comunidades; el hombre es un ζῷον κοινωνικόν, no solo πολιτικόν.

Para el estoicismo, empero, que sigue aquí a Aristóteles, la naturaleza «en sentido propio» se encuentra en la situación en que el hombre se halla

---

125 SÉNECA: *De beneficiis*, VII, 19, 4 y sgs., y 20.
126 EPICTETO: I, 29, 9 y sgs.; III, 24, 107; IV, 7, 30 y sgs.
127 Crisipo en CICERÓN: *De finibus*, III, 19, 62.
128 Crisipo: *SVF*, III, 352.
129 SÉNECA: *Ep.*, 95, 33.

a la conclusión de su proceso de desenvolvimiento, es decir, una vez llegado a la meta de su destino «natural». Esta meta es la razón, que el hombre alcanza aproximadamente a los catorce años. La razón es el bien característico del hombre en tanto que hombre, mientras que todo lo demás lo tiene en común con las plantas y los animales [130]. La meta final de la naturaleza humana, su bien supremo y el contenido de toda virtud se encuentra, por ello, en la soberanía de la razón. Zenón, el fundador de la escuela, trató de dar expresión a este fin último con la proposición «vivir en coincidencia consigo mismo», ὁμολογουμένως ζῆν, es decir, vivir de acuerdo con la razón. Para los griegos, empero, era difícil la elucidación etimológica de la palabra ὁμολογουμένως, razón por la cual el griego Cleantes transformó la proposición de Zenón en la fórmula de igual significación: «Vivir de acuerdo con la naturaleza.»

Ahora bien: ni con esta última ni con la primera fórmula se dice mucho objetivamente. Mayor contenido tiene la proposición corriente entre los estoicos, de que solo la virtud es un bien, y solo ella basta para la felicidad. «Todo cuanto existe es o un bien, o un mal, o algo indiferente, *adiáforo*. Bien es la virtud, y todo lo que de ella participa, y mal el vicio. Indiferentes son la vida y la muerte, el honor y el deshonor, el placer y el dolor, la riqueza y la pobreza, la salud y la enfermedad» [131]. En estas palabras da expresión Zenón a la idea ética fundamental del estoicismo. Con el fin de hacer al individuo independiente de todos los acasos de la vida exterior, concentra todo valor en el interior del hombre, en su voluntad ética y en su actitud moral. El éxito externo de nuestro obrar es indiferente. «El criminal es ya criminal antes de mancharse las manos con sangre, y sólo por tener la intención de robar y de matar. La maldad no comienza con la acción, sino que no hace más que revelarse en ella» [132]. Todo lo exterior que no se halla en nuestro poder, cuenta entre las cosas indiferentes. «De todo lo que existe, Dios ha puesto unas cosas en nuestra mano y otras no. En nuestra mano ha puesto lo más hermoso y más importante, aquello que constituye su propia felicidad: el pensamiento. En él radica, si se le utiliza adecuadamente, la libertad, el curso bello de la vida, la paz del ánimo, la dicha y, también, el Derecho y la ley, el dominio de sí mismo y toda la virtud. Nada de lo demás lo ha puesto Dios en nuestra mano. Por eso, debemos obrar de acuerdo con la voluntad divina, dividiendo las cosas de tal manera que tratemos de hacer nuestro, por todos los medios,

---

130 SÉNECA: *Ep.*, 76, 9 y sgs.
131 Zenón: *SVF*, I, 190.
132 Cleantes: *SVF*, I, 580.

lo que depende de nosotros, mientras que lo que no depende de nosotros debemos confiarlo al orden universal, abandonándolo voluntariamente a su curso, bien sean nuestros hijos, nuestra patria, nuestra vida o cualquier otra cosa» [133].

Surgido en una época en que la libertad ciudadana era absorbida por el despotismo de los diadocos, o bien—después de los años tranquilos del estoicismo medio bajo la república romana—entregada a la arbitrariedad de los emperadores romanos, el estoicismo ofrecía a los hombres una concepción del mundo en la que el individuo aparecía oprimido por doquiera por potencias irresistibles, tratando, por eso, de hacerle independiente de todos los bienes exteriores y concentrándole en su mundo interior. Bajo este sentimiento vital de hallarse a merced de fuerzas superiores, el hombre solo podía salvar para sí un reino propio, por la independización de todos los bienes externos y por el punto de vista de la absoluta autarquía de la virtud. Este punto de vista, empero, tenía que fallar en todos los problemas concretos del obrar práctico. «Si no fuera posible ninguna distinción valorativa entre las cosas necesarias a la vida, esta misma sería presa del desorden» [134].

El formalismo de una ética de la actitud interna, que solo indica cómo ha de obrarse, fracasa ante la sencilla cuestión de qué es lo que hay que hacer. Los estoicos se vieron forzados, por eso, a hacer concesiones. Y así, distinguieron, dentro de las cosas indiferentes, *adiáfora,* entre aquellas que son, en realidad, verdaderamente indiferentes y aquellas que, al menos para nuestra naturaleza física, revisten alguna importancia. Estas últimas no son, es cierto, bienes o males en sentido estricto, pero sí cosas «deseables» o «reprobables» [135], como salud, riqueza, honor, fuerza, y sus opuestos. Estos bienes relativos son las «primeras cosas naturales», las cuales aparecen aquí, de nuevo, después de haber sido rechazadas radicalmente en la determinación de la naturaleza racional del hombre y sus valores. Entre las acciones de la virtud perfecta y absoluta, cuyo valor radica en la pura actitud moral, independientemente de toda consecuencia [136], y las acciones opuestas, malas moralmente, los estoicos sitúan así la zona de las acciones «medias», nacidas de la preocupación por los bienes relativos de nuestra existencia «natural», es decir, la esfera de las primeras cosas naturales. De esta manera surgen las obligaciones medias, las cuales, según

[133] MUSONIO RUFO: *Stobaeus Eclog.* (Wachsm.), II, 8, 30.

[134] CICERÓN: *De finibus,* III, 15, 50.

[135] Literalmente, "rechazado". La locución, poco griega, de Zenón la traduce Cicerón por "reiecta".

[136] CICERÓN: *De finibus,* III, 32.

la definición de Zenón, se nos hacen presentes en el curso de la vida, y cuyo cumplimiento está justificado fundadamente [137], es decir, acciones acordes con la organización de nuestra naturaleza [138].

Ahora bien: ¿acordes con qué naturaleza? No con la naturaleza racional, sino con la naturaleza física. Aquí salta a la vista la multivocidad del concepto estoico de naturaleza. Los estoicos habían partido de la naturaleza física, del instinto de conservación de la *oikeiosis* y de los valores pertenecientes a ella, es decir, de las «primeras cosas naturales»; habían trazado después, con el uso de la razón, hacia los catorce años de edad, una cisura radical, situando la naturaleza del hombre solo en la razón, viendo su fin únicamente en la virtud, y rechazando todas las primeras cosas naturales como indiferentes, *adiáfora.* Ahora, empero, cuando se trata de la orientación concreta en la vida, surge, de nuevo, la naturaleza física del hombre con todos los bienes antes rechazados.

Ya la crítica en la Antigüedad, especialmente el agudo académico Carnéades—hacia el 150 a. de C.—, aludió a esta contradicción, aduciendo argumentos de validez permanente contra la utilización del concepto de naturaleza y contra el formalismo en la ética [139].

Carnéades puso de manifiesto el doble concepto de naturaleza con el que los estoicos laboraban, al considerar las cosas naturales, de las que habían partido para determinar la *oikeiosis,* como *adiáfora* para el hombre adulto, y que en nada contribuyen a la consecución de los fines de su vida. Cuando Zenón, empero, establece dentro de las *adiáfora* distinciones entre los bienes deseables y los reprobables, lo que hace es traer de nuevo a escena los bienes exteriores y corporales antes rechazados. Ahora bien: si el obrar concreto debe referirse a cosas que no pueden contribuir en nada a la consecución del fin supremo del hombre, ello significa, o bien que se establece un doble fin para la vida, o bien que se acepta para el obrar práctico un punto de referencia distinto al del fin supremo. Tanto en el uno como en el otro caso, se hace así imposible para el hombre una vida unitaria [140].

Para eludir esta contradicción, el estoico Diógenes formuló de nueva manera la idea del fin supremo: el fin consiste en la adecuada elección de las cosas naturales. Pero también contra esta fórmula podía argumentarse fácilmente que toda elección adquiere sentido y significación solo por el

---

[137] Zenón: *SVF,* I, 230.

[138] *SVF,* III, 493 y sgs.

[139] Sobre ello y lo que sigue, cfr. la exposición de la polémica en torno a la fórmula estoica del fin en Pohlenz: *Die Stoa,* 1948, 178 y sgs.

[140] Plutarco: *De communibus notitiis,* 1071 (147).

objeto que ha de ser elegido. Ahora bien: si el objeto de la elección no es un bien, sino indiferente para el fin supremo, es imposible que la mera elección nos suministre un fin para la vida. Los estoicos, decía Carnéades, invierten la relación entre medios y fin. De ser exacta la fórmula estoica acerca del fin, habría que decir también que el fin de la medicina es la cura, pero no el restablecimiento de la salud [141].

Los estoicos (Antipáter) trataron de salir al paso de este argumento, estableciendo una distinción entre el fin último del hombre, el cual solo puede hallarse en la actividad racional como tal, y el objetivo material de esta actividad. Así como el arquero tiene como objetivo el blanco, mientras que su fin último es el logro de la puntería, así también el arte de la vida tiene como objetivo las cosas naturales, mientras que su fin último es el obrar adecuado en cuanto tal. Una comparación a la que podía contestar irónicamente Carnéades diciendo que era una idea harto extravagante la de un arquero empeñado toda su vida en aprender a apuntar bien, sin que nunca tenga importancia el dar en el blanco [142]. Si no se atribuye ningún valor propio a las cosas naturales, situando todo valor en el acto de la elección, el argumento entero se convierte en un círculo vicioso: el fin supremo de la vida consiste en la adecuada elección de cosas que solo por la elección adquieren un valor [143].

Todos los valores referidos a un acto tienen, en efecto, un sentido, solo si se presupone la existencia objetiva de valores materiales. La decisión y la acción éticas son únicamente posibles si la persona puede presuponer como valioso objetivamente el fin por el que se decide y para cuya consecución actúa. Allí, en cambio, donde el fin es presentado como indiferente en principio y desprovisto de valor propio, pierde también todo valor el acto subjetivo, quedando en pie tan solo la forma vacía y desprovista de sentido del obrar por el obrar mismo. La ética estoica y su Derecho natural se hallan así también, desde un principio, bajo el peso de un dilema insoluble: en tanto que quiere hacer al hombre independiente de todas las potencias exteriores, tiene que hacer radicar todo valor en el acto y en la voluntad pura, que es lo único que se halla en nuestro poder, pero con ello cae en el rigorismo y formalismo de una ética vacía de la actitud interna. En tanto, empero, que quiere señalar a la vida fines objetivos del obrar, surgen con los bienes exteriores las «primeras cosas naturales», y con ello toda la multivocidad de la naturaleza empírica del hombre. Sobre esta, em-

---

141 CICERÓN: *De finibus,* V, 16; PLUTARCO: *De communibus notitiis,* 1071 (148).
142 CICERÓN: *De finibus,* III, 22; PLUTARCO: *De communibus notitiis,* 1071 (148).
143 PLUTARCO: *De communibus notitiis,* 1072 d.

pero, no puede edificarse ningún orden axiológico material objetivo. De esta suerte, el Derecho natural del estoicismo pende, desde un principio, sobre el vacío.

No obstante, al estoicismo le corresponde el mérito de haber profundizado, de una manera desconocida en la Antigüedad, el valor ético-subjetivo del acto humano, al enraizar este, no solo en el dominio de sí, enseñado por Sócrates, ni tampoco exclusivamente en la autarquía, es decir, en el bastarse a sí mismo y en la independencia del éxito exterior [144], sino en la responsabilidad ante una propia instancia interior: ante la conciencia [145]. Después de atribuir a todo hombre, con el concepto subjetivo y aplicado individualmente de la recta razón [146], un propio elemento de juicio para discernir entre lo justo y lo injusto, Séneca describe este elemento de juicio como el observador secreto y el vigilante de todo lo que es bueno y malo en nosotros, como la *conscientia* [147], situando esta facultad por encima de todo juicio externo. «No quiero hacer nada por razón de opiniones extrañas, sino solo por razón de mi conciencia» [148]. «El que más valora la virtud es aquel que renuncia a su buena fama para mantener en paz su conciencia» [149]. En estas frases, la independencia de la moralidad subjetiva llega, en un grado desconocido a la Antigüedad, hasta las proximidades de la autonomía moral, de la libre autovinculación al valor ético reconocido como tal por el sujeto.

En estrecho contacto con el concepto de la conciencia se encuentra el problema de la cognoscibilidad del Derecho natural. La gnoseología sensualista de los estoicos había comparado el alma, en el momento del nacimiento, con una *tabula rasa,* sobre la que la percepción de los sentidos va trazando los primeros caracteres [150]. Según esta doctrina, las ideas éticas se constituyen en virtud de analogías extraídas de las experiencias axiológicas sensibles, en tanto que de estas, como, p. ej., de la experiencia de la salud corporal, se sacan consecuencias dirigidas a las experiencias anímicas; así, aquí, p. ej., consecuencias sobre la «salud» del alma [151]. Las presuposiciones para estas deducciones analógicas las recibimos de la natura-

---

[144] Sobre estos conceptos, cfr. *SVF,* III, 272, 276.

[145] Sobre la importancia del estoicismo para el desarrollo del concepto de la conciencia, cfr. POHLENZ: *Die Stoa,* I, 317, 377, y II, 158, 184.

[146] En el concepto de la recta razón se oculta, desde un principio, la doble significación de la ley racional objetiva y de la evidencia racional subjetiva.

[147] SÉNECA: *Ep.,* 41, 2.

[148] Idem: *De vita beata,* 20, 2, 5.

[149] Idem: *Ep.,* 81, 21.

[150] Crisipo: *SVF,* II, 83.

[151] SÉNECA: *Ep.,* 120.

leza, la cual no ha situado en nosotros la ciencia misma, pero sí los «gérmenes de la ciencia» [152].

La idea de los «gérmenes para la virtud», *semina virtutum,* innatos en nosotros, fue ampliada por Cicerón—por una tosca psicologización de la «*anamnesis* platónica» [153]—, llegando a la conclusión de que las ideas éticas fundamentales nos son innatas como conceptos insignificantes, *parvae notitiae* [154], de tal suerte que vienen a constituir algo así como nuestra «luz natural» o *lumen naturae* [155]. Y justamente por ser estas ideas innatas a todos los hombres, la coincidencia de todos ellos, el *consensus omnium* acerca de conceptos morales, tiene que ser la «voz de la naturaleza» y, por tanto, la voz de la verdad [156].

Esta doctrina de Cicerón es de enorme significación para el desarrollo ulterior del Derecho natural, teniendo en cuenta, sobre todo, que, más tarde, en el cristianismo, las palabras paulinas de la ley (mosaica) escrita en el corazón de los paganos *(Ep. Romanos,* II, 15) podían aplicarse fácilmente al Derecho natural. Su inconmensurable significación metódica se encuentra en el hecho de sustituir las proposiciones objetivas sobre el contenido del Derecho natural por criterios subjetivos, como, p. ej., la «luz natural», el «consenso común». Las proposiciones objetivas sobre el contenido del Derecho natural no van más allá de generalidades formales, a no ser que se apele a la naturaleza empírica, con lo cual, a la vez, ya no se tienen proposiciones de validez *a priori.* La doctrina, empero, de que las proposiciones del Derecho natural son ideas innatas, ofrecía, en cambio, la fundamentación metódica para que cada uno pudiera tener sus convicciones éticas como Derecho natural objetivo. Sin la identificación de la «voz en mi pecho» con la «voz de la naturaleza», el Derecho natural apenas si hubiera podido alcanzar el amplio reconocimiento logrado por él en todas las épocas. No hace falta más que comparar con esta doctrina la convicción de Platón, el descubridor de la teoría de las ideas, de que, en último término, solo unos pocos, los filósofos, son capaces de intuir las ideas.

De otra parte, el desplazamiento del Derecho natural, como idea innata, en el pecho de cada uno, había de traer consigo la trascendental con-

---

[152] SÉNECA: *Ep.,* 120. Sobre la cuestión de si los estoicos aceptaban conceptos innatos y qué significación correspondía aquí a los ἔμφυτοι προλήψεις de Crisipo, cfr. POHLENZ: *Die Stoa,* I, 58 y 7gs.

[153] Esta es la interpretación mítica del conocimiento *a priori* como recuerdo de las ideas contempladas antes del nacimiento, en el *Menón.*

[154] CICERÓN: *De finibus,* V, 21, 59. *Tusc.,* I, 24, 57. Cfr. también *De legibus.* I, 16, 44

[155] Idem: *Tusculanos,* III, 1, 2.

[156] *Ibídem,* I, 13, 30; 15, 35.

secuencia de hacer imposible la ignorancia del Derecho natural y, por tanto, la apelación a ella como disculpa para su incumplimiento. «Quien no lo conoce, bien esté escrito o no, es un hombre injusto» [157]. La proposición de Aristóteles de que la ignorancia del Derecho natural no exime nunca de culpa queda así cimentada con la teoría de las ideas innatas, sin que pueda echarse de ver una clara línea distintiva. Solo en la Edad Media trazará Santo Tomás esta divisoria.

[157] CICERÓN: *De legibus*, I, 15, 42.

CAPITULO II

EL DERECHO NATURAL CRISTIANO-MEDIEVAL

1. El tránsito al mundo cristiano: San Pablo y San Agustín

El genio griego había impreso al Derecho natural, criatura suya, su sello propio, incluso allí donde fuerzas procedentes del helenismo y del mundo romano, es decir, no griegas, habían colaborado en la erección del edificio del iusnaturalismo. El Derecho natural griego-romano se divide, es cierto, en dos teorías radicalmente opuestas. Al Derecho natural existencial de la sofística, que había encontrado su más extrema formulación en la doctrina de la fuerza de Calicles, y que, todavía en la época romana, encuentra, con el académico Carnéades[1], un elocuente defensor, se le opone, por Platón y Aristóteles, una contraposición idealista que, en la versión que le da el estoicismo, va a determinar decisivamente el destino ulterior de la doctrina iusnaturalista. Y, sin embargo, pese a su profunda oposición, ambas doctrinas son hijas del mismo espíritu, de un espíritu que presta a las dos el mismo carácter, a la una en sentido positivo, y a la otra en sentido negativo, a saber: la preponderancia de la razón sobre la voluntad, o lo que se acostumbra designar como el «intelectualismo» griego.

En toda auténtica decisión se oculta siempre un «plus» frente a lo que puede analizarse racionalmente, un acto de audacia que la voluntad lleva a cabo, sin que la razón apoye total y absolutamente todos los extremos de la decisión. Lo que caracteriza el intelectualismo es que, o bien ignora esta audacia de la decisión, considerándola simplemente como resultado de la reflexión, o bien que, separando a la decisión de la función racional, la refiere a los meros instintos, incorporándola así al estrato animal del hombre. En los dos casos queda ignorada la función específica de la voluntad en el acto de la decisión, bien por disolver totalmente la voluntad en la «razón», o bien por disolverla en el «instinto». Este intelectualismo se echa

---

[1] En el año 155 a. de C. pronunció en Roma su famosa conferencia, en la que justificaba la teoría de la fuerza con el ejemplo de la política de conquista romana. Cicerón: *De republica,* III, 12, 21 y sgs.

de ver en el pensamiento griego, incluso en las mismas raíces de su idioma.

Pohlenz y Snell [2] han llamado la atención sobre el hecho de que el idioma griego no posee ninguna palabra para designar el querer como acto puro y, consecuentemente, ninguna tampoco para la voluntad como función anímica específica. De los dos verbos griegos que expresan la función anímica activa, el ἐθέλειν designa la disposición para realizar algo, especialmente por sugestión ajena, mientras que la propia actividad espontánea es expresada por la palabra βούλεσθαι. Esta última, empero, alude ya, en su misma raíz, βουλή, a la actividad intelectual de la reflexión y deliberación [3]. La voluntad espontánea es, pues, en griego, o bien una función de la reflexión y del pensamiento, o puro instinto ciego. Lo que nosotros llamamos voluntad, dice Snell, es algo que los griegos captan, o bien desde el lado del movimiento afectivo, o bien desde el lado del conocimiento.

Este «intelectualismo» se refleja fielmente en el Derecho natural griego. El Derecho es, o función de verdades racionales eternas, o imposición física de carácter vital e instintivo. En los dos casos se ignora la peculiaridad específica del acto volitivo. En el Derecho natural ideal la voluntad es solo la ejecutora de las posibilidades ideales predeterminadas por el logos desde toda una eternidad; en el Derecho natural existencial la voluntad, en cambio, desaparece, absorbida por el instinto ciego. En la mentalidad intelectualista no hay lugar ni para la impenetrabilidad racional de la decisión en la situación concreta, ni para la libre creación de nuevas posibilidades en la decisión volitiva. Hasta qué punto este intelectualismo considera el acto volitivo creador como una mácula de la perfección racional, lo pone de manifiesto de la mejor manera el argumento con el que Aristóteles rechaza la idea de una creación del mundo de la nada. «El mundo no ha llegado a ser, porque una obra tan maravillosa no podía haber tenido su comienzo en una decisión de voluntad» [4]. Por eso ha podido decir H. Meyer, con razón, que el Dios de Aristóteles no posee voluntad. Pero también, para Platón, según podemos ver en el *Timeo,* Dios es solo el arquitecto del Universo, que hace realidad el mundo según ideas que le están supraordenadas.

Al Derecho natural idealista, representativo del espíritu griego, tenía,

---

[2] POHLENZ: *Der hellenische Mensch,* 1947, págs. 210 y sgs., 304 y sgs. SNELL: *Die Entdeckung des Geistes,* 1948, pág. 173.

[3] La palabra para decisión, γνώμη, muestra aún más claramente su procedencia intelectualista: γιγνώσκω. (Esta observación la debo a mi colega el profesor Latte.)

[4] CICERÓN: *Acad. priora,* II, 119.

por eso, que faltarle su polo opuesto; y siguió faltándole incluso cuando penetró en el mundo cargado de voluntad del Imperio romano. Es un testimonio impresionante de la fuerza del espíritu griego, que las ideas iusnaturalistas de los romanos se adaptaran al intelectualismo griego. Lo cual no quiere decir que en el Derecho natural romano, especialmente en los últimos estoicos, no se encuentren huellas claras de una mentalidad voluntarista. «¿Qué es sabiduría?», se pregunta Séneca, para responder a continuación: «Querer siempre lo mismo, y dejar de querer también siempre lo mismo. Esta fórmula no precisa siquiera la adición restrictiva de que lo que se quiere debe ser lo recto, ya que es imposible que a uno le agrade siempre la misma cosa, sin que esta cosa sea también recta» [5]. Lo justo se convierte aquí en función de una voluntad constante, y la prueba de la justeza se extrae de la constancia con la que se quiere algo. No el intelecto, sino la voluntad, tiene aquí la preeminencia.

Los nuevos y decisivos impulsos, sin embargo, los aporta, por primera vez, el cristianismo, junto con el mundo de ideas judaico del Antiguo Testamento. El Dios de la Biblia es creador del mundo y legislador de los hombres; pero no como el Dios de Platón, solo un demiurgo, ni tampoco como el Dios délfico, solo el consejero moral de los hombres. Dios ha creado, más bien, el mundo de la nada, estableciendo las normas que separan lo justo de lo injusto. Ante Dios son otras fuerzas que las de la inteligencia y el conocimiento las que se hacen valer. «¿Dónde está el sabio? ¿Dónde el letrado?... Pues por no haber conocido el mundo a Dios, en la sabiduría de Dios por la humana sabiduría, plugo a Dios salvar a los creyentes por la locura de la predicación» *(Ep. a los Corintios,* I, 20-21). No al sabio, sino al pobre de espíritu, le promete Jesús la bienaventuranza. La predicación de la Cruz es para los judíos un escándalo, y para los griegos una locura *(Ep. a los Corintios,* I, 24). Las palabras de San Pablo contra la justicia legalista de los judíos no están menos dirigidas contra la búsqueda griega de la idea eterna de la justicia, a la que el mismo Dios debería estar vinculado. «Porque, ignorando la justicia de Dios y buscando afirmar la propia, no se sometieron a la justicia de Dios» *(Ep. a los Romanos,* 10, 3). La justicia divina no puede estar vinculada ni a una ley ni a una idea precedente de lo bueno y lo malo «para que el propósito de Dios, conforme a la elección, no por las obras, sino por el que llama, permaneciese *(Ep. a los Romanos,* 9, 12). Frente a Dios no hay nada que pueda obligar o vincular su voluntad; ninguna obra, ninguna acción moral, le fuerza a ser misericordioso, sino que más bien tiene misericordia de quien tiene mi-

---

[5] SÉNECA: *Ep.,* 20.

sericordia y se compadece de quien se compadece *(Ep. a los Romanos,* 9, 15). «¿Quién puede resistir a su voluntad?» *(Ep. a los Romanos,* 9, 19). ¿Cómo puede el hombre exigir algo de El? «¡Oh hombre! ¿Quién eres tú para pedir cuentas a Dios? Acaso dice el vaso al alfarero: ¿por qué me has hecho así?» *(Ep. a los Romanos,* 9, 20). San Pablo es el apóstol de la libertad absoluta, inmotivada, de Dios. La voluntad divina no tiene otro fundamento para querer como quiere, sino justamente el que El así lo quiere. El fundamento de su decisión se encuentra exclusivamente en El, no en una ley cualquiera o en verdades eternas, basado en las cuales el hombre puede esperar o incluso exigir algo de El. Lo que Dios da, lo da en plena libertad y solo como gracia. Detrás de todas las decisiones de la voluntad divina se encuentra como posibilidad real existente en todo momento la *potentia dei absoluta,* para la salvación o condenación de los hombres. Y, sin embargo, «Dios nos encerró a todos en la desobediencia, para tener de todos misericordia» *(Ep. a los Romanos,* 11, 32). El obrar real de Dios no es la arbitrariedad caprichosa de un tirano, sino misericordia de la criatura y justificación de aquel que cree *(Ep. a los Romanos,* 10, 4). Este obrar real de Dios no puede explicarse por una penetración intelectiva en conexiones axiológicas de necesidad ideal, sino que puede solo experimentarse por el hecho histórico de la muerte en la cruz de su Hijo. Frente a este hecho se viene abajo la sabiduría del mundo. Aunque a los griegos les parezca locura la predicación de la cruz, en realidad solo ella da testimonio de la justicia de Dios, de su misericordia y de su amor por sus criaturas. La justicia de Dios no se encuentra en esencialidades ideales, sino solo en la decisión inmotivada de la voluntad divina, una decisión sustraída a toda penetración intelectiva [6].

Solo podía ser una cuestión de tiempo cuándo habían de extraerse para el Derecho natural las consecuencias de esta idea paulina de Dios. Y, sin embargo, pasó mucho tiempo hasta que, en la Alta Edad Media, Duns Escoto, moviéndose dentro del espíritu paulino, opusiera al Derecho natural idealista griego la respuesta cristiana voluntarista. Por de pronto, chocaron en los amplios ámbitos del mundo romano las dos potencias espirituales, la herencia de la Antigüedad clásica y el mensaje cristiano. Al cruzarse y penetrarse, sin embargo, recíprocamente, era inevitable que al Evangelio se incorporara por mano de los cristianos paganos ideas de origen helénico. Nada más fácil, p. ej., que entender en sentido griego-ideal las expresiones tan frecuentes en el Evangelio de la sabiduría y la verdad divinas. Cuando, sobre todo en el prólogo al Evangelio de San Juan, al referirse al

---

[6] Cfr., sobre todo ello, PAUL ALTHAUS: *Der Brief an die Römer.*

relato de la creación según el Antiguo Testamento, se habla del *logos,* de la palabra, no de la «razón» divina, como creador del mundo, los cristianos paganos tenían que entender el *logos* en el sentido griego, es decir, como razón divina [7]. De esta suerte, el mundo de ideas griegas penetró, silenciosamente y por sí mismo, en el Evangelio.

A la vez, empero, y en sentido opuesto, también el mundo antiguo se transformó bajo el influjo de las ideas bíblico-cristianas. Ya en la metafísica neoplatónica pagana se echa de ver la influencia de la idea mosaica de la creación, en una voluntarización paulatina de la visión del mundo, determinada por el *Timeo* platónico [8]. En términos generales, puede decirse que la polémica entre la idea judeo-cristiana de la creación y los demiurgos platónicos fomentó grandemente la voluntarización de la noción divina, tanto en el pensamiento neoplatónico-pagano como en el pensamiento cristiano primitivo. En el siglo IV este proceso se halla en pleno desarrollo. La voluntarización se extiende también a la idea del *logos.* Según Mario Victorino, neoplatónico convertido al cristianismo, el *logos* es la voluntad de Dios, el ser divino consiste en una voluntad de Dios respecto a sí mismo, y Cristo es la voluntad del Padre. Incluso las ideas mismas son interpretadas por Dionisio Areopagita como manifestaciones de la voluntad de Dios (θεῖα θελήματα) [9].

De esta suerte, se hallaba bien preparado el suelo sobre el que San Agustín (354-430) había de llevar a cabo el hecho histórico de combinar la herencia antigua y la buena nueva cristiana en aquella unidad llena de tensión, a la que, desde entonces, debe su fuerza vital el occidente cristiano.

También en el campo del Derecho natural es San Agustín quien transmite todos aquellos elementos esenciales, cuya interna contradictoriedad había de impulsar en los siglos siguientes el desarrollo de la doctrina iusnaturalista. Del neoplatonismo, toma la teoría platónica de las ideas. Las ideas son ciertas primeras formas o conceptos de las cosas, eternas e inmutables, siempre iguales a sí mismas, de acuerdo con las cuales Dios ha creado el mundo. Las ideas son las leyes del gobierno universal, de las cuales dependen el orden y toda la seguridad del Universo, y según las cuales, como bajo un guía infalible, todo lo mutable sigue su curso temporal [10]. Siguiendo también al neoplatonismo, las ideas que en Platón se situaban en un lugar

---

[7] Cfr. BÜCHSEL: *Das Evangelium nach Johannes,* págs. 26 y sgs.

[8] Sobre ello y lo que sigue, cfr. E. BENZ: *Marius Victorinus und die Entwicklung des abendländischen Willensmetaphysik,* 1932.

[9] La palabra casi desconocida en el griego clásico, θέλημα, "voluntad", encuentra amplia utilización en el idioma del Nuevo Testamento.

[10] SAN AGUSTÍN: *De diversis quaestionibus,* 83, qu. 46, "de ideis".

supraceleste son situadas por San Agustín en el espíritu de Dios. ¿En qué otro lugar podríamos imaginarnos estas ideas, a no ser en el espíritu divino? Cuando Dios creó las cosas, en efecto, no dirigió la mirada a modelos situados fuera de su espíritu; esta suposición sería en sí una blasfemia. Al contrario, todos los modelos mentales, según los cuales pueden ser o han sido creadas las cosas, están contenidos en el espíritu divino, y como todo lo que se encuentra en este es eterno e inmutable, hay ideas y son verdaderas, porque son eternas y permanecen inmutables [11]. En estas palabras es de notar que San Agustín no solo convierte las ideas en pensamientos de Dios, sino que fundamenta la eternidad e inmutabilidad de aquellas, no desde sí mismas, sino por su pertenencia al espíritu divino. El conocimiento de Dios, dice una vez en otro lugar [12], no depende de la existencia de las cosas, sino, al contrario, la existencia de las cosas del conocimiento de Dios, una concepción que recuerda a la teoría de la inteligencia productiva de Dios en Duns Escoto, y que introduce así en la teoría platónica de las ideas un momento «voluntarista» ajeno a ellas.

Si con la recepción de la teoría de las ideas parece abrirse una brecha para la entrada del idealismo y el intelectualismo griegos, pronto van a avanzar al centro del pensamiento agustiniano motivos no intelectualistas, sino voluntaristas. Se ha hablado, y no sin razón, de un primado de la voluntad sobre el intelecto en la doctrina de San Agustín [13]. Así como, según él, el acto del conocimiento es puesto en acción por la voluntad, de tal manera que la atención, la reflexión y la reproducción de representaciones, el juicio y la deducción dependen de un «querer conocer», así también, y en mayor medida, la voluntad es el principio del obrar práctico. Solo la voluntad es valorable éticamente, y solo en ella hunde el mal sus raíces. Mientras que, según el intelectualismo griego, la voluntad sigue necesariamente al conocimiento—*omnis malus ignorans*—, para San Agustín, la voluntad es libre, lo mismo frente a motivos internos que externos, poseyendo la fuerza necesaria para aceptarlos o rechazarlos. La voluntad es la capacidad de apetito no sometido a ninguna necesidad [14], razón por la cual, y aun cuando puede inclinarse al mal, ha de ser considerada en sí como un bien [15]. Tanto en el conocer como en el obrar, la voluntad constituye el

---

11 San Agustín: *loc. cit.*

12 Idem: *De trinitate,* XV, 13.

13 Kahl: *Die Lehre vom Primat des Willen bei Augustinus, Duns Scotus und Descartes* (tesis de la Univ. de Estrasburgo), 1886. O. Zanker: *Der Primat des Willens über den Intellekt bei Augustin,* 1907.

14 San Agustín: *De duabus animabus,* XII, 6: "cogente nullo".

15 Idem: *De libero arbitrio,* 2, B, XVIII, 47.

núcleo del hombre. «La voluntad se encuentra en todos los movimientos anímicos, de tal suerte que todos ellos no son más que voluntad» [16].

Esta doctrina psicológica del libre arbitrio es insertada, empero, por San Agustín dentro del marco de un amplio sistema metafísico y teológico, desarrollado por él en lucha contra el pelagianismo. Partiendo del libre arbitrio, Pelagio había llegado en lo esencial a una teoría ética puramente teológica: el hombre tiene por naturaleza la fuerza para hacer el bien. La significación de la gracia consiste tan solo en el fortalecimiento de la voluntad por la enseñanza de la ley mosaica y de la doctrina de Cristo. El Viejo y el Nuevo Testamento son las leyes de Dios que procuran claridad a la voluntad para hacer el bien y convertirse así en buena. Los malos, en efecto, lo son por las malas obras, como los buenos lo son por razón de sus buenas obras. La fe es obra de la libre voluntad, por la que el creyente merece la justificación y el perdón de los pecados.

Al combatir hasta en su raíz esta autoafirmación del hombre frente a Dios, San Agustín sitúa en Dios el principio de la voluntad, radicalizándolo aun a costa de poner en peligro la libertad del hombre, tan apasionadamente defendida por él. El pecado original de Adán nos ha hecho a todos pecadores, y solo tenemos la libertad para el mal, pero no la libertad para el bien. Solo Dios puede, por la gracia, hacernos libres para obrar el bien. Ningún mérito humano es superior a la gracia divina; esta es un libre don de Dios, independiente de todo merecimiento del hombre. Allí donde actúa la gracia divina, actúa irresistiblemente. Si no se da en todos los hombres, la razón solo puede ser que Dios no quiere la salvación de todos. Desde toda una eternidad, Dios ha destinado a unos a la salvación y a otros a la condenación. A la pregunta de por qué se ha compadecido de unos y ha condenado a otros, solo hay una respuesta: porque El así lo ha querido, *quia voluit*. La predestinación, que en San Pablo era solo una aterradora posibilidad de la omnipotencia divina, se convierte en San Agustín en terrible realidad. En San Pablo, empero, lo mismo que en San Agustín, es la máxima expresión del carácter absolutamente inmotivado y abismal de la voluntad divina. La decisión de Dios no está vinculada a ningún valor ideal anterior, a ningún merecimiento y a ninguna culpa. En esta inmotivación de la voluntad divina se hunde también la teoría platónica de las ideas.

La teoría iusnaturalista, en sentido propio de San Agustín, retrocede a segundo plano frente a las inmensas consecuencias que esta doctrina de la voluntad había de tener para el Derecho natural, consecuencias, empero,

---

[16] SAN AGUSTÍN: *De civitate Dei*, XIV, 6: "Voluntas est quippe in omnibus (motibus); imo omnes nihil aliud quam voluntates sunt."

que solo más tarde habían de ser extraídas. En su teoría iusnaturalista, sin embargo, aparece también claramente la significación de San Agustín como transmisor de la herencia de la Antigüedad, y todo el Derecho natural medieval se halla en relación de dependencia con la teoría agustiniana.

Del estoicismo toma San Agustín la división fundamental del Derecho en ley eterna, ley natural y ley temporal. La *lex temporalis,* es decir, la ley positiva y mudable, adaptada a las circunstancias del momento, solo es Derecho y solo posee fuerza vinculatoria, en tanto que deriva del Derecho eterno e inmutable [17]. Una «ley» que no es justa, no es ley [18], y no posee fuerza de obligar [19]. El justo que, por razón de su buena voluntad, obedece la ley eterna, no necesita de la ley temporal, la cual solo se impone al malo [20].

La *lex naturalis* es transcripción de la ley eterna en el alma humana, en la razón y en el corazón del hombre [21]. En San Agustín, por eso, se equipara con el principio subjetivo de la justicia, con el hábito psicológico de esta, innato en nosotros por naturaleza. Por ello la llama también *lex intima* [22], por medio de la cual Dios habla al hombre en la conciencia [23].

La *lex aeterna,* cuyo carácter esencial es la inmutabilidad [24], es definida

---

17 SAN AGUSTÍN: *De libero arbitrio,* I, 6, 14.

18 *Ibídem,* I, 5, 11.

19 Idem: *Epodos,* 105, 2, 7.

20 Idem: *De libero arbitrio,* I, 15, 31.

21 Idem: *De diversis quae,* 53, 2; *Ep.,* 157, 3, 15.

22 Idem: *Enn. in Ps.,* 57, 1.

23 Como contenido de la ley natural subjetiva, San Agustín indica el viejo proverbio popular "No hagas a otro lo que no quieras que te hagan a ti" *(De ord.,* II, 8, 25; *Ep.,* 157, 3, 15). Esta regla de prudencia práctica ha sido citada, a menudo, hasta en el Derecho natural moderno—incluso por Hobbes—como el principio supremo del Derecho natural. Como hace constar, sin embargo, PUFENDORF: *De jure naturae et gentium,* 2, III, 13, se trata de una mera consecuencia de la proposición de igualdad. Es un caso de aplicación de la justicia conmutativa, y presupone, por ello, un reparto justo de los bienes, de acuerdo con la justicia distributiva. Desde el punto de vista ético, es problemática por razón del punto de partida subjetivo—"lo que tú no quieras que te hagan"—, no solo porque significa, en el fondo, una apelación al egoísmo bien entendido, sino porque una acción no es ya moral solo porque el sujeto la tolere en sí mismo. Para hallar esta proposición de prudencia práctica no era necesario, en verdad, todo el esfuerzo del Derecho natural. DUNS ESCOTO interpretó, por eso, con su agudeza habitual, esta regla, diciendo que lo que tenía que decir era: "Lo que debéis querer, de acuerdo con el recto juicio de la razón..." *(Ox.,* IV, d. 21, qu. 2, n. 8). Aquí, empero, se pone de manifiesto cuán vacía es la fórmula, ya que no nos dice nada acerca de lo que se debe querer de acuerdo con la recta razón. Cfr., no obstante, H. REINER: *Z. t. phil. Forsch VI* (1948-1949), páginas 74 y sgs., y en sentido crítico, H. KELSEN: *Reine Rechtslehre,* 2. Aufl., páginas 367 y sgs.

24 SAN AGUSTÍN: *De libero arbitrio,* I, 6, 14 y sgs.

por San Agustín como «razón o voluntad divinas, que nos manda observar el orden natural y nos prohíbe perturbarlo» [25]. El orden natural, que constituye el contenido de la *lex aeterna,* es el orden divino de la creación. «Dios ordenó e hizo todo, y ordenó a la criatura en grados, de la tierra al cielo, de las cosas visibles a las invisibles, de las mortales a las inmortales. Esta conexión de lo creado, esta belleza ordenadísima, que asciende de lo ínfimo a lo supremo, y desciende de nuevo de lo supremo a lo ínfimo, en ningún punto interrumpida, y, sin embargo, dividida en partes diferentes, toda ella alaba a Dios» [26]. La ley eterna estoica es así modificada fundamentalmente: en lugar del *fatum,* aparece ahora el orden de la creación divina, en el cual San Agustín ha descrito paradigmáticamente, para toda la época siguiente, la idea metafísica primaria medieval de la estructura gradual del Universo. Pero, no obstante, una cuestión queda todavía en pie: ¿es este orden de la creación divina una emanación racional en el sentido del neoplatonismo, o es obra de la voluntad de Dios?

En la definición agustiniana del Derecho natural aparecen todavía armonizadas ambas posibilidades: *ratio divina vel voluntas Dei,* razón o voluntad divinas. La duda queda también sin resolver en las reflexiones de San Agustín sobre cuestiones aisladas del Derecho natural. En su escrito *Sobre el libre arbitrio,* compuesto por él antes de su polémica con Pelagio, escribe, p. ej., que el adulterio no es malo por estar prohibido por la ley, sino que está prohibido por la ley por ser malo [27]; es decir, que el valor ético precede a la decisión de la voluntad, a la prohibición. En otro lugar, empero, se dice que nada hay que sea pecado, si no está prohibido por Dios [28]. O bien: solo merece censura y condenación aquel que ha obrado contra una prohibición [29]. Es decir, que aquí es justamente la prohibición una decisión de voluntad: la presuposición para la calificación ética negativa de una acción. Cuando, en la alta Edad Media, estalla en toda su fuerza

---

[25] SAN AGUSTÍN: *Contra Faustum,* XXII, 27: "Ratio divina vel voluntas Dei ordinem naturalem conservari jubens, perturbari vetans."

[26] Idem: *Enn. in Ps.,* 144, 13: "Deus ordinavit et fecit omnia... et gradibus quibusdam ordinavit creaturam a terra usque ad coelum, a visibilibus ad invisibilia, a mortalibus ad immortalia. Ista contextio creaturae, ista ordinatissima pulchritudo, ab imis ad summa conscendens, a summis ad ima descendens, nusquam interrupta, sed dissimilibus temperata, tota laudat Deum."

[27] Idem: *De libero arbitrio,* I, 3, 6: "Non sane ideo malum est, quia vetatur lege; sed ideo vetatur lege, quia malum est."

[28] Idem: *De baptismo parvulorum ad Marcelinum,* liber 2, XVI, 23: "Namque nec peccatum erit, si quid erit, si non divinitus jubetur, ut non sit."

[29] Idem: *De duabus animabus,* XI: "Nemo vituperatione vel damnatione dignus est aut non contra vetitum faciens aut quod non potest non faciens, omne autem peccatum vel vituperandum est vel damnandum."

la lucha contra el idealismo y el voluntarismo en el Derecho natural, la interpretación de estos pasajes de San Agustín dará lugar a innumerables polémicas [30].

En la doctrina iusnaturalista, en sentido propio, de San Agustín ambas posibilidades, la idealista y la voluntarista, se mantienen todavía en equilibrio la una junto a la otra. Su sistema teológico había, sin embargo, inclinado tanto la balanza del lado del voluntarismo, que también el Derecho natural había de caer en esta dirección, y ello no obstante el contrapeso de la tradición antigua. Sin embargo, y por muy violenta que hubiera de ser ya en el primer período de la escolástica la polémica en torno a la primacía de la razón o de la voluntad, en el campo del Derecho natural la lucha solo se empeñará plenamente en los grandes sistemas de la alta escolástica. En esta lucha sale a luz la problemática esencial del Derecho natural, y ella ha determinado, por eso, la historia de toda la doctrina iusnaturalista de los siglos siguientes.

2. Santo Tomás de Aquino

La grandiosa metafísica agustiniana de la voluntad, culminante en la doctrina de la predestinación, había desplazado a la periferia aquellos elementos intelectualistas del pensamiento de San Agustín que, procedentes de la tradición griega, habían sido recibidos por él a través de la teoría neoplatónica de las ideas. Incomparablemente mayor fue el influjo del intelectualismo griego en el pensamiento de Santo Tomás de Aquino, un influjo que en él revestirá formas aristotélicas más que platónicas. La divisa de su maestro, San Alberto Magno, de que, en cuestiones de fe, confiaba más en San Agustín que en los filósofos, pero en lo que se refería a la naturaleza de las cosas más en Aristóteles que en cualquier otro, es hecha realidad por Santo Tomás, cuyo sistema, determinado por el mundo de valores cristiano, es edificado totalmente sobre el suelo de la metafísica aristotélica. Esta amplia recepción de Aristóteles tiene dos consecuencias de importancia para la teoría iusnaturalista: de un lado, el intelecto adquiere una clara primacía sobre la voluntad, imponiéndose el intelectualismo griego sobre el voluntarismo paulino. De otro lado, el concepto teleológico de la naturaleza de Aristóteles sirve para establecer una estrecha conexión entre la idea jurídica y la naturaleza humana. Por el puente de la «naturaleza»,

---

[30] Cfr. Gregorio de Rimini: *Expositio in secundo sententiarum,* dist. XXXIV, art. II.

los contenidos materiales se vierten de nuevo en el principio jurídico formal.

Ya en el mismo principio de sus reflexiones sobre el Derecho natural, Santo Tomás sale al paso de la gran alternativa entre razón y voluntad. Al tratar de determinar el concepto de ley, se plantea la cuestión de si este pertenece más a la voluntad o más al intelecto, pronunciándose inequívocamente en este último sentido. Como solo la razón puede ser regla o medida, y como la ley es regla y medida de las acciones humanas, es evidente que esta última ha de depender de la razón [31]. Si se quiere, en cambio, definir la ley partiendo de la voluntad no determinada por la razón, se llega, más bien, a la injusticia que al Derecho [32]. Para Dios, sobre todo, es imposible querer algo cuyo fundamento no se encuentre en su sabiduría [33]. La voluntad es solo el medio por el que la razón pone en obra la realización de sus planes [34].

Dentro de este concepto de la ley determinado por la razón, Santo Tomás, siguiendo la tradición estoico-agustiniana, distingue—además de la *lex divina,* que conocemos por la revelación y nos señala nuestro fin sobrenatural [35]—tres leyes del orden natural universal: la *lex aeterna,* la *lex naturalis* y la *lex humana seu positiva.*

La ley eterna es entendida por Santo Tomás, siguiendo de cerca a San Agustín, como la ley del gobierno divino universal [36], por la cual Dios, de acuerdo con las ideas que se hallan en el intelecto divino, prototipos de todo lo creado, dirige los movimientos y acciones del Universo [37]. Lo mismo que en San Agustín, también en Santo Tomás la *lex aeterna* es la ley del orden divino de la creación. «Todo en el Universo está ordenado», dice Santo Tomás, apelando a la *Epístola a los Romanos* (13, 1) [38]; es decir, todo ha recibido de Dios su lugar y su fin determinado en la gran estructura teleológica del Universo. Esta idea del orden, fundamental para el pensamiento medieval, es situada por Santo Tomás en el marco de la metafísica aristotélica: como Dios ha impreso con la ley eterna a todas las criaturas los principios de sus movimientos específicos, todas las cosas tienden, por naturaleza, a la realización de su forma específica. Lo mismo que en Aris-

---

[31] *Summa Theologica,* II, 1; qu. 90, 1. La *Summa Theologica* se cita en adelante sin nueva indicación del título.

[32] II, 1, qu. 90, 1 ad 3.

[33] II, 1, qu. 21, 1 ad 2.

[34] II, 1, qu. 17, 1.

[35] En parte es ley natural, y en parte, positiva: II, 2, qu. 57, 2 ad 3.

[36] II, 1, qu. 91, 1.

[37] II, 1, qu. 93, 1.

[38] *De malo,* XVI, 9.

tóteles, la «naturaleza» de un objeto es su forma ideal, es decir, la conformación perfecta a la que él tiende por naturaleza, *naturaliter*[39]. Santo Tomás no conoce tampoco la separación dominante en la conciencia moderna de realidad y valor, de ser y deber ser, la cual es, sobre todo, una consecuencia de la ciencia natural moderna con su método axiológicamente indiferente, como era en Platón una consecuencia de la teoría de las ideas. Para Santo Tomás, al contrario, el ser está determinado, desde un principio, por el valor, de tal suerte que ambos conceptos son intercambiables, *ens et bonum convertuntur*[40]. La existencia contraria al valor ético es un modo imperfecto del ente[41], una «existencia pervertida», que no merece el nombre enfático de lo real, como había de decir más tarde Hegel[42]. Como el paso de la potencia al acto es la realización teleológica de la forma, así también se encuentra en todos los objetos y procesos una tendencia natural hacia el valor. Esta tendencia natural a la realización de lo «bueno» está impresa en las cosas por la ley eterna, de la cual, por eso, también participa toda cosa. Esta participación, empero, de las criaturas en la ley eterna es de muy diversa especie: las criaturas irracionales participan de ella solo por un principio inmanente inconsciente[43]; los hombres, en cambio, no solo por este impulso motor inconsciente, sino también en virtud de su razón[44]. El hombre se halla, por eso, sometido doblemente a la ley eterna: de un lado, por las cualidades que tiene en común con las demás criaturas, es decir, por las inclinaciones naturales; de otro, empero, por aquella facultad que constituye su naturaleza especial, por su razón[45].

La *lex naturalis* es la participación específica, intelectual, de la criatura racional en la ley eterna[46], es decir, la ley eterna en su vigencia para la naturaleza racional. Mientras que en San Agustín la ley natural es el principio subjetivo del Derecho natural, la *lumen naturale* en nosotros, en Santo Tomás recibe un matiz objetivo: primariamente es parte de la ley eterna, y secundariamente se encuentra en la facultad natural de juzgar, propia de la razón humana[47]. Esta objetivación de la ley natural recibe nueva fuerza por el hecho de que Santo Tomás reúne, en un concepto especial, la «sindéresis»—en el que más adelante nos detendremos—: la facultad na-

---

[39] II, 1, qu. 71, 2.
[40] Cfr., p. ej., II, 1, qu. 18, 3 ad 3.
[41] II, 1, qu. 93, 6.
[42] HEGEL: *Enzyklopädie*, § 6.
[43] II, 1, qu. 93, 6: "Per modum interioris principii motivi."
[44] *Loc. cit.:* "per modum cognitionis".
[45] II, 1, qu. 93, 6.
[46] II, 1, qu. 91, 2.
[47] II, 1, qu. 71, 6.

tural de conocimiento de los principios supremos del Derecho natural. Ley en sentido estricto, es decir, norma de la razón, es solo la ley natural, mientras que la ley eterna, en tanto que guía de las criaturas irracionales, solo en sentido traslaticio, *per similitudinem,* puede ser llamada ley [48]. Ya en este punto se pone de manifiesto la distinción entre norma y ley natural.

La *lex humana* debe su existencia al hecho de que el entendimiento humano no conoce la ley eterna en toda su amplitud, sino solo en sus principios generales, y no la conoce, sobre todo, en aquellas directivas especiales para el caso concreto [49], que son una parte de su contenido [50]. La ley humana completa, por eso, los preceptos generales de la ley natural en relación con las exigencias de los casos singulares, bien por deducción, partiendo de los principios generales, bien por determinación más precisa de estos últimos [51].

Solo en tanto que la ley positiva es deducida de una de estas maneras de la ley natural, tiene fuerza de ley, *ratio legis* [52], y obliga en conciencia a los súbditos [53]. Una ley, en cambio, que se aparta del Derecho natural no es verdadera ley, *lex legalis,* sino solo una corrupción de su propio sentido, una *legis corruptio* [54]. Esta última no obliga en conciencia, aunque, sin embargo, puede ser obedecida, para evitar escándalo y perturbación. Solo en el caso de que vulnere la misma *lex divina,* está prohibido obedecerla en absoluto [55].

También el contenido de la ley natural es determinado por Santo Tomás siguiendo el camino señalado por Aristóteles con su metafísica teleológica y, sobre todo, con su concepto de la naturaleza. Toda actividad agente tiene lugar por razón de un fin, que se encuentra desde el punto de vista de lo bueno, *sub ratione boni* [56]. Toda tendencia sensible y todo querer consciente tienen siempre como objetivo un bien, aun cuando, a menudo, y como consecuencia de un error del entendimiento, este bien solo lo es aparentemente [57]. Santo Tomás se adhiere plenamente a la interpretación intelectiva de la voluntad, según la cual esta sigue necesariamente el bien que le es mostrado por el intelecto [58], de tal suerte que los defectos de la

---

[48] II, 1, qu. 91, 2.
[49] "Secundum particulares directiones singulorum": II, 1, qu. 91, 3.
[50] II, 1, qu. 91, 3.
[51] II, 1, qu. 95, 2.
[52] II, 1, qu. 95, 2.
[53] II, 1, qu. 96, 4.
[54] II, 1, qu. 95, 2.
[55] II, 1, qu. 96, 3. En el mismo sentido ya, SAN AGUSTÍN: *Ep.,* 105, 2, 7.
[56] I, qu. 82, 2 ad 1.
[57] II, 1, qu. 8, 1; 77, 2.
[58] I, qu. 82, 2: "Bonum intellectum movet voluntatem."

voluntad tienen siempre su origen en un defecto del entendimiento: *omnis malus ignorans* [59]. La raíz de la libertad se encuentra, por eso, en la razón [60], y esta es más elevada y más noble que la voluntad: *intellectus altior et nobilior voluntate* [61].

Ahora bien: como, según Aristóteles, bueno es aquello a lo que todos los seres tienden, Santo Tomás define la ley natural superior con el precepto: «Haz el bien y evita el mal» [62]. O, también, con la fórmula equivalente de «obra racionalmente» [63]. Este «imperativo» debe ser la base de todos los preceptos del Derecho natural. Como, sin embargo, de aquellas proposiciones puramente formales no puede deducirse ningún contenido concreto, Santo Tomás trata de extraer este contenido por otros caminos. El primero de ellos es el ya señalado por Aristóteles: el típico retroceso iusnaturalista a la «naturaleza» del hombre. «Todo aquello por lo que el hombre tiene una inclinación natural es comprendido por la razón naturalmente como bueno, y lo contrario, como malo. El orden de los preceptos de la ley natural está de acuerdo con este orden de las inclinaciones naturales» [64]. De esta suerte, y como en el Derecho natural aristotélico-estoico, la «naturaleza» se convierte también en el talismán por el que los principios jurídicos formales reciben un contenido material.

Siguiendo los estratos aristotélicos del ser, Santo Tomás expone una gradación de las inclinaciones naturales y de los correspondientes preceptos de la ley natural.

Al igual que todas las cosas, lo mismo las animadas que las inanimadas, el hombre posee el instinto de conservación; de él deduce Santo Tomás la prohibición de matar, también frente a los demás hombres. Como los demás seres animados, el hombre posee el instinto sexual y el de procreación, y de aquí deduce Santo Tomás el imperativo del matrimonio y el de la educación de los hijos. Finalmente, y en tanto que ser racional, el hombre posee como inclinación característica la del conocimiento de la verdad y la de la vida en comunidad. Por ello es el hombre por naturaleza un ser social y político, *naturaliter animal sociale et politicum* [65], que no se basta a sí

---

[59] II, 1, qu. 76, 4; 77, 2.

[60] II, 1, qu. 17, 1.

[61] I, qu. 82, 3 y 4; II, 1, qu. 9, 1 ad 3: En tanto que se trata de la determinación del acto en consideración al objeto—"per modum finis"—, el intelecto mueve a la voluntad; solo en tanto que se trata de la realización del acto—"per modum agentis"—, es la voluntad la que mueve el intelecto.

[62] II, 1, qu. 94, 2: "Bonum est faciendum et prosequendum, malum vitandum."

[63] II, 1, qu. 94, 4: "Secundum rationem agere."

[64] II, 1, qu. 94, 2: "Secundum ordinem inclinationum naturalium est ordo praeceptorum legis naturae."

[65] II, 2, qu. 109, 3 ad 1; 114, 2 ad 1; 129, 6.

mismo para subsistir [66], y que, por este motivo, está destinado, por naturaleza, a la amistad con otros hombres: *homo hominis amicus et familiaris* [67]. A estas inclinaciones de la naturaleza racional del hombre responden los imperativos de buscar y de decir la verdad—ya que solo puede vivirse en comunidad con aquel en cuya palabra puede confiarse [68]—, y el imperativo de no ofender a los demás semejantes [69]. El Estado es, por todo ello, un orden basado en la naturaleza del hombre, no un producto del pecado.

El Derecho natural de Santo Tomás no escapa tampoco al defecto decisivo del concepto de naturaleza: la equivocidad y la indeterminación. La naturaleza, en efecto, no es solo entelequia, conformación perfecta del ser, sino igualmente también realidad, axiológicamente indiferente y contraria al valor ético. Aun cuando Santo Tomás, al igual que el estoicismo, define al hombre, partiendo de su último fin, como «animal racional», tiene que confesar, sin embargo, que el hombre posee dos «naturalezas»: una, racional, y otra, sensible, deduciendo de esta última el pecado y los vicios, porque hay muchos hombres que siguen más su naturaleza sensible que su naturaleza racional [70]. Ahora bien: si no todas las inclinaciones naturales son «naturales», en sentido axiológico, sino solo las buenas, libres del vicio, es evidente que el concepto de naturaleza pierde su capacidad para servir de criterio de distinción entre el bien y el mal. Lo «natural» no sirve para definir el contenido concreto de lo bueno, sino que, al contrario, es lo bueno lo que tiene que decidir qué es lo natural. De esta manera se cae en la típica *petitio principii* iusnaturalista: lo que se tiene primero como bueno es presentado como lo «natural», utilizándolo después como criterio de conocimiento de lo bueno. De igual manera, también en Santo Tomás nos aparece como lo «natural» el mundo de valores cristiano—tenido ya como cierto de antemano—, utilizándose después este concepto de «naturaleza» para deducir de él aparentemente el mundo de valores cristiano. Hasta qué punto está fijado de antemano ya el carácter «natural» del mundo de valores cristiano, lo prueba con toda evidencia la actitud de Santo Tomás respecto a la virginidad. Pese a su clara contradicción con el «orden de la naturaleza (física)», Santo Tomás considera la virginidad superior al matrimonio, porque, en tanto que bien del alma, hay que preferirla al bien del cuerpo [71].

---

[66] II, 2, qu. 129, 6 ad 1.
[67] *Summa contra gentiles*, III, 117, 125; IV, 54.
[68] II, 2, qu. 109, 3.
[69] II, 1, qu. 94, 2.
[70] II, 1, qu. 71, 2.
[71] II, 2, qu. 152, 4.

Como pensador cristiano, empero, Santo Tomás dispone de un segundo acceso al Derecho natural: el Decálogo, de mano del cual llega también a proposiciones dotadas de contenido. Para Santo Tomás, todo el Decálogo es parte del Derecho natural, ya que todo él puede ser deducido fácilmente de los principios supremos [72]. Ahora bien: si los diez mandamientos son parte del Derecho natural, todos ellos tienen que participar de las características esenciales a aquel, a saber: la invariabilidad y la validez ilimitada. No obstante, la Biblia nos habla de casos en los cuales Dios manda acciones que contradicen claramente los mandatos del Decálogo; así, por ejemplo, la orden a Abrahán de sacrificar a Isaac, o el mandato a los judíos de llevarse consigo propiedad egipcia, o a Oseas de unirse a una prostituta. Durante la Edad Media, estos ejemplos fueron precisamente ocasión de la grande y profunda polémica entre idealismo y voluntarismo, dentro de la teoría del Derecho natural. ¿Se hallan las raíces del Derecho en verdades racionales eternas o en decisiones creadoras y singulares de la voluntad divina? ¿Ha sancionado Dios el Derecho porque es Derecho, o es Derecho porque Dios lo ha sancionado? [73].

Santo Tomás se decide sin vacilaciones por la tesis idealista. Como la voluntad de Dios está vinculada a su sabiduría, y esta, a su vez, en tanto que sede de las ideas eternas, es de por sí invariable, hay que concluir también que es invariable la voluntad divina [74]. Dios se negaría a sí mismo si derogara el orden de su justicia, ya que El mismo es la justicia. Dios no puede, por eso, dispensar del cumplimiento de normas del Derecho natural, bien regulen las relaciones del hombre con Dios, o bien las de los hombres entre sí [75]. De esta suerte, la teoría platónica de las ideas se convierte en la columna vertebral de la invariabilidad del Derecho natural en Dios.

Las contradicciones en la Biblia, trata Santo Tomás de resolverlas por otro camino. Lo que Dios ha modificado para el caso concreto no es la ley misma, sino solo el objeto de la acción. Dios privó a los egipcios de su propiedad y se la confirió a los judíos; la prostituta fue convertida por El en esposa legítima de Oseas, y, siendo señor absoluto de la vida y de la muerte, la muerte ordenada por El no fue ya en principio un asesinato, ya que asesinato es la muerte indebida de una persona [76]. La ley abstracta, «no matarás», «no hurtarás», etc., sigue invariable, y solo el objeto de ella es modificado para el caso concreto.

---

[72] II, 1, qu. 100, 1 y 3.
[73] Cfr. II, 2, qu. 57, 2 ad 3.
[74] I, qu. 19, 7; 21, 1 ad 2; II, 1, qu. 100, 8.
[75] II, 1, qu. 100, 8 ad 2.
[76] II, 1, qu. 100, 8; II, 2, qu. 104, 4.

Contra este intento de solución en el caso del mandato a Abrahán, ya Duns Escoto objetó agudamente que el mandato de Dios no había modificado nada en la condición del objeto; la única modificación había consistido en sustituir el precepto general de Derecho natural «no matarás» por una decisión singular y distinta de la voluntad de Dios. Es decir, que se trata de un caso claro de dispensa de la ley[77]. Pero también el intento de solución en los otros casos no es más que una evasiva. Los objetos de la norma no son, en efecto, elementos indiferentes de ella, sino que representan su contenido material constitutivo y, por esta razón, no pueden ser modificados a capricho, sin que también la norma misma quede afectada. Los bienes que pertenecían a los egipcios, en virtud del orden de Derecho natural de la propiedad, no les pueden ser arrebatados, ni siquiera por Dios, sin violar, a la vez, el Derecho natural. Lo que en los casos mencionados ocurre es que la violación del Derecho natural queda desplazada del hombre a Dios. En Dios, empero, ello significaría que su voluntad, su *mandatum*, está por encima del Derecho natural general. El voluntarismo triunfa sobre el intelectualismo, y ni siquiera la Biblia puede decirnos en qué consiste el Derecho natural.

Mientras que la doctrina ético-material de Santo Tomás se mueve, en lo esencial, dentro del marco del Derecho natural aristotélico-estoico, sus reflexiones sobre el lado moral-subjetivo de la ética representan un gran progreso en relación con el estoicismo, constituyendo un punto culminante en el proceso de formación del concepto de personalidad, basado en la autonomía ética. Si ya la doctrina del último período del estoicismo y, sobre todo, la teoría de Séneca sobre la ciencia como la última instancia subjetiva del obrar ético, habían llevado a las proximidades de la idea de la autonomía moral, Santo Tomás da a esta, por lo menos en lo fundamental, un pleno desarrollo. De acuerdo con la tradición escolástica, Santo Tomás distingue en el fenómeno de la conciencia los dos conceptos de «sindéresis» y «conciencia». El primero es la capacidad, innata en nuestra razón *(habitus)*, para conocer los principios superiores del Derecho natural[78], mientras que, por medio de la segunda, estos principios se aplican al caso concreto[79]. Entre ambas existe la diferencia de que, mientras la primera es infalible, la segunda está sometida a error.

La conciencia es la última instancia subjetiva del obrar humano, de tal

[77] Cfr. más adelante, pág. 80.

[78] II, 1, qu. 94, 1 ad 2: "Synderesis dicitur lex intellectus nostri, inquantum est habitus continens praecepta legis naturalis, quae sunt prima principia operum humanorum."

[79] I, qu. 79, 13.

suerte que ella decide sobre el valor de la acción desde el lado moral-subjetivo. Ningún mandato de un superior, sea eclesiástico o secular, debe ser obedecido, si la conciencia lo tiene por ilícito. El creyente debe someterse antes a la excomunión que obedecer contra su conciencia un mandato de la autoridad eclesiástica [80].

La significación que reviste en Santo Tomás la autonomía de la conciencia se pone plenamente de manifiesto en su teoría de la conciencia errónea. Incluso la conciencia errónea, siempre que yerre sin culpa, posee fuerza subjetiva vinculante, y Santo Tomás no vacila en extraer las últimas consecuencias de ello hasta en asuntos de fe: quien, en virtud de error de conciencia no culpable, está convencido de que es algo malo la fe en Jesucristo, está obligado en conciencia a mantenerse apartado de la fe cristiana [81].

En estrecha conexión con el problema de la conciencia se encuentra el de la cognoscibilidad del Derecho natural. La doctrina sostenida por Cicerón del Derecho natural como idea innata, cuya ignorancia no exime de culpa, así como las palabras de San Pablo de la ley de Dios escrita en el corazón humano, habían provocado el grave peligro de que se sostuviera que el Derecho natural entero era una verdad inmediatamente evidente a todo hombre. Aquí, Santo Tomás tiene el gran mérito de haber limitado la evidencia inmediata del Derecho natural a sus principios supremos, reconociendo, respecto a las conclusiones, la posibilidad de un error no culpable. Solo en relación con los *principia practica communissima,* es decir, solo en relación, sobre todo, con el imperativo «haz el bien y evita el mal», sostiene Santo Tomás la teoría nativista de Cicerón de las ideas innatas y, por eso, cognoscibles o conocidas a todo hombre [82], designando esta facultad como «sindéresis».

En las conclusiones de los principios supremos al caso concreto son posibles, en cambio, errores, y lo son tanto más fácilmente cuanto más especial es el caso y más larga, por tanto, la cadena deductiva [83]. Estos principios los inserta Santo Tomás en la teoría aristotélica de la imputación, que él acepta y desarrolla [84]. Presuposición de la imputación es para él, como para Aristóteles, el carácter de la «voluntariedad». Siempre que el error anula la voluntariedad de la acción, exime también de culpa. El error insuperable *(error invincibilis),* por eso, exime totalmente de culpa, mientras que el error superable *(error vincilibis)* exime en la medida de su involunta-

[80] II, 2, qu. 104, 1 ad 1; *de veritate,* XVII, 5 ad 4.
[81] II, 1, qu. 19, 5.
[82] I, qu. 79, 12; II, 2, qu. 47, 6.
[83] II, 1, qu. 94, 6; 99, 2 ad 2.
[84] II, 1, qu. 6.

riedad. Evitable es, sobre todo, la ignorancia provocada intencionadamente o *ignorantia affectata,* y la ignorancia debida a grave negligencia o *ignorantia crassa*[85].

Basándose en estas ideas de Santo Tomás, la teología moral de los últimos escolásticos desarrolló los principios para la consideración del error acerca del hecho y acerca de la prohibición, principios que todavía hoy revisten valor ejemplar[86], porque en ellos se contienen proposiciones de validez *a priori,* como, p. ej., la de que el error insuperable acerca de la prohibición exime de culpa[87]. Una vez más se muestra aquí que la teoría de la acción y de la imputación roza aquella zona en la que son posibles evidencias materiales de validez general absoluta.

Los grandes méritos contraídos por Santo Tomás en la elaboración de los principios subjetivos de la moralidad padecen, sin embargo, gravemente por su actitud en el problema de los herejes y de los esclavos. Solo a los judíos y a los paganos les concede la posibilidad de una conciencia errónea sin culpa; no, empero, a los herejes ni a los apóstatas, ya que quien ha recibido la gracia del bautismo no puede errar ya sin culpa. Mientras que, por eso, rechaza, respecto a paganos y a judíos, el empleo de la violencia para obligarles a abrazar la fe cristiana, puede, según él, forzarse a herejes y apóstatas al cumplimiento de aquello que prometieron al abrazar la fe[88]. Si estos perseveran en la infidelidad, pueden ser castigados con la pena capital por los tribunales seculares, a fin de proteger así de contagio la fe verdadera[89]. La doctrina de Santo Tomás procede aquí de San Agustín. En un principio, este había rechazado toda coacción en cuestiones de fe, consintiendo solo en la predicación como arma para la conversión; más adelante, empero, hace suya la opinión opuesta. Basándose en las palabras del Señor «oblígales a entrar», *cogite intrare (Ev. San Lucas,* XIV, 23), San Agustín defiende la «coacción a la justicia», escribiendo esta frase tan preñada de consecuencias: «Ya ves, si no me engaño, que no hay que considerar el que

---

[85] II, 1, qu. 6, 8; 19, 6; 76, 2-4. También Santo Tomás distingue, en el sentido de Aristóteles, de acuerdo con la "causalidad" del error, entre "error antecedens", "error concomitans" y "error consequens" (II, 1, qu. 6, 8). La distinción más adecuada entre "error invincibilis" y "error vincibilis" (cfr. II, 1, qu. 76, 2; 19, 6 ad 3) no se impondría hasta más tarde. Sobre el problema, cfr. LIPP: *Die Zurechnungslehre bei Aristoteles und Thomas von Aquin* (tesis de la Univ. de Göttingen), 1950.

[86] Resumidamente, p. ej., en la obra del teatino de Verona JUAN CRISÓSTOMO PHILIPINUS: *De privilegiis ignorantiae,* 1678, 1692. Sobre ello, mi trabajo *Vom irrenden Gewissen,* 1949, págs. 10 y sgs.

[87] Cuán poco evidente es este principio lo muestra la jurisprudencia del antiguo Tribunal Supremo del Imperio alemán acerca de la ignorancia del Derecho.

[88] II, 2, qu. 10, 8.

[89] II, 2, qu. 11, 3.

se fuerce a alguien. Lo que hay que saber es si es bueno o malo aquello a que se le fuerza [90]. Estas palabras, en las que se expresa, como en Platón, el desprecio soberano de la libertad individual y de la moralidad subjetiva [91] por parte del que se cree en posesión de la verdad absoluta, han servido históricamente para justificar la persecución de herejes. Pero también Calvino, como lo muestra el ejemplo de Servet, pensaba en este punto de manera semejante a Santo Tomás y San Agustín. Y el mismo Rousseau quiere castigar con la pena de muerte a los apóstatas de la religión civil, iniciando así la era moderna de persecución de los «herejes políticos». El problema de los herejes es, evidentemente, una de las cuestiones éticas decisivas para la Humanidad. Y mientras San Agustín, Santo Tomás y Calvino niegan al hereje la posibilidad de una conciencia errónea sin culpa, Kant, al contrario, echará más tarde en cara a los jueces de los herejes falta de conciencia [92]. Parece como si la historia universal tuviera que oscilar entre los dos polos de una alternativa: «Quemad a los herejes» o «Colgad a los jueces de los herejes».

También en el problema de los esclavos abandona Santo Tomás la altura alcanzada con el concepto de la autonomía. Dos son las fuentes de que se nutre su actitud en el problema de la esclavitud. De un lado, sigue la doctrina de los Santos Padres, según la cual—bajo influencia estoica—en el paraíso (la edad de oro de los estocios) todos los hombres eran libres y la esclavitud es solo consecuencia del primer pecado. Por esta razón, Santo Tomás incluye la esclavitud solo en el Derecho natural secundario [93]. De otra parte, acepta la teoría aristotélica de la esclavitud, según la cual hay hombres que, por la debilidad de su entendimiento, están destinados por naturaleza a servir, siendo solo los instrumentos animados en manos de sus propietarios [94]. Esclavos por naturaleza son, sobre todo, los pueblos salvajes, los cuales, sin escritura y sin Derecho escrito, viven en el embota-

---

[90] SAN AGUSTÍN: *Ep.*, 93 (V, 16), *ad Vicentinum:* "Non esse cogitandum, quod quisque cogitur, sed quale si illud, quo cogitur, utrum bonum an malum." Así mismo, *ob. cit.*, II, 5: "cogi ad justitiam".

[91] *Ibídem:* Es verdad que nadie puede ser bueno contra su voluntad ("invitus"), pero puede ser forzado a conocer la verdad, de tal manera, que, por temor, rechace el error mayor y acepte así voluntariamente ("volens") aquello que, al principio, no quería hacer. (Aquí desempeña evidentemente un papel la idea aristotélica de las "acciones mixtas", que, pese a la coacción, son, sin embargo, "voluntarias". Cfr. anteriormente, pág. 39.

[92] KANT: *Religion innerhalb der Grenzen der blossen Vernunft* (Phil. Bibl.), página 218.

[93] I, qu. 96, 4; II, 2, qu. 57, 3.

[94] *Summa contra gentiles,* III, 81.

miento y bajo costumbres animales [95]. Estas ideas, junto con la teoría de que es lícita la guerra contra infieles, a fin de impedirles las ofensas a Dios, el mal ejemplo o la persecución de los creyentes [96], habían de suministrar, más adelante, poderosos argumentos para la justificación de las guerras coloniales [97]. Aun teniendo en cuenta que, muy por encima de Aristóteles, Santo Tomás sostuvo principios destinados a aliviar la suerte de los esclavos, hay en lo fundamental motivo bastante para la desaprobación. A más de que Santo Tomás puede ser justificado aún menos que Aristóteles apelando a las ideas de su época, ya que no solo sofistas y estoicos, sino también padres de la Iglesia como San Gregorio Niceno, y, sobre todo, el gran adversario del mismo Santo Tomás, Duns Escoto—este poco después—, rechazarían la esclavitud como contraria al Derecho natural [98].

3. Juan Duns Escoto

El intelectualismo griego alcanzó en el sistema filosófico de Santo Tomás uno de sus más grandes triunfos dentro del pensamiento cristiano medieval, no porque se hubiera impuesto con máxima radicalidad precisamente en Santo Tomás, sino porque, al teñir en todas sus partes el sistema filosófico y teológico, es elevado por Santo Tomás a la autoridad de una *philosophia perennis*. No es solo el Derecho natural, cuya sustancia tiene en Santo Tomás un sello más antiguo que cristiano, sino que, de igual manera, también los conceptos teológicos supremos son definidos por la primacía del intelecto. Incluso en la determinación de la bienaventuranza, Santo Tomás rompe con la tradición agustiniana siguiendo la de Aristóteles: la más alta bienaventuranza, la *visio Dei,* consiste en un acto del intelecto [99], no, como San Agustín había enseñado, en el amor al bien supremo por razón de sí mismo [100]. Según Santo Tomás, solo subsecuentemente, solo por el conocimiento de Dios surge también el amor a El [101]. Cuando, en lucha, por eso, contra el aristotelismo de Santo Tomás, el franciscano escocés

95 *Comentario a la "Política" de Aristóteles,* I, 1.

96 II, 2, qu. 10, 8.

97 A pesar de su valerosa lucha en pro de los indígenas de las Indias, también los escolásticos españoles siguen en lo esencial esta idea de Santo Tomás. Cfr. sobre ello Jos. Höffner: *Christentum und Menschenwürde,* 1947. Solo el Derecho natural profano había de imponer plenamente la idea de la libertad de creencias o tolerancia y la de la dignidad humana o humanidad.

98 Duns Escoto: *Opus Oxoniense,* IV, d. 36, qu. 1 y 2.

99 *Summa Theologica,* II, 1, qu. 9, 1; cfr. *Etica a Nicómaco,* 1178 b.

100 San Agustín: *De doctrina christiana,* I, 3, 4 y 20.

101 *Summa Theologica,* I, 2, qu. 3, 8; 4, 2 y 4.

Juan Duns (1270-1308) restaura la tradición agustiniana [102], sitúa en el centro de su pensamiento filosófico y teológico la idea del amor frente al primado del intelecto. El discípulo de San Francisco de Asís se convierte en el filósofo del amor cristiano, y solo desde aquí puede entenderse también su teoría del Derecho natural.

Ya en la misma concepción del amor se diferencia Duns profundamente de Santo Tomás. Según este, el amor está dirigido a un bien, el cual, de acuerdo con la metafísica teleológica, tiene que ser la forma perfecta del que a él aspira. Lo bueno, en efecto, no es otra cosa más que lo concorde con la esencia de cada cosa, su ser y su perfección [103]. Por esta razón, el amante tiende siempre a «su» bien. Según la doctrina de Santo Tomás, todo amor tiene que ser un amor referido al que ama, y en este sentido, un amor «referido al yo» [104]. Este tiene aplicación, no solo por el amor de los sentidos—*amor concupiscentiae*—, sino también para el amor espiritual o *amor amicitiae*. Para el amor entre seres racionales no basta, según Santo Tomás, la *benevolentia* o actitud amorosa, sino que se precisa el amor mutuo o *mutua amatio* [105], la cual se manifiesta en la comunicación de bienes entre los amigos. También el amor a Dios se basa en esta comunicación del hombre con Dios, de acuerdo con la cual El nos comunica su bienaventuranza [106]. Por ello amamos a Dios precisamente como al objeto y autor de nuestra bienaventuranza [107].

Duns Escoto rompe con esta referencia del amor al yo, y, con ello, rompe también con el resto del antiguo eudemonismo, definiendo el *amor amicitiae* precisamente por el desprendimiento: «Tanto más amo yo algo, cuanto más me entrego por amor a su bien; y ello, porque la entrega sigue al amor» [108]. El amor espiritual tiende a un objeto porque este es bueno en sí, mientras que el amor sensible tiende a un objeto porque es bueno para

---

[102] *Opus Oxoniense*, IV, d. 49, qu. 4 (cit. en adelante: *Ox.*). Sobre Duns Escoto, cfr. R. SEEBERG: *Die Theologie des Duns Escotus*, 1900; E. LONGPRÉ: *La philosophie du Duns Scotus*, París, 1924; JOS. KLEIN: *Intellekt und Wille als die nächsten. Quellen der sittlichen Akte nach J. D. Sc.*, en *Franziskanische Studien*, 1916, 1919, 1920, 1921; JOH. BINKOWSKI: *Die Wertlehre des D. Sc.*, 1936. Sobre el Derecho natural, cfr. ahora, sobre todo, G. STRATENWERTH: *Die Naturrechtslehre des Johannes Duns Scotus*, 1951, donde se encontrará más bibliografía.

[103] *Summa Theologica*, I, qu. 48, 1; II, 1, qu. 18, 5.

[104] Cfr. REUSS: "Die theologische Tugend der Liebe nach der Lehre des Johannes Duns Scotus", en *Zeitschr. f. kath, Theologie*, 1934, pág. 20.

[105] *Summa Theologica*, I, qu. 20, 2 ad 3: "redamatio", correspondencia en el amor.

[106] *Ibídem*, II, 2, qu. 23, 1.

[107] *Ibídem*, II, 1, qu. 65, 5 ad 1; II, 2, qu. 26, 2.

[108] *Ox.*, III, d. 27, qu. un., n. 17: "Hoc enim magis diligo... pro cujus bono salvando magis me expono ex amore, quia 'exponere' sequitur amorem."

el sujeto que ama [109]. El primer amor es denominado también por Duns voluntad de honestidad o *affectio iustitiae,* y el segundo, aspiración a lo provechoso o *affectio commodi* [110]. La tendencia a lo provechoso es el querer natural—*velle naturale*—de las inclinaciones naturales, dirigido naturalmente a lo provechoso [111], de igual manera que los cuerpos tienden hacia la tierra [112]. La voluntad de honestidad es la voluntad en sentido propio, a saber: la voluntad libre, la única que merece el nombre de «voluntad». El acto de libertad consiste precisamente en querer el bien por razón de sí mismo. Toda inclinación natural, en cambio, está vinculada a los apetitos e instintos; libre es solo la voluntad que, independientemente de las inclinaciones naturales, puede tender a lo bueno, porque es bueno en sí [113]

De esta suerte, no solo se rechaza desde un principio el eudemonismo, sino que, además, y ello será de gran importancia para el Derecho natural, queda cortada radicalmente toda línea de contacto entre las inclinaciones naturales y el valor ético. Al referir al querer natural el terreno de lo provechoso, se le cierra ya, desde un principio, el camino para la determinación del contenido de lo moral.

La voluntad libre, dirigida al bien por razón del bien mismo, es, según Duns, una voluntad racional, guiada por la razón. «La voluntad actúa en virtud del conocimiento racional» [114]. En este sentido, a la voluntad le precede siempre una evidencia racional. La razón es el antorchero que va iluminando el camino a la voluntad. Los actos de la razón, empero, son para la razón solo *conditiones sine quibus non,* no *conditiones per quas.* Por qué, en último término, la razón quiere un objeto, es decir, lo aprehende en amor [115], es algo que no puede explicarse por ningún argumento racional. «Por qué la voluntad quiere precisamente esto, es algo para lo cual no hay otra razón sino la de que la voluntad es justamente voluntad» [116]. La voluntad es la única causa total de la decisión volitiva [117]. Si la voluntad, en efecto, es la aprehensión amorosa del objeto por razón de este mismo, ningún

---

[109] *Ox.,* IV, d. 49, qu. 5, n. 3: "Actus amicitiae tendit in objectum, ut est in se bonum; actus autem concupiscentiae tendit in illud, ut est bonum mihi." Cfr. también *ibídem,* II, d. 6, qu. 2, n. 3.

[110] *Ox.,* d. 6, qu. 2, n. 5; IV, d. 49, qu. 5, n. 3.

[111] *Ibídem,* III, d. 17, qu. un., n. 3.

[112] *Ibídem,* III, d. 33, qu. un., n. 23.

[113] *Ibídem,* III, d. 17, qu. un., n. 3.

[114] *Ibídem,* II, d. 43, qu. 2. n. 2: "Voluntas agit per cognitionem intellectualem."

[115] *Ibídem,* II, d. 6, qu. 2, n. 3: "Aliquod diligere vel conveniens acceptare."

[116] *Ibídem,* I, d. 8. qu. 5 a, 3, n. 24: "Quare voluntas voluit hoc, nulla est causa, nisi quia voluntas est voluntas."

[117] *Ibídem,* II, d. 25, n. 22: "Nihil aliud a voluntate est causa totalis volitionis in voluntate."

argumento racional podrá fundamentar plenamente este acto. Partiendo de la razón, no es posible deducir el acto del amor.

Esta indeducibilidad racional del querer amoroso es reforzada por otra consideración. El intelecto es, para decirlo con Kant, «la facultad de los conceptos», es decir, de lo general; por ello, Santo Tomás había visto solo en los universales el objeto inmediato de conocimiento del intelecto, de tal suerte que a este solo le es aprehensible lo individual indirectamente, apelando a la percepción y a la representación [118]. Con el primado del intelecto, también lo general tenía que revestir primacía respecto a lo individual. En este sentido, ya desde Platón y Aristóteles, el ser verdadero había sido siempre situado en las formas generales. A pesar del punto de vista tan distinto en el cristianismo, el cual había partido del alma individual y de su relación personal con Dios, esta primacía de lo general frente a lo individual—que es una de las manifestaciones del intelectualismo—se había mantenido también en el pensamiento cristiano, y se había impuesto de la forma más radical en Santo Tomás. «La naturaleza de toda cosa—dice Santo Tomás [119]—se encuentra de modo preferente en la forma que determina la especie dicha cosa. El hombre es determinado como especie por el alma racional.» ¿Habrá que concluir, por tanto, que lo propio del hombre, su alma, se encuentra en la forma general que esta tiene de común con los demás hombres? Según Santo Tomás, en efecto, el alma es solo una parte de la especie humana—*pars speciei humanae*—, y solo la combinación de cuerpo y alma puede ser llamada un «esto», un individuo, *hoc aliquid* [120]. Para Santo Tomás, el principio de individuación se encuentra, no en la forma, sino en la materia, y, concretamente, en la materia determinada por relaciones especiales o *materia significata* [121]. La infravaloración de lo individual frente a lo general no podía expresarse más radicalmente que por el hecho de situarse el *principium individuationis* en la parte inferior, perecedera, del mundo de los objetos, en aquella destinada a la superación. Y en sentido opuesto, también el concepto de Dios de Santo Tomás tenía que perder individualidad, carácter personal y, consiguientemente, sustancia cristiana, en la misma medida en que, siguiendo a Aristóteles, es entendido por él como «acto puro» y forma inmaterial.

Al entender Duns el amor como referencia al mundo, no aprehensible

---

[118] *Summa Theologica*, I, qu. 86, 1.

[119] *Ibídem*, I, 2, qu. 71, 2.

[120] *Ibídem*, I, qu. 75, 2 ad 1. La individuación del alma causó grandes dificultades a Santo Tomás. A fin de salvar la inmortalidad del alma individual, tenía que deducir su individualidad—independientemente del principio de individuación corriente—de la materia, de una "intentio principalis naturae". *Ibíd.*, I, qu. 98, I.

[121] *Ibídem*, I, qu. 75, 4.

totalmente por el entendimiento en tanto que facultad de los conceptos, era evidente que también la individualidad tenía que adquirir una significación completamente distinta. El amor no se dirige nunca a los conceptos generales, sino al individuo. Ahora bien: como la voluntad amorosa es la más noble facultad del alma, también el individuo tiene que representar una forma de ser superior a lo general. Dios ha creado el mundo no para hacer realidad formas racionales eternas, sino para tener seres que puedan amar con El: *vult alios condiligentes* [122]. La intención fundamental del Creador estuvo dirigida a la creación de individuos [123]. Solo en la individualidad se consigue la más alta forma de realidad [124], de la misma manera que también es el ser individual singular por excelencia. El principio de individuación no puede, por eso, encontrarse en la mera *materia significata,* ya que esta podría igualmente pertenecer a otro individuo [125]; el principio de individuación tiene que ser, más bien, un carácter positivo, una *entitas individui,* que se añade a la forma general y a la materia general, y que dé a la cosa la individualidad, la *haecceitas.*

En esta doctrina se encuentra una inversión total del pensamiento que se inaugura con Platón [126]; no lo general, sino lo individual, es ahora la forma de ser suprema. Con Duns Escoto, principia el individualismo su carrera triunfal en la conciencia moderna.

Así, empero, como lo individual es aprehensible [127], pero no deducible de conceptos generales [128], así también es imposible deducir exhaustivamente la decisión volitiva individual partiendo de ideas racionales generales. El descubrimiento de lo individual tenía justamente que llevar a Duns a la afirmación del carácter propio de la voluntad frente al intelecto y a la indeducibilidad racional de la decisión concreta.

Ello, empero, significa, así mismo, que la voluntad es libre, no solo frente a los impulsos naturales, sino también frente a la evidencia racional. Si la voluntad estuviera, como enseñaba Santo Tomás, sometida a la razón, sería imposible la libertad, ya que toda evidencia racional está determinada por su fundamento como por una causa. Si la voluntad fuera, por ello, de-

---

[122] *Ox.*, III, d. 32, qu. un., n. 6.

[123] *Ibídem,* II, de 3. qu. 7, n. 10: "In principalibus autem entibus est a Deo intentum individuum principaliter."

[124] *Ibídem,* II, d. 3, qu. 5 et 6, n. 15: "Ultima realitas entis."

[125] *Ibídem,* II, d. 3, qu. 2, n. 2, 4: *Quaest. in metaph.*, VII, qu. 13, n. 5, 6.

[126] Por muy firmemente que mantenía, todavía, Duns Escoto la realidad de los universales. *Quaestiones super universalia,* qu. 4, n. 4.

[127] A saber, por una "cognitio intuitiva singularis". *Ox.*, III, d. 14, qu. 3, n. 4; *Rep. Par.*, III, d. 14, qu. 3, n. 11; IV, d. 45, qu. 2, n. 20.

[128] También para Duns Escoto no hay más ciencia que la de lo general: *Ox.*, pról., qu. 3, a. 7, n. 15.

pendiente de la razón, todo el proceso estaría causado con necesidad natural. Ello significaría, a su vez, que sería imposible el obrar ético [129]. Así como solo la voluntad que escapa a la determinación natural puede querer el bien por razón de él mismo, así también solo puede pecar la voluntad que es libre incluso frente a la evidencia racional, y que puede negarse a seguir a esta. La voluntad es así una potencia libre, lo mismo en sentido negativo que en sentido positivo, una *potentia libera per essentiam* [130].

En virtud de esta libertad, la voluntad ocupa también axiológicamente un rango más elevado que la razón. Más excelente es, en efecto, aquella potencia por la cual el hombre puede ser bueno [131], de igual manera que participamos de la más alta bienaventuranza, no por el intelecto, sino por la voluntad en virtud del amor [132]. Pero también en sentido óntico tiene la voluntad el primado respecto al intelecto. Si bien la voluntad no puede influir la exactitud de la evidencia racional—en este sentido la razón es independiente de la voluntad [133]—, determina, sin embargo, la dirección definitiva del conocimiento [134], y puede apartar al intelecto de ciertas consideraciones [135]. No es el intelecto quien manda a la voluntad, sino la voluntad al intelecto: *voluntas imperat intellectui* [136].

Sin embargo, por muy libre que sea la voluntad humana para aprehender en amor el bien por causa de sí mismo, o para apartarse en odio de él, queda, no obstante, sometida a la ley del bien como a una norma objetiva que le viene de fuera, y que ha de cumplir para obrar adecuada y ordenadamente, *ordinate.* La voluntad, desde luego, puede obrar *de facto,* contra la ley, pero *de iure* está vinculada a ella. Su *potentia ordinata,* es decir, su facultad de obrar adecuadamente, está delimitada por la ley. Su *potentia absoluta,* en cambio, su facultad para obrar *de facto* va por encima de las fronteras señaladas por la ley, de tal suerte que, *de facto,* puede actuar también *inordinate,* es decir, contra la ley. Este punto de vista había sido aplicado ya a Dios por Santo Tomás. Como Dios no está vinculado a este mundo y a este orden en el mundo, tal como ahora existen, el poder de Dios, si se le considera puramente en sí, puede llamarse absoluto. Como, por otro lado, empero, el poder divino sólo ejecuta los mandatos de la vo-

129 *Ox.,* IV, d. 49. qu. 4, qu. ex lat., n. 17.
130 *Ibídem,* I, d. 17, qu. 1, 2, 3, a. 3, n. 5.
131 *Reportata Parisiensia,* IV, d. 49, qu. 2, n. 15; *Ox.,* II, d. 42, qu. 4; II, d. 25, n. 22.
132 *Ox.,* IV, d. 49, qu. 4, n. 6.
133 *Ibídem,* II, d. 7, qu. un., n. 27.
134 *Ibídem,* II, d. 42, qu. 4, n. 5.
135 *Ibídem,* II, d. 6, qu. 2, n. 11.
136 *Ibídem,* IV, d. 49, qu. 4, qu. ex lat., n. 16.

luntad recta, dirigida por su sabiduría, Dios obra siempre dentro del marco de la *potentia ordinata* [137]. La *potentia absoluta* en Dios, el obrar contra las reglas de su sabiduría es, por eso, una pura posibilidad ficticia de nuestro pensamiento abstractivo; como voluntad divina, se encuentra siempre vinculada a las normas de su sabiduría, y se mueve, por ello, necesariamente, en la órbita de la *potentia ordinata* [138]. Según Santo Tomás, pues, la *potentia ordinata* en Dios traza los límites de su obrar de hecho. Detrás de esta concepción se encuentra la teoría platónica de las ideas, según la cual Dios se halla vinculado necesariamente a las verdades eternas de las ideas.

Duns Escoto rompe con esta concepción, introduciendo en la teoría del Derecho natural, con su doctrina del. poder divino absoluto, la noción voluntarista del Dios de San Pablo y San Agustín. *Potentia absoluta* y *potentia ordinata* divergen solo para aquel que está sometido a una ley superior. Sobre Dios, empero, no hay ninguna ley superior, sino que es su voluntad la que crea toda ley, y, por eso, su obrar, tal como es, es siempre necesariamente justo y ordenado. Pues si Dios obrara de otra manera a como hasta ahora ha obrado, crearía con ello una nueva ley, de acuerdo con la cual su acción sería también «ordenada». O, lo que es lo mismo, su *potentia absoluta* no traspasa nunca los límites de su *potentia ordinata* [139].

En Dios coinciden poder y justicia, y la justicia de Dios tiene la misma extensión que el poder absoluto de Dios: *iustitia Dei aeque ampla sicut potentia absoluta Dei* [140]. Duns hace suyo así, de nuevo, el pensamiento de la *Epístola a los Romanos:* «Obre Dios como obre, obra siempre con justicia. Dios no está vinculado a ningún orden ideal precedente, sino que todas las leyes son manifestaciones contingentes de la voluntad de Dios.» «Las reglas del gobierno divino del mundo están determinadas más por la voluntad que por la sabiduría de Dios» [141]. Como San Pablo, también Duns rechaza como impertinente toda cuestión acerca de la justicia del obrar di-

---

[137] *Summa Theologica,* I, qu. 25, 5 ad 1.

[138] *Ibídem,* I, qu. 21, 1 ad 2.

[139] *Ox.*, I, d. 44, qu. un., n. 1: "Quando in potestate agentis est lex et rectitudo eius, ita quod non est recta nisi quia est ab illo statuta, tunc potest recte agere agendo aliter quam lex illa dictet, quia tunc potest statuere aliam legem rectam, secundum quam agat ordinate; nec tunc potentia sua aboluta simpliciter excedit potentiam ordinatam, quia tunc esset ordinata secundum illam alliam legem, sicut secundum priorem; tamen excedit potentiam ordinatam praecise secundum priorem, contra quam vel praeter quam facit."

[140] *Reportata Parisiensia,* IV, d. 46, qu. 4, n. 9.

[141] *Ox.*, II, d. 7, qu. un., n. 18: "Potentia ordinata Dei est illa quae conformis est in agendo regulis praedeterminatis a divina sapientia vel magis a divina voluntate."

vino. Por qué Dios ha creado el mundo tal como lo ha creado, y por qué ha establecido para él este orden y estas normas y no otros, todo ello son preguntas improcedentes. «La voluntad de Dios, que quiere precisamente esto, y que lo quiere precisamente ahora, es la primera y directa causa, para la cual no hay que buscar ninguna otra causa. Así como no hay ninguna razón que explique por qué ha querido que precisamente este individuo sea un hombre, y que sólo sea así posible y casualmente, así tampoco hay razón alguna de por qué ha querido que esto sea ahora y no lo fuera ya antes. Al contrario, sólo porque Dios lo ha querido, es bueno que sea así. Querer indagar la causa de esta decisión completamente contingente equivale a buscar una causa o una razón allí donde no hay ninguna que buscar» [142]. «Por qué la voluntad quiere precisamente esto, es algo para lo que no hay otra razón sino que la voluntad es justamente voluntad» [143]. El problema de la teodicea acerca de la justificación del obrar divino ante la razón humana es una arrogancia del hombre frente a Dios.

En este terreno, Duns tenía que polemizar necesariamente con la teoría de las ideas. Comienza haciendo suya la definición agustiniana de la idea: «La idea es una razón eterna en la mente divina, según la cual algo distinto a Dios es formable de acuerdo con su misma esencia» [144]. Reconoce, así mismo, que las ideas preceden a toda volición divina, y no se encuentran en la mente de Dios en virtud de una volición de El [145]. Esta teoría de las ideas es restringida, empero, por Duns esencialmente en dos puntos.

En primer término, precisa la relación de idea y esencia divina. Al situar San Agustín las ideas en la mente divina, ¿se convierten estas en parte de la esencia divina? Santo Tomás había extraído esta consecuencia. «Dios es, por su esencia, el paradigma de todas las cosas, y, por eso, la

---

[142] *Ox.*, II, d. 1, qu. 2, n. 9: "Ista voluntas Dei, qua vult hoc et producit pro nunc, est inmediata prima causa, cuius non est aliqua alia causa quaerenda; sicut enim non est ratio quare voluit naturam humanam in hoc individuo esse, et esse possibile et contingens, ita non est ratio quare hoc voluit nunc et non tunc esse; sed tantum quia voluit hoc esse, ideo bonum fuit illud esse; et quaerere huius propositionis, licet contingentis, immediate causam, est quaerere causam sive rationem cuius non est ratio quaerenda."

[143] *Ibídem*, I, d. 8, qu. 5, a. 3, n. 24: "Si quaeras, quare voluntas divina magis determinatur ad unum contradictoriorum quam ad alterum? Respondeo: indisciplinati est quaerere omnium causas et demonstrationen... Quare voluntas voluit hoc, nulla est causa, nisi quia voluntas est voluntas."

[144] *Ibídem*, I, d. 35, qu. un., n. 12: "Idea est ratio aeterna in mente divina, secundum quam aliquid est formabile extra secundum propriam rationem eius."

[145] *Ibídem*, I, d. 39, qu. un., n. 7: "Ideae sunt in intellectu divino ante omnem actum voluntatis divinae, ita quod nullo modo sunt ibi per actum voluntatis divinae."

idea en Dios no es otra cosa que la esencia de Dios»[146]. El concepto personalista de Dios, mantenido por Duns, no le permitía compartir esta idea. Las ideas de las cosas fuera de Dios no pueden ser parte de la esencia divina, sino que son, más bien, producidas en su ser inteligible por la razón de Dios[147]. Esta teoría «mística» de Duns de la inteligencia productiva de Dios, la cual, como veíamos, resonaba ya en San Agustín, está dictada indudablemente por el deseo de hacer que las ideas—cuya existencia Duns no podía negar—queden separadas de la esencia de Dios y sometidas a ella.

Más trascendencia reviste la segunda restricción de la teoría de las ideas. Desde que Platón había hablado, no solo de ideas de contenidos intelectivos elementales, como de las relaciones o como de lo blanco, lo dulce, etc., sino también de ideas productos complejos, como de las ideas de la mesa, del lecho, del caballo, la teoría de las ideas había ampliado indebidamente su ámbito por la inserción de productos de gran complejidad. En contra de este desarrollo se alza Duns, retrayendo la teoría de las ideas a sus límites legítimos. Duns distingue entre «ideas primarias», es decir, conceptos, cuya negación iría contra la ley de contradicción, y productos complejos, compuestos de aquellas ideas primarias, como, por ejemplo, «hombre» y «blanco». La voluntad divina se halla también vinculada a las ideas primarias, ya que no puede querer nada que sea lógicamente imposible; así, p. ej., el hombre es necesariamente, por su concepto, un ser dotado de razón. La conexión, en cambio, de las ideas primarias para constituir productos complejos descansa en un acto de la voluntad divina[148].

El argumento de la teoría de las ideas contra el voluntarismo queda así reducido a los límites señalados por lo lógicamente imposible. Para las normas del obrar práctico, sobre todo, el argumento del idealismo carece de toda fuerza. «Las leyes generales del obrar recto están fijadas por la voluntad divina, no por el intelecto divino, tal como este precede a aquella. En dichas leyes, en efecto, no es posible encontrar ninguna necesidad conceptual»[149].

---

[146] *Summa Theologica,* I, qu. 15, 1 ad 3: "Deus secundum essentiam suam est similitudo omnium rerum. Unde idea Deo nihil aliud est quam Dei essentia." Cfr. también I, 2, qu. 93, n. 1.

[147] *Ox.*, II, d. 1, qu. 1, n. 9; cfr. también I, d. 3, qu. 4, n. 19; pról., qu. 3, art. 8, n. 23.

[148] Cfr. *ibídem,* I, d. 39, qu. un., n. 7; II, d. 3, qu. 11, n. 11; I, d. 3, qu. 4, n. 20; II, d. qu. un., n. 17.

[149] *Ibídem,* I, d. 44, qu. un., n. 2: "Leges aliquae generales rectae de operabilibus dictantes praefixae sunt a voluntate divina, et non quidem ab intellectu divino ut praecedit actus voluntatis divinae...; quia non invenitur in illis legibus necessitas ex terminis."

Por este camino, Duns llega finalmente a una posición decididamente contraria al Derecho natural idealista, en frases que suenan como una respuesta a la pregunta de Sócrates en el *Eutifrón:* «Todo lo que existe fuera de Dios es bueno porque Dios así lo quiere; pero no, al contrario, lo aprueba Dios porque es bueno» [150].

Ahora bien: ¿no se proclama con ello como ley la pura arbitrariedad divina? ¿Qué es lo que nos asegura que Dios no quiere la perdición de todos nosotros? San Pablo extraía la certeza de la misericordia divina de un hecho histórico: la venida al mundo de Jesucristo y su muerte en la cruz. Solo la fe en Cristo nos da la certeza de su misericordia con nosotros. Duns, en tanto que filósofo medieval, no se contenta simplemente con este hecho histórico, sino que ve la certeza de la bondad divina en el mismo concepto de la esencia de Dios. Dios es, por esencia, el más elevado e infinito bien. Dios es la bondad misma y el único bien que existe por sí, *bonum per se,* mientras que todos los demás bienes reciben su valor condicionado exclusivamente de la bondad divina [151]. Ahora bien: como su voluntad es amor, Dios tiene que amar necesariamente su propia esencia [152]. La esencia de Dios, su bondad esencial, precede así a su voluntad. Si Dios, empero, es por esencia el más alto bien, el principio práctico supremo es el imperativo de amar a Dios sobre todas las cosas; un imperativo que se desprende directamente de la esencia de Dios, y que, por tanto, precede también a la voluntad divina. El bien supremo, en efecto, es también, con necesidad conceptual, el objeto al que ha de aspirarse por sí [153].

En esta doctrina de la bondad esencial divina y del imperativo derivado de ella de amar a Dios sobre todas las cosas se encierra, por así decirlo, el residuo idealista dentro de la metafísica voluntarista de Duns Escoto. Todo lo demás en el mundo, todo lo que es fuera de Dios, no tiene ningún valor en sí, sino que recibe todo valor solo en la medida en que Dios reconoce el objeto. «Toda diferencia de valor en las cosas descansa no en un valor dado en ellas mismas, el cual sería, por así decirlo, la razón de quererlas de una u otra manera, sino que la razón se encuentra en la voluntad de Dios. Las cosas son buenas en la medida en que Dios las reconoce, y no al revés. E incluso si se quisiera conceder que las cosas, tal como nos son

---

150 *Ox.,* III, d. 19, qu. 1, n. 7: "Omne aliud a Deo est bonum, quia a Deo volitum, et non converso..., quia est bonum, ideo acceptatum."

151 *Ibídem,* I, d. 3, qu. 1, n. 14: "Bonitas in aliis entibus a Deo non est nisi quia sunt a bonitate primi boni."

152 *Collationes,* 30, n. 5: "Non est in potestate Dei esse non voluntas sed dilectio sua est idem quod voluntas eius; ergo non est in potestate voluntatis ad diligendum essentiam suam."

153 *Rep. Par.,* IV, d. 38, qu. un., n. 6: "Per se volibile objectum."

ofrecidas por el intelecto, poseen un grado de bondad esencial, de acuerdo con el cual tienen que agradar por fuerza a la voluntad, no puede caber duda de que la aprobación de su actual existencia depende de la mera voluntad divina, sin ninguna razón determinante por parte de ellas» [154].

Partiendo de esta teoría axiológica, hay que entender el Derecho natural de Duns Escoto. Para Duns, no puede haber más que un único principio esencial de Derecho natural, a saber: amar a Dios sobre todas las cosas. La justicia de este imperativo es una verdad necesaria y contenida ya virtualmente en el concepto de Dios [155]; es evidente por sí misma [156], y sustraída, por tanto, a todo posible error. Nada puede ser presupuesto como conocido más que este *principium practicum* supremo [157]. Todas las demás normas del obrar son mandatos contingentes de la voluntad divina: así como Dios puede obrar de otra manera, así también puede establecer como justa otra ley, la cual, tan pronto como El la ha establecido, es justa, ya que ninguna ley es justa que no haya sido aprobada por la voluntad de Dios [158]. Solo hay dos límites que Dios no puede traspasar: su propia bondad esencial, la cual no hay fuerza humana que pueda indagar y cuyo solo intento representaría una arrogancia frente a Dios, y lo lógicamente posible. Así, Dios hubiera podido dar la bienaventuranza a Judas, pero no a una piedra [159].

Duns no conoce, por ello, ya una ley eterna. Eterna no es la ley, eterno es el legislador [160]. No conoce tampoco—prescindiendo del amor a Dios—ninguna acción «buena o mala en sí», es decir, ninguna acción cuya materia sea buena o mala *per se et sua natura,* como lo hacía Santo Tomás, para el cual, por ejemplo, el adulterio, el robo y el asesinato eran acciones malas en sí [161].

---

[154] *Ox.,* III, d. 32, qu. un., n. 6: "Nec tamen illa inaequalitas est propter bonitatem praesuppositam in objectis quibuscumque aliis a se, quae sit quasi ratio sic vel sic volendi: sed ratio est in ipsa voluntate divina. Quia sicut ipsa acceptat alia in gradu, ita sunt bona in tali gradu, et non e converso. Vel si detur, quod in eis ut ostensa sunt ab intellectu, ostenditur aliquis gradus bonitatis essentialis, secundum quem rationabiliter debent complacere voluntati, hoc saltem est certum, quod complacentia eorum quantum ad actualem existentiam, est mere ex voluntate divina absque alia ratione determinante ex parte eorum."

[155] *Ibídem,* pról., qu. 4 et 5, n. 15: "Rectitudo huius praxis 'amare Deum' est necessaria et includitur virtualiter in ratione Dei."

[156] *Ibídem,* III, d. 27, qu. un., n. 2: "Per se notum."

[157] *Ibídem,* III, d. 36, qu. un., n. 13: "Nihil potest assumi notius quam primum principium practicum."

[158] *Ibídem,* I, d. 44, qu. un., n. 2: "Sicut potest aliter agere, ita potest aliam legem statuere rectam, quia, si statueretur a Deo, recta esset, quia nulla lex est recta, nisi quatenus a voluntate divina acceptante statuta."

[159] *Ibídem,* I, 44, qu. un., n. 4.

[160] G. DE LAGARDE: *Secteur social de la scolastique,* París, 1942, pág. 314.

[161] *Summa Theologica,* I, qu. 63, 1 ad 4; *De malo,* II, 3. Esta doctrina de la

Sobre todo, Duns no conoce ya la teoría aristotélico-tomista de la naturaleza esencial de las cosas, destinada a constituir el fundamento de los imperativos del Derecho natural. La teoría de la voluntad de Duns estaba caracterizada por la separación radical entre la tendencia natural y no libre *(velle naturale)* de las inclinaciones naturales, y el querer libre del amor espiritual *(velle amicitiae)*. La tendencia natural, precisamente por no ser libre, es siempre por sí misma «justa». La tendencia libre, en cambio, no es justa porque concuerde con cualquier otra tendencia inferior justa, sino solo por seguir la voluntad de Dios. Ambas tendencias, por eso, la que persigue lo provechoso y la que persigue lo justo, se encuentran reguladas por una norma superior: la voluntad divina, y ninguna de ellas es norma para la otra; no obstante lo cual, y como la tendencia a lo provechoso es de por sí sin medida, la otra tiene a su cargo el reprimirla [162].

La tradición iusnaturalista aristotélico-estoica queda así desposeída de su tesis central. Lo «natural» había sido en esta tradición el fundamento para la determinación del contenido de las normas del Derecho natural, y la «naturaleza» del hombre había llenado a este con contenido material. La doctrina de Santo Tomás de que el orden de las inclinaciones naturales concordaba con el orden de los preceptos naturales, se movía plenamente dentro de este marco tradicional. Este «puente» iusnaturalista entre la naturaleza del hombre y su norma queda ahora roto. El contenido del Derecho natural procede de lo alto, de Dios, no de abajo, no de la naturaleza, ni aun entendida esta como idea, como forma esencial del hombre.

Por esta razón, para Duns no hay más que una proposición de Derecho natural en sentido estricto: el imperativo del amor a Dios, y ello porque este se deduce analíticamente del concepto de Dios como ser infinitamente digno de ser amado. Del Decálogo, por eso, solo los dos primeros mandamientos pertenecen en sentido estricto al Derecho natural [163], si bien solo en forma negativa: solo la prohibición del odio a Dios, no el mandato del amor a Dios, es de rigurosa validez general. El hombre, en efecto, no puede ser obligado a dirigir constantemente a Dios todas sus acciones actual

---

"perseitas" alcanzará gran significación, tanto en la escolástica española como en el Derecho natural profano.

[162] *Rep. Par.*, II, d. 6, qu. 2, n. 10: "Cum dicitur, appetitus liber conformis naturali est conformis recto; dico quod iste naturalis rectus est, si sit per se; sed appetitus liber non est rectus ex hoc, quod conformatur alicui inferiori recto, sed ex hoc, quod vult illud, quod vult Deus eum velle. Unde illae duae affectiones commodi et justi regulantur per regulam superiorem, quae est voluntas divina, et neutrum illorum est regula alterius; et quia affectio commodi ex se forte est immoderata, alia tenetur istam moderari."

[163] *Ox.*, III, d. 37, qu. un., n. 6.

y virtualmente [164]. Duns se plantea con toda radicalidad el problema de la validez general del Derecho natural. Una norma solo puede ser de Derecho natural cuando vale por doquiera y sin excepción alguna. Esta dualidad la posee la prohibición del odio a Dios, pero no el imperativo del amor a Dios [165]. Nunca y en ningún lugar puede el hombre realizar una acción que exprese odio a Dios; pero, en cambio, no le puede ser mandado amar por doquiera e incesantemente a Dios. Por esta razón, Duns duda de si el tercer mandamiento pertenece al Derecho natural, ya que la determinación temporal de cuándo ha de honrarse a Dios no puede poseer la validez general iusnaturalista [166].

Al Derecho natural en sentido estricto no pertenecen, con seguridad, los mandamientos de la segunda tabla del Decálogo, es decir, todas las normas sociales. Ello se deduce ya de las nociones centrales del pensamiento de Duns. Si Dios hubiera tenido que crear como verdad necesaria una determinada forma de relación social entre los hombres, hubiera habido algo fuera de El que habría determinado forzosamente su voluntad, lo cual es incompatible con su omnipotencia [167]. El valor de todas las cosas fuera de Dios descansa solo en una decisión de la voluntad divina, sin que Dios, al contrario, se halle vinculado a un anterior valor ideal de las cosas [168]. A los mandamientos de la segunda tabla les falta, además, la relación directa con el fin supremo, con Dios. «Lo que en ellos se prescribe no es ninguna bondad que conduzca necesariamente al fin supremo, y lo que en ellos se prohíbe no es tampoco ninguna maldad que aparte necesariamente del último fin. Aun cuando aquel bien social no hubiera sido preceptuado ni aquel mal social prohibido, podría, sin embargo, ser amado y alcanzado el fin supremo» [169].

De la relación de amor con Dios se eliminan radicalmente todas las tendencias moralizadoras. No hay ninguna buena obra por la que el hombre «merezca» la bienaventuranza eterna, ni tampoco ninguna obra mala por

---

164 *Ox.*, II, d. 41, qu. un., n. 4.

165 *Ibídem*, III, d. 37, qu. un., n. 8.

166 *Ibídem*, III, d. 37, qu. un., n. 7.

167 *Ibídem*, III, d. 37, qu. un., n. 4: "Esset enim ponere quod voluntas eius simpliciter necessario determinatur circa alia volibilia alia a se, cuius oppositum est dictum in primo, ubi tactum est, quod voluntas divina in nihil aliud a se tendit, nisi contingenter."

168 *Ibídem*, III, d. 19, qu. 1, n. 7.

169 *Ibídem*, III, d. 37, qu. un., n. 5: "Non enim in his, quae praecipiuntur ibi, est bonitas necessaria ad bonitatem ultimi finis, convertens ad finem ultimum; nec in his, quae prohibentur, est malitia necessario avertens a fine ultimo; quin si bonum istud non esset praeceptum, posset finis ultimus amari et attingi; et si illud malum non esset prohibitum, staret cum eo acquisitio finis ultimi."

la que la pierda necesariamente. Los valores del comportamiento social son exclusivamente valores de la vida terrenal, que no afectan a la relación del hombre con Dios.

Los mandamientos de la segunda tabla del Decálogo, como, p. ej., no matar, no fornicar, no hurtar, no pueden tampoco ser deducidos del mandamiento del amor de Dios con la validez general propia del Derecho natural. Uno puede, en efecto, querer muy bien que el prójimo ame a Dios, y, sin embargo, negar, a la vez, su existencia corpórea [170]. La pena de muerte muestra incluso que la preocupación por la salvación del alma del prójimo no es incompatible con la negación de su existencia física. Tan pronto como se toma verdaderamente en serio la validez general del Derecho natural, inmediatamente se echa de ver que no hay más que un imperativo de Derecho natural, a saber: la prohibición de odiar a Dios. Todas las normas sociales tienen que permitir excepciones, y no pueden considerarse como parte del Derecho natural en sentido estricto. Todos los esfuerzos de los últimos escolásticos por poner de acuerdo la validez general de la norma con la mutabilidad de la «materia» tenían que fracasar también necesariamente en este punto. Duns Escoto vio, desde un principio, en este problema con mayor agudeza que todos sus sucesores.

Pero aun cuando no es posible un Derecho natural en sentido estricto basado en valores temporales, ello no quiere decir que, para Duns, las normas sociales del Decálogo sean puros mandatos positivos de la voluntad divina, situados fuera de toda relación axiológica material. Esta idea queda ya eliminada por el hecho de que la creación del mundo no es un puro acto arbitrario de Dios, sino la expresión de su voluntad amorosa: *vult alios condiligentes*. De la bondad de Dios se deduce el valor condicionado del mundo creado [171], y por ello también es el hombre criatura e imagen de Dios y ha de ser amado como tal, sea amigo o sea enemigo [172]. Aun cuando, por eso, las normas de comportamiento social no poseen una validez incondicionada e independiente frente al mandato supremo del amor a Dios, son, sin embargo, adecuadas a este último, se hallan en consonancia con él—*consonum primis principiis* [173]—y, en este respecto, son Derecho natural en sentido amplio.

Duns extrae del Derecho positivo un ejemplo de esta «consonancia» entre el Derecho natural del primero y del segundo orden. Del principio del Derecho positivo de establecer la paz jurídica en el Estado no se sigue en

---

170 *Ox.*, III, d. 37, qu. un., n. 11.
171 *Ibídem*, I, d. 3, qu. 5, n. 14.
172 *Rep. Par.*, III, d. 30, qu. un., n. 10; *Ox.*, III, d. 30, qu. un., n. 14.
173 *Ox.*, III, d. 37, qu. un., n. 8; IV, d. 17, qu. un., n. 3; IV, d. 26, qu. un., n. 7.

absoluto con necesidad un orden determinado de la propiedad. Si se tiene en cuenta, no obstante, que, en el caso de la comunidad de bienes, muchos hombres se apropiarían más bienes que los que de la comunidad les correspondían, hay que concluir que un claro reparto de la propiedad sirve mejor a la convivencia pacífica que la comunidad de bienes[174]. En este sentido, los mandamientos del amor al prójimo concuerdan mejor que la conducta contraria con el mandato de Derecho natural estricto del amor a Dios, y pertenecen, por ello, al Derecho natural en sentido amplio.

Con esta teoría metódica de la «consonancia» entre los círculos jurídicos inferior y superior, pierde el Derecho natural social aquella rigidez logicista que poseía en las doctrinas idealistas del Derecho natural, ya que estas trataban de deducir, por medios puramente lógicos, las diversas proposiciones del sistema. El método introducido por Duns de la «adecuación» es, desde un principio, mucho más dúctil y permite una consideración mucho mayor de las circunstancias concretas. La relación positiva con lo singular, individual y empírico, que se abre camino con Duns, redunda también en provecho de su teoría del Derecho natural. Lo mismo puede decirse también del Derecho positivo. Aquí Duns no se contenta con la exigencia de que el Derecho positivo ha de coincidir con el Derecho natural, sino que trata de enumerar aquellas condiciones concretas que permiten denominar justa una ley positiva. A ellas añade dos caracteres: prudencia y autoridad. La primera fija, de acuerdo con la recta razón práctica, las obligaciones de los súbditos, y la segunda se basa en la aprobación general o la elección general[175]. Aquí parecen insinuarse determinadas ideas «democráticas», según las cuales el Estado es creación consciente de los ciudadanos; con ello coincide el que Duns no conoce ya la doctrina «orgánica» de la naturaleza social del hombre. Sólo en consideración a la familia llama al hombre un *animal conjugale et domesticum*[176].

La estructura del Derecho natural «voluntarista» en Duns Escoto reviste, pues, un aspecto esencialmente distinto de la del Derecho natural idealista Para Duns no hay más que una sola ley natural auténtica, basada en un valor esencial anterior incluso a la voluntad divina: el imperativo del amor a Dios, o, más exactamente, la prohibición del odio a Dios. Las normas sociales son solo «consonantes» con esta ley natural suprema, y pertenecen, por ello, al Derecho natural en sentido amplio. Estas normas tienen sus raíces en valores temporales derivados del bien supremo y condicionados por él. Aquellas normas no referidas siquiera a estos valores con-

[174] *Ox.*, III, d. 37, qu. un., n. 8.
[175] *Ibídem*, IV, d. 15, qu. 2, n. 6, 7.
[176] *Ibídem*, IX, d. 26, qu. un., n. 5.

dicionados son ordenaciones puramente positivas—como, por ejemplo, la prohibición de comer del árbol de la ciencia—, y las acciones contenidas en ellas son recusables solo porque están prohibidas[177].

La solución de las dificultades bíblicas es, partiendo de este punto de vista, relativamente fácil. Frente a Santo Tomás, Duns sostiene que, con el mandato a Abrahán de sacrificar a su hijo Isaac, Dios sancionó una dispensa de la prohibición contenida en el quinto mandamiento, ya que la única modificación que el mandato traía consigo consistía en que era mandado lo que antes había estado prohibido. Ahora bien: como los mandatos sociales del Decálogo no contienen Derecho natural invariable en sentido estricto, sino mandatos de Dios sobre valores temporales, Dios puede modificarlos o derogarlos en cada caso concreto.

Si bien así queda limpiamente solucionado el problema de la relación objetiva entre Derecho natural en sentido amplio y mandatos positivos singulares, tanto más complicada aparece, en cambio, la cuestión de la ciencia errónea. Desde el punto de vista objetivo, el mandato positivo de Dios derogó, para el caso concreto, el Derecho natural—en sentido amplio—, de tal suerte que, objetivamente, solo el mandato positivo singular poseía fuerza vinculante; desde el punto de vista subjetivo, en cambio, el hombre experimenta el conflicto entre el Derecho natural general, que le habla en su conciencia, y el mandato singular, contrario a aquel. En sí, la conciencia errónea obliga también subjetivamente, pero la obligación objetiva tiene aquí la precedencia: «Quien tiene una conciencia errónea, peca más si sigue la conciencia que si no la sigue, porque una obligación más fuerte, como es la de la ley divina, le impone la omisión de la acción»[178]. Al imponer Duns al hombre en tal situación el deber de renunciar al error, es decir, de no seguir la conciencia, lo que hace es obligarle prácticamente a seguir estrictamente el mandato procedente de la autoridad, sin consideración a su justicia intrínseca.

Las dificultades, empero, no terminan aquí. ¿Hasta qué punto son, en realidad, directamente evidentes los imperativos del Derecho natural? El imperativo supremo del amor a Dios se deduce, según Duns, con necesidad del concepto mismo de Dios. Ahora bien: la existencia de Dios se conoce, según él, no *a priori*, sino *a posteriori*. Las dificultades son mayores en lo que respecta al Derecho natural en sentido amplio. Duns acepta, en principio, es verdad, que la consonancia del Derecho natural en sentido amplio con el Derecho natural en sentido estricto es cognoscible y evidente a todo

---

177 *Rep. Par.*, II d. 22, qu. un., n. 3.
178 *Ibídem*, II, d. 39, qu. 1 y 2, n. 11.

hombre [179]. En el caso concreto, como, p. ej., en la vinculatoriedad del contrato matrimonial, lo niega de nuevo, subrayando que, por no ser evidente a todo hombre el Derecho natural en sentido amplio, es oportuna una ordenación positiva divina [180]. Ordenaciones positivas divinas son también útiles, porque los hombres obedecen menos al Derecho natural solo que a los mandatos de Dios, ya que temen menos la propia conciencia que la autoridad divina.

Desde el lado subjetivo, pues, desde el lado del sometido a la norma, el Derecho positivo avanza al primer plano. La tendencia hacia el Derecho positivo tiene sus orígenes, en último término, en la misma idea del Derecho natural de Duns. En contraposición, en efecto, a la concepción fundamental [181] del Derecho natural idealista, los principios supremos del Derecho natural social no están determinados en Duns con necesidad lógica y unívocamente, sino que son solo «consonantes» con el imperativo del amor a Dios, que es la única proposición de Derecho natural dotada de necesidad lógica. Ahora bien: si hay varias formas de conformación social que pueden ser «consonantes» con el Derecho natural estricto—como, por ejemplo, o bien la propiedad privada, o bien la comunidad de bienes—, es precisa una decisión autoritativa que determine cuál de las distintas formas sociales «consonantes» ha de ser verdaderamente Derecho vigente. Con el principio de la «consonancia», el positivismo jurídico se convierte en parte integrante, no complementaria, del Derecho natural.

4. Guillermo de Ockham

El camino del Derecho natural voluntarista al positivismo jurídico es proseguido con éxito por el hermano de Orden de Duns Escoto, el franciscano inglés Guillermo de Ockham (1290?-1349). Ockham era, en mucho mayor medida, publicista y político—al lado del emperador Luis de Baviera y en lucha contra el papa Juan XXII—, que un pensador sistemático de la clase de Santo Tomás o de Duns. Pero aun cuando Ockham es inferior a Duns en la sistemática y en el encadenamiento lógico del pensamiento, le supera, en cambio, en la audacia y en la intrepidez de sus tesis. Por esta cualidad, Ockham se convertiría en el fundador de la dirección filosófica más influyente de la baja Edad Media, en el llamado «nominalis-

[179] *Ox.*, IV, d. 17, qu. un., n. 3 y 4.
[180] *Ibidem,* IV. d. 26, qu. un., n. 9 y 18.
[181] En realidad, las proposiciones concretas del Derecho natural no están determinadas en relación con los principios formales y vacíos de contenido.

mo», que tanta importancia revestirá también para la historia ulterior del Derecho natural [182]. Toda la teoría del Derecho natural en los siglos siguientes se desarrollará bajo el signo de la oposición entre «nominalismo» y «realismo de las ideas» o idealismo.

De Duns toma Ockham la idea fundamental del voluntarismo; sobre todo, su teoría de la voluntad, con su principio esencial de la indeterminabilidad absoluta de la voluntad [183], así como la distinción entre *potentia absoluta* y *potentia ordinata Dei*. Esta distinción no tiene tampoco para Ockham más que una significación metódica, es decir, de un medio para mostrar la contingencia del mundo y de sus órdenes, pero sin entregar, por ello, la voluntad divina a la arbitrariedad y el absurdo. Todavía más radicalmente que Duns, Ockham rechaza la arrogancia de querer apresar la voluntad divina en cualquier clase de verdades racionales dadas, y no retrocede, para poner esto en claro, ante las afirmaciones más paradójicas y abstrusas: Dios hubiera podido venir al mundo también como piedra, como un trozo de madera o como un asno, y nosotros hubiéramos tenido que creer en ello, pues no hay ninguna proposición de fe que sea demostrable racionalmente [184]. La ciencia y la fe son separadas por él, algunas veces, con una radicaiidad que lleva prácticamente a la teoría de la doble verdad, según la cual algo puede ser teológicamente verdadero y, a la vez, filosóficamente falso. Así, p. ej., la doctrina aristotélica, fundamental para Santo Tomás, de la tendencia de la naturaleza hacia el bien supremo, solo es para Ockham una proposición de fe, pero no algo demostrable científicamente [185] «La cuestión del fin no tiene ningún lugar en el acontecer de la naturaleza, porque la cuestión de por qué surge el fuego carece de sentido» [186]. Con ello se prepara el suelo del que en la época siguiente—ya dentro del nomi-

---

[182] El estudio de la doctrina de Ockham padece, por la falta de buenas ediciones de sus obras, una consecuencia del anatema que, durante siglos, ha pesado sobre el "inceptor" del nominalismo. De la bibliografía, cfr. especialmente ANITA GARVENS: "Die Grundlage der Ethik Wilhelms von Ockham", en *Franziskanische Studien*, XXI, págs. 243 y sgs.; G. DE LAGARDE: *L'individualisme ockhamiste*, t. III *(La morale et le droit)*, París, 1946, y E. HOCHSTETTER: "Viator mundi", en *Franziskanische Studien*, XXXII (1950), págs. 1 y sgs.

[183] *Sent.*, III, qu. 11, X. La libertad es un hecho empírico no susceptible de prueba por el discurso racional. *Quodlibeta*, I, qu. 16: "Non potest probari libertas per aliquam rationem... Potest tamen evidenter cognosci per experientiam, quod, quantumcumque ratio dictet aliquid, voluntas tamen potest hoc velle et nolle."

[184] *Centilog.*, 6 y sgs. Dios puede dar la bienaventuranza al pecador incluso sin penitencia *(Sent.*, IV, qu. 8 y 9 M), como tampoco es susceptible de prueba la necesidad de un premio eterno para los méritos contraídos. *Centil.*, 92.

[185] *Quodlibeta*, IV, qu. 2. Sobre ello, HOCHSTETTER: *Studien zur Metaphysik und Enkenntnislehre Wilhelm von Ockham*, 1927, págs. 172 y sgs.

[186] *Quodlibeta*, IV, qu. 1.

nalismo—habría de surgir la investigación causal de la naturaleza, para la cual ya Ockham había pedido absoluta libertad [187]. Para el Derecho natural, empero, ello significa que queda cortado el camino por el cual, con ayuda del concepto multívoco de naturaleza, se trataba de rellenar con contenidos materiales los principios jurídicos formales. Ockham no hace aquí tampoco más que proseguir la obra de Duns; pero mucho más decididamente que en este, están sometidos en él los imperativos morales a la *potentia Dei absoluta,* y se basan solo en la voluntad de Dios, no vinculada a ninguna verdad racional [188]. Dios hubiera podido mandar también el adulterio y el robo, y estas acciones hubieran sido buenas y meritorias, de igual manera que pecaron aquellos judíos que, en contra del mandato divino, no se llevaron consigo la propiedad de los egipcios [189]. Los conceptos de robo, adulterio, etc., no designan en absoluto una cualidad ético-material de la acción, sino solo la prohibición de esta, de tal suerte que, si la prohibición cesa, la misma acción deja de ser ya robo o adulterio.

Pese, empero, a estas tesis, expresadas, en parte, con radicalidad paradójica, lo mismo que para Duns, tampoco para Ockham es la voluntad divina simple arbitrariedad y falta de sentido, sino que actúa bajo la forma de *potentia ordinata.* También para Ockham tiene la voluntad de Dios sus límites, de un lado en la ley de contradicción, y de otro, en su propia bondad esencial. Dios puede, sin duda, hacer muchas cosas, pero no quiere hacerlas [190]. «La voluntad de Dios quiere necesariamente su bondad» [191], y no puede hacer otra cosa más que obrar bien [192]. Lo mismo que en Duns, también en Ockham la bondad de Dios precede a su voluntad. Esta *bonitas Dei* es el *minimum* idealista en el Derecho natural voluntarista.

No obstante, el Derecho natural de Ockham se distingue esencialmente del de Duns, porque Ockham, pese a formulaciones externamente iguales, amplía la «potencia absoluta» de Dios muy por encima de los límites señalados por Duns. En contraposición a Duns, Ockham enseña que la prohibición del odio a Dios no deriva con necesidad racional de la esencia de Dios. La ley de contradicción, al contrario, no se opone a que Dios ordenara el odio contra Sí, en cuyo caso, y desde el momento en que así lo mandara, sería una acción buena y meritoria [193].

---

187 GOLDAST: *Monarchia* (1614), II, pág. 427.

188 *Sent.,* I, d. 17, qu. 2.

189 *Ibídem,* II, qu. 19 O; *ibíd.,* I, d. 47, qu. 1 G.

190 *Quodlibeta,* VI, qu. 1: "Deus multa potest facere, quae non vult facere."

191 *Sent.,* I, d. 10, qu. 2 L: "Voluntas divina necessario vult bonitatem suam."

192 *Ibídem,* III, qu. 13 B: "Voluntas divina non indiget aliquo dirigente, quia illa est prima regula directiva et non potest male agere."

193 *Ibídem,* IV, qu. 14: "Deus potest praecipere, quod voluntas creata odiat

Para la idea del Derecho natural, esta doctrina revestirá las más decisivas consecuencias. Para Duns, en efecto, la prohibición del odio a Dios, en tanto que única ley natural esencial en sentido estricto, era precisamente el fundamento sobre el cual, con ayuda del principio de consonancia, podía edificar, siquiera como Derecho natural de segundo orden, todo el edificio del Derecho natural social. Al negar ahora también a la prohibición del odio a Dios la condición de ley natural en sentido estricto, Ockham destruye el último fundamento sobre el cual podía apoyarse, aunque en forma condicionada, un Derecho natural social. Para Ockham, no hay ya en absoluto una ley esencialmente buena, sino solo un legislador esencialmente bueno. Un desarrollo consecuente de esta idea hubiera tenido que disolver toda la ética material en una teoría puramente positiva de mandatos, convirtiendo todas las normas superiores en manifestaciones de voluntad de la omnipotencia divina, modificables en cada momento y susceptibles de ser convertidas en lo contrario.

Ockham, que no logra mantener su doctrina libre de contradicciones, no retrocede tampoco ante tales consecuencias. Los predicados axiológicos de una acción, «bueno» o «malo», no se refieren a relaciones valorativas materiales, sino que designan, *connotan,* simplemente el hecho de que el hombre está obligado a tales acciones o, dado el caso, a su contrario [194]. «Las palabras robo, adulterio, etc., designan estas acciones, no en un sentido absoluto, sino que dan solo a conocer que el sujeto está obligado por mandato divino a hacer lo contrario... Si estuvieran mandadas por Dios, entonces el sujeto no estaría obligado a hacer lo contrario, y no se las llamaría, consecuentemente, adulterio, robo, etc.» [195].

---

eum... odire Deum potest esse actus rectus in via, puta si praecipiatur a Deo: ergo et in patria!" HOCHSTETTER: *Franziskan. Studien,* XXXII, pág. 14, cree que Ockham echó de ver, más tarde, lo insostenible de su posición en los *Quodlibeta,* III, qu. 14 y 15. Pues si la obediencia frente al mandato de Dios es amar a Dios, el mandato de odiar a Dios significaría amar a Dios para odiarle. Ockham denomina por eso aquí el acto del amor divino "necessario virtuosus, quod non potest esse vitiosus nec potest a voluntate creata creari nisi virtuose. Tum quia quilibet pro tempore et loco obligatur ad diligendum deum super omnia, et per consequens ille actus non potest esse vitiosus. Tum quia ille actus est principium omnium actuum bonorum". Históricamente, sin embargo, ha sido la primera posición de Ockham la que ha ejercido influencia decisiva.

194 *Sent.,* II, qu. 19 P: "Bonitas moralis et malitia connotant, quod agens obligatur ad illum actum vel eius oppositum."

195 *Ibidem,* II, qu. 19 O: "Ista nomina (furtum, adulterium, odium, etc.) significant tales actus non absolute, sed connotando vel dando intelligere, quod faciens tales actus per praeceptum divinum obligatur ad oppositum... Si autem caderent sub praecepto divino, tunc faciens tales actus non obligaretur ad oppositum et per consequens tunc non nominaretur furtum, adulterium, etc."

Estas frases revelan con toda claridad un extremo positivismo moral, tal como había de sostenerlo con consecuencia aún mayor y casi con las mismas palabras, tres siglos después, Tomás Hobbes. Este positivismo moral no conoce ya ninguna relación axiológica material objetiva, sino que deriva toda diferencia de valor ético de decisiones de voluntad de una potencia superior. Los conceptos éticos *connotan* simplemente las obligaciones impuestas por una voluntad superior, y por eso, una vez derogado el mandato o la prohibición, la acción pierde inmediatamente toda bondad o malicia éticas.

Este puntualismo ético es apoyado por una teoría conceptual, que no ve ya, en los universales, relaciones objetivas entre las cosas mismas [196], sino solo productos del pensamiento: *conceptus.* Si bien Ockham no entenderá los conceptos, como más tarde Hobbes, como meras palabras—*nomina*—que resumen muchas cosas singulares—en este sentido es Hobbes y no Ockham el primer nominalista en sentido riguroso—, y si bien reconoce a los conceptos el carácter de la generalidad («conceptualismo»), sin embargo, según él, no hay nada en las cosas mismas que responda a los conceptos generales. En la esfera ética este conceptualismo tiene como consecuencia que tampoco en las acciones mismas hay ninguna bondad o malicia que responda a la ley general, de suerte que también aquí se desemboca en el positivismo ético.

No obstante, Ockham no mantiene sus tesis fundamentales sin contradicción. Al contrario, junto a la *moralis doctrina positiva,* cuyas leyes solo obligan en virtud del mandato de un superior, conoce también una *moralis doctrina non positiva,* la cual, independientemente de los mandatos de un superior [197], rige las acciones humanas de acuerdo con principios conocidos por sí mismos, *per se,* o por la experiencia. La conexión de la ética suprapositiva con la concepción voluntarista fundamental de Ockham es poco clara. La ética no positiva, en efecto, contiene, junto a meras reglas de prudencia [198], también algunas normas ético-materiales, como, por ejemplo, «debes prestar auxilio al que se halla en necesidad», o bien «debes ser beneficente con el benefactor». Según el sistema entero de Ockham, estas proposiciones no positivas deberían valer, igual que la prohibición

---

[196] Este es el sentido, como se sabe, del realismo ideal, especialmente el de Santo Tomás. También, empero, según Duns Escoto, responde a los universales un ser objetivo en las cosas mismas: "Universali aliquid extra correspondet." *Quaestiones super universalia,* qu. IV, 4.

[197] SANTO TOMÁS: *Quodl.,* II, qu. 14. HOCHSTETTER: *Franz. Studien,* XXXII, página 13, observa aquí que el "superior" en el contexto no es Dios, sino el legislador estatal.

[198] Como la proposición "debes apaciguar al iracundo".

del robo o del adulterio, solo «bajo la presuposición del orden natural de las cosas»: *stante ordinatione, quae nunc est* [199].

Sin embargo, el objeto más importante de esta doctrina moral no positiva se refiere no a contenidos normativos objetivos ético-materiales, sino al modo de comportamiento moral-subjetivo, es decir, a la actitud interna en el acto moral: «La voluntad debe guiarse siempre por la recta razón» [200]. Aquí se superan todavía los principios de autonomía ética de la tradición escolástica, identificándose cada vez más el concepto de la recta razón con el de la conciencia. «Es imposible que un acto volitivo cualquiera sea meritorio si va contra la conciencia y el mandato de la razón, sea este justo o erróneo» [201]. No solo en el caso del error inculpado, sino incluso en el caso del error de conciencia evitable, la conciencia tiene para Ockham fuerza de obligar. «Porque si, aun ignorando que yerras, obras contra la conciencia, desprecias a esta y pecas por desprecio de esta» [202].

Frente a la contingencia de los contenidos normativos ético-materiales, Ockham parece querer otorgar a la actitud interna moral-subjetiva un valor absoluto [203]. Ockham expone, es verdad, su doctrina de la actitud ética interna, no solo como parte de la *moralis doctrina non positiva,* sino que la presenta como manifestación de un mandato positivo de la voluntad divina [204], pero incluso en sus tesis más radicalmente voluntaristas aparece claramente su convicción del absoluto valor positivo o negativo de la buena o mala actitud ética interna. Y así, dice que aquellos judíos que, siguiendo el mandato divino, se llevaron consigo la propiedad de los egip-

199 *Sent.,* III, qu. 12 CCC.

200 SANTO TOMÁS: *Quodlibeta,* II, qu. 15: "Voluntas debet se conformare rectae rationi." El concepto de la sindéresis, de la facultad de conocer los principios superiores del Derecho natural, que ya en Duns Escoto había retrocedido a segundo plano, desaparece totalmente en Ockham. (La observación la debo a la amabilidad del profesor Hochstetter.)

201 Cfr. la nota siguiente.

202 *Sent.,* III, qu. 13 C: "Impossibile est, quod aliquis actus voluntatis elicitus contra conscientiam et contra dictamen rationis sive rectum sive erroneum sit virtuosus. Patet de conscientia recta: quia talis eliceretur contra praeceptum divinum et voluntatem divinam volentem talem actum elicere conformiter rationi rectae. De conscientia erronea errore invincibili patet: quia talis erro non est culpabilis pro eo, quod non est in potestate errantis sic faciendo contra rationem erroneam quam nescis erroneam. Nec est in potestate tua hoc scire quod facis contra conscientiam erroneam. De conscientia erronea vincibili patet: quia licet error sit culpabilis tamen ex quo tu ignoras te errare faciendo contra talem rationem, contemnis rationem, quam nescis erroneam. Et sic peccas ex contemptu."

203 Cfr. HOCHSTETTER: *Franz. Studien,* XXXII, pág. 14.

204 *Sent.,* III, qu. 13: "Voluntas creata sequens rationem erroneam errore invincibili est voluntas recta; quia voluntas divina vult eam sequi rationem non culpabilem."

cios no pecaron, «salvo aquellos que lo hicieron con ánimo perverso y no precisamente por razón de obediencia»[205]. Es decir, que su acción, aun cuando no era objetivamente un robo—*cessante praecepto divino*—, era, sin embargo, pecado por causa de su actitud interna. El voluntarismo en el concepto de la justicia divina conduce aquí directamente al subjetivismo en la moral[206].

La cuestión opuesta, que ya se había planteado Duns, de cómo debe comportarse el hombre cuando un mandato positivo está en conflicto con una exigencia de la conciencia, no ha sido, por lo que yo sé, tratada por Ockham. En sus *Dialogis*[207] considera completamente en sentido tradicional la *ignorantis iuris naturalis,* distinguiendo entre los principios supremos y directamente evidentes, así como las conclusiones inmediatas de ellos, cuya ignorancia no exime de culpa, y las conclusiones ulteriores, cuya ignorancia exime, en principio, de culpa, a no ser que se trate de ignorancia crasa o querida[208]. Todo ello como si quedara incólume el fundamento de estas distinciones, es decir, la doctrina del Derecho natural esencial

Sobre la teoría del Derecho natural de Ockham se extiende así una cierta penumbra. Junto a proposiciones de inaudita audacia y novedad, figuran restos de la antigua y opuesta doctrina. Mientras que, de un lado, Ockham lleva el voluntarismo aún más allá que Duns, negando incluso a la primera tabla del Decálogo, a la prohibición del odio a Dios, la validez esencial propia del Derecho natural define, en otros pasajes, el Derecho natural como el Derecho conforme a la razón natural, declarándolo como invariable, inmodificable e indispensable[209].

Ockham mismo, sin embargo, no habría sentido como tales estas contradicciones, ya que para él la razón revelada o *ratio aperta* es tan idéntica con la ley divina como lo es la recta razón en sentido objetivo o *ratio recta* con la Sagrada Escritura[210]. «Todo Derecho natural se halla contenido explícita e implícitamente en la Sagrada Escritura, porque este

---

205 *Sent.,* I, d. 27, qu. 1 G: "Nec filii Israel peccaverunt spoliando nisi illi, qui, malo animo, non praecise obediendo divino praecepto spoliaverunt." Confróntese HOCHSTETTER, *ob. cit.,* pág. 14.

206 Cfr. DE LAGARDE, *ob. cit.,* pág. 66.

207 GOLDAST: *Monarchia,* II, pág. 884.

208 "Ignorantia crassa et affectata."

209 GOLDAST: *Monarchia,* II, pág. 533 y también pág. 932. ¿Debe subsistir esta inmutabilidad solo bajo la presuposición de la ordenación divina, válida precisamente en este momento, "stante praecepto divino" o "stante ordinatione quae nunc est"? *(Sent.,* II, qu. 19; III, qu. 12 CCC). Pero, entonces, ¿qué significa la expresión "indispensabilis"?

210 *Ibídem,* II, pág. 630.

contiene ciertas reglas generales, de las cuales puede deducirse en sí, o junto con otras, que todo Derecho natural de primero, segundo y tercer orden—aunque no se encuentre en ella explícitamente—es Derecho divino» [211] «El Derecho natural no manda otra cosa que lo que Dios quiere, ni prohíbe nada más que lo que Dios quiere impedir» [212].

Con esta identificación de Derecho natural y Sagrada Escritura, el Derecho natural recibe un grado hasta entonces desconocido de contenido y determinación relativa, pero al precio de dejar de ser Derecho natural. El voluntarismo conduce aquí a un puro positivismo moral y jurídico, aunque, por de pronto, a un positivismo de la revelación bíblica, cuya autoridad había fortalecido Ockham por una decidida teoría de la inspiración [213]. Como criterio del Derecho positivo aparece ahora, en lugar del Derecho natural, la revelación. «Toda ley civil que contradice la razón divina o la razón revelada no es ley; por cuya razón no hay que obedecer las leyes canónicas o civiles que contradigan la ley divina, es decir, la Sagrada Escritura o la recta razón» [214].

Estas frases acerca de la relación entre la ley civil y la norma superior siguen, es verdad, externamente de cerca ideas de la tradición estoica, pero, en realidad, hay un mundo entre aquellas y esta. En lugar de la naturaleza racional, con ayuda de la cual creía Cicerón poder distinguir la ley justa de la ley injusta, aparece ahora la Sagrada Escritura, la palabra revelada de Dios, solo cognoscible por la fe.

Pero también la imagen del hombre que se oculta detrás de este Derecho natural ha modificado esencialmente sus rasgos. Mientras que, para Santo Tomás, la frase «obedecer el Derecho natural» no significaba más que dejar seguir su curso al impulso natural hacia el bien, ya que, en su opinión, la razón y las inclinaciones naturales impulsaban al hombre por «naturaleza» hacia el bien, ahora, en Duns, y aún más decididamente en Ockham, queda cortado el lazo esencial entre el Derecho natural y la naturaleza humana. Ninguna idea racional del hombre fija desde una eternidad la esencia del bien; como contenido de los mandatos divinos, el

---

[211] GOLDAST, *ob. cit.*, pág. 934: "Omne jus naturale in scripturis divinis explicite vel implicite continetur, quia in scripturis divinis sunt quaedam regulae generales, ex quibus solis vel cum aliis colligi potest, quod omne jus naturale primo modo, secundo modo et tertio modo dictum—licet in eis non inveniatur—sit jus divinum."

[212] *Ibídem*, II, pág. 406: "Cum in naturali jure nihil aliud praecipiatur quam quod Deus vult fieri, nihilque vetetur, quam quod Deus prohibet fieri."

[213] Sobre ello, cfr. R. SEEBERG: *Dogmengeschichte*, III, § 71.

[214] *Ibídem*, II, pág. 630: "Quaecumque lex civilis repugnat legi divinae vel rationi apertae, non est lex; eodem modo verba legis canonicae vel civilis in illo casu, quo repugnarent legi divinae scil. scripturae sacrae vel rationi rectae, non essent servanda."

bien y el mal llegan al hombre desde lo alto y desde fuera, sin tener un fundamento objetivo en su naturaleza esencial. La determinación teleológica del acontecer, sobre la que se había basado el concepto de naturaleza aristotélico-tomista, sigue siendo objeto de la fe, pero ya no de prueba racional. Pero aun en el caso de que el acontecer estuviera determinado teleológicamente, la libre voluntad humana podría decidirse lo mismo por el mal que por el bien. Bajo estas presuposiciones tenía que desvanecerse la imagen optimista-racional del hombre como animal social, ocupando su lugar una idea escéptica y, en parte, incluso decididamente pesimista de la naturaleza humana. La teoría política de Ockham permite ver claramente este oscurecimiento paulatino de la idea del hombre. La naturaleza del hombre tiende a la lucha y a la discordia [215], y la ley y la autoridad política son, por ello, esencialmente, instituciones coactivas con el cometido de proteger a los buenos y constreñir a los malos. El ideal político de Ockham es el emperador universal, al que se hallan sometidos todos los reyes. El soberano mismo es «ley animada» [216], aunque se halla vinculado por la «equidad natural» [217]. En este sentido, Ockham tiene por legítima y obligada la resistencia activa contra el soberano tiránico, así como contra el papa que obra ilegítimamente [218].

5. Los últimos escolásticos y el tránsito a la Edad Moderna

En los grandes sistemas de la alta Edad Media, en Santo Tomás, de una parte, y en Duns Escoto y Guillermo de Ockham, de otra, aparece abiertamente la antinomia del Derecho natural entre razón y voluntad, entre orden ideal y decisión concreta. Al fin sale al paso del iusnaturalismo idealista de Platón el congenial contradictor voluntarista, que opone al primado de la razón y de lo general el primado de la voluntad y de lo individual. Solo en la polémica entre estas dos concepciones fundamentales de la ética y del Derecho podía ser examinado y decantarse el contenido de verdad de la idea del Derecho natural. Esta polémica ha determinado decididamente toda la teoría ulterior del Derecho natural

---

[215] R. Seeberg, *ob. cit.*, II, pág. 873: "Natura mortalium est prona ad iurgia et litigia."

[216] *Ibídem*, II, pág. 871.

[217] *Ibídem*, II, pág. 888.

[218] Sobre ello, cfr. Gierke: *Althusius*, pág. 276. Sobre sus ideas liberales y democráticas, en las cuales coincide a menudo con Marsilio de Padua, cfr. De Lagarde, *ob. cit.*

y penetra, hasta hoy mismo, nuestras convicciones acerca del origen de la moralidad y del Derecho.

En la generación de escolásticos que sigue a Duns Escoto y a Guillermo de Ockham, la irrupción del sistema voluntarista provocó una reacción apasionada. Con el giro hacia lo individual y empírico, se abre paso un estrato de realidad, al que ni siquiera los adversarios pueden cerrar los ojos. Tanto más enconadamente se lucha en torno a los fundamentos éticos. Esta lucha, al forzar a las partes contendientes a posiciones cada vez más extremas frente al adversario, iba a constituir un fermento esencial en el proceso de secularización del Derecho natural. El contenido secularizado del nuevo Derecho natural «profano» surge, pudiera decirse, automáticamente del proceso de radicalización en posiciones extremas, que experimenta el Derecho natural escolástico en la lucha entre tomismo y nominalismo. Este hecho priva de justificación a la lamentación que hoy puede oírse a menudo sobre el abandono por parte del Derecho natural profano de su base teológica medieval. El Derecho natural moderno siguió el camino que tenía que seguir, si quería agotar verdaderamente la problemática latente en él.

La época que va desde la muerte de Guillermo de Ockham hasta finales de la escolástica española, en el siglo XVII, se caracterizó, en un principio, por un amplio triunfo del nominalismo; solo más tarde, especialmente en la escolástica española, se hizo valer de nuevo con éxito la contraposición idealista. Las ideas de Ockham permanecieron vivas, sobre todo, en Inglaterra, donde, en el siglo XVII, todavía podía Hobbes apoyarse en una tradición nominalista ininterrumpida. Pero también en el continente encontraron las teorías voluntaristas de Ockham numerosos e influyentes partidarios.

Una generación después de Ockham enseñaba el francés Pedro d'Ailly (1350-1420) en el mismo espíritu que Ockham: «La voluntad de Dios no tiene fuera de sí ningún fundamento que la determine a querer» [219]. Por esta razón, «no hay nada bueno o malo que Dios tenga que querer u odiar por necesidad o por la naturaleza de las cosas; tampoco la justicia es una propiedad de la naturaleza de las cosas, sino la simple aprobación por Dios; y de igual manera, no es que Dios sea justo por amar la justicia, sino que, al contrario, algo es justo porque Dios lo quiere, es decir, lo aprueba» [220]. En la repetición intencionada de que nada es justo por la

---

[219] *Sent.*, I, princ. S: "Divina voluntas nullam habet rationem, propter quam determinetur ut velit."

[220] *Ibidem*, qu. 9 R: "Nullam est bonum vel malum, quod Deus de necessitate sive ex natura rei diligat vel odiat... Nec aliqua qualitas est ex natura rei justitia,

naturaleza de las cosas, muestra el voluntarismo sus primeras consecuencias destructoras del Derecho natural.

En Juan Gerson (1363-1429), discípulo de D'Ailly, aparecen, por primera vez, con toda claridad las íntimas relaciones entre el voluntarismo jurídico y el teológico. Para Gerson, el «bien» es también una función de la voluntad divina, y en el mismo momento en que Dios se decidiera de otra manera, cambiarían los principios éticos [221]. «Nada es malo si Dios no lo permite, y nada es bueno si El no lo aprueba. Y Dios no quiere o aprueba nuestras acciones porque son buenas, sino que son buenas porque El las aprueba, de igual manera que son malas porque El las condena y prohíbe» [222]. Para ello no puede aducirse otro fundamento que las palabras de Juvenal: *Sic volo, sic iubeo; sit pro ratione voluntas* [223]. «Dios quiere que en toda cuestión acerca de su ley, su autoridad sea de más peso que cualquier doctrina filosófica, por muy antigua que esta sea. De otra parte, basta como fundamento el poder del que obra y la autoridad del que manda, de igual manera que se dice también, en general: El maestro lo dijo así» [224]. Conceptos del mundo jurídico romano se combinan aquí curiosamente con palabras del Evangelio, a fin de justificar el voluntarismo. Las frases de Gerson muestran cuán a la mano estaba el trasladar al mundo jurídico el voluntarismo teológico, una vez que las mismas propiedades de Dios habían sido caracterizadas por conceptos del mundo jurídico.

Todavía a finales del siglo XV tuvo Ockham uno de sus más fieles seguidores en el teólogo de Tubinga Gabriel Biel (m. 1495), cuya figura iba a revestir importancia histórica por el influjo que había de ejercer sobre Lutero. También Biel enseñaba en el sentido de Ockham: «No las cosas mismas, sino la voluntad de Dios es la regla de toda justicia y

---

sed ex mera acceptatione divina; nec Deus justus est, quia justitiam diligit sed potius contra aliqua res est justitia, quia Deus eam diligit, id est acceptat."

[221] *De consolatione theologiae,* II, 1; 147 A: "Res ad extra bonae sunt, quia Deus vult eas tales esse; adeo quod si vellet eas vel non esse vel aliter esse, id quoque jam bonum esset."

[222] *De vita spir. animae,* III, 13 C: "Nihil est malum nisi quia prohibitum, et nihil bonum, nisi quia a Deo acceptum, et Deus non ideo actus nosotros vult vel approbat quia boni sunt, sed ideo boni sunt quia approbat, similiter ideo mali, quia prohibet et reprobat."

[223] *Centilogium de causa finali,* IV, 811 A.

[224] *Ibídem,* IV, 812 A: "Deus voluit ut in omni questione legis suae plus valeret auctoritas sua quam alia quaevis ratiocinationum vivacitas; atque sufficeret pro ratione potestas facientis est juventis auctoritas; dum catholice diceretur: Magister ita dicit." Cfr. WALTER DRESS: *Die Theologie Gersons,* 1931.

rectitud»[225]. «Y si se objetara que tampoco Dios puede obrar contra la recta razón, habría que responder que ello es cierto, pero que la recta razón, en lo que a las cosas distintas de Dios se refiere, es la voluntad divina. Dios no tiene ninguna otra regla a la que tenga que sujetarse, sino que es El mismo la regla de todas las cosas contingentes. Por ello, Dios quiere algo no porque sea justo y recto, sino que es justo y recto porque Dios lo quiere»[226].

Pero incluso en el centro mismo del antinominalismo de la escolástica española pudo Ockham alcanzar influjo. El jurista Fernando Vázquez de Menchaca (1512-1569)[227] fue aquí el eslabón entre el nominalismo en sentido propio y el posterior Derecho natural profano de Grocio y Pufendorf. Vázquez de Menchaca, amigo y partidario del dominico Domingo de Soto (1494-1570), quien, como discípulo de Francisco de Vitoria, fue uno de los fundadores de la escolástica tomista española, apela, para fundamentar el Derecho natural, no a la doctrina de Santo Tomás, sino, curiosamente, a la de Guillermo de Ockham. Es posible que, en tanto que jurista práctico, Vázquez de Menchaca estuviera profundamente convencido del último fundamento irracional del Derecho natural. Al hombre no le es lícito penetrar en los arcanos divinos[228], y por eso, el último fundamento de la ley natural es la inescrutable voluntad de Dios. «El Derecho natural que nosotros usamos, y del que, a menudo, abusamos, es bueno porque Dios lo ha impreso en nosotros, y si nos prescribiera lo contrario, esto sería bueno, tan solo porque El nos lo había mandado»[229]. ¿Quién podría impedir a Dios que permitiera, en lugar de prohibirla, la muerte de unos hombres por otros? Los pitagóricos sustentaron ya la opinión de que no era lícito matar siquiera a un animal, mientras que la

---

225 *Collectorium sentantiarum,* I, d. 43, qu. 1: "Non res ipsa sed voluntas divina est prima regula omnis justitiae et rectitudinis." Cfr. OTT: "Recht u. Gesetz bei Gabriel Biel", *ZRG,* Kan. 38 (1952), págs. 274 y sgs.

226 *Ibídem,* I, d. 17, qu. 1: "Et quod infertur: Deus non potest contra rectam rationem. Verum est: sed recta ratio, quantum ad exteriora, est voluntas Dei; non enim habet aliam regulam cui tenetur se conformare, sed ipsa divina voluntas est regula omnium contingentium; nec etiam quia aliquid rectum est aut justum, ideo Deus vult; sed quia Deus vult, ideo justum et rectum."

227 Ya desde un principio, y hasta nuestros mismos días, ha sido confundido con su compatriota el teólogo Gabriel Vázquez. Grocio le cita y le alaba como "decus Hispaniae", no a Gabriel, como cree J. SAUTER: *Die philosophischen Grundlagen des Naturrechts,* págs. 85 y sgs.

228 *Controversiae illustres,* I, cap. 27, n. 24: "Non licet mortalibus Dei arcana scrutari."

229 *Controversiae,* I, cap. 27, n. 11: "Ut hoc jus naturale, quo utimur quoque interdum abutimur, bonum est, quia Deus infixum nobis est: ita si contrarium nobis dederit jus, eo ipso quod ipse dederit, bonum erit."

Humanidad posterior ha cambiado de opinión, teniendo por permitida la muerte de los animales. ¿Quién había de impedir que, movida por Dios, la Humanidad no siguiera modificando su opinión y llegara a tener por lícita la muerte de unos hombres por otros? Incluso el odio a Dios podía habérnoslo impuesto Dios por puro capricho divino [230].

A primera vista parece como si Vázquez de Menchaca hubiera privado al Derecho natural de todo fundamento. Por medio de una hábil maniobra, cree encontrar de nuevo, sin embargo, la ruta que ha de llevarle a aquel. Destruye, es verdad, el Derecho natural en su existencia objetiva, pero le hace seguir viviendo en el campo fenoménico. Hemos visto, dice, que el Derecho natural no es otra cosa que la recta razón, que Dios ha impreso innatamente en el género humano desde un principio; si Dios, por tanto, imprimiera en nosotros desde el nacimiento una razón contraria, esta sería, consiguientemente, el Derecho natural [231].

El Derecho natural es la forma de manifestación fenoménica de lo bueno y lo justo, propia de la forma innata de nuestra conciencia. Si esta forma de nuestra razón fuera otra, el Derecho y la justicia nos aparecerían también de manera distinta. Vázquez de Menchaca defiende así una teoría fenoménica del Derecho natural, que constituirá un caso único también en los siglos siguientes. Pero después de la destrucción de un Derecho natural existente «en sí», este fenomenalismo de Vázquez de Menchaca abre la posibilidad de desarrollar un Derecho natural «para nosotros», para nuestro mundo fenoménico; un Derecho natural cuyo contenido se inserta, en lo esencial, en el marco de la escolástica tomista española [232].

Pese a este amplio influjo de la doctrina de Ockham, ya pronto, por lo menos en lo que a su teoría del Derecho natural se refiere, surge contra él una oposición, incluso en el propio campo nominalista. Significación histórica especial adquiere aquí el general de los agustinos Gregorio de Rimini (m. 1358), todavía contemporáneo de Ockham, el cual une la teoría nominalista de los conceptos con ideas agustinianas, tratando de neutralizar idealistamente, con ayuda de estas, las tesis voluntaristas extremas dentro del Derecho natural.

De San Agustín toma, de nuevo, el concepto de *lex aeterna*, aban-

---

[230] *Controversiae*, I, cap. 27, n. 12 y sgs.

[231] *Ibídem*, I, cap. 27, n. 11: "Jus enim naturale nihil aliud esse, quam rectam rationem ab ipsa nativitate et origine humano generi a Deo innatam supra edocti sumus. Ergo si ipsimet Deus contrariam rationem a nostra origine mentibus nostris imbuerit, id similiter erit jus naturale."

[232] Sobre ello, cfr. ahora ERNST REIBSTEIN: *Die Anfänge des neueren Natur- und Völkerrechts*, Berna, 1949.

donado por Duns y Ockham, deduciendo de la afirmación de San Agustín de que todo pecado va contra la ley eterna, la tesis de que los pecados son pecados, porque el comportamiento pecaminoso está prohibido por la ley eterna. De esta manera llega, primeramente, a una fórmula perfectamente voluntarista, pero el voluntarismo queda neutralizado por él al distinguir en el concepto de la ley dos funciones diversas. Una de estas funciones es la «indicativa», y en esta significación la ley nos muestra solo que algo es bueno o malo, justo o injusto, loable o condenable. La otra función es la «imperativa», y en este sentido la ley es el mandato de una voluntad superior a los sometidos a ella, ordenando hacer u omitir alguna cosa. Al definir el pecado como una violación de la ley eterna, se entiende «ley» solo en la primera significación, es decir, como *lex indicativa,* y quien obra en contra de ella comete un pecado, incluso aunque Dios no hubiera emitido ningún mandato en este sentido [233]. Los predicados axiológicos éticos no se encuentran, pues, en la voluntad divina, sino en la ley eterna, fundamentada por *ratio divina.* Gregorio de Rimini, sin embargo, va aún más allá, afirmando que la ley eterna es, en tanto que razón divina, siempre recta razón. Por eso se define tradicionalmente el pecado con exactitud también como violación de la recta razón, entendiéndolo, como Gregorio de Rimini subraya agudamente, tan solo como violación de la razón en tanto que recta razón, no como razón divina. El pecado no es violación contra la razón en tanto que es divina, sino en tanto que es recta. «Pues aun dando por supuesto el caso imposible de que no existiera la razón divina o Dios, o de que su razón fuera errónea, sin embargo, también pecaría aquel que obrara en contra de la recta razón de los ángeles o de los hombres o de quienquiera que fuese. E incluso si no hubiera en absoluto ninguna recta razón, pecaría, sin embargo, aquel que obrara en contra de lo que dictara una razón cualquiera, si esta existiese» [234, 235].

---

233 GREGORIO: *Expositio in secundo sententiarum,* dist. 34, art. 2.º: "Nam possibile est et fuit deo nulli aliquid tale imperium facere, ut certum est, tamen esto, quod nulla essent aut fuissent sic prohibita ad hoc, si quis odiret Deum et alia, de quibus dictum est, ageret, utique peccaret." La idea de que el odio a Dios pudiera estar mandada por Dios hace retroceder a Gregorio ante el voluntarismo ockhamista. Este problema será también, en la época siguiente, motivo de escándalo, y el mismo PUFENDORF: *De jure naturae,* II, cap. III, 4, se ocupará de él. El concepto de la "lex indicans" es desarrollado por Gregorio siguiendo a HUGO DE SAN VÍCTOR (m. 1141), quien, en su obra *De sacramentis,* I, 6, 6, lo define como "discretio naturalis".

234, 235 Idem, *ibíd.:* "Si queratur cur potius dico absolute contra rectam rationem quam contracte contra rationem divinam. Respondeo ne putetur peccatum esse precise contra rationem divinam et non contra quamlibet rectam rationem de eodem;

En estas célebres palabras, muy citadas y modificadas en la época siguiente, Gregorio de Rimini independiza hipotéticamente la validez de los valores éticos de la existencia de Dios—no solo de su voluntad, sino incluso de su razón en tanto que razón divina—, situándola en una extraña multiplicidad de *rectae rationes* de los ángeles, de los hombres o de otros seres cualesquiera. Aun cuando todas estas *rectae rationes* tienen que poseer un núcleo objetivo, en tanto que todas tienen que coincidir respecto al mismo objeto [236], en ellas se contiene indudablemente un momento subjetivo, que solo en el siglo XVI eliminará Gabriel Vázquez, al anclar los valores éticos no en la voluntad ni en la razón, sino en la naturaleza racional misma. Las distinciones de Gregorio de Rimini entre *lex indicans* y *lex imperans*, así como su experimento metódico de la eliminación hipotética de Dios, son así preliminares importantes en el proceso de autonomización del Derecho natural, pero los elementos subjetivos no le permiten llegar al objetivismo axiológico autónomo de los últimos escolásticos.

Este camino lo recorrerán, por primera vez, los escolásticos españoles del siglo XVI. Ya el fundador de la escuela, el dominico Francisco de Vitoria (1486-1546), había defendido contra Gabriel Biel, con singular agudeza, la idea de que Dios no puede cambiar la naturaleza de las cosas, y que, por ello, no depende de El lo que, por su naturaleza, es bueno o

---

aut estimetur, aliquid esse peccatum, non quia est contra rationem divinam inquantum est recta; sed quia est contra eam inquantum est divina. Nam si per impossibile ratio divina sive Deus ipse non esset aut ratio illa esset errans adhuc si quis ageret contra rectam rationem angelicam vel humanam aut aliam aliquam si qua esset, peccaret. Et si nulla penitus esset ratio recta adhuc si quis ageret contra illud quod agendum esse dictaret ratio aliqua recta si aliqua esset, peccaret."

Ya en la alta Edad Media se había utilizado la hipótesis mental de suprimir a Dios y poner otra cosa en su lugar. Así lo encontramos ya en Duns Escoto: "Si per impossibile poneretur alius Deus, qui non creasset nos et non esset glorificator noster, adhuc esset summe diligibilis a nobis, quia summum bonum." *Rep. Par.*, III, d. 27, qu. un., n. 6.

GABRIEL BIEL cita este pasaje en su *Collectorium sententiarum*, II, dist. 35, qu. un., art. 1. Esta circunstancia ha hecho que—a través de O. v. Gierke y Dilthey—pudiera extenderse la idea de que la proposición procedía de Biel. SAUTER: *Die philosophischen Grundlagen des Naturrechts*, pág. 86, confunde incluso a Gregorio de Rimini con el escolástico español Gregorio de Valencia (m. 1603). Todos los datos, por lo demás, de la unilateral obra de Sauter han de utilizarse con suma precaución. E. REIBSTEIN: *Die Anfänge des neueren Natur- und Völkerrechts*, pág. 143, supone inexplicablemente tras el nombre de Gregorio al jurista español, muy posterior, López de Madera. Exactamente, en cambio, G. DEL VECCHIO: *Due note sa Alberico Gentili e su Ugo Grozio*, sec. ed., Roma, 1957.

236 GREGORIO DE RIMINI, *loc. cit.*: "Nam circa ideam quaelibet ratio recta cuilibet rationi rectae consonat et nulla alicui adversatur sicut nec veritas veritati."

malo [237]. En la misma dirección, escribirá Luis de Molina (1535-1601) que la obligatoriedad del Derecho natural surge de la naturaleza del objeto mismo, ampliándose desde aquí hasta convertirse en ley [238]. El nacimiento de la obligatoriedad de la naturaleza de las cosas es precisamente para él el criterio del Derecho natural. «Si de la naturaleza de la cosa surge una obligatoriedad por la que algo es mandado o prohibido, porque en sí es necesario que acontezca—como, p. ej., la obligación de socorrer al que se encuentra en necesidad—, o porque en sí es malo y prohibido, como, p. ej., el robo, el adulterio, la mentira, entonces tales preceptos o prohibiciones pertenecen al Derecho natural» [239].

El objetivismo axiológico alcanza, empero, su más alta cima con Gabriel Vázquez (1551-1604). Polemizando contra Gregorio de Rimini, combate los últimos elementos subjetivos que todavía se encuentran en el concepto de la *ratio,* no bastándole, por eso, la distinción entre *lex imperans* y *lex indicans.* Lo malo es en sí malo, no solo antes de toda *lex imperans,* sino incluso antes de toda *lex indicans.* Pues así como las cosas no son posibles ni poseen la naturaleza que poseen, porque son conocidas por Dios, así también, aunque la sabiduría divina puede suponer antes que nadie las cosas posibles, no por eso es la causa de que las cosas sean posibles. Y por igual razón, ningún pecado es pecado—ni siquiera en su mero ser posible—porque Dios lo conoce como pecado, sino, al contrario, es conocido por Dios como posible pecado, porque es pecado en sí, y no por otro motivo [240]. Aun cuando el entendimiento divino es la medida de toda rectitud, no es, sin embargo, la primera raíz y el fundamento de la prohibición de que procede la malicia de la acción, porque, supuesto

---

237 FRANCISCO DE VITORIA: *Relectiones morales,* II, "de homicidio", n. 3 y sgs.

238 MOLINA: *Tractatus de justitia et jure,* I, disp. 4, n. 2: "Obligatio juris naturalis oritur a natura objecti indeque se diffundit in praeceptum." Sobre lo que sigue, cfr. también O. W. KRAUSE: *Naturrechtler des 16. Jahrhunderts* (tesis de la Univ. de Göttingen), 1949.

239 *Ibídem,* I, d. 4, n. 3: "Si obligatio oritur a natura rei, qua praecipitur aut prohibitur, quia videlicet in se est neccessaria ut fiat (ut est subvenire extreme indigenti) vel quia in se illicita et mala ut furari, adulterari, mentiri, tunc praeceptio aut prohibitio pertinet ad jus naturale."

240 GABRIEL VÁZQUEZ: Comentario a la *Summa Theologica,* II, 1, disp. 97, cap. I, n. 2: "Neccesario dicendum esset, aliqua peccata ex se esse mala ante omnem prohibitionem, non solum imperantem, sed etiam indicantem, non solum creatam, sed etiam divinam. Nam quemadmodum res non sunt ex eo possibiles et talis naturae, quia a Deo cognoscantur, imo vera scientia Dei omnium prima, quae dicitur scientia simplicis intelligentiae rerum possibilium, ipsas res iam supponit possibiles, tantum abest, ut eas faciat possibiles esse; eadem ratione neque peccatum ideo erit peccatum, etiam sub esse possibili, quia cognoscatur a Deo esse peccatum, quin potius ideo a Deo cognoscitur fore peccatum, si fieret, aut esse peccatum possibile, quia ex se vel aliunde peccatum est."

el caso imposible de que Dios no juzgara así, pero nos quedara la razón, el pecado seguiría siendo pecado; y, además, porque no siempre es algo pecado porque Dios lo reconoce así, sino al contrario [241]. Ni la voluntad ni la razón divinas son el primer criterio para lo bueno y lo malo, sino algo distinto, que precede a ambas, a saber: la naturaleza de las cosas mismas. «Antes de todo mandato, antes de toda voluntad, más aún, antes de todo juicio, hay una regla de las acciones, que está dada con su naturaleza, de igual manera que, por naturaleza, ninguna cosa encierra en sí una contradicción. Esta regla no puede ser otra que la misma naturaleza racional, la cual es en sí incontradictoria. A ella y al Derecho natural le son adecuadas y semejantes las buenas acciones, mientras que las malas le son divergentes y desemejantes, y por eso se llaman aquellas buenas y estas malas. En consecuencia: la primera ley natural en la criatura racional es la naturaleza misma, en tanto que es racional, porque es la primera regla del bien y del mal» [242]. Gabriel Vázquez querría, por eso, eliminar completamente la palabra ley de toda conexión con el Derecho natural, porque ley significa siempre un acto espiritual: *legere* o *eligere*. Como *lex,* debería designarse tan solo el Derecho positivo, reservando para el Derecho natural la palabra *ius*. Solo a disgusto sigue, por eso, la terminología tradicional [243].

Si el Derecho natural es así primariamente la misma naturaleza racional del hombre, secundariamente puede considerarse como existente en el espíritu divino, porque es Dios quien nos lo interpreta y prescribe [244]. Gabriel Vázquez anula incluso el paso dado por San Agustín de situar las ideas platónicas en el espíritu divino, para considerar a Dios, completamente en el sentido antiguo, tan solo como consejero y guía de lo justo,

---

241 GABRIEL VÁZQUEZ, *ob. cit.*, II, 1, disp. 97, cap. I, n. 3: "Nam quamvis ratio divina sit mensura omnis recti, non tamen est prima radix et causa prohibitionis, ex qua malitia oriatur, quia si concesso impossibili intelligeremus Deum non ita judicare et manere in nobis usum rationis, maneret etiam peccatum, tunc etiam quia ut dicebamus, non semper eo peccatum est, quia intelligitur a Deo ut tale, sed potius contra."

242 *Ibídem,* II, I, disp. 150, cap. III, n. 22-23: "... consequens fit, ut ante omne imperium, ante omnem voluntatem, imo ante omne iudicium sit regula quaedam harum actionum, quae suapte natura constet, sicut res omnes suapte natura contradictionem non implicant; haec autem, non potest alia esse quam ipsa rationalis natura ex se non implicans contradictionem, cui tanquam regulae et iuri naturali bonae actiones conveniunt et adaequantur; malae autem dissonant et inaequales sunt, quamobrem et illae bonae, hae autem malae dicuntur. Prima igitur lex naturalis in creatura rationali est ipsamet natura, quatenus rationalis, quia haec est prima regula boni et mali".

243 *Ibídem,* II, 1, disp. 150, cap. III, n. 26, y cap. I, n. 8.

244 *Ibídem,* II, 1, qu. 93, n. 3.

pero no ya como creador. Gabriel Vázquez no puede, por eso, deducir el Derecho natural de la ley eterna, siempre que se entienda a este como la razón que existe en el espíritu humano. Si la naturaleza racional no tiene su esencia de la voluntad o del juicio de Dios, no puede tampoco ser deducida de una ley eterna, entendida esta como una facultad racional[245].

Gabriel Vázquez desligó en tal medida al Derecho natural de su base teonómica, que, para su completa secularización, no era necesario, en el fondo, ningún paso más. No es, por eso, de extrañar que el más importante de los escolásticos españoles, Francisco Suárez (1548-1617), retrocediera ante estas consecuencias, a las que la polémica entre el Derecho natural idealista y el voluntarista había llevado a las partes contendientes. Sus célebres palabras—«si el Derecho natural no hiciera más que indicar la malicia que se encuentra en el objeto mismo, tendría que tener la misma fuerza de ley, aun cuando no hubiera Dios o no usara de su razón o no juzgara rectamente»[246]—están dirigidas, es verdad, expresamente solo contra Gregorio de Rimini, Gabriel Biel y Hugo de San Víctor, pero con mayor razón aún hubiera podido dirigirlas también contra su hermano de Orden, Gabriel Vázquez. Este último, en efecto, formuló tal suposición—*concesso imposibili*[247]—, y a ello alude inequívocamente Suárez con las palabras «o Dios no juzgara rectamente». No obstante lo cual, Suárez no hace alusión alguna a ello en su polémica concreta con Gabriel Vázquez[248]. La vía media que Suárez mismo quiere seguir, entendiendo la ley natural no solo como «indicadora» de lo bueno y lo malo, sino también como mandato o prohibición[249]—es decir, como acto de la voluntad divina—, es, sin embargo, solo un compromiso. En efecto, también en Suárez queda la voluntad de Dios realmente vinculada a la naturaleza racional de las cosas. Dios tiene que prohibir lo que es malo en sí y va contra la razón natural[250]. La voluntad de Dios añade al bien y al mal, ya

[245] GABRIEL VÁZQUEZ, *ob. cit.*, II, 1, qu. 93, n. 3.

[246] SUÁREZ: *De legibus et Deo legislatore*, II, cap. VI, n. 3: "Hi auctores consequenter videntur esse concessuri, legem naturalem non esse a Deo, ut a legislatore, quia non pendet ex voluntate Dei, et ita ex vi illius non se gerit Deus ut superior prohibens, imo ait Gregor, quam caeteri secuti sunt; licet Deus non esset vel non uteretur ratione, vel non recte de rebus iudicaret, si in hominis esset idem dictamen rectae rationis, illud habitarum eandem rationem legis, quam nunc habet, quia esset lex ostensiva malitiae, quae in objecto ab intrinseco existit."

[247] G. VÁZQUEZ, *ob. cit.*, II, 1, disp. 97, n. 3 (cfr. anteriormente, págs. 120 y 121).

[248] SUÁREZ, *ob. cit.*, II, cap. V.

[249] *Ibidem*, II, cap. VI, n. 5: "Lex naturalis non tantum est indicativa mali et boni, sed etiam continet propriam prohibitionem mali et praeceptionem boni."

[250] *Ibidem*, II, cap. VI, n. 5: "Non posse non prohibere ea quae mala sunt et contra rationem naturalem."

existentes de por sí, solo la obligación específica de la ley divina [251]. El verdadero problema, la singularidad de la decisión concreta, que no puede deducirse exhaustiva y racionalmente de ninguna regla general, este problema queda también aquí sin solución satisfactoria.

De otro lado, la estructura racionalista del Derecho natural de estos últimos escolásticos queda aún más robustecida que en Santo Tomás, por el hecho de que se incluyen en el Derecho natural en sentido propio las últimas conclusiones deducidas de los primeros principios. Santo Tomás había atribuido las propiedades de validez general e inmutabilidad solo a los *prima principia communissima* supremos, no, empero, a las conclusiones deducidas de ellos. Los escolásticos españoles rechazan este punto de vista. Como la ley natural es la misma naturaleza racional, tiene que continuar siendo también la misma por doquiera, incluso en las últimas conclusiones extraídas de ella; todas las aparentes diferencias tienen su fundamento simplemente en el obstáculo de las costumbres nacionales y en la ignorancia de los pueblos [252]. Suárez distingue más concretamente tres grupos entre los preceptos cognoscibles por la razón natural: 1.° Los principios más generales (obra el bien). 2.° Los principios más determinados (obra la justicia, honra a Dios, vive con moderación). 3.° Las conclusiones, de las cuales unas pueden conocerse más fácil (como la prohibición del adulterio o del robo), y otras más difícilmente (como la prohibición de la usura, de la mentira o de la fornicación). Todos los tres grupos pertenecen, empero, al Derecho natural en sentido estricto, porque los tres proceden necesariamente de la naturaleza y de Dios como su creador [253]. Y «porque todos son verdades eternas—dado que la verdad de los principios solo puede subsistir con la verdad de las conclusiones, y aquellos son necesarios racionalmente—por ello todos estos preceptos son perpetuos, sin que pueda afectar su validez al mero lapso» [254].

Con gran agudeza, pero vanamente, se trata de dominar por medio de limitaciones la enorme rigidez que amenaza apoderarse del Derecho natural. La más importante de estas limitaciones es la distinción, ya utilizada por Santo Tomás, entre forma y materia de la ley. La materia de

[251] SUÁREZ, *ob. cit.*, II, cap. VI, n. 11: "Haec Dei voluntas, prohibitio aut praeceptio, non est tota ratio bonitatis et malitiae: ... sed supponit in ipsi actibus neccessariam quandam honestatem vel turpitudinem, et illis adjungit specialem legis obligationem."

[252] G. VÁZQUEZ, *ob. cit.*, II, 1, qu. 94, 4, n. 9.

[253] SUÁREZ, *ob. cit.*, II, cap. VII.

[254] *Ibídem*, II, cap. XIII, n. 3: "Omnia autem haec perpetuae veritatis sunt, quae veritas principiorum non subsistit sine veritate talium conclusionum, et principia ipsa ex terminis neccessaria sunt: ergo in omnibus his praeceptis est perpetuitas, non ergo possunt desinere per solum lapsum temporis."

la ley puede variar según las circunstancias, sin que ello afecte para nada a la invariabilidad de la ley misma [255]. Suárez desarrolla esta idea en la distinción entre un *ius naturale preceptivum* y un *ius naturale dominativum*. El primero contiene aquellos principios del obrar que, como verdades necesarias, son absolutamente invariables, mientras que el segundo afecta a la materia del primero, la cual puede ser modificada por un acto humano y por causa justificada, como, p. ej., la libertad general originaria, o como puede desposeerse a una persona de su propiedad por causa justificada [256].

La «materia» no es, empero, un elemento de la ley intercambiable a capricho, sino su contenido, sin el cual aquella no podría decir nada determinado acerca de cómo ha de obrarse. Si el precepto «no matarás» no prohíbe la muerte de otro en general, sino solo en determinadas circunstancias [257], entonces no es la ley general, sino las circunstancias determinadas, lo decisivo para saber si se puede o no matar. La ley general, en cambio, «no matarás sin justa causa», se halla tan desprovista de contenido como el principio general «obra justamente y evita la injusticia». Sólo allí donde, como en la prohibición de la mentira, no hay ninguna circunstancia que haga cambiar la materia, está el obrar clara y absolutamente determinado por la ley; aunque aquí, en cambio, con la limitación de que la validez sin excepción de tal ley tiene que provocar graves reparos éticos. Aquí se cumple, una vez más, el destino de la teoría idealista del Derecho natural: siempre que trata de salir de los principios generales y pasar a preceptos concretos, o bien se ve obligada a retroceder a los principios generales, desprovistos de contenido, o bien desemboca en normas de justificación ética muy problemática.

Desde el punto de vista histórico, la ampliación del Derecho natural constituye una importante etapa en la ruta hacia el Derecho natural profano; de una vez, queda abierto el camino de la polémica en torno a los principios supremos al sistema de Derecho natural elaborado en todos sus puntos. Bajo el impulso de nuevos motivos mentales de orden práctico, el problema central del siguiente Derecho natural secularizado será la elaboración de un sistema desarrollado en su contenido en todas direcciones.

En el desarrollo de este nuevo Derecho natural influirán, sin embargo, decisivamente otras dos fuerzas espirituales, que, a su vez, habían sido

---

255 G. VÁZQUEZ, *ob. cit.*, II, 1, qu. 94, art. 5.º, n. 10; SUÁREZ, *ob. cit.*, II, capítulos XIII y sgs.

256 SUÁREZ, *ob. cit.*, II, cap. XIV, n. 18.

257 *Ibídem*, II, cap. XIII, n. 6 y sgs.

intensamente influidas por el nominalismo: de un lado, la Reforma, y de otro, la ciencia natural moderna. El derrumbamiento de la imagen del mundo aristotélico-tomista por el nominalismo había separado, con radicalidad cada vez mayor, aquellos dos ámbitos que en la metafísica teleológica de Santo Tomás aparecían enlazados sin solución de continuidad: Dios y el mundo, el orden sobrenatural y el natural, la fe y la ciencia. Esta cisura abrió el acceso a aquellas dos rutas completamente diversas del espíritu occidental.

En las ideas de Lutero acerca del Derecho natural, las cuales—en razón ya de su imprecisión terminológica—no pueden ser reducidas a un «sistema»[258], desempeña un papel fundamental su teoría de los dos reinos o de los dos gobiernos de Dios: de un lado, el reino a su derecha, el reino de la gracia o de Cristo, y de otro, el reino a su izquierda, el reino del mundo o de Satanás[259]. A los dos reinos o gobiernos corresponden la *lex divina* y el Derecho natural (terreno)[260]. La *lex divina* es la voluntad de Dios, libre e inmotivada, inescrutable, que Lutero describe con

---

258 Sobre la doctrina jurídica de Lutero es de importancia fundamental JOH. HECKEL: "Naturrecht und christiliche Verantwortung im öffentlichen Leben nach der Lehre Martin Luthers", en *Zur Politischen Predigt,* Munich, 1952, y del mismo autor, *Lex charitatis,* Munich, 1953, así como FRANZ XAVER ARNOLD: *Zur Frage des Naturrechts bei Martin Luther,* 1937, y BIDINGER: *ARSP,* XLVIII (1962), pág. 199.

259 *WA,* XXIX, 564 y sgs.: "Es muy necesario saber distinguir las dos clases de gobierno o las dos clases de devoción. Una aquí, en la tierra, ordenada también por Dios, que la ha situado bajo los diez mandamientos... y se llama una justicia terrena o humana, y sirve para que aquí, en la tierra, vivan unos con otros y se utilicen los bienes que Dios nos ha dado. Pues Dios quiere que también esta vida discurra y sea gobernada pacíficamente, calmada y de modo armónico, de tal manera, que cada uno haga lo que le está mandado, sin violentar los oficios, bienes o persona de los demás... A su vez, empero, ha ordenado también que allí donde no se haga así, entren en función la espada, la horca, la rueda, el fuego, el agua, etc., a fin de defenderse de los que no quieren ser piadosos, haciéndoles entrar en razón... Esto es solo una parte de nuestra doctrina, que se ejercite esta justicia externa... con admoniciones y amenazas, no permitiendo que se la menosprecie; porque quien la menosprecia, menosprecia a Dios y a su palabra... Sobre esta devoción externa se encuentra otra, que no es propia de la tierra en esta vida temporal, sino que es solo propia de Dios y respecto a Dios, y lleva y mantiene en la otra vida después de esta; porque aquella devoción consiste en obras, tal como esta vida las exige entre las demás personas, ejerciéndolas respecto a los superiores e inferiores, al vecino y al prójimo, y tiene su premio aquí en la tierra, terminando también con esta vida... La otra, en cambio, lleva a lo alto y se halla muy por encima de todo lo que existe en la tierra... El hombre se halla, por eso, dividido entre estos dos gobiernos: hacia fuera, en esta vida, debe ser piadoso y hacer buenas obras... Cuando parta, sin embargo, de esta vida, y tenga que enfrentarse a Dios, debe saber que ni sus pecados ni su piedad tienen valor."

260 *WA,* XI, 262, 3.

conceptos extraídos de la teología nominalista. «Para la voluntad divina no hay causa ni motivo alguno que pueda prescribirle una medida o una norma, ya que nada es equiparable o supraordenado a Dios, sino que El mismo es, al contrario, la norma de todo..., y así, no porque debe o debía querer así es justo lo que Dios quiere, sino que, al contrario, porque lo quiere así es justo lo que acontece» [261]. La *lex divina* (o *lex Christi)* es el orden del amor divino, y por ello no es, en el fondo, una «ley», sino el mismo amor divino [262]. En ella no alienta ningún poder externo, sino que es puro espíritu, que toma posesión del hombre «interior», llenando su ser entero con una voluntad proveniente de Dios, es decir, con una actitud que responde a la voluntad divina, y de la cual fluye de por sí el justo comportamiento externo [263]. La *lex divina,* empero, toma posesión solo del justo, es decir, después de la caída del primer hombre, solo del hombre «justificado» por la fe en Cristo *(lex fidei).*

Por razón del pecado original, el hombre ha perdido su participación en la *lex divina.* Su más noble patrimonio, la voluntad, se ha apartado radicalmente de Dios y ha perdido su libertad relativamente a Dios. Su naturaleza, orientada hacia Dios, ha quedado totalmente corrompida [264]. Por causa de ello se ha convertido, de ciudadano del reino de Dios, en súbdito del reino del mundo. Este último reino está dominado por el egoísmo en sus múltiples manifestaciones; en él gobierna Satanás, quien conduciría directamente al hombre a la muerte y a la perversión, si Dios no le hubiera dejado una noción vaga y confusa de la ley natural, que sigue poseyendo, incluso como criatura caída, en la voz de su conciencia. Es así como también en el reino del mundo existe un Derecho natural o un «Derecho divino común», que Dios ha impreso en el corazón de «todos» los hombres, incluso en el de los paganos, judíos y turcos [265]. Pese a su doctrina de la *natura corrupta,* Lutero conoce, por tanto, un

---

[261] *De servo arbitrio, WA,* XVIII, 712, 32: "Deus est cuis voluntatis nulla est caussa nec ratio, quae illi ceu regula et mensura praescribatur, cum nihil sit illi aequale aut superius, sed ipsa est regula omnium. Si enim esset illa aliqua regula vel mensura aut caussa aut ratio, iam nec Dei voluntas esse potest. Non enim quia sic debet vel debuit velle, ideo rectum est, quod vult. Sed contra: quia ipse sic vult, ideo debet rectum esse, quod fit."

[262] *WA,* LVII, 3, 39, 17: "Lex Christi, i. e., Charitas"; *WA,* XLII, 505, 12: "Charitas est domina et magistra legis"; *WA,* XL, 1, 50, 4: "Christus est non Legislator, sed redemptor noster a lege"; solo la doctrina papista hizo de él un legislador.

[263] Por ello, no hay aquí ninguna *conscientia errans: WA,* BR, VI, 57, 33: "Lo que se comienza basándose en la auténtica confianza en Dios llega siempre a buen término, aun cuando sea un error y un pecado."

[264] *WA,* XL, 2, 324, 8: "Naturalia erga deum plane corrupta."

[265] *WA,* XVIII, 307.

auténtico Derecho natural, cuya fuente se halla en la conciencia, la voz interior o el *dictamen naturalis rationis*[266]. A diferencia de esta fundamentación «subjetiva» del Derecho natural en el corazón del hombre, falta en Lutero la fundamentación objetiva del Derecho natural—tan característico de Santo Tomás—en un orden del ser teleológico dado en sí. No solo su teoría de la *natura corrupta,* sino ya su mismo punto de partida voluntarista le hacían imposible la fundamentación del Derecho natural en una *lex aeterna* de los órdenes de la Creación. Tras una fundamentación semejante hubiera tenido que hallarse la metafísica aristotélico-tomista de un ascenso continuo de los grados del ser, en el cual todos ellos—desde el más ínfimo hasta el supremo—estuvieran dirigidos «de modo natural» al último fin. Es por ello por lo que en Lutero desaparece necesariamente la inferencia del orden de las inclinaciones naturales al orden de los «praecepta naturalia», la llamada, más adelante, *analogia entis.*

Por razones semejantes polemiza violentamente Lutero contra la definición por Ulpiano del Derecho natural, como el Derecho que la naturaleza ha enseñado a «todos» los animales. El «deber ser» es el carácter esencial del Derecho: «En todo Derecho tiene que darse el deber.» La naturaleza extrahumana no conoce el «deber ser»: cinco más dos no «deben ser» ocho, sino que lo son de por sí, y al cerdo no hace falta decirle que «debe» comer, sino que lo hace también de por sí[267]. Así como en la metafísica tomista podían aparecer como intercambiables el *ens* y el *bonum*[268], así también aparecen ahora—y en la época siguiente—el «ser» y el «deber ser» radicalmente escindidos. Este «deber ser»—así como la capacidad de percibirlo, es decir, la razón—elevan inconmensurablemente al hombre sobre todo el resto de las criaturas. «Como señor, el hombre es diferente—también según la ley natural—de los demás animales y bestias, y le ha sido concedido y otorgado algo mejor y más perfecto que a los otros animales»[269].

Para Lutero el contenido del Derecho natural se encuentra formulado, sobre todo, en la regla áurea y en la segunda tabla del Decálogo[270]. Su validez es universal, es decir, que abarca de la misma manera a cristianos y no cristianos. Se trata, en efecto, del «Derecho divino común o na-

---

266 Cfr. *WA,* LVI, 23, 8; *WA,* BR, I, 173, 39.
267 *WA,* TR, I, 581.
268 Los *praecepta naturalia* solo eran, por eso, los objetivos que se hacen conscientes en la razón, objetivos que actúan ya en la naturaleza irracional.
269 *WA,* TR, I, 581.
270 *WA,* XLII, 205, 23.

tural», «que tienen *también*[271] que observar paganos, judíos y turcos, a fin de que imperen en el mundo la paz y el orden»[272]. También para Lutero el hombre está destinado por naturaleza a la vida en comunidad[273].

Por lo que se refiere a la concretización del Derecho natural, la última palabra la tienen «la razón y el entendimiento natural», ya que ambos son «el corazón y el señor de las leyes, la fuente originaria de la que provienen y manan todos los Derechos»[274]. Sin embargo, no todo hombre dispone en igual medida de la una como del otro, sino especialmente «gentes extraordinarias», los grandes soberanos y legisladores, los cuales —como Cicerón decía—no actúan *sino afflatu,* sin la inspiración divina[275].

El Derecho natural profano se limita exclusivamente al bienestar temporal, a la *felicitas humana,* y no tiene nada que ver con la dicha eterna, la *beatitudo aeterna.* Por ello reviste también validez para los paganos, que no saben nada de Dios[276]. El orden externo y el Derecho profano son un «orden divino sin Dios», como dice Lau[277]; en ellos Dios solo actúa como potencia oculta. De esta suerte, también Lutero llega para el Derecho natural a una eliminación hipotética de Dios: «Y así has oído que el soberano debe vigilar, ser activo y hacer cuanto sea su deber, cerrar las puertas de la ciudad, guardar puertas y muros, armarse, procurarse víveres y, en suma, comportarse *como si no hubiera Dios y tuviera uno que salvaguardarse y gobernarse a sí mismo*»[278].

---

[271] La bastardilla es mía; con ello quiero indicar que, según Lutero, el Derecho natural obliga "también" a los cristianos, mientras que Heckel piensa (pág. 135) que el Derecho profano solo mediatamente obliga a los cristianos. Para Heckel se trata aquí de una consecuencia de su tesis de que el cristiano no es ciudadano de "ambos" reinos de Dios. Sobre el "laberinto" de la doctrina de los dos reinos en la actualidad, cfr. HECKEL, en *Theol. Existenz heute,* LV (1957), y la bibliografía allí citada.

[272] *WA,* XVIII, 307.

[273] *WA,* LI, 2, 72, 4: "Homo naturaliter constitutus ad civilitatem et societatem."

[274] *WA,* TR, VI, 6955.

[275] *WA,* LI, 222, 5, y 224, 24.

[276] Lutero alaba el arte de gobierno de los paganos, que supera, a menudo, el de los cristianos: *WA,* LI, 242. En este terreno no se trata tan solo "de la autonomía de la razón técnica", como quiere indicar SCHREY: *Theol. Rundsch.,* XXIV, páginas 174, 224.

[277] LAU: *"Äusserliche Ordnung" und "Weltlich Ding" in Luthers Theologie,* Gotinga, 1933; cfr. también ERNST WOLF: *Peregrinatio,* Munich, 1954, páginas 197 y sgs.

[278] *WA,* XV, 372, 25; cfr. así mismo *WA,* XLII, 61: "Finge enim nullam esse vitam an non sequitur, nos non opus habere Deo, non verbo eius? Nam hoc, quod in hac vita requirimus aut agimus, etiam sine verbo habere possumus." También *WA,* XXXII, 440, 9: "Un príncipe puede ser, sin duda, cristiano, pero no tiene que gobernar como cristiano; y según gobierna no se le llama cristiano, sino príncipe. La

El cometido del Derecho del mundo es poner barreras al *amor sui* del hombre caído, creando un orden de coexistencia tolerable: «El resultado y el honor del gobierno en el mundo es que hace hombres de animales salvajes, y que hace que los hombres no se conviertan en animales salvajes» [279]. Con la sombría antropología de la *natura corrupta* penetra también en el concepto del Derecho de Lutero la sombría significación de la coacción y de la pena. El Derecho del mundo significa «casi tanto como castigo» [280], es espejo de la cólera divina, y, por tanto, una *lex irae* [281]. Solo para el cristiano se ilumina un tanto este cuadro sombrío. No en el sentido de que el Derecho natural pierda para él su validez, pero sí en el sentido de que desaparece su carácter coactivo, ya que con la justificación por la fe se le revela la significación de la *lex Christi* como el perfecto amor a Dios y al prójimo: es la significación de aquella «ley de fuego en la mano derecha de Dios», «la ley y espíritu del amor, que debe gobernar todas las leyes a la izquierda o externamente en el mundo» [282].

Con su negativa a fundar el Derecho natural en una naturaleza esencial del hombre entendida teleológicamente; con su escisión radical entre ser y deber ser, consecuente a esta negativa; con su limitación del Derecho natural al bienestar temporal del hombre, y, finalmente, con su idea implícita aquí, de un «orden divino sin Dios», las manifestaciones de Lutero sobre el Derecho natural van a constituir elementos esenciales del Derecho natural secular subsiguiente. En todo ello se pone de manifiesto que este proceso de secularización no significa, a la vez, necesariamente una «descristianización» del Derecho natural, sino solo la li-

persona es, desde luego, un cristiano, pero la dignidad o el principado no tiene nada que ver con su cristianismo."

HECKEL, *loc. cit.*, págs. 73 y sgs., afirma que en Lutero no se encuentra "el menor síntoma" de la eliminación hipotética de Dios, propia de la teología escolástica. En contra hablan, sin embargo, los pasajes citados. Estos pasajes no quedan desvirtuados en absoluto por la frase de Lutero citada por el mismo Heckel: "Lex naturae non potest separari a lege divina" (*WA*, TR, II, 2243). También para los teólogos escolásticos la eliminación de Dios era solo hipotética, e incluso para el Derecho natural "profano" posterior, la obligatoriedad del Derecho natural se basa en Dios. Por lo demás, también en Heckel nos sale al paso la desfiguración del Derecho natural "profano", tan corriente en la teología actual. El Derecho natural en Lutero es, afirma, altruista, mientras que el de la Ilustración es egoísta (pág. 77). Más ponderado, en cambio, SCHREY: "Wiedergeburt des Naturrechts", en "Theol. Rundsch.", *NF*, XVII, pág. 45.

279 *WA*, XXX, 2, 555, 5; cfr. también *WA*, XI, 251, 8.

280 *WA*, LI, 205, 32; *WA*, XVIII, 389, 31.

281 *WA*, XL, 1, 37, 5.

282 *WA*, XVII, 2, 94, 17.

mitación del Derecho, como «algo de este mundo», a la honestidad de *esta vida,* a su entendimiento como orden de las cosas extradivinas; un orden que, como ya enseñaba Duns Scoto, no constituye una presuposición necesaria para la consecución del último fin del hombre.

Dentro del luteranismo, Melanchton ejerció una influencia mucho mayor que Lutero mismo en el desarrollo de la teoría del Derecho natural. A diferencia de Lutero, sin embargo, Melanchton se hallaba en la línea del Derecho natural aristotélico, de suerte que en la ortodoxia luterana, hasta finales del siglo XVII, Santo Tomás y los principales autores de la escolástica española iban a convertirse en las autoridades iusnaturalistas indiscutidas. Contra esta escolástica aristotélico-tomista de la ortodoxia luterana, Pufendorf habría de apelar al mismo Lutero [283].

Más intensamente que Lutero, influyó Calvino [284], también directamente, con sus ideas jurídicas, en el desenvolvimiento ulterior del Derecho natural, y no solo en el terreno político y jurídico-estatal, sino también en el campo en sentido propio del Derecho natural. Como Lutero, Calvino ve la fuente de todo Derecho en la voluntad de Dios. «La regla superior de la justicia es la voluntad de Dios, y lo que El quiere hay que considerarlo como justo, porque El lo quiere» [285]. La voluntad de Dios es siempre voluntad ordenada, y como tal, fuente del Derecho [286]. Calvino rechaza la idea de la *potentia Dei absoluta,* por temor, sin duda, a que pudiera atribuirse así a Dios un obrar arbitrario. No obstante, Dios no está vinculado a las leyes de su obrar, sino que es señor también de los órdenes del mundo. En lugar de la potencia absoluta, en virtud de la cual Dios puede violar también las reglas de su obrar, el jurista Calvino pone categorías jurídicas: Dios es señor soberano, *roy ou prince souverain,* tiene la *summa potestas,* en virtud de la cual se halla por encima de todas las leyes. En lugar del concepto de *potentia absoluta* aparece el principio de Derecho romano del *princeps legibus solutus,* y en general todas aquellas fórmulas jurídicas con las que el contemporáneo de Calvino Juan Bodino había fijado el concepto de soberanía. «El poder de Dios está por encima de todas las leyes, porque su voluntad es la regla más cierta de la equidad y porque es absolutamente recto lo que hace; de aquí se halla tan desligado de todas las leyes, que El es ley de sí mismo y de todos

---

283 PUFENDORF: "Eris scandica", pág. 345 (en la ed. del *De iure naturae et gentium,* por Mascovius, 1744).

284 Cfr. BOHATEC: *Calvin u. das Recht.,* 1924.

285 CALVINO: *Institutio,* III, 23, 2: "Adeo enim summa est justitiae regula Dei Voluntas, ud quidquid eo ipsi quod vult justum habendum est."

286 *Corpus reformatorum,* 36, pág. 115: "Ceste volonté de Dieu est ordonnée et tellement ordonnée, que c'est la source de toute équité et justice."

los demás»[287]. Con esta fundamentación, que en sí dice lo mismo que la potencia absoluta de Duns Escoto, Calvino resuelve las conocidas dificultades bíblicas con formulaciones que, en parte, sobrepasan en radicalidad voluntarista las mismas tesis de Duns. No es pecado tomar algo o conservarlo cumpliendo un mandato divino, no solo porque el mandato de Dios se encuentra por encima de todas las leyes, sino también porque su voluntad es el criterio más perfecto para juzgar de todas las leyes[288]. Ahora bien: si la voluntad de Dios es el criterio de toda ley, ello significa que, al igual que en Ockham, la revelación ha de avanzar al primer plano como la fuente más importante de conocimiento de la voluntad jurídica de Dios. La revelación es como una lente que hace claramente cognoscibles las leyes divinas que al conocimiento natural solo le aparecen turbia y confusamente; el Decálogo es la auténtica interpretación del Derecho natural[289]. Al sustituir Calvino la *potentia Dei absoluta* por categorías jurídicas, iba a preparar el terreno que haría posible, más tarde, a Hobbes trasladar, de nuevo, al Estado como Dios mortal estos predicados de la potencia divina.

Más intensamente que la Reforma iban a influir en el desarrollo del Derecho natural moderno las nuevas ciencias naturales exactas y su método. El método de investigación científico-natural de Galileo, sobre todo, actuó como una sensación en el mundo científico de entonces, incluyendo en este también la teoría del Derecho natural. Y es que, en efecto, en ningún otro descubrimiento científico aparece tan clara y tangiblemente como en el descubrimiento de la ley de caída de los cuerpos, por Galileo, la oposición entre la nueva investigación matemático-causal de la naturaleza y la imagen del mundo teleológica e intuitiva de Aristóteles y Santo Tomás. Por razón de esta su significación paradigmática para la nueva metódica del Derecho natural, hemos de detenernos brevemente en su examen.

Como todas las demás teorías, también la teoría del movimiento de los cuerpos se hallaba en la Edad Media, siguiendo el pensamiento de Aristóteles, bajo el principio teleológico general de que todo acontecer acontece por razón de un fin que Dios ha impreso a las cosas como su naturaleza. Todo cuerpo tiene también, por eso, su movimiento «natural»: los cuerpos

---

[287] *Corpus...*, 52, pág. 49: "Supra omnes leges eminet eius potestas, quia tamen voluntas eius certissima est perfectae aequitatis regula, rectissimum est quidquid facit: atque ideo legibus solutus est, quia ipse sibi et omnibus lex est."

[288] *Ibídem*, 52, pág. 49: "In Dei iussu quidquam carpere vel reprehendere, nemini mortalium fas erit: non modo quia supra omnes leges est eius imperium, sed quia eius voluntas perfectissima est lugum omnium norma."

[289] Sobre ello, cfr. G. BEYERHAUS: *Studien zur Staatsanschauung Calvins*, 1910, y R. SEEBERG: *Dogmengeschichte*, IV, 2, pág. 571.

celestes, el círculo, como la línea más perfecta, y de los cuerpos terrestres los pesados, el movimiento hacia abajo, y los ligeros, el movimiento hacia arriba. La causa que desplaza a los cuerpos de su posición anterior es solo el impulso externo; el verdadero camino lo determina el cuerpo mismo según su «naturaleza», de acuerdo con la cual se traslada a su lugar «natural», es decir, hacia abajo o hacia arriba. El movimiento por el que se arroja violentamente un cuerpo es, por eso, un movimiento «antinatural», que descansa en el violentamiento de la dirección natural. Ockham había roto con toda esta consideración teleológica de la naturaleza, al declarar que era indemostrable el sentido en que se movía la naturaleza física. En sus consideraciones eliminó el problema de la naturaleza metafísica esencial, y dirigió la atención a las modificaciones determinables cuantitativamente en el proceso del movimiento. En su escuela se desarrolló—por Buridan y Nicolás de Oresme—la «teoría del ímpetu», de acuerdo con la cual el que arroja el cuerpo traslada él mismo al cuerpo la fuerza, *impetus,* que hace que se mueva; el desarrollo ulterior de esta teoría del ímpetu dentro del nominalismo iba a preparar esencialmente el descubrimiento de la ley de caída de los cuerpos [290]. Sobre la base elaborada por el nominalismo pudo así Galileo edificar su tesis fundamental, de que el libro de la naturaleza está escrito en números y figuras geométricas, desarrollando su método resolutivo y compositivo, que iba a hacer visible toda su fecundidad en el descubrimiento de la ley de la caída de los cuerpos. Este método consistía en descomponer los fenómenos de la realidad—al parecer sencillos, pero, en realidad, complejos—en sus elementales aprehensibles cuantitativamente, reconstruyendo, de nuevo, el fenómeno complejo por la percepción de la relación entre aquellos elementos. Valiéndose de este método, Galileo pudo explicar racionalmente, por la conexión de dos fuerzas elementales, el impulso dado al cuerpo y la atracción de la tierra, el movimiento seguido por el cuerpo en el espacio, calculándolo matemáticamente y describiéndolo geométricamente por medio de la parábola de caída del cuerpo. En verdad, un progreso revolucionario respecto a la teoría del movimiento contrario a la naturaleza de los cuerpos, sostenida por Aristóteles.

El camino que lleva de la teoría de los movimientos naturales a la ley de caída de los cuerpos de Galileo no es, empero, el camino progresivo de un conocimiento mejor y más preciso de la naturaleza, sino el tránsito de una explicación del mundo a otra totalmente diversa, por lo menos en lo que se refiere al acontecer temporal; es el tránsito de la interpretación trascendente a la interpretación inmanente del universo. En la teoría de

---

290 Sobre ello, cfr. A. MAIER: *Die Impetustheorie der Scholastik,* 1940.

los movimientos naturales, el movimiento de los cuerpos se hallaba referido a Dios en un doble sentido: de un lado, a Dios como creador que imprime a los cuerpos la tendencia a su fin natural, y de otro, a Dios como fin supremo, hacia el que está dirigido todo el acontecer del mundo en diversas gradaciones del ser, cada una de perfección superior a la anterior. Si se suprime, empero, la finalidad del acontecer, queda también cortado el lazo directo entre Dios y el mundo. El orden en el mundo tiene que ser explicado desde sí mismo, inmanentemente, bajo la forma de leyes naturales causales, expresables matemática y geométricamente. La teoría de los movimientos «naturales» solo tenía validez bajo la presuposición de una finalidad del mundo referida a Dios como origen y finalidad última; las leyes mecánicas de la caída de los cuerpos son válidas «aunque no hubiera Dios».

Es muy instructivo, para la lógica inmanente del curso de la historia del espíritu, ver cómo las dos direcciones enemigas dentro de la escolástica fueron llevadas por la misma polémica al programa de una explicación inmanente y racional del mundo—eliminando hipotéticamente la existencia de Dios—, a aquel programa que iba a hacerse realidad, de un lado, en la ciencia natural moderna, y de otro, en el sistema natural de las ciencias del espíritu, con el Derecho natural a su cabeza.

La sustitución de la trascendencia por la inmanencia de las leyes es el rasgo común de la teoría moderna del Derecho natural. En lugar de la *lex aeterna* aparece la ley racional; en lugar de la voluntad divina revelada, la voluntad del Estado: el primero de estos caminos conduce a Grocio y Leibniz; el segundo, a Hobbes y Rousseau.

Sería, sin embargo, erróneo que, por razón de esta sustitución de la trascendencia por la inmanencia, habláramos sin más de una «secularización», de una «profanación» de la teoría del Derecho natural. Así como la separación de Dios y el mundo, del orden sobrenatural y el orden natural, de la fe y la ciencia, es precisamente la consecuencia de una intensa profundización del interés religioso, así también la secularización del Derecho natural no significa otra cosa, en un principio, que su relativización y mediatización frente a Dios. También dentro del llamado Derecho natural «profano» las polémicas más decisivas se desarrollan sobre la base de luchas de concepciones religiosas. La oposición en la idea del Derecho natural, que separa a Pufendorf y Leibniz, solo puede entenderse partiendo de la diversidad de su idea de Dios y de la fe. Solo cuando se declara a la realidad misma por madura para crear desde sí lo justo, se ha hecho superflua la trascendencia. Pero ni siquiera Hobbes, sino solo Rousseau, alcanza este grado de auténtica secularización.

CAPITULO III

EL DERECHO NATURAL MODERNO

1. Los fundamentos del Derecho natural moderno

Nuestra idea del desarrollo de la filosofía moderna, a la cual pertenece, como una de sus partes, la teoría del Derecho natural, experimenta hoy una profunda transformación. Esta idea tiene sus orígenes en la Ilustración, es decir, en una época apasionadamente antiescolástica, y fue desarrollada, después, por el kantismo y el neokantismo, los cuales solo veían unilateralmente en la historia las presuposiciones de su propio pensamiento. De esta manera pudo surgir la concepción de que la filosofía moderna estaba separada de la escolástica medieval por una amplia zanja—tanto en el tiempo como en la ideas—, en virtud de un nuevo enfoque de los problemas, como consecuencia de la ocupación humanística con las fuentes clásicas, y por el influjo de la moderna ciencia natural, a través de Descartes, de un lado, y de Bacon y Locke, de otro. A la escolástica española solo se la mencionaba episódicamente, como un fenómeno anacrónico y extraño en un punto de la periferia de Europa. Y así podía escribir Wilhelm Windelband, en su *Historia de la Filosofía moderna* (t. I, pág. 2): «Mientras en Europa hacía ya largo tiempo que se habían impuesto las nuevas potencias espirituales, se desarrollaba, en los siglos XVI y XVII, en la península Ibérica, una nueva escolástica..., cuyo estudio detenido no es necesario en una historia del pensamiento moderno.» La lectura de las fuentes del siglo XVII nos ofrece una visión completamente distinta: no en una parte apartada de Europa experimenta la escolástica un modesto florecimiento póstumo, mientras que, en el resto del continente, las nuevas corrientes espirituales dominan hace ya tiempo, sino que, al contrario, la filosofía dominante en el siglo XVII en todas partes de Europa es justamente la escolástica, mientras que el racionalismo moderno y el empirismo, limitados en un principio a un círculo muy reducido, solo a finales del siglo XVII logran imponerse tras enconada polémica con la escolástica.

Independientemente del Renacimiento y de la Reforma, la escolástica pudo sostenerse a través de los siglos, y fue renovada y robustecida por el renacimiento aristotélico en Italia y Alemania—piénsese aquí en Melanchton—, y, sobre todo, por la escuela de los escolásticos españoles. Ha sido Max Wundt [1] quien, tras los trabajos de Peter Petersen [2], Eschweiler [3] y Lewalter [4], nos ha trazado una visión detallada de esta metafísica escolástica del siglo XVII en Alemania. En ella, y no en los grandes sistemas racionalistas del siglo, ve Wundt, con razón, la propia y representativa filosofía del barroco. Lo mismo acontece en el resto de Europa. Las influencias escolásticas en el pensamiento de Descartes aparecen cada vez con mayor claridad, «y la filosofía inglesa discurre sin solución de continuidad desde el nominalismo medieval, a través de Bacon y Hobbes, hasta Locke y Hume» [5]. A diferencia del continente, donde, bajo el influjo de la escolástica española, el tomismo alcanza un nuevo florecimiento, en Oxford se cultiva con orgullo la tradición de los dos grandes filósofos nacionales: Duns Escoto y Guillermo de Ockham. Todavía, a finales del siglo XVII, el libro de texto más utilizado en lógica era la *Summa totius logicae,* basada en la tradición ockhamista, y la *Etica* y la *Política,* de Buridan, son editadas en Oxford todavía en 1637 y 1640. En el campo de la lógica es Hobbes quien primero transforma en nominalismo el conceptualismo de Ockham; no Ockham, sino Hobbes, es un auténtico «nominalista». Todos los grandes pensadores que han constituido la filosofía moderna, Descartes y Leibniz, Bacon, Hobbes y Locke, Grocio y Pufendorf, habían recibido una formación escolástica. Aun cuando, más tarde, se vuelvan violentamente contra la enseñanza escolástica, y aun cuando reciban en su pensamiento nuevos impulsos ideológicos, mantienen, sin embargo, y en mayor extensión que lo que hasta ahora se creía, la conexión con las ideas escolásticas, y solo desde este punto de vista pueden, en gran parte, ser entendidos.

También el desarrollo de la teoría del Derecho natural moderno ha de considerarse en esta conexión. La idea de que el Derecho natural profano —separado por un abismo de Santo Tomás—se constituyó, impulsado por las necesidades de la época y como resultado del estudio de las fuentes estoicas en el siglo XVII, es una concepción abandonada, por lo que a Grocio se refiere, hace ya largo tiempo. Recientemente se ha caído en el extremo opuesto y se ha tratado de convertir a Grocio—un día el «padre» del Derecho natural—en el epígono de la escolástica española, tratando de abrir

---

[1] M. WUNDT: *Die deutsche Schulmetaphysik der 17. Jahrhunderts,* 1939.

[2] PETER PETERSEN: *Geschichte der aristotelischen Philosophie im protestantischen Deutschland,* 1921.

[3] ESCHWEILER: *Die Philosophie der spanischen Scholastik auf den deutschen Universitätem des 17. Jahrhunderts,* 1928.

[4] LEWALTER: *Spanisch-jesuitische und deutsch-lutherische Metaphysik des 17. Jahrhunderts,* 1935.

[5] M. WUNDT, *ob. cit.,* pág. 16.

una zanja entre él, de un lado, y Hobbes y Pufendorf, del otro. Esta construcción, que no hace más que desplazar la cisura entre la Edad Media y la Edad Moderna, no solo no aminora el error anterior, sino que añade a él uno nuevo. En realidad, la teoría moderna del Derecho natural prosigue con un nuevo enfoque mental los grandes temas de la metafísica occidental (Heimsoeth). La historia de la teoría del Derecho natural es, menos que ninguna otra, una sucesión discontinua de teorías contradictorias, sino que progresa en el encadenamiento de nuevos problemas sucesivos. La época del Derecho natural teológico había cumplido su cometido, e impulsada inmanentemente a una secularización cada vez mayor, tenía que pasar a nuevas manos por razón de la problemática alcanzada.

En lugar de los teólogos [6], aparecen ahora filósofos politizantes y juristas filosofantes. «*Silete Theologi in munere alieno!*», decía en 1612, dirigiéndose a los teólogos, Alberico Gentili, el internacionalista de Oxford y predecesor de Grocio [7]. En este cambio en las personas representativas se hacen patentes, también hacia el exterior, las profundas razones de la transformación experimentada. No solo por la secularización del Derecho natural habían perdido los teólogos su única legitimación para ocuparse de sus problemas, sino que habían puesto a dura prueba la validez general que ellos mismos afirmaban de sus teorías del Derecho natural, por el hecho de haberlas mezclado con las luchas religiosas, utilizándolas como un medio más en ellas. Para cada una de las confesiones en lucha, el Derecho natural era parte integrante y expresión de sus convicciones teológicas. La escolástica española, sobre todo—también en el Derecho natural el núcleo de la *Ecclesia militans* de la Contrarreforma—, utilizó la teoría del Derecho natural para justificar la supremacía del poder espiritual sobre el poder temporal. Esto se puso especialmente de manifiesto en el escrito polémico dirigido por Suárez contra Jacobo I de Inglaterra, en el cual atribuía al Papa el Derecho a destronar a reyes herejes o cismáticos [8]. Como las polémicas religiosas, empero, no habían quedado en contiendas ideológicas, sino que se habían convertido en guerras sangrientas, era preciso buscar nuevos fundamentos sobre los que establecer el suelo común en el que pudieran

[6] Ya en el siglo XVI penetraron juristas, como Vázquez de Menchaca, Connaus, etcétera, en el terreno, hasta entonces reservado a los teólogos, del Derecho natural.

[7] A. GENTILI: *De jure belli*, I, cap. 12. Ya en 1690 escribía Thomasius, en un libro elemental para sus estudiantes, que el Derecho natural, que los teólogos habían hecho suyo, gracias a Hobbes y a Grocio había sido vindicado para los juristas. Cfr. *Summarischer Entwurf derer Grund-Lehren, die einem studioso Juris zu wissen und auf Universitätem zu lernen nötig*, Halle, 1696.

[8] SUÁREZ: *Defensio fidei catholicae et apostolicae adversus Anglicanae Sectae errores*, 1613.

encontrarse todos, lo mismo el católico que el luterano o el reformado, lo mismo el cristiano que el pagano. La apelación a la *recta ratio* de la escolástica no bastaba para ello. La tesis de que los preceptos de la recta razón son leyes justas es considerada por Hobbes como uno de aquellos errores fundamentales que han costado la vida a miles de personas [9]. El mismo, dice Hobbes, concedería la tesis, si en la naturaleza de las cosas pudiera encontrarse algo así como la recta razón; pero, en caso de conflicto, cada uno tiene a su propio juicio, de ordinario, como la recta razón [10]. Y Pufendorf aduce contra sus críticos teológicos que si el Derecho natural ha de poseer efectivamente validez general, tiene que contener normas para todos los hombres, no *qua* cristianos, sino *qua* hombres. Pagano o cristiano, ortodoxo o heterodoxo, alemán, francés o inglés, todas èstas diferencias tienen que ser indiferentes para el teórico del Derecho natural, de igual manera que en un músico es indiferente si tiene barba o no [11]. Por eso se había esforzado él en elevar el Derecho natural por encima de las polémicas en torno a la mejor manera de reverenciar a Dios [12].

Ahora bien: si el Derecho natural ha de poner fin a las luchas entre los pueblos y entre las confesiones o, al menos, darles un cauce jurídico, es preciso no solo que posea validez general, sino además que domine la realidad. Es preciso que posea fuerza conformadora de la realidad y, además, que sea concreto. También esta finalidad distingue al Derecho natural profano del Derecho natural escolástico. Para los maestros de la alta escolástica, para Santo Tomás, Duns Escoto, San Buenaventura, solo los *prima principia* eran Derecho natural, mientras que las conclusiones perdían este carácter en la misma medida en que se apartaban de los primeros principios. Si, a diferencia de ello, la escolástica española convierte todas las conclusiones en Derecho natural, sin embargo, tampoco ella elabora un sistema jurídico que regule en todos sus aspectos las relaciones jurídicas de un determinado sector vital, y las cuestiones jurídicas concretas que estudiaba eran solo ejemplos ilustrativos de las instituciones generales tratadas, de la propiedad, del matrimonio, de la esclavitud, etc. En

[9] HOBBES: *The English Works* (ed. Molesworth), V, pág. 176. Los reparos contra el concepto de naturaleza no habían nunca enmudecido entre los juristas. En una de las más hermosas alabanzas a la ley—"fundamentum justae libertatis, fons aequitatis, mens et animus et consilium, sententia civitatis posita est in legibus"—contrapone Petrus Gregorius Tholosanus, en 1597, la ley a la naturaleza. "La naturaleza no conoce ningún orden ni ninguna igualdad y depende de las dotes naturales de cada uno, mientras que las leyes son generales y ordenadas, y unas y las mismas para todos." *De republica,* X, cap. V, 2.

[10] Idem: *Elements of Law,* II, cap. X, 8.

[11] PUFENDORF: *Eris scandica,* págs. 203-205.

[12] *Ibídem,* pág. 187.

el Derecho natural profano, en cambio, el centro de gravedad se desplaza de los principios generales a las conclusiones. Los «principios intermedios» contienen irremediablemente el problema central y más difícil del Derecho natural y de toda ética jurídica material. Los principios superiores son de carácter formal y no dicen mucho, a no ser en relación con su tendencia general; solo los principios intermedios contienen el orden concreto de la comunidad, de acuerdo con el cual ha de comportarse el individuo. Aquí dio Grocio el primer paso, que había de llevar en Pufendorf a un sistema de Derecho natural en ocho volúmenes, que se extiende a todas las relaciones humanas.

Un racionalismo de nueva especie, influido por la ciencia de la naturaleza y el método cartesiano, es el impulso motor de la teoría del Derecho natural profano. El concepto de *ratio* experimenta una transformación. También en la escolástica, sobre todo en el tomismo, era la *ratio* el concepto fundamental del Derecho natural; el hombre era un *animal rationale;* el imperativo «obra racionalmente» era el axioma supremo del Derecho natural, y la *recta ratio,* la fuente del Derecho natural, tanto en sentido objetivo como subjetivo. Esta *ratio,* empero, era en absoluto un elemento de la metafísica teleológica, a saber: el principio formal del hombre, al que este tiende por naturaleza. El hombre como *animal rationale* equivalía al hombre como *animal sociale et politicum,* es decir, el hombre era un ser destinado por la naturaleza a vivir en comunidad. Solo por eso podía el axioma «obra racionalmente» constituir la regla fundamental del obrar social, y solo por eso podía la *recta ratio* ser la fuente del Derecho natural. Esta metafísica teleológica desaparece ahora, y solo en el *appetitus socialis* de Grocio queda un último residuo de ella. La *ratio* es, prescindiendo de toda metafísica aristotélica de forma y materia, simplemente la *clara et distinta perceptio,* el conocimiento claro y distinto, en el que Descartes veía el fundamento de toda certeza. Clara y distintamente, empero, se conoce solo lo que puede concebirse, no simplemente en su apariencia externa, sino en las condiciones que determinan su origen. Los fenómenos, por eso, tienen que desintegrarse en sus diversas partes y reconstruirse después, basándose en el conocimiento de la conexión de ellas; el método analítico y sintético de Galileo y Descartes se convierte en modelo para la nueva teoría del Derecho natural [13]. De igual manera que Galileo descompone el fenómeno de la caída de los cuerpos—al parecer, sencillo; pero, en realidad, complejo—, reconstruyéndolo después sobre la base del conocimiento de las relaciones entre los elementos que lo constituyen, haciéndolo de esta manera

[13] HOBBES: *De corpore,* I, 6, 1. Cfr. más adelante, pág. 115.

cognoscible y calculable, así también hay que descomponer al Estado en sus elementos, reconstruyéndolo después sobre la base del conocimiento de las relaciones racionales entre aquellos. «Para llegar a conocer los derechos del Estado y las obligaciones de los súbditos es preciso, si no descomponer, considerar como descompuesto al Estado, es decir, es preciso investigar la naturaleza humana y ver hasta qué punto es adecuada o no para la constitución de un Estado, y cómo han de reunirse los hombres si quieren constituir una unidad, pues solo así puede llegarse a un verdadero conocimiento» [14]. «Los investigadores de la naturaleza no se contentan con la consideración de la apariencia externa de los cuerpos y de lo que primero salta a la vista, sino que se esfuerzan en estudiarlos interiormente, descomponiéndolos en las partes que los componen... El mismo método utilizan aquellos que quieren indagar la esencia del cuerpo moral más importante, es decir, del Estado. A estos no les basta exponer el poder exterior, las diversas formas de gobierno, los nombres y clases del pueblo, sino que quieren, más bien, conocer la naturaleza interna del Estado, la cual resulta del poder y el derecho del soberano y las obligaciones de los súbditos, y para ello lo descomponen en las partes que constituyen aquel gran cuerpo. Para la perfección de esta disciplina es necesario trascender, por así decirlo, todas las sociedades, representándose en la mente la naturaleza y situación del hombre, tal como puede ser pensado fuera de una sociedad, y desprovisto de todas las artes e instituciones humanas. De esta manera puede deducirse fácilmente cuál fue la razón que llevó a constituir los Estados, qué derechos y obligaciones se siguen de su naturaleza, y qué facilidades y, sobre todo, qué relaciones entre los hombres traen consigo» [15].

Hobbes nos ha descrito en unas pocas frases la aplicación de este método analítico-sintético al estudio del Derecho y del Estado. «Al tratar de un problema cualquiera, como, p. ej., si una acción determinada es justa o injusta, se disuelve el concepto «injusto» en el concepto «acción contraria a la ley», y el concepto «ley», en el concepto «mandato del detentador del poder»; y el concepto «poder», en el concepto «voluntad de aquellos que, por razón de la paz, han constituido tal poder», y de esta manera se llegará finalmente al resultado de que los instintos y movimientos anímicos de los hombres tienen que ser limitados por un poder, si no han de entrar en lucha los unos con los otros... Partiendo de este punto, por eso, puede determinarse progresivamente, por síntesis, la justicia o injusticia de una acción cualquiera» [16].

---

[14] HOBBES: *De cive,* praefatio.
[15] PUFENDORF: *Dissertatio de statu hominum naturali.*
[16] HOBBES: *De corpore,* I, 6, 7.

Aquí también el último punto de referencia material del Derecho natural es la «naturaleza del hombre», pero esta naturaleza no es el concepto enteléquico aristotélico-tomista, sino que comprende los rasgos característicos del hombre empírico, descubiertos por la observación detenida y aguda de sí mismo y de los demás. Con ello comienza el que iba a ser—hasta ahora—el último intento por obtener contenidos materiales jurídicos de validez general, partiendo de la determinación general de la naturaleza humana.

2. Tomás Hobbes

La antinomia entre idea y existencia, razón y voluntad, que recorre, desde sus orígenes, la teoría del Derecho natural, determina también el destino del Derecho natural moderno. A consecuencia, empero, de la nueva determinación del concepto de *ratio* bajo el influjo de la ciencia natural moderna, las distinciones se hacen más difíciles y los frentes se entrecruzan grandemente. Nos encontramos así ante el hecho, aparentemente paradójico, de que el padre del racionalismo moderno, Descartes, mantiene, en el problema del último fundamento de los axiomas teóricos y prácticos, el más extremo voluntarismo. La *potentia Dei absoluta* se convierte en él en la absoluta indiferencia de la voluntad divina. No hay nada bueno ni verdad «cuya idea estuviera en el entendimiento divino antes que la voluntad divina se hubiera decidido a hacer que fuera así» [17]. Para Duns Escoto y para Ockham, la *potentia Dei absoluta* tenía sus límites, de un lado, en la ley de contradicción, y de otro, en la propia *bonitas* de Dios. Descartes, en cambio, somete incluso la ley de contradicción a la omnipotencia divina. Dios «no ha querido que la suma de los tres ángulos de un triángulo sea igual a dos rectos, por haber conocido que no era otra cosa posible, sino totalmente al contrario..., porque El ha querido que los tres ángulos de un triángulo sean iguales a dos rectos; por ello es esto ahora verdad, y no puede ser de otra manera». También la ley de contradicción, por tanto, es una creación contingente de Dios, y la voluntad divina podría establecer lo contrario [18]. Los límites de la voluntad de Dios no están señalados desde fuera, sino que los tiene solo en sí misma. Solo su propia *bonitas,* su infinita bondad y perfección nos aseguran las verdades teóricas; no porque Dios no nos pueda engañar, sino porque no nos puede querer engañar: *fallere velle non posse.* Debajo, empero, de esta fundamentación suprema

---

[17] Descartes: *Obras,* trad. al alemán por Buchenau, Phil. Bibl., II, páginas 230 y sgs.

[18] *Ibidem,* II, págs. 231-232.

en la voluntad de Dios, es decir, para nosotros y nuestra facultad de conocer, aquellas proposiciones teóricas son verdades metafísicas eternas, ideas innatas, que nos hacen posible un auténtico conocimiento, es decir, representaciones claras y distintas. Bajo una superestructura voluntarista, Descartes desarrolla así un sistema total y plenamente idealista.

Muy distintamente y con mucho mayor intensidad penetra el voluntarismo el sistema, no menos racionalista, del contemporáneo inglés de Descartes, Tomás Hobbes (1588-1679). Las dos grandes corrientes del «existencialismo» iusnaturalista, la teoría de los instintos de los sofistas [19], y la metafísica voluntarista de Duns y Ockham, que hasta entonces habían discurrido separadamente, confluyen ahora en el sistema de Hobbes. Tucídides, al que tradujo congenialmente al inglés, le aportó el conocimiento del Derecho natural del más fuerte, mientras que sus años de estudio en Oxford habían de introducirle directamente en la doctrina nominalista. Estas dos grandes corrientes de pensamiento le sirvieron para fundamentar su idea filosófico-jurídica central—con la que se halla como una figura única en la historia del Derecho natural—, a saber: que el cometido principal del Derecho no es crear un orden ideal, sino un orden real de la convivencia. El momento «real» en el Derecho, descuidado siempre, en detrimento del Derecho, en las teorías del Derecho natural es el verdadero motor del pensamiento de Hobbes. Siendo ya un anciano, escribirá, al final de la edición latina de su *Leviathan,* que el único propósito de toda su obra había sido el de probar que la violación de las leyes positivas no puede disculparse bajo ningún pretexto [20].

Todas las anteriores teorías del Derecho natural, sobre todo la estoica y la tomista-medieval, se habían esforzado en hallar un orden que no solo estuviera axiológicamente por encima del Derecho positivo, sino, que, sobre todo, le prestara fuerza vinculante, de suerte que un Derecho positivo contrario a aquel orden «podía» ser obedecido para evitar escándalo y sedición, pero no «tenía» que ser obedecido. El peligro mortal que esta relativización significaba para la función ordenadora del Derecho positivo fue ignorado sistemáticamente por la teoría del Derecho natural. Si ya, empero, había sido imposible para la concepción unitaria del mundo de la Edad Media decidir con certeza absoluta, partiendo de las verdades eternas o de la voluntad divina revelada, los problemas, fundamentales para la época, sobre la estructura del Estado, tal como, p. ej., el de la precedencia del poder

---

[19] Y de Epicuro, influido a su vez por los sofistas. Sobre ello, cfr. ALB. HAAS: *Ueber den Einfluss der epikuräischen Staats- und Rechtsphylosophie auf die Philosophie des 16. und 17. Jahrhunderts* (tesis de la Univ. de Berlín), 1896.

[20] *Leviathan,* cap. XLVII.

temporal o espiritual, la cuestión había de hacerse totalmente irresoluble después del derrumbamiento de la unidad religiosa. Según dice Hobbes profundamente, las guerras más sangrientas no tienen lugar por bienes materiales o por espacio vital, sino por problemas espirituales, por la fe y por la ideología. No ya la polémica, sino la misma falta de asenso es causa de odio; pues quien no asiente hace implícitamente al otro el reproche, insoportable para el hombre, de hallarse en el error. Como prueba de ello, Hobbes alude al encarnizamiento precisamente de las guerras civiles o religiosas [21]. Todas las teorías trascendentes del Derecho natural, no solo no han acertado a crear un orden verdadero, sino que han socavado los órdenes positivos por la relativización de su fuerza vinculatoria. Hobbes tiene la conciencia de que el Derecho es el único valor en la conformación de la vida humana, que nunca puede ser simplemente ideal e irreal, sino que solo posee su carácter de valor si posee fuerza conformadora de la realidad. El orden «más ideal» carece de valor, si no tiene la fuerza para superar la lucha de todos contra todos, mientras que el orden más imperfecto, si supera, por lo menos, el caos del estado de naturaleza y establece un orden real, posee el valor jurídico decisivo de aseguración de la existencia. La idea del orden conformador de la realidad, es decir, la idea de la seguridad jurídica, de la seguridad en el Derecho y por el Derecho, es la idea que sustenta todo el Derecho natural de Hobbes. Por anticipado sale al paso del argumento que podría hacerse a su teoría, a saber: que asegura, es cierto, la existencia del hombre, pero para ponerlo totalmente en manos del soberano. «Algunos podrían objetar aquí que es lastimosa la situación de los súbditos, porque dependen del capricho y la arbitrariedad del soberano. Así se hacen oír lamentaciones..., sin tener en cuenta que en ninguna institución humana pueden evitarse inconvenientes, y que en una constitución política las mayores tachas apenas si se sienten en comparación con la miseria y los horrores de una guerra civil o del estado de naturaleza, desprovisto de ley y sin poder político que impida a los hombres el robo y la venganza» [22].

El Derecho natural de Hobbes ha de considerarse sobre el fondo de este cuadro pesimista. El propósito de Hobbes no es traer del cielo la justicia eterna, sino simplemente constituir un orden verdadero en la tierra, que, al menos, asegure la existencia de todos. Para él, por eso, el primer cometido de toda filosofía jurídica es averiguar las condiciones que permitan evitar el peligro, siempre amenazador, de un retorno al estado de naturaleza. O, para decirlo con otras palabras, Hobbes trata de fundamen-

---

[21] *De cive,* I, 5; *ibid.,* cap. XV.
[22] *Leviathan,* cap. XVIII.

tar el Derecho positivo por medio del Derecho natural. Y si es verdad que en la persecución de este propósito cae él también, no menos que sus contradictores, en tesis extremas y unilaterales, ello no impide que su teoría del Derecho natural sea la teoría existencial más importante, a la vez que complementaria de las teorías idealistas del Derecho natural.

Una nueva idea del hombre conduce también a un nuevo sistema jurídico. Desde que Aristóteles situó en la realidad la idea platónica, entendiéndola como causa y fin último del devenir, como «forma», «naturaleza» y «entelequia» del objeto, prestó también a la imagen del hombre los rasgos optimistas que caracterizan la doctrina idealista del Derecho natural. El fin último ideal del hombre, ser racional y social, es también su «naturaleza», lo que determina su proceso de desenvolvimiento. *Ens et bonum convertuntur,* reza la fórmula tomista para esta metafísica teleológica. Por esta razón se creía posible deducir los preceptos del Derecho natural del sistema de las inclinaciones «naturales» del hombre. Con el nominalismo caen las primeras sombras sobre esta idea optimista del hombre. La idea del hombre no podía escapar tampoco a la destrucción de la metafísica teleológica: según Ockham, los hombres tienden primariamente a la lucha y la discordia, y el Estado es, por eso, una institución protectora dirigida contra los malos. La teoría del pecado original de la Reforma había de ensombrecer definitivamente esta visión del hombre: por el primer pecado, el género está corrompido hasta sus mismas raíces y ha perdido su naturaleza originaria: *natura deleta oder corrupta*[23]. A estas influencias se unen en Hobbes, además, las teorías de los instintos y de la fuerza de Tucídides y los sofistas. Todas estas fuentes tan diversas robustecen la idea pesimista que Hobbes tiene del hombre como un ser dinámico y peligroso, como un lobo, que, al revés que los otros lobos, no tiene instintos sociales, y solo es animado por el ansia de dominación sobre los demás. Frente a la argumentación de que su idea del hombre era demasiado sombría, hace valer Hobbes la experiencia: ¿por qué llevamos armas y buscamos acompañantes cuando emprendemos un viaje? ¿Por qué cerramos por la noche las puertas de la casa y, dentro de ella, los armarios? ¿Cuáles son, por tanto, las ideas que tenemos de nuestros conciudadaños, de nuestros vecinos y de los que con nosotros comparten nuestra morada? Y a todo esto se añade que lo hacemos así en una situación en que sabemos que las leyes y la Policía nos protegen. Cómo es, empero, la vida cuando falta el poder

---

[23] Cfr. también PASCAL: *Pensées,* 426: "Desde que se perdió la verdadera naturaleza, todo se convierte en su naturaleza." 94: "La naturaleza del hombre es totalmente naturaleza, *omne animal.*"

coactivo del Estado, nos lo enseña de sobra la experiencia de una guerra civil cualquiera [24].

El Estado es la resultante de las dos fuerzas determinantes en el hombre: del ansia de poder, que lleva a la guerra de todos contra todos, y del miedo recíproco, que provoca este *bellum omnium contra omnes*. Así como Newton, partiendo de las leyes de Galileo, deduce las leyes del movimiento de los astros como resultantes del impulso centrífugo y de la atracción centrípeta de las masas, así también el mecanicista Hobbes deduce el Estado como el resultado del ansia de poder, de carácter centrípeto, y del miedo recíproco, de carácter centrífugo. El temor lleva a los hombres a mantener aquella distancia en que el choque producido por el ansia de poder de todos no pone en peligro la existencia de cada uno. De esta suerte, el Estado es una institución coactiva, nacida del temor y destinada a reprimir las fuerzas destructoras del hombre. Su único cometido es la protección de todos contra todos, y justamente porque puede proteger al individuo, posee también el derecho a mandarle.

Aristóteles había dicho ya que los hombres se habían reunido en el Estado también para el mantenimiento de la vida, puesto que quizá en la mera existencia se encierra ya una parte del bien [25]. Lo que aquí expresa Aristóteles con cierta indecisión se va a convertir en el axioma fundamental del Derecho natural en Hobbes: el bien supremo del hombre es la propia existencia [26], y por eso es la protección el fin único de la obediencia. *Oboedientiae finis est protectio* [27]. Las relaciones mutuas entre protección y obediencia [28] son el fundamento del sistema de Derecho natural de Hobbes. «La obligación de obediencia respecto al Estado no dura ni un instante más que el tiempo en que este tiene la fuerza necesaria para proteger a los ciudadanos» [29].

El Estado y su Derecho han cumplido ya su cometido esencial si son capaces de oponer al *bellum omnium contra omnes* un orden que garantice la existencia de los ciudadanos. Cuál haya de ser el contenido de este orden es, en cambio, una cuestión secundaria. La teoría idealista del Derecho natural descuidaba el problema de la existencia real de un orden jurídico y hacía de esta cuestión secundaria su único problema, creyendo poder de-

24 *Leviathan*, cap. XIII.
25 *Politica*, III, 6; 1278 b.
26 *De homine*, cap. XI, 6: "Bonorum autem primum est sua cuique conservatio."
27 *Leviathan*, cap. XXI.
28 *Ibídem*, conclusión.
29 *Ibídem*, cap. XXI. Por esta razón, termina el deber de obediencia frente al Estado tan pronto como este se vuelve contra el individuo, ya que nadie puede renunciar a la propia defensa.

ducir de la «naturaleza» del hombre ciertos principios éticos materiales. Dada su idea del hombre, este camino se hallaba cerrado desde un principio para Hobbes. Si el hombre es un ser peligroso, destructor, malvado, no es posible deducir de su «naturaleza» ninguna estructura axiológica para la vida humana en común. De la *natura corrupta* se deduce, sin duda, la necesidad de un orden, pero no su contenido. Mientras que la necesidad de un poder estatal coactivo puede probarse con la certeza de una verdad matemática o geométrica [30], el contenido del orden estatal es de carácter contingente.

Hobbes era nominalista, en el más riguroso sentido de la palabra, lo que todavía no era el conceptualista Ockham. Para Hobbes, los conceptos generales son realmente meros *nomina,* palabras, «voces», que resumen abreviadamente muchas cosas singulares. También las palabras «bueno», «malo», tienen solo significación referidas a la persona que las utiliza, y no designan nada que sea así en sí y absolutamente, ni tampoco una regla general que se siga de la naturaleza de las cosas; lo que designan es, más bien, una regla que, fuera del Estado, depende de la naturaleza de la persona en cuestión, y dentro del Estado, del representante de este o del juez o árbitro designado por él [31]. Fuera del Estado los conceptos bueno y malo revisten una significación estrictamente individual, referidos a la situación del individuo. Reglas generales sobre lo bueno y lo malo las hay solo en el Estado. De manera semejante a lo enseñado por Ockham, los conceptos generales ético-materiales no se refieren a esencialidades en las cosas mismas, sino que designan tan solo la obligación procedente de la ley [32]. Antes del establecimiento del poder estatal, no hay ni justicia ni injusticia, ni conceptos generales como bueno o malo [33]. Si bien es cierto que una ley natural prohíbe ya el robo, el adulterio, etc., es, sin embargo, solo la ley positiva civil la que define estos conceptos. Pues si esta ley ordena cometer algo, la acción no es ya robo, adulterio, etc. [34]. Hasta en los mismos ejemplos, Hobbes repite la doctrina voluntarista de Ockham, aunque aplicada al Estado, es decir, trasladada del *Deus aeternus* al *Deus mortalis.* Reglas generales sobre lo bueno y lo malo, justo e injusto, honroso y deshonroso, solo las hay en el Estado. Toda acción es, por naturaleza, indiferente, un *adiáfaro,* y su carácter axiológico lo recibe solo por el mandato de un su-

---

[30] *Leviathan,* cap. XX.
[31] *Ibídem,* cap. VI.
[32] *Ibídem,* cap. VI: "consignificant". En Ockham la expresión era "connotant".
[33] *De homine,* cap. X, 5.
[34] *De cive,* cap. VI, 16, XIV, 10; *Leviathan,* cap. XVIII.

perior. Por esta razón, todo lo que el legislador preceptúa ha de ser tenido por bueno, y todo lo que prohíbe, por malo [35].

No en verdades eternas, sino en las decisiones de voluntad del poder político, se encuentra el criterio de lo bueno y lo malo, de lo justo e injusto [36] *Auctoritas, non veritas facit legem* [37].

Si todos los predicados valorativos éticos y jurídicos son predicados de la voluntad del poder político, de aquí se deduce necesariamente que el titular de este no puede cometer injusticia ninguna, por muy recusables que sean sus acciones. Incluso la muerte de un inocente por orden del poder político no es una injusticia [38]. Lo mismo puede decirse de Dios, en razón de su *potentia absoluta.* «Y siempre que Dios castiga o mata a un pecador, aun cuando le castiga por haber pecado, no por eso podemos decir, sin embargo, que no podría haberle castigado o matado con justicia si no hubiera pecado. Y aun cuando, al castigar, la voluntad de Dios puede tener en consideración algún pecado precedente, tampoco de aquí se sigue que el derecho de castigar o matar depende de los pecados de los hombres y no del poder divino» [39].

Aquí aparece en toda su pureza el pensamiento nominalista. La omnipotencia del Estado discurre en perfecto paralelo con la omnipotencia de Dios. Y así como Calvino—al igual que algunos nominalistas franceses, tal como Gerson—había descrito la *potentia Dei absoluta* valiéndose de conceptos jurídicos, así ahora Hobbes traslada estos predicados al Estado. Para Hobbes es, sobre todo, el Decálogo el punto en que se interfieren directamente el poder divino y el poder estatal, ya que Dios, por razón de la primera alianza, no solo era el Dios, sino también el rey de los judíos. Como la primera tabla establece el poder absoluto de Dios, lo mismo en tanto que Dios que en tanto que rey, en ella se encuentra también establecido el derecho absoluto de todos los reyes a la obediencia incondicio-

---

35 *De cive,* cap. XII, 1.

36 *Elements of law,* II, cap. X, 8.

37 *Leviathan,* cap. XXVI. Las consecuencias jurídicas son de gran trascendencia, porque con ello quedan eliminadas las leyes retroactivas: "no law, made after a fact done, can make it a crime". La culpabilidad presupone el conocimiento de las leyes: *Leviathan,* cap. XXVII.

38 *Ibídem,* cap. XXI. Hobbes fundamenta, además, esta tesis con el débil argumento de que, con el contrato de sumisión, el individuo se ha declarado de acuerdo con todo lo que el soberano disponga. Este argumento es especialmente objetable en Hobbes, porque él mismo enseña que nadie puede renunciar a su propia defensa *(Leviathan,* cap. XXI). El Estado, por ello, no puede cometer injusticia alguna contra el individuo, pero este puede defenderse contra el Estado basándose en su libertad natural.

39 *De cive,* cap. XV, 5.

nada de sus súbditos. La segunda tabla determina las normas para el comportamiento de los ciudadanos entre sí; así, p. ej., el quinto mandamiento, que ordena que no se puede matar «sin orden de la autoridad estatal» *(sine authoritate publica)*. Es decir, que en lugar del mandato divino, aparece ahora el mandato estatal como causa de justificación. El soberano tiene como obligación imitar los mandatos de la segunda tabla, los cuales son, a la vez, leyes naturales [40].

La posición del soberano terrenal es en Hobbes una «imitación» exacta del poder de Dios, pero—y esto es lo decisivo—es una imitación de la *potentia Dei* en toda su plenitud, no solo de la *potentia absoluta,* sino también de la *potentia ordinata.* Así como en Duns y en Ockham la *potentia Dei absoluta* no equivale a la falta de sentido y arbitrariedad, así tampoco quiere Hobbes entregar la omnipotencia terrenal a la arbitrariedad y la falta de sentido. Así lo prueba ya el exacto paralelo con el Decálogo, pues los mandamientos de la segunda tabla habían sido siempre considerados teológicamente como la regla de la *potentia Dei ordinata,* aun cuando Dios pueda dispensar de ellos, en casos concretos, por razón de fines más altos. El deber que Hobbes impone, por eso, al soberano de «imitar» la segunda tabla del Decálogo no significa otra cosa sino que el soberano tiene que ejercer su *potentia absoluta* dentro de las reglas de la *potentia ordinata.* Como para eliminar toda duda, Hobbes subraya que, entre las obligaciones del soberano, cuenta la de hacer buenas leyes. La expresión «buenas» leyes *(bonae leges)* significa, empero, para él, algo distinto de leyes «justas» *(iustae leges),* ya que ninguna ley puede ser injusta, pero sí mala [41].

Aquí hace su aparición un nuevo concepto axiológico, que ya no es una función de la voluntad, sino que precede lógicamente a la decisión volitiva; que no es creado por la voluntad, sino que, al contrario, es el criterio axiológico de las decisiones de la voluntad. No la voluntad sin más, sino solo la buena voluntad crea lo bueno. Los valores éticos no son en Hobbes meramente funciones de la voluntad, sino, en parte, algo que precede a esta. También en Duns y en Ockham nos encontrábamos con este elemento «idealista» bajo la forma del buen legislador, de la *bonitas Dei,* la cual no era determinación de la voluntad divina, sino una esencialidad de Dios, que precedía a aquella. A causa, empero, de su carácter personalista, este elemento «idealista» es menos contradictorio, en los sistemas de Duns y de Ockham, que la *bonitas legis* objetiva en Hobbes, la cual representa en su pensamiento un bloque errático, procedente de un mundo completamente distinto.

---

[40] *Leviathan,* caps. XXX y XLII.
[41] *Ibidem,* cap. XXX.

Para Hobbes, la *bonitas legis* consiste en que la ley regule lo necesario absolutamente para el bien del pueblo. La *salus rei publicae* se encuentra en la identidad del bien del soberano con el bien del pueblo. «El bien del pueblo y el bien del soberano no pueden separarse el uno del otro» [42]. Hobbes está muy lejos de ser un defensor del despotismo y un antecesor de las dictaduras modernas. Para él es verdaderamente decisiva la idea de que el Estado solo está creado para la protección del individuo. Al final de la edición latina del *Leviathan* resume él mismo la intención de toda su obra, diciendo que, por razón de su propio provecho y no del del soberano, todos los ciudadanos están obligados a mantener y defender con todas sus fuerzas el Estado, de acuerdo con la voluntad de aquel a quien han transferido el poder supremo [43].

Ahora bien: en Dios la *bonitas* es parte esencial de su perfección, mientras que en el soberano la *aequitas* [44] no es una barrera inmanente a su voluntad, sino solo una obligación moral. Por razón de su bondad esencial, Dios no puede más que obrar bien, mientras que el soberano terrenal puede obrar también *inique,* contra la equidad [45]. En Dios la *potentia absoluta* es la posibilidad mental que sirve para mostrar la imposibilidad de deducir racionalmente las reglas de su *potentia ordinata,* mientras que, en el soberano estatal, es, en todo momento, una realidad dada. En este punto se encuentran los límites de la transmisibilidad de proposiciones teológicas a la realidad estatal. «Las pruebas de Hobbes solo tienen validez para un Estado en el que Dios es el rey, y al cual, por eso, puede confiársele en todo» [46].

En el sistema jurídico voluntarista de Hobbes, la presencia de estructuras axiológicas esenciales significa la penetración de un complejo ideológico ajeno a su pensamiento. Este fenómeno es la consecuencia del hecho de que el Derecho no puede ser nunca meramente positividad, potencia conformadora de la realidad, sino que posee siempre idealidad, carácter axiológico. El cometido más difícil de toda filosofía del Derecho consiste en mostrar el punto en que se enlaza la positividad con la idealidad, sin que un elemento aniquile al otro. En la tensión dialéctica del Derecho entre positividad e idealidad, la teoría idealista del Derecho natural toma partido unilateralmente a favor de la idealidad. Su defecto capital es que pone en peligro o, incluso, destruye la positividad del Derecho, sin haber en-

---

[42] *Leviathan,* cap. XXX.
[43] *Ibídem,* cap. XLVII.
[44] *Ibídem,* cap. XXX, 18.
[45] *Ibídem,* cap. XVIII, 24.
[46] LEIBNIZ: *De jure suprematus,* cap. XI.

contrado estructuras axiológico-jurídicas materiales dotadas de verdadera validez general. La teoría existencial del Derecho natural sostenida por Hobbes puede, en cambio, atribuirse el mérito de haber puesto al descubierto, en la positividad del Derecho, es decir, en la función ordenadora real y superadora del caos, el valor elemental del Derecho. En este se encuentran efectivamente entrelazadas positividad e idealidad, porque el Derecho solo posee carácter valioso como valor real, es decir, como orden conformador de la realidad; o, como Radbruch lo ha expresado muy exactamente, porque es esencial al concepto del Derecho justo, el ser positivo [47].

Con la capacidad del orden jurídico para salvaguardar la existencia solo se ha alcanzado, sin embargo, el valor jurídico más elemental. Sería el valor total, si la vida fuese verdaderamente el bien supremo, tal como Hobbes pensaba. En la absolutización del valor de la vida se encuentra el límite de la teoría del Derecho natural de Hobbes. El Derecho natural de Hobbes pierde su validez en el momento mismo en que se le opone una ideología que reconoce un valor superior al de la vida individual. Esto explica la gran irritabilidad de Hobbes frente a doctrinas—como la del cardenal Belarmino—que veían en la obediencia a la conciencia o en la salvación del alma el valor supremo. Esta irritabilidad obedece no solo a su oposición a las pretensiones de hegemonía de la Iglesia, sino también al sentimiento de la debilidad de su propia posición fundamental.

Pero también dentro del marco de su teoría se presentan tensiones violentas; así, por ejemplo, cuando exige de los súbditos que, como en el caso de una guerra, pongan sus vidas en peligro por razón del Estado. Si la obediencia solo llega hasta allí donde el Estado está en situación de proteger al individuo, ¿cómo puede el Estado imponer a sus súbditos que pongan sus vidas en peligro? [48]. La dificultad se hace mayor cuando el Estado se dirige directamente contra el individuo. De un lado, el Estado debe poseer, por razón del contrato originario—el pacto de sumisión—, el poder absoluto sobre el individuo, y, por ello, no puede nunca obrar «injustamente» contra él, ya que los ciudadanos se han mostrado, por anticipado, de acuerdo con todas las acciones del Estado; de otra parte, empero, Hobbes tiene por nulo todo pacto en el que alguien renuncia a su derecho de legítima defensa [49]. Que el Estado, por tanto, obra siempre justamente frente a sus súbditos por virtud del contrato originario, y que, sin embargo, es posible que surja, de nuevo, un estado de naturaleza entre el

[47] RADBRUCH: *Rechtsphilosophie,* 3 Aufl., pág. 71.
[48] *Leviathan,* cap. XXI.
[49] *Ibídem,* caps. XIV y XXI.

Estado y los ciudadanos, es una contradicción insuperable dentro del sistema de Hobbes. Y aun prescindiendo de todas estas contradicciones, Hobbes solo acierta a probar la necesidad de un orden que asegure la existencia, pero le faltan todos los principios para la determinación concreta y justa de este orden.

Hobbes fracasa en su grandioso intento de unir idealidad y positividad, y de insertar lo ideal en la realidad del Derecho positivo, extrayéndolo, después, de este último, y fracasa, en último término, por haber concedido a lo ideal menos importancia de la que le corresponde.

3. Hugo Grocio

¿Ha tenido más éxito la otra rama de la teoría del Derecho natural, la rama idealista, en sus esfuerzos por procurarnos una visión del reino de lo eternamente justo y bueno? Dentro de la teoría moderna del Derecho natural, Grocio y Leibniz han tratado de brindarnos la respuesta idealista a la pregunta por los contenidos eternos del Derecho.

La fama de haber sido el padre del Derecho natural, que durante tanto tiempo ha gozado Hugo Grocio (1583-1645), ha empalidecido hoy decisivamente. El péndulo de la valoración histórica se ha inclinado ahora hacia el otro extremo, afirmándose que, no solo en el Derecho internacional, sino también en el Derecho natural, Grocio no es más que un epígono de la escolástica, y especialmente de la escolástica española [50]. No hay duda de que Grocio, como todo el siglo XVII sabía, estaba mucho más influido por los últimos escolásticos que lo que lo estaba por la tradición nominalista Hobbes, de mucho mayor altura intelectual que él; sin embargo, una comparación superficial entre la obra principal de Grocio y las *Relecciones*, de Vitoria, los *Comentarios*, de Gabriel Vázquez, o la obra filosófico-jurídica de Suárez, pone de relieve que en Grocio se abre paso algo distinto y nuevo.

Grocio era humanista y ha sido comparado, a menudo, y no sin razón,

---

[50] En esta tesis insisten, sobre todo, SAUTER: *Die philosophischen Grundlagen des Naturrechts*, págs. 91 y sgs., y ROMMEN: *Die ewige Wiederkehr des Naturrechts*, 3 Aufl., pág. 71. El juicio de Sauter, empero, es ya en sí problemático, porque confunde a Fernando Vázquez de Menchaca, con quien polemiza a menudo Grocio, con Gabriel Vázquez, el teólogo, a quien Grocio no cita en su obra principal, y también a Gregorio de Rimini con Gregorio de Valencia, e incluso—al parecer—a Hugo de San Víctor con Francisco de Vitoria. En el mismo sentido que en el texto, H. THIEME: *Das Naturrecht und die europäische Privatrechtsgeschichte*, 1947, págs. 19 y sgs.

con Erasmo. Su magnífica formación humanista disponía de toda la tradición de la Antigüedad clásica, que él dominaba como ningún otro tratadista de Derecho natural. A la vez, empero, Grocio era jurista, con la pretensión de ejercer un influjo determinante sobre la vida jurídica real. Junto a Hobbes, Grocio representa el segundo tipo del iusnaturalista con la atención dirigida a la vida jurídica real. Si en su esfuerzo por superar la situación caótica de las guerras civiles, el interés de Hobbes se concentraba en el establecimiento dentro del Estado de un orden positivo y asegurador de la existencia, el deseo apasionado de Grocio es salvar los abismos, al parecer insuperables, de las guerras de religión, tendiendo sobre ellos puentes en los que pudieran encontrarse amigos y enemigos y concluir un día la paz. Estos puentes tenían, por eso, que ser ajenos a las diferencias de confesión, y eran, de un lado, la razón, que está por encima de las diferencias religiosas, y de otro, el Derecho extraído de la razón, es decir, un Derecho «tan común a todos los hombres, que no tolere ninguna diferencia religiosa» [51]. También para Grocio reviste la razón un nuevo significado. La razón no es para él el órgano del conocimiento natural de Dios, dentro de un determinado sistema confesional, sino la facultad cognoscitiva de las verdades fundamentales de la vida social, equiparables, en su estructura, a las verdades matemáticas. El interés de Grocio no se concentra en la *lex aeterna,* cuya participación en la naturaleza racional está constituida por el Derecho natural—aquel concepto falta totalmente en Grocio—, sino en las proposiciones concretas del Derecho natural, de acuerdo con las cuales pueden decidirse las contiendas de la vida real dentro del Estado y entre los Estados. La extensión y la estructura de su obra principal no son, por eso, casuales: los *prima principia* retroceden a segundo plano, porque, en tanto que formales y vacíos, se habían mostrado faltos de valor para la práctica. Tampoco bastaba estudiar algunas instituciones o relaciones jurídicas, como la propiedad, la esclavitud, el matrimonio o el Derecho de las guerras coloniales, utilizándolas como ejemplos para la aplicación de los principios generales al material concreto, sino que era preciso construir un amplio sistema jurídico, a fin de dominar la realidad en la vida dentro y entre los Estados. De esta suerte, la concentración de Grocio en los «principios intermedios» del Derecho natural y el intento de estudiarlos en todos sus aspectos, significa mucho más que la mera cuantificación de la casuística escolástica—por mucho que fue lo que, precisamente en el Derecho internacional, había aprendido de Vitoria y de Suárez—, sino que era expresión del interés, ya vivo en Alberico

---

[51] *De jure belli ac pacis,* II, cap. XV, 8.

Gentili [52], el más importante de sus predecesores, por la vida real del Derecho y de los pueblos. Este nuevo sentido de la realidad le suministra también la masa agobiadora de ejemplos históricos que él añade a los argumentos racionales: algo nuevo igualmente frente al método escolástico.

En la misma medida en que los principios intermedios avanzan a primer plano, retrocede el contenido filosófico en el Derecho natural de Grocio frente al contenido jurídico. Con cierta exageración podría decirse que las doctrinas jurídico-filosóficas que Grocio desarrolla en los prolegómenos y en los dos primeros capítulos de su obra principal son, más bien, «acompañamiento» que tema principal, y que este se encuentra en las posteriores disquisiciones jurídicas. Ello, desde luego, no es una objeción contra el Derecho natural de Grocio, ya que el mismo reproche podría hacerse a todas las teorías idealistas del Derecho natural: sus proposiciones materiales no están verdaderamente deducidas de los principios generales, sino obtenidas de presuposiciones tácitas.

Considerado en conjunto, Grocio se apoya, para su fundamentación filosófico-jurídica, más en las fuentes de la Antigüedad, especialmente en las fuentes estoicas, que en la tradición escolástica, por muy importante que esta es también, en general, para él. Sus principios filosófico-jurídicos esenciales descansan en la doctrina estoica de la primera y la segunda naturaleza del hombre, es decir, en la distinción entre las primeras cosas naturales (τά πρῶτα κατά φύσιν) y la naturaleza racional. Siguiendo a Cicerón, desarrolla así esta doctrina: hay ciertos primeros principios naturales, llamados por los griegos las primeras cosas naturales, y ciertos principios subsiguientes, que han de ser preferidos a los primeros. Entre los primeros principios cuenta lo que a todos los seres vivos les es innato: el instinto de conservación. De él deriva la primera obligación para todos, a saber: mantenerse en su estado natural, y en general, hacer todo lo que es conforme a naturaleza y evitar todo lo que le es contrario. Tan pronto como se ha visto esto con claridad, se entiende que las cosas tienen que estar en acuerdo con la razón, la cual es superior al cuerpo. Más que según aquello a que nos impele el primer instinto natural, hay que obrar de acuerdo con esta coincidencia con la razón, ya que en ello consiste la moralidad. El primer instinto natural puede referirnos, sin duda, a la recta razón, pero esta tiene que sernos mucho más importante

---

[52] Alberico Gentili (1552-1608), jurista protestante huido de Italia y profesor en Oxford, es alabado especialmente por Grocio entre sus predecesores: "cuius diligentia me adjutum profiteor" (Pról., 38).

que aquel. Como esta doctrina estoica es completamente evidente, al tratar de los problemas del Derecho natural hay que preguntar, desde luego, primero, qué es lo que coincide con los primeros instintos naturales, pero en seguida hay que pasar a lo que—aunque surgido posteriormente—es más valioso que ellos, a saber: a la razón [53].

Según esta doctrina estoica, desarrolla Grocio su teoría de las fuentes del Derecho natural. Una de ellas la hace arrancar de las primeras cosas naturales—que él designa con el nombre estoico de *oikeiosis*—, es decir, de aquel instinto fundamental que lleva al hombre, no solo a la propia conservación, sino también al cuidado por sus semejantes. Es el «instinto de sociabilidad»—*appetitus societatis*—o, como Grocio lo define más precisamente, el instinto, no hacia una comunidad cualquiera, sino hacia una comunidad pacífica y racionalmente ordenada. Este instinto lo posee, hasta cierto grado, por un principio [54] extraño a la razón, también el animal, cuando cuida de sus crías y de sus semejantes, e igualmente lo posee el niño antes de toda educación. En el hombre adulto, empero, este instinto se une a la capacidad de conocer y obrar según preceptos generales. Lo que coincide con estos ya no es propio de todos los seres vivos, sino solo de la naturaleza racional humana. De esta manera, el cuidado por el mantenimiento de la comunidad, de acuerdo con la razón humana, es la fuente del Derecho natural en sentido restringido [55]. La razón humana, empero, contiene también—con independencia así mismo del instinto de sociabilidad—la capacidad para conocer lo agradable y lo perjudicial, tanto para el presente como para el futuro, y el seguir este recto juicio racional responde a la naturaleza racional del hombre en general, no solo a la naturaleza social. La coincidencia con la naturaleza racional, en tanto que tal, es designada por Grocio Derecho natural en sentido amplio [56].

---

[53] *De jure belli ac pacis,* I, cap. II, 1. Así mismo en su *Inleiding tot de Hollandsche Rechts-Geleerdheit* (escrita en 1619-1621, publicada en 1631), I, cap. II, 6. Sobre esta última, KARL WELLSCHMIED: *Hugo Grotius' Inleiding tot de Hollandsche Rechts-Geleerdheit und das Recht seiner Zeit* (tesis de la Univ. de Gotinga), 1950.

[54] En *De jure belli ac pacis,* I, cap. I, 11 (2), lo denomina "sombra y huella de la razón" *(umbra et vestigium rationis).*

[55] *Ibídem,* pról., 6-8.

[56] *Ibídem,* pról., 9 y 12. El Derecho natural, en sentido amplio, abarca, además de las obligaciones jurídicas en sentido propio ("justum"), las obligaciones ético-sociales ("rectum"), como la generosidad y la caridad. A esta distinción une Grocio la distinción aristotélica entre justicia distributiva y conmutativa. Cfr. *ob. cit.,* cap. I, 8 y sgs. La afirmación de SAUTER, *ob. cit.,* pág. 92, de que Grocio tomó su definición del Derecho natural ("conveniencia" con la naturaleza racional) de Gabriel Vázquez, queda refutada con tener en cuenta que esta doctrina era simplemente patrimonio común de toda la teoría iusnaturalista. La peculiaridad de la doctrina de Gabriel

Hasta aquí, Grocio sigue, en lo esencial, la doctrina estoica. En el desarrollo ulterior de su pensamiento, estructura esta doctrina en la problemática que el Derecho natural plantea a su época.

Las determinaciones conceptuales del Derecho natural—tanto en sentido amplio como en sentido restringido—tienen validez incluso si se quisiera suponer que no hay Dios o que Dios no se preocupaba de los asuntos humanos [57]. Se trata, en efecto, de verdades eternas análogas a las proposiciones matemáticas. Como aquellas, empero, no expresan cosas existentes, sino algo puramente conceptual, sometido tan solo al principio de contradicción, Dios no puede cambiarlas, porque de igual manera que no puede hacer que dos y dos no sean cuatro, así tampoco puede hacer que sea bueno lo que por su misma esencia es malo [58].

En la antinomia iusnaturalista entre voluntad y razón, existencia e idea, Grocio se pronuncia aquí claramente en favor de la razón y la idea. Sus palabras proceden, sin duda, de Suárez; pero, en lo que al pensamiento mismo se refiere, prosigue en este pasaje, más bien, el objetivismo axiológico de Gabriel Vázquez. La raíz histórica de la eliminación hipotética de Dios llega hasta la Edad Media, especialmente hasta Gregorio de Rimini [59]. Precisamente en este pasaje, que hace una generación había fundamentado la fama de Grocio como primer teórico del Derecho natural moderno, se nos presenta el jurista holandés como totalmente dependiente de la tradición escolástica.

Frente a esta tradición, Grocio no llegó nunca a una actitud clara y decidida. Si en el pasaje que acabamos de citar parece mantener un objetivismo axiológico aún más rotundo que el de Gabriel Vázquez, en otros lugares se nos muestra más precavido y llega, en ocasiones, hasta utilizar argumentos nominalistas. Así, p. ej., define el Derecho natural como «precepto de la recta razón, que nos indica que una acción, por su conveniencia o no conveniencia con la misma razón natural, es mala moralmente o posee una necesidad moral, y que, por ello, Dios, como autor de la naturaleza, la ha prohibido o la ha ordenado» [60].

Vázquez se encuentra más bien en que entiende la ley natural, no como mandato de la voluntad ni como proposición racional, sino como puro contenido objetivo axiológico. Sobre la actitud de Grocio, cfr. anteriormente en el texto.

[57] *De jure belli ac pacis*, pról., 11: "Et haec quidem locum aliquem haberent, etiam si daremus, quod sine summo scelere dari nequit, non esse Deum aut non curari ab eo negotia humana."

[58] *Ibídem*, I, cap. I, 10. Las dificultades derivadas de la Biblia las resuelve, en sentido tradicional, distinguiendo entre ley y materia ("res", "circumstantiae"), I, cap. I, 10 (6). Por lo demás, limita la invariabilidad. Cfr. I, cap. I, 17 (2), y I, cap. II, 5.

[59] Cfr., anteriormente, págs. 117 y sgs.

[60] *De jure belli ac pacis*, I, cap. I, 10: "Jus naturale est dictamen rectae rationis,

Esta definición está evidentemente influida por la crítica de Suárez al concepto iusnaturalista de la *lex indicans* de Gregorio de Rimini. Frente a la teoría de Gabriel Vázquez, de que el Derecho natural es la conveniencia de la acción con la naturaleza racional, pero también frente a la opinión de Gregorio de Rimini, de que el Derecho natural no es una norma imperativa, sino meramente indicativa, Grocio se adhiere aquí a la doctrina de Suárez de que el Derecho natural posee un carácter tanto indicativo como imperativo: el Derecho natural se refiere a acciones que son en sí debidas o no permitidas, y que, por eso, están mandadas o prohibidas necesariamente por Dios [61]. Con Suárez, por tanto, Grocio introduce en el concepto del Derecho natural cierto momento volitivo, aunque, desde luego, al igual que Suárez, en una función tan subordinada, que Dios solo puede mandar o prohibir lo que ya es en sí bueno o malo. Derecho natural en sentido propio es lo que Dios manda o prohíbe por medio de la naturaleza, mientras que lo que solo se halla de acuerdo con la naturaleza ha de designarse como decoroso más que como debido [62].

Pero tampoco aquí se detiene Grocio. En su trabajo póstumo de Derecho canónico, *De imperio summarum potestatum circa sacra*, escribe así, en relación con las esencias eternas: «No porque las esencias son esencias están prescritas por Dios, sino que porque Dios las ha prescrito son esencias, es decir, eternas e invariables, mientras que lo demás es accidente, es decir, temporal, variable y arbitrario. Por qué, empero, Dios ha determinado lo uno por su ley, dejando libertad en lo otro, es algo cuya indagación supera las fuerzas humanas» [63].

---

indicans actui alicui ex eius convenientia aut disconvenientia cum ipsa natura rationali, inesse moralem turpitudinem aut necessitatem moralem, ac consequenter ab auctore naturae Deo talem actum aut vetari aut praecipi."

[61] *De jure belli ac pacis,* I, cap. I, 10: "Actus de quibus tale existat dictatum, debiti sunt aut illiciti per se atque ideo a Deo necessario praecepti aut vetiti intelliguntur." En igual sentido la definición en su *Inleiding tot de Hollandsche Rechts-Geleerdheit,* I, cap. I, 2 (5): "El Derecho innato *(lex naturalis)* en el hombre es el juicio del entendimiento que da a conocer qué acciones son, por su naturaleza, honrosas o deshonrosas, con una obligación, por parte de Dios, a seguir aquellas." Es de observar que Grocio traduce *lex naturalis* por *engeboren wet.*

[62] H. Grocio, carta del 18 de mayo a su hermano Guillermo. Cfr. MOLHUIJSEN: *Briefwisseling van H. Grotius,* vol. I, pág. 389: "Jura naturalia quae vere et proprie sunt talia, hoc est, quae Deus per naturam jubet aut vetat—alius enim censendum est de iis quae congruentiam quandem habent cum natura et rectius dicuntur πρέπειν quam δεῖν." Cfr. también *De imperio,* etc., III, 10: "Deus per naturam vetat, hominem innocentem occidere."

[63] *De imperio,* etc., III, n. 13: "Non enim quia essentialia sunt, ideo a Deo praescripta, sed quia a Deo praescripta, ideo essentialia, hoc est perpetua adque inmutabilia; caetera accidentalia. Id est temporalia, mutabilia, arbitraria. Cur autem Deus

La última observación recuerda claramente la frase de Fernando Vázquez de Menchaca, de que al hombre no le está permitido penetrar en los arcanos de Dios. Este pensamiento había llevado, evidentemente, a Vázquez de Menchaca a la recepción de ideas nominalistas. También en Grocio sirven los mismos pensamientos para justificar análogas proposiciones nominalistas. Pero mientras que Vázquez de Menchaca se había abierto, de nuevo, la vía para un Derecho natural racional, por su interpretación fenomenalista del Derecho natural como forma mental de nuestro intelecto, en Grocio estas proposiciones nominalistas se encuentran totalmente dislocadas en el seno de su Derecho natural racional, el cual constituye, por lo demás, la base de su escrito póstumo [64]. Estas tensiones entre el reconocimiento fundamental del primado de la razón y las tesis voluntaristas aisladas, quedan sin superar dentro de la teoría grociana del Derecho natural.

Son tensiones, sin embargo, que no han ejercido influencia alguna en el problema de los contenidos materiales del Derecho natural. Como ya veíamos, aquí Grocio sigue la teoría estoica de la primera y segunda naturaleza del hombre.

En la discusión de este problema, la argumentación iusnaturalista primaria (o *a priori*), es decir, la deducción del Derecho natural de la coincidencia con la naturaleza racional y social del hombre, retrocede a segundo plano. Es verdad, dice Grocio, que solo esta deducción conduce a resultados absolutamente seguros; pero, de otro lado, es «más sutil» [65]. Menor seguridad ofrece, pero «más popular» *(popularior)* es, en cambio, el método secundario (o *a posteriori*), a saber: la deducción del Derecho natural de la común convicción jurídica de todos los pueblos o, al menos, de todos los pueblos civilizados. La justificación de este método se encuentra en el principio de que un efecto general tiene que tener también una causa general. Siguiendo, por eso, a Cicerón, también Grocio ve en el «consentimiento general» la «voz de la naturaleza» [66]. Frente al método

---

alia lege sua definierit, in aliis reliquit libertatem, indagare non est humanae industriae." Cfr. ya *De jure praedae*, cap. II, 1: "Quod Deus se velle significaret, id jus est. Jus certa Dei mens."

64 Cfr. *De imperio*, etc., III, n. 3 y sgs. La opinión de Sauter *(ob. cit.*, pág. 94, n. 3) de que Grocio llega consecuentemente al positivismo jurídico desde aquellas proposiciones nominalistas es errónea, porque en este pasaje Grocio solo habla de la regulación de aquellos asuntos que no están determinados por el Derecho natural o por la ley divina. Cfr. III, n. 12.

65 *De jure belli ac pacis*, I, cap. I, § 12.

66 Cfr., anteriormente, pág. 43. Todavía hoy se propaga, en ocasiones, el *consensus omnium* ("la conciencia jurídica universal de la humanidad") bajo la denominación

tomista, que deduce los preceptos del Derecho natural de las inclinaciones naturales, adquiere así Grocio un acceso, no absolutamente nuevo, pero sí muy fructífero, a proposiciones jurídicas materiales de supuesto carácter iusnatural. A fin de dar toda la posible fuerza convincente a su deducción del Derecho natural del consenso universal, Grocio aglomera testimonios procedentes de la historia, de la literatura y de la Biblia. De aquí que las proposiciones del Derecho natural de Grocio sean incomparablemente más ricas en contenido de todo lo que se encuentra en las doctrinas anteriores iusnaturalistas; una riqueza que va a convertir su libro sobre el *Derecho de la guerra y de la paz* en un arsenal para todos los posteriores sistemas iusnaturalistas. En este punto radica también el carácter secular de su obra. El reproche de que tuvo «predecesores» es quizá el que menos podía afectar a un pensador que veía en el *consensus omnium* la garantía de la verdad de su doctrina.

4. Samuel Pufendorf

Los sistemas iusnaturalistas de T. Hobbes y de H. Grocio trazan, ya a comienzos del Derecho natural profano moderno, en las dos posibilidades básicas de un Derecho natural existencial y un Derecho natural ideal, el marco dentro del que ha de moverse la doctrina iusnaturalista posterior. Partiendo de las exigencias de su tiempo, ambos autores formulan los problemas a resolver y expresan también en lo esencial en su obra los caminos metódicos con que es posible intentar su solución. La tensión entre ambos se mantiene hasta el final de la época como una fuerza impulsora. Ello se muestra de forma especialmente plástica en la obra del gran sistemático iusnaturalista que los sigue, de Samuel Pufendorf, nacido en 1632 en Dorf-Chemnitz, en Sajonia, y muerto en 1694 en Berlín, como cronista real prusiano.

La principal obra jurídica de Samuel Pufendorf, su *Derecho natural y de gentes (De iure naturae et gentium libri acto)*—1672—, aparece en una de esas etapas fructíferas de la historia del espíritu, en las que el desarrollo de las ideas ha llegado a una situación decisiva, y en la que, por ello, nacen las fuerzas motoras de una época nueva. En los años en torno a 1680, el espíritu europeo, según acertadas palabras de Paul Hazard, experimenta una crisis, en la que se desenvuelven casi todas las ideas que,

de "criterio de convergencia" del Derecho natural. Y, sin embargo, ¡cuánta superstición no ha sido, una y otra vez, contenido de la "conciencia jurídica universal"!

todavía en 1760 e incluso en 1789, iban a aparecer como algo revolucionario. El fecundo medio siglo que va de 1670 a 1720 trata de establecer los fundamentos para una cultura «basada en las ideas del derecho: en el derecho a la conciencia personal, en el derecho a la crítica, en el derecho de la razón, en los derechos del hombre y del ciudadano»[67]. La idea del Derecho natural se hallaba en el centro de esta nueva época. El desarrollo del Derecho natural, empero, llevaba incontenibemente a una decisión. Cuatro cometidos había por resolver: 1.° Había que fijar el camino del futuro Derecho natural entre sociología naturalista y ciencia del espíritu. 2.° Había que llevar a cabo la polémica contra la escolástica, todavía dominante. 3.° Había que realizar el programa de Grocio; es decir, el desarrollo de un sistema omnicomprensivo de Derecho natural. 4.° Había que poner en claro los fundamentos materiales para un sistema semejante. Ante estos cuatro cometidos se encontraba la teoría del Derecho natural en la segunda mitad del siglo XVII. Eran cometidos que había que solucionar, fuese cual fuere el pensador que lo llevara a cabo. La tarea iba a incumbir a Samuel Pufendorf (1632-1694), una cabeza clara, aunque no un genio, pero abierto a todas las ideas y carente de prejuicios, valiente y luchador, que, con una confianza inquebrantable en el poder de la razón, iba a dar cima a aquellos cometidos, no solo determinando la ruta del Derecho natural para todo un siglo, sino estableciendo también decisivamente el fundamento para las ideas políticas del siglo XVIII, para los derechos de la libertad y del hombre. Esto es lo que ahora vamos a mostrar en detalle.

A través de Tomás Hobbes, había pretendido también la supremacía en el Derecho natural la moderna ciencia natural causal, una potencia desconocida a todo el iusnaturalismo anterior. Durante siglos, desde Platón y Aristóteles, y muy especialmente en la Edad Media, hasta Grocio, la teoría del Derecho natural había sido—si se nos permite utilizar una terminología moderna—una «ciencia del espíritu». La naturaleza había sido insertada en el mundo del espíritu por categorías teleológicas, había sido «espiritualizada» por la idea de un fin inmanente a ella misma. La teoría, sobre todo, de los movimientos naturales había convertido todo el acontecer del mundo en un acontecer dotado de sentido y determinado espiritualmente. En esta forma de consideración había abierto brecha la ciencia natural moderna, no solo por su nuevo método, es decir, por la sustitución de la intuición por el análisis matemático y de la finalidad por la causalidad, sino, sobre todo, también, por la transformación del objeto

[67] PAUL HAZARD: *Die Krise des europäischen Geistes,* Hamburgo, 1947, pág. 24.

mismo. En la nueva ciencia, todo movimiento deja de ser movimiento espiritual, para convertirse en movimiento corporal. El «materialismo» desplaza al espiritualismo. La explicación mecánica de la naturaleza inanimada se extiende a la naturaleza animada, y de las plantas y los animales pasa también al hombre y al mundo social. Descartes había considerado a los animales como complicados autómatas mecánicos, y para Hobbes, todo ente comprende solo «cuerpos»; todo acontecer es solo «movimiento de cuerpos», sometido a la necesidad mecánica de la causalidad, y al lado de las leyes de asociación del acontecer psíquico, sitúa las leyes naturales del acontecer social, a saber: aquellas «que el egoísmo se deja imponer» [68].

Para la teoría del Derecho natural, ello significaba el comienzo de un camino peligroso. Seguido consecuentemente, tenía necesariamente que disolver la ciencia normativa en una ciencia natural causal [69], en una sociología naturalista. En la teoría del Derecho natural de Grocio y de Hobbes se enfrentaban, por eso, a la vez, dos tipos distintos de ciencia social. El uno sometía la naturaleza, con ayuda de la teoría de los «apetitos», a las categorías teleológicas del espíritu, mientras que el otro insertaba el espíritu en el proceso natural causal, mecanizándolo y naturalizándolo.

En esta línea divisoria se encontraba Pufendorf, cuando, basándose en sugestiones de Erhard Weigel, su profesor en Jena [70], construyó una primera teoría de la peculiaridad del mundo espiritual—«moral»—en su diferencia del mundo físico. Esta teoría de las formas del ser moral o *entia moralis* revestía para él tal significación, que a ella dedicó todo el primer libro de su *Derecho natural y de gentes*. En ella, en efecto, se exponen —sobre el árido material del Derecho—, por primera vez y con asombrosa precisión, las estructuras esenciales de los contenidos del mundo de la cultura en contraposición a la existencia natural. En sus manos el Derecho natural se convierte, sin darse cuenta, en un Derecho de la cultura, en el conjunto de aquellas normas que obligan al hombre al

---

68 HOBBES: *Elements of law*, pról.

69 Cuán grave era este peligro lo muestra la teoría del Derecho natural de SPINOZA. Cfr. su *Tratado teológico-político*, cap. XVI.

70 De Leibniz procede el rumor de que la primera obra iusnaturalista de Pufendorf, los *Elementa juris universalis*—escrita en las prisiones danesas—y en la que se contiene la primera versión de los *entia moralia*, había sido plagiada de Erhard Weigel. Basta, empero, leer las dos obras de Weigel sobre el mismo asunto para echar de ver la distancia que separa su pensamiento del de Pufendorf. En los *Nouveaux Essais*, IV, 3, § 19, por eso, Leibniz se expresa mucho más precavidamente. Sobre el problema, cfr. mi estudio *Die Naturrechtslehre Samuel Pufendorfs*, Berlín, 1958.

cultivo de su naturaleza biológica, a la superación del *naturalis incultus*»[71]: *homini cultura sui est necessaria*[72].

Los objetos de la naturaleza física—los *entia physica*—, cuya totalidad constituye el universo natural, no agotan el contenido total del mundo, sino que Dios, que no ha querido que los hombres llevaran como los animales una vida sin cultura ni moralidad—*sine cultura, sine more*—, ha previsto otros modos del ser que deben cultivar la vida humana y prestarle orden y belleza, *insignis decor et ordo*[73]. De aquí se deduce la finalidad última de los *entia moralis,* «la cual no consiste, como en los *entia physica,* en la perfección de este universo, sino especialmente en la perfección de la vida humana, siempre que, con precedencia a la vida de los brutos, es capaz de una determinada dignidad y orden, a fin de que, incluso en el fenómeno más fugaz, y siempre que sea un movimiento del espíritu humano, pueda hallarse una armonía proporcionada»[74].

Presuposición del mundo del espíritu, es decir, del de los *entia moralia,* es la libertad de la voluntad humana. Mientras que todo el acontecer extraño al hombre, y en parte también el acontecer humano, sigue la ley uniforme e inmutable de la causalidad, la acción humana, siempre que tenga su origen en el entendimiento y la voluntad, posee otro modo de determinación, a saber: la determinación por la libertad. Esta libertad es indiferente negativamente respecto a causas físicas, y es, positivamente, vinculación moral a una norma o ley superior. Esta norma presta a la voluntad una forma de conocimiento—*quaisa sensus*—, según la cual puede juzgar de la bondad o maldad moral de una acción. Por razón de la coincidencia o de la contradicción con la norma, la acción libre recibe, junto a sus componentes «físicos»—entre los cuales cuentan también los psíquicos—, una nueva condición «moral», en virtud de la cual la acción es diferente en el aspecto ético, *in genere morum.* En esta diferencia ética de los *entia moralia* consiste su diferencia esencial de los *entia physica.* Todos los elementos físicos de una acción, junto con sus elementos psíquicos son—abstracción hecha de los *entia moralia*—completamente

---

71 *Elementa juris universalis,* 2, I, 8 (título).

72 *Ibídem,* 3, IV, 1. Pufendorf pone en guardia expresamente contra la multivocidad de los conceptos *natural* y *naturalis.*

73 *De jure naturae et gentium,* I, cap. I, 2 y 3.

74 *Ibídem,* I, cap. I, 3: "Hinc etiam finis eorundem patescit, qui non est, uti entium physicorum, perfectio huius universi, sed peculiariter perfectio vitae humanae, quatenus prae brutorum vita decori cuiusdam ordinis capax erat, utque in re maxima vaga, qualis est motus animi humani, concinna alique harmonia inveniretur."

indiferentes axiológicamente; es decir, ni buenos ni malos [75]. Así es posible que los elementos físicos de varias acciones, extremadamente distintas desde el punto de vista ético, sean en sí iguales; como, por ejemplo, el acto de matar del asesino, del verdugo, del soldado o de alguien que obra en legítima defensa [76]. Diferencia axiológica reciben solo por los *entia moralia,* justamente porque estos son los modos de ser morales; es decir, dotados de sentido de una acción.

En conexión con esta diferencia esencial entre los *entia physica* y los *entia moralia* se da otra, a saber: la uniformidad del mundo físico frente a la multiformidad del moral. Esta diferencia se pone ya de manifiesto en las dos formas de determinación. El acontecer físico está sometido a un curso uniforme—*uniformis agendi modus*—, mientras que la acción libre puede moverse en las más varias direcciones [77]. A ello hay que añadir la mayor diversidad y multiplicidad de las facultades espirituales del hombre frente a las del animal. Las especies animales tienen todas casi los mismos instintos e inclinaciones, y quien conoce un ejemplar, conoce todos, mientras que a los hombres hay que aplicarles la frase de que, tantas cabezas, tantos modos de ser y tantos fines. Esta multiplicidad espiritual conduce precisamente al rango especial y al progreso del género humano, pero provocaría la mayor confusión, si no se la encuadra, por medio de leyes, en un orden adecuado. Dirigida por leyes, produce, en cambio, aquel magnífico orden y belleza que nunca podrá surgir de la uniformidad [78].

Las diferencias entre el mundo físico y el mundo moral quedan así, pues, caracterizadas por tres pares de conceptos: causalidad-libertad, indiferencia axiológica-valoración ética, uniformidad-multiformidad. Con ello, en efecto, quedan elaboradas, con asombrosa seguridad y claridad, las diferencias fundamentales entre el mundo espiritual y el mundo físico. Para la teoría del Derecho natural, especialmente, queda así asegurado, frente a la ciencia natural, un campo propio de investigación, con objetos propios y leyes propias [79]. De esta manera quedaba también con-

---

[75] *De jure naturae et gentium,* I, cap. III, 6; *Eris scandica,* págs. 34, 76 y sgs., 218 y sgs., etc. También la palabra "valor" es usada en esta conexión *(Eris scandica,* pág. 274).

[76] *Eris scandica,* pág. 77.

[77] *De jure naturae et gentium,* I, cap. VI, 8: "In diversa flexibilis."

[78] *Ibídem,* II, cap. I, 7.

[79] Aquí pertenecen, sobre todo, los principios para la imputación de la acción libre, en oposición a la inimputabilidad del acontecer causal; sus presuposiciones son elaboradas por Pufendorf siguiendo a Aristóteles—sobre todo en *De jure naturae,* I, cap. V—, estableciendo así el fundamento para las teorías jurídicas de la imputación de los siglos siguientes. Sobre ello, cfr. mi *Pufendorf,* págs. 84 y sgs.

jurado el peligro de la naturalización del Derecho natural bajo la presión de la moderna ciencia natural, tal como había aparecido en el horizonte, por primera vez, con el sistema de Hobbes.

La doctrina de los *entia moralia* apareció a los contemporáneos escolásticos de Pufendorf como una de sus más peligrosas innovaciones, con lo cual testimoniaban ya involuntariamente la originalidad de aquella. La doctrina fue objeto, por sus adversarios, de los más toscos equívocos. Como Pufendorf había designado como indiferentes axiológicamente los elementos físicos de una acción, se le reprochó «indiferentismo», porque, se decía, Pufendorf negaba en absoluto un valor objetivo, haciendo depender toda diferencia axiológica de la determinación arbitraria por parte de una voluntad superior. La polémica de Pufendorf con la escolástica en este punto se convirtió en parte del segundo cometido que había de llevar a cabo, a saber: imponer la teoría profana del Derecho natural frente a la escolástica, a la sazón todavía dominante, incluso en las universidades protestantes. En una lucha que dura casi veinte años, y que, en ocasiones, iba a poner en grave peligro su posición y su libertad, Pufendorf quebrantó el poder de la escolástica protestante e hizo triunfar los principios del nuevo Derecho natural profano. La generación que le sigue iba a reconocer con agradecimiento este hecho. «Si en la misma época en que Pufendorf comenzó a escribir—dice Christian Thomasius—hubiera yo publicado mis *Instituciones,* es seguro que se me hubiera tratado como al peor hereje: tan sumergido se hallaba entonces el mundo de la ciencia en los prejuicios de la antigua doctrina» [80].

Pufendorf tenía que luchar principalmente en dos frentes: contra la teología de la revelación y contra los partidarios de la escolástica española en las universidades protestantes. Cuando Pufendorf trató efectivamente de situar en el centro de su doctrina la proposición de Grocio de que el Derecho natural es común a todos los hombres y no tolera ninguna diferencia de religión [81], le salió al paso la ortodoxia luterana. El teólogo de Leipzig Valentín Alberti pretendía desarrollar un Derecho natural específicamente cristiano desde la doctrina ortodoxa del estado de inocencia. En este estado, los hombres habían sido todavía la imagen de Dios, y entre los restos de él se contaba el Derecho natural. De esta doctrina estaban excluidos los paganos, ya que del estado de inocencia se tiene conocimiento, no por la razón, sino por la tradición y la revelación. Este conocimiento, basado en la tradición y la revelación, podía ser uti-

[80] En su *Catálogo de lecciones,* reproducido en sus *Institutiones jurisprudentiae divinae,* Halle, 1730.

[81] Grocio: *De jure belli ac pacis,* II, cap. XV, 8.

lizado por los filósofos cristianos como punto de partida desde el que era posible desarrollar racionalmente una ciencia. De esta suerte se llegaba, no solo a un Derecho natural específicamente cristiano, sino también a una lógica, física, matemática, etc., específicamente cristianas [82].

Con suprema ironía, refuta Pufendorf esta teoría: ni la lógica, ni la matemática, ni la física pueden enriquecerse por ninguna proposición revelada. «Arquímedes no era un mal matemático, a pesar de no ser cristiano.» Si comerciamos, guerreamos y hacemos las paces con turcos y paganos, tenemos que tener un Derecho que valga para todos los hombres, y no solo para los cristianos, o que solo pueda ser entendido por estos. La doctrina del estado de inocencia y de la semejanza del hombre con Dios no nos dice nada concreto sobre las relaciones sociales de los hombres entre sí, y lo que Alberti sabe de Derecho natural—continuaba diciendo Pufendorf—se lo debe, no a la doctrina ortodoxa del estado de inocencia, sino a Grocio [83]. Por eso es su intención tratar el Derecho general según un método general, a fin de que, abstrayéndose de toda religión, sea comprensible a todos. Los cristianos no son menos seres racionales que los turcos y paganos, y se distinguen de estos, no por el Derecho natural, sino por la religión revelada [84].

Una oposición mucho más peligrosa y enérgica se levantó contra Pufendorf en el campo de la escolástica protestante. Cuán intensa y firmemente dominaba la escolástica católica en las universidades protestantes del siglo XVII—con el argumento, por lo demás, de que había que conocerla para poder discutir con los papistas—lo muestra un discurso del profesor de Jena Valentín Veltheim contra Pufendorf: *De laudibus scholasticorum,* en el cual, tras citar las palabras despectivas de este contra la escolástica, exclama: «Respetados maestros de teología: Os pido, os imploro, os pongo por testigos, os suplico en nombre de Dios: decidme si el príncipe de los moralistas, Tomás de Aquino; si el papa de los metafísicos, Suárez; si Molina, Vázquez, Valencia, la escuela de Coimbra; si Sánchez, si nuestro Stahl, si todos estos escritores dignos de gloria eterna, no nos han suministrado más que baratijas» [85].

Las doctrinas de estos escritores han sido ya expuestas en estas páginas: el bien y el mal son ideas eternas, esencialidades eternas fundadas en la naturaleza de las cosas, que la misma voluntad de Dios no puede cambiar, y que por eso tendrían validez aun en el caso de que Dios no exis-

---

82 VALENTÍN ALBERTI: *Compendium juris naturae,* I, §§ 14-19.
83 *Eris scandica,* pág. 288.
84 *Ibídem,* pág. 367.
85 *Ibídem,* pág. 174.

tiera; una frase, esta última, que se hacía llegar hasta Santo Tomás. El fin de esta eliminación hipotética de Dios era expresado claramente por el profesor de Estrasburgo Zentgraf: «A fin de poder combatir tanto más seguramente el indiferentismo desde principios últimos» [86]. Es decir, que la estabilidad del orden moral debía comprarse, si era necesario, con la existencia de Dios.

Precisamente esto contradecía de la manera más profunda las convicciones religiosas de Pufendorf. Pufendorf era un luterano mucho más fiel que sus adversarios, los teólogos del campo de la escolástica protestante. Con toda intención había limitado la vigencia del Derecho natural a la vida terrenal, porque, «por la virtud que puede surgir solo de nuestras fuerzas, no podemos conquistar la salvación eterna» [87]. No por las obras, aunque estas sean las más nobles, no por la honestidad de su vida «merece» el hombre algo de Dios, sino que lo que Dios da, lo da solo como gracia y sin merecimiento alguno. Presuposición para ello es la fe en Jesucristo, por la cual el hombre pone en El exclusivamente la confianza en su salvación, buscando también por sus méritos perdón de los pecados, justicia ante Dios y vida eterna. Tampoco esta fe es obra o merecimiento, sino que posibilita tan solo que el hombre pueda recibir los dones divinos [88]. La santificación de la vida no es condición preliminar para la alianza con Cristo, sino fruto y consecuencia necesaria de la justificación y de la resurrección. La alianza con Dios no es una compra u otro contrato bilateral cualquiera, sino que es comparable, más bien, con una relación de vasallaje, en la que una de las partes da como gracia algo a la otra, mientras que lo que la otra da en cambio no es un pago, sino testimonio de un corazón agradecido y sumiso [89]. Toda moral, por eso, bien sea Derecho natural o teología moral, está limitada a este mundo, ya que no puede conquistar la salvación en la otra vida. Solo la fe, sin ninguna obra ni merecimiento, puede abrirnos el acceso a la salvación eterna. «Y así, toda la religión cristiana está fundamentada en el dogma de las tres personas en un ser divino. Si este desaparece, aquella se viene también abajo, y no queda más que una meticulosa filosofía moral. Pues si en Dios no hubiera más que una persona, no habría Redentor, no habría redención, ni fe, ni justificación» [90].

---

[86] ZENTGRAF: *De origine, veritate et immutabili rectitudine Juris Naturalis*, pról.: "Ut solidius ex ultimis oppugnatur Indifferentismus principiis." Cfr. también *Eris scandica*, pág. 266.
[87] *Eris scandica*, pág. 111.
[88] *Jus feciale*, § 51.
[89] *Ibídem*, § 45.
[90] *Ibídem*, § 52.

La esencia interna de la religión queda así claramente diferenciada de la mera ética. La ética se limita a la conformación de la vida terrena, y se divide en la teoría del Derecho natural, cuyo objeto es, en gran parte, las acciones externas de los hombres entre sí[91], y en la religión natural, cuyo objeto es la relación del hombre con Dios como creador, señor y legislador del mundo, y, por tanto, también, el comportamiento interno del hombre respecto a las leyes naturales[92].

En estas ideas Pufendorf mantiene mucho más enérgicamente la doctrina luterana que sus adversarios, los teólogos luteranos de su época, y también que Leibniz. Como prueba de que era posible no tener en nada la escolástica y ser, sin embargo, un buen luterano, apela directamente a las palabras de Lutero[93].

Ahora bien: su divergencia respecto a las teorías iusnaturalistas de la escolástica protestante no es simplemente una divergencia dogmática, sino también científica. La tesis del bien y el mal, como entidades existentes en sí, llevaba a la doctrina de que determinadas acciones eran también «en sí» buenas o malas, una doctrina que ya se encontraba en Santo Tomás[94]. El robo, el adulterio, el incesto, etc., eran, según esta doctrina, malos «en sí y por su naturaleza», *per se et sua natura.* Con ello se creía haber expresado una verdad directamente evidente, análoga a la de los axiomas matemáticos. Contra esta doctrina de la *perseitas* se alza Pufendorf: la proposición de que el robo, etc., es en sí y por su naturaleza malo, contiene una pura afirmación, que se presenta como evidencia racional, y que trata así de ahorrarse el trabajo de la prueba. La labor principal comienza justamente cuando se trata de averiguar por qué esta ac-

---

91 *De officio hominis et civis,* pref., 7. En su crítica a Pufendorf, en las *Monita,* LEIBNIZ suprime la expresión "en gran parte" *(magnam partem).* Su objeción al pensamiento de Pufendorf carece, por eso, de base, lo que ya hizo notar Barbeyrac.

92 En mi *Pufendorf,* pág. 55, había ya hecho resaltar que Pufendorf había logrado formular con sorprendente claridad la distinción entre legalidad y moralidad. En contra de ello, LARENZ: "Sittlichkeit und Recht", en *Reich und Recht in der deutschen Philosophie,* pág. 198, cree poder objetar que lo que a Pufendorf le interesa no es la distinción entre moral y Derecho, sino entre ética natural—llamada por Pufendorf "Derecho natural", y en la que comprende también la religión natural—y la etica específica cristiano-teológica. Larenz, empero, es refutado por la misma interpretación auténtica de PUFENDORF *(Eris scandica,* pág. 239), según la cual la religión natural no pertenece al Derecho natural, habiéndola solo sacado, por razones pedagógicas, de la *theologia naturalis,* insertándola en el compendio para la juventud; razón por la cual falta también en su obra principal. Cfr. también, más adelante, pág. 171.

93 *Eris scandica,* pág. 345.

94 *Summa Theologica,* I, qu. 63, 1 ad 4. Cfr., anteriormente, pág. 75.

ción es buena y aquella mala. Quien apela, en cambio, al «en sí», cree no tener que aportar ninguna prueba más, sino que decreta simplemente que hay que contentarse con ello [95].

Pufendorf se hizo, en efecto, más difícil el camino, al examinar la necesidad ética de la monogamia o de la prohibición del incesto. Una tempestad de indignación descargó contra él [96], al exponer, como resultado de este examen, que ambas son, sin duda, la mejor regulación de las relaciones sexuales, pero que—con lo que continuaba la argumentación de Grocio [97]—, dentro del Derecho natural, es imposible probar que solo las dos son defendibles [98].

No hay bueno y malo en sí, dice Pufendorf, sino solo en relación con un sujeto, cuyas acciones pueden ser buenas o malas, y este sujeto es el hombre. Bueno y malo son consecuencias de la condición de la naturaleza humana. Esto se lo concedían sus adversarios escolásticos, pero añadiendo que esta naturaleza es una idea eterna, y que, por eso, las consecuencias que de ella se extraen para los conceptos de bueno y malo son también verdades eternas. «La naturaleza del hombre es eterna, no como si el hombre hubiera existido simultáneamente con Dios desde la eternidad, pero sí en el sentido de que la unión del hombre con una naturaleza como la de un ser racional y social es invariable» [99].

Esto es precisamente lo que niega Pufendorf: la naturaleza del hombre no es una idea racional, sino una creación contingente de la voluntad divina. Y porque Dios ha creado un ser así, con naturaleza racional y social, es justo el comportamiento adecuado a tal ser. Esta conexión de «racional» y «social» no contiene, empero, ninguna necesidad lógica, sino que es obra de la voluntad divina. Pensar, desde luego, cómo hubiera sido un ser no dotado de esta conexión es algo ocioso, ya que ahora sabemos qué ser ha creado Dios [100]. No hay ninguna idea racional del hombre antes de su creación por Dios; en este sentido, la existencia del hombre precede a su esencia, y esta expresa simplemente una parte de aquello que existe [101].

---

95 *Eris scandica*, pág. 251.

96 *De jure naturae et gentium*, IV, cap. I, 16-19 y 34.

97 *De jure belli ac pacis*, II, cap. V, 9 y 12.

98 El superintendente de Gardelegen, Friedr. Gesenius, sobre todo, dirigió un escrito polémico contra Pufendorf, bajo el seudónimo de *Christianus Vigil*. Cfr. *Eris scandica*, pág. 70.

99 VALENTIN VELTHEIM. Cfr. PUFENDORF: *Eris scandica*, pág. 232.

100 *Eris scandica*, págs. 82, 232, 268, 324 y sgs.

101 *Ibídem*, pág. 324: "Cum igitur existentia revera prior sit essentia et haec non nisi partem exprimat eius, quod existit." Cfr. también págs. 82, 232, 269, 324, etcétera.

La existencia, empero, de un Derecho natural racional depende de la aceptación de una idea racional del hombre. Si esta desaparece, queda también quebrantada la base de un Derecho natural racional. Al negar Pufendorf un concepto racional de la esencia del hombre, sustrae—y se sustrae a sí mismo—el fundamento sobre el que pudiera apoyarse un Derecho natural racional en sentido propio. No hubiera necesitado sino añadir a ello la idea de la naturaleza histórica del hombre—lo que, desde luego, era una imposibilidad en su época—para haber superado la noción de un Derecho «natural». Así, empero, cree Pufendorf, por lo menos, poder adquirir un concepto empírico general, que puede servir de fundamento para un Derecho natural general. Pufendorf subraya expresamente que el principio supremo de su Derecho natural no es un axioma directamente evidente, sino obtenido de la observación, brindado por la naturaleza de las cosas y del hombre, y que ningún hombre con sentido común puede poner en duda. Este principio es comparado por él con las hipótesis de la ciencia natural, como la hipótesis copernicana, cuyo cometido es explicar los fenómenos, pero que en sí mismas no son meras ficciones, sino que descansan en observaciones y pruebas seguras [102].

Este principio supremo del Derecho natural lo obtiene Pufendorf de la observación de la naturaleza humana, cuya cualidad más sobresaliente es la *imbecilitas:* es decir, el desamparo del hombre entregado a sí mismo. Uno de los caminos metódicos por los que deduce la *imbecilitas* es la ficción de un hombre abandonado en un país desierto [103]. De la *imbecilitas* sigue, como principio regulativo supremo del Derecho natural, la *socialitas,* es decir, la necesidad para el hombre de vivir en sociedad con otros hombres. Esta *socialitas* no es ya, como en Grocio, un instinto natural teleológico, sino un principio regulativo para la vida. Por su contenido, coincide ampliamente con el concepto de la *humanitas;* es decir, es el sector *jurídico* del principio de la humanidad. «Aun cuando no se espere de otro hombre nada bueno ni malo, la naturaleza quiere que se le trate como afín y semejante nuestro. Esta razón basta ya sola, aunque no hubiera otra, para que el género humano forme una comunidad pacífica» [104].

Esta *socialitas* es, sin embargo, solo el fundamento material del Derecho natural, no el Derecho natural mismo, es decir, que no tiene por sí

---

[102] *Eris scandica,* págs. 187, 356.

[103] Se trata de la primera versión iusnaturalista del Robinsón. También esto fue radicalmente mal entendido por los teólogos, que creían que Pufendorf dudaba del relato bíblico de la Creación y quería poner su propia ficción en lugar de Adán y Eva.

[104] *De jure naturae et gentium,* II, cap. III, 16.

solo ni carácter jurídico ni fuerza de obligar. Esta última la alcanza solo por la sanción divina, al prescribir Dios al hombre la observancia de la *socialitas* [105]. Contra esta idea dirigieron sus más violentos ataques los escolásticos protestantes. Haciendo caso omiso de que Pufendorf había significado en la *socialitas* y en la naturaleza del hombre un fundamento objetivo de la voluntad divina, le argumentaban que trataba de basar el Derecho natural en la pura arbitrariedad divina, modificable en todo momento. Y, sin embargo, Pufendorf no había hecho aquí otra cosa, en realidad, que Suárez, el cual había considerado igualmente el principio iusnaturalista de Vázquez de la congruencia con la naturaleza racional tan solo como mero fundamento del Derecho natural, haciendo depender la fuerza de obligar de un acto de la voluntad divina, de la *lex praecipiens;* solo que en Suárez la naturaleza del hombre es una verdad eterna, mientras que en Pufendorf, en cambio, es una creación contingente de Dios. Aquí radica la diferencia frente a los últimos escolásticos.

Aun cuando hay que ver mentalmente tras de él siempre la idea de la Humanidad, el principio de sociabilidad de Pufendorf es, sin embargo, bastante formal en sí. No obstante, para su tiempo significó una liberación de las estériles tautologías escolásticas y del dogmatismo de las acciones buenas o malas «en sí», y como tal liberación fue saludado entusiásticamente por la siguiente generación. El método de Pufendorf se impuso con gran rapidez, precisamente porque hacía posible acercarse a las cosas mismas y examinar, por ejemplo, el pro y el contra de la monogamia o el fundamento material de la prohibición del incesto, sin prejuicios y sin el tabú de supuestas entidades *a priori*. La lucha de Pufendorf con la escolástica protestante no es, por eso, una de tantas disputas entre hombres de ciencia, sino la polémica violenta del nuevo pensamiento con la tradición escolástica, una polémica que tiene lugar por doquiera en Europa a finales del siglo XVII, y que había de conducir a la eliminación de las formas tardías de aquella tradición.

Sobre este fundamento, llevó a cabo verdaderamente Pufendorf el programa de Grocio de elaborar en todos sus extremos un sistema de Derecho natural. Su extraordinaria voluntad sistemática abarcó en ocho libros los principios generales del Derecho civil, penal, político e internacional, deduciéndolos del principio dominante de la sociabilidad, y partiendo del hombre singular, de sus propiedades y cualidades, sus derechos y obligaciones, pasando por las comunidades más restringidas de la familia, el matrimonio, la sociedad heril, hasta llegar al Estado y la comu-

---

[105] *De jure naturae et gentium*, II, cap. III, 20.

nidad de los pueblos. Esta sistemática de estructura objetiva iba a servir de modelo a las teorías posteriores del Derecho natural y a los códigos surgidos de ellas, como el Derecho general prusiano, y su influencia se echa de ver todavía hoy en la intensa tendencia sistemática de la ciencia del Derecho alemana.

Todavía más importantes históricamente son, empero, los principios materiales sustentadores del Derecho natural de Pufendorf, los cuales, solo de manera muy imperfecta, encuentran expresión en el concepto de la *socialitas*. Son estos la idea de la libertad y la idea de la igualdad de todos los hombres. Ya la filosofía de la cultura, expuesta en el primer libro de su obra capital, está edificada completamente sobre el principio de la libertad, en contraposición a la causalidad natural. Este concepto antropológico de la libertad es fundamental para el concepto ético-social y jurídico de la libertad, que Pufendorf desarrolla en los libros siguientes. Su Derecho natural en sentido propio lo comienza en el libro segundo, con la definición del hombre como un ser moralmente libre. Dios está sobre la ley, porque El mismo es ley. La libertad limitada de los animales se encuentra fuera de la ley y es dirigida por los instintos naturales. La dignidad de la naturaleza humana exige, en cambio, una libertad vinculada éticamente, sin la cual no serían posibles orden, valor y belleza en la vida humana. Precisamente en ello descansa la máxima valoración, *dignatio,* del hombre: en que posee un alma inmortal, dotada con la luz del entendimiento, la capacidad de distinguir y de elegir, y experimentada en numerosas artes [106]. Ya en el mero nombre de hombre hay una dignidad [107]. Y como esta corresponde en igual medida a todos los hombres, todo hombre es también igual a los otros por naturaleza. Esta igualdad «natural» no es una igualdad en las fuerzas, como pensaba Hobbes, sino una igualdad en el Derecho, cuyo fundamento se halla en que el deber de sociabilidad une igualmente a todos los hombres, ya que está dado con la naturaleza humana como tal [108]. Por esta razón rechaza Pufendorf enérgicamente la doctrina aristotélica de los esclavos por naturaleza, que todavía había sido tenida en cuenta por el mismo Grocio [109]. Relaciones de dominación solo pueden fundamentarse sobre la base del asentimiento libre [110]. La idea contractual asume el aseguramiento de los derechos

---

106 *De jure naturae et gentium,* II, cap. I, 5, así como I, cap. III, 1.

107 *Ibídem,* II, cap. III, 1: "In ipso quippe hominis vocabulo iudicatur inesse aliqua dignatio."

108 *Ibídem,* III, cap. II, 1 y 2.

109 *De jure belli ac pacis,* I, cap. III, 8, n. 4.

110 *De jure naturae et gentium,* III, cap. II, 8.

de libertad. Tampoco la desigualdad, creada por las relaciones de dominación estatales, aminora el deber nacido de la igualdad natural, de manifestarse sociable frente a todos [111].

De la libertad ética, que constituye la dignidad del hombre, se deriva la igualdad de Derecho natural, y de este, la libertad de Derecho natural. Todas las vinculaciones propias de la comunidad, con sus relaciones de dominación y subordinación, se justifican tan solo sobre la base del convenio entre personas libres e iguales. La idea de la dignidad humana, fundada en la libertad ética, se halla en el centro del sistema de Derecho natural de Pufendorf. Esta idea llena la noción de sociabilidad con contenido propio, determina el juicio de todas las relaciones jurídicas en el sistema de Pufendorf, y por la fuerza ética de su exposición, encendió y robusteció los corazones de los contemporáneos y de las generaciones sucesivas en la lucha por los derechos del hombre. Todavía Grocio no habla de la *dignitas humana* más que en relación con el cuerpo inanimado del hombre y al referirse al derecho a la sepultura [112]. Pufendorf es el primero que, antes de Kant, expresará con palabras tan impresionantes la idea de la dignidad del hombre como ser éticamente libre, haciendo de ella el soporte de todo su sistema de Derecho natural y deduciendo también de ella la noción de los derechos del hombre y de la libertad, que determinará el curso del siglo siguiente [113].

Así, Pufendorf ayudó históricamente a preparar la declaración de derechos norteamericana, y es digno de notar que su teoría del Derecho natural llegará al continente americano antes que la de Locke. Pufendorf encontró un partidario entusiasta y un divulgador de su doctrina en el párroco de Ipswich, John Wise (1652-1725) [114], una extraordinaria personalidad de la época colonial de Massachusetts, el «primer gran demócrata

---

[111] *De jure naturae et gentium,* III, cap. II, 9.

[112] *De jure belli ac pacis,* II, cap. XIX, 2 (n. 5 y 6).

[113] La *dignitas humana* no es, naturalmente, una invención de Pufendorf, pero sí aparece en él, por primera vez, como un concepto iusnaturalista central. En este punto es muy instructiva una comparación con Santo Tomás. También Santo Tomás habla ocasionalmente de la *dignitas humana (Summa Theologica,* II, 2, qu. 64, 2), de acuerdo con la cual el hombre es libre por naturaleza *(naturaliter liber);* ello, empero, no le impide hacer suya la teoría aristotélica de los esclavos por naturaleza. Según Santo Tomás, la *dignitas humana* no la posee el hombre como ser éticamente libre, sino sólo el hombre virtuoso, no el pecador, el cual, al contrario, puede ser muerto como un animal *(velut bestia).* El derecho a matar, eso sí, corresponde solo al Estado.

[114] Sobre él, M. C. TYLER: *A History of American Literature,* 1878, II, 104 y siguientes; JOHN L. SIBLEY: *Biographical Sketches of the Graduates of Harvard University,* 1881, II, págs. 428 y sgs.; VERNON L. PARRINGTON: *Main Currents in American Thought,* 1927, I, págs. 118 y sgs.

americano y padre de la democracia americana», como le han llamado sus compatriotas. En la lucha de los congregacionalistas con los presbiterinos [115], Wise buscó apoyo en la doctrina de Pufendorf, y desarrolló, siguiéndole de cerca, y, en parte, tomando literalmente partes enteras del *De iure naturae et gentium,* las ideas de la sociabilidad de la dignidad humana y de la democracia» [116].

La teoría de la libertad de Wise descansa totalmente en la idea de la dignidad humana en el sentido de Pufendorf. La profunda impresión que Pufendorf causó en Wise precisamente con esta idea, puede echarse de ver por el hecho de que este remite aquí directamente a Pufendorf: «La palabra hombre, dice mi autor, tiene una cierta dignidad en su sonido.» Wise desarrolla así su teoría de la libertad, siguiendo de cerca a Pufendorf: la facultad de la libertad moral eleva al hombre del reino animal y le presta su dignidad humana. A la libertad interna responde la externa como persona, de acuerdo con la cual todo hombre se halla, por naturaleza, exclusivamente bajo su propio poder y dirección, y posee la prerrogativa de juzgar por sí mismo qué es lo mejor para sus intereses, su felicidad y su bienestar. Y como la naturaleza humana corresponde a todos por igual, y solo puede llevarse una vida social con los otros, si se los respeta como hombres, de aquí que sea una ley natural respetar a todo hombre como igual por naturaleza. Las relaciones de dominación solo pueden ser creadas por acuerdo contractual: no hay esclavos por naturaleza. El fin último del Estado es el cuidado de la Humanidad, y el fomento de la felicidad de todos y cada uno en todos sus derechos, su vida, su libertad, su honor, etc., sin que nadie padezca injusticia o denigración.

Aun cuando estas ideas están tomadas en gran parte de Pufendorf, tenían que resonar mucho más revolucionariamente en el suelo sin tradición de América que en Europa, donde un tratadista de Derecho natural no podía nunca perder del todo la conexión con la realidad histó-

---

[115] La lucha de los congregacionalistas en pro de la democracia eclesiástica y contra el puritanismo teocrático de los presbiterianos fue el preliminar de la lucha por la democracia política en el siglo XVIII, y fue llevada a cabo también con los medios del pensamiento iusnaturalista. Cfr. PARRINGTON, *ob. cit.*, pág. 124.

[116] "I shall principally take Baron Pufendorf for my chief guide and spokesman", escribe JOHN WISSE al comienzo del capítulo que dedica al Derecho natural en su obra más importante, *A Vindication of the Government of New-England Churches* (Boston, 1717, reimpr. 1772 y 1860). A excepción del British Museum, ninguna biblioteca pública en Europa posee, al parecer, este libro. Las partes que en él tratan del Derecho natural han sido publicadas por mí—con los pasajes paralelos de Pufendorf—en el volumen homenaje a Rudolf Smend *Rechtsprobleme un Staat und Kirche,* Gotinga, 1952, págs. 387 y sgs.

rica. Esto se muestra de la manera más clara en las frases de Wise sobre la democracia, las cuales, al principio, apenas pudiera creerse que proceden literalmente de Pufendorf [117].

El libro de Wise, escrito en estilo brillante, con tanto humor como apasionada gravedad [118], fue editado de nuevo en 1772, el año de la revolución, y encontró amplia difusión entre los representantes del movimiento de la independencia [119]. Pero las ideas de Pufendorf constituyeron un fermento esencial del movimiento de independencia americano, no solo por mediación de Wise, sino también por estudio directo por parte de los revolucionarios americanos. Las tres cabezas espirituales de Massachusetts, James Otis [120], Samuel Adams y John Adams, conocían bien a Pufendorf y apelaban a él para apoyar sus propias tesis políticas. En total, empero, la doctrina de Locke ejerció, en este tiempo, una influencia mayor que la de Pufendorf. La doctrina de Locke, de que el más importante derecho natural a la libertad es la propiedad [121], y de que el fin del Estado es la protección de la propiedad, servía, en efecto, mejor que la de Pufendorf para apoyar el motivo externo e inmediato de la lucha con Inglaterra, a saber: la lucha por el derecho a los impuestos [122]. La justificación más profunda de los derechos de libertad, basándose en las ideas de la libertad ética y de la dignidad humana, hay que buscarla, empero, en Wise y, a través de él, en Pufendorf. En América esto no

---

117 Del *De jure naturae et gentium,* VII, cap. V, 4. Pufendorf tiene a la pura democracia por la más antigua forma política, porque es también la más próxima a la libertad e igualdad naturales. No obstante, no hace suya la consecuencia inmediata de que es también la mejor forma política *(ob. cit.,* VII, cap. V, 4). Al contrario, su ideal es la forma de gobierno limitada constitucionalmente, monarquía o aristocracia *(ob. cit.,* VII, cap. VI, 9 y 10), siendo el principal de sus reparos a la democracia el hecho de que esta es, por naturaleza, ilimitada y de que en ella el individuo puede verse en todo momento privado de sus derechos fundamentales por una simple decisión mayoritaria *(ob. cit.,* VII, cap. VI, 8). ¡Una profunda y trascendente intuición de la tensión interna entre liberalismo y democracia!

118 Es el juicio de Tylor, *ob. cit.,* pág. 114.

119 Más de 1.100 ejemplares se llegó a vender. Entre los compradores figuraba también Th. Paine.

120 Sobre él escribe John Adams: "Este escritor clásico fue también un gran maestro del Derecho natural y de gentes, habiendo leído a Pufendorf, Grocio, Barbeyrac, Bourlamaqui, Vattel, Heinecio." Cfr. SCHERZER: *The Evolution of Modern Liberty,* 1902, pág. 179.

121 Hay que tener en cuenta que Locke entendía por propiedad no solo los bienes materiales, sino también el cuerpo y la vida.

122 Por eso se citaban gustosamente las palabras de LOCKE: *An Essay concerning the true Original, Extent and End of civil Government,* XI, 138. Cfr. PARRINGTON, *ob. cit.,* pág. 288.

se ha olvidado totalmente nunca[123]; tanto más lamentable es que, en la patria de Pufendorf, también este mérito suyo haya caído en el olvido[124, 125].

5. Gottfried Wilhelm Leibniz

Leibniz prosigue, en cierto sentido, la línea «idealista» del Derecho natural propia de Grocio. Ahora bien: si el contenido filosófico de la doctrina iusnaturalista de Grocio deja en el ánimo una impresión contradictoria, una vez más—la última hasta hoy—desarrollará Leibniz (1646-1716) una teoría idealista del Derecho natural de pureza y consecuencia casi perfectas. Y, sin embargo, Leibniz comenzó con una teoría del Dere-

---

[123] Cfr. Scherzer, *loc. cit.* Según Sieber *(Samuel Pufendorf,* 1938), el presidente Coolidge había dicho en 1926, con ocasión del CL aniversario: "Los escritos políticos de Samuel Pufendorf, escritor nacido en Sajonia, señalaron el camino de la libertad del pueblo americano."

[124] Que G. Jellinek *(Die Erklärung der Menschen- und Bürgerrechte),* dada su poca apreciación de la aportación iusnaturalista, solo cite esporádicamente a Wise y Pufendorf, no es cosa que pueda causar gran extrañeza. Imperdonable es, en cambio, que en el inteligente libro de Salander *(Vom Werden der Menschenrechte,* 1926) no se mencione para nada a Pufendorf, sobre todo después que Scherzer había llamado ya suficientemente la atención sobre Wise y el jurista alemán.

[125] Aquí hay que mencionar también la contraposición, hoy corriente, entre el Derecho natural profano moderno y el Derecho natural medieval, y la desvalorización del primero a favor del segundo, después que, al contrario, y durante largo tiempo, se había desconocido la significación del iusnaturalismo medieval. Mientras se trata de una actitud tomista contra el voluntarismo—como en el caso de Sauter y de Rommen—, tenemos que habérnoslas con un partidismo que no hace justicia a un distinto concepto de Dios, cuyos orígenes pueden seguirse hasta el pensamiento medieval (así en Duns Escoto). Si uno acierta, empero, a liberarse de estas actitudes de partido, inmediatamente se echa de ver que en el iusnaturalismo de la Edad Moderna se prosigue la misma polémica religiosa que da su sello a la alta Edad Media y a los últimos siglos medievales.

Es errónea por eso la opinión, hoy muy extendida, de que la idea de la humanidad propia del Derecho natural moderno, así como la noción de los derechos y de las libertades del hombre, constituyen solo una secularización de la idea cristiana del hombre. Si lo que con ello se pretende es contraponer los iusnaturalistas "profanos" a los iusnaturalistas "cristianos", se trata de una tesis absolutamente falsa: la idea de la libertad ética había experimentado justamente en el ámbito "cristiano", por la justificación de la persecución y castigo de los herejes, una grave limitación, y la práctica de la persecución y de las guerras religiosas había hecho realidad dolorosamente para infinidad de personas la negación de la autonomía religiosa y ética del individuo. La idea de la dignidad humana tuvo precisamente que imponerse *contra* esta teoría y esta práctica llevadas a cabo en nombre de la idea cristiana. Los portavoces "racionalistas" de la Humanidad hicieron más por el reconocimiento de la tolerancia y de la dignidad humana que sus adversarios teológicos ortodoxos. Aquellos, y no estos, consiguieron el reconocimiento de la dignidad humana como un elemento constitutivo intangible de la idea cris-

cho natural completamente distinta, de carácter totalmente nominalista, de acuerdo con la actitud mantenida en sus primeras publicaciones, desde el tratado *De principio individui* (1663) hasta el prólogo a Nizolius (1669), escritos ambos en los que defiende el nominalismo. «La escuela nominalista es, dentro de la escolástica, la más profunda y la más adecuada para renovar la filosofía actual» [126]. En este sentido hace resaltar especialmente las figuras de Duns Escoto, Guillermo de Ockham, Gregorio de Rimini y Gabriel Biel, y subraya elogiosamente la inclinación que Lutero sintió por el nominalismo en su juventud. Sobre Derecho natural, la primera vez que oyó algo fue, al parecer, como estudiante en Jena, en conexión con la doctrina de Hobbes, acerca del cual se informa por su profesor en Leipzig Jacob Thomasius [127]. En el prólogo a Nizolius alaba a Hobbes como supranominalista.

En esta primera época sitúa a la jurisprudencia en estrecha conexión con la teología, entendiendo esta última como una jurisprudencia especial [128]. La teología es algo así como una doctrina del Derecho público, que rige a los hombres en el imperio de Dios, en el cual los infieles son semejantes a los rebeldes; la Iglesia, semejante a los buenos súbditos; la doctrina de la Sagrada Escritura y la palabra de Dios, semejante a la teoría de las leyes y su interpretación; la teoría de los errores fundamentales, semejante a la teoría de los delitos capitales, etc. Una comparación,

---

tiana del hombre. Cfr. las importantes palabras de E. BRUNNER: *Gerechtigkeit*, pág. 68: "Han sido necesarios muchos siglos hasta que, al fin, en contra de la tiranía insoportable de la Iglesia, haya sido posible asegurar este, el más importante de los derechos a la libertad del hombre. La Iglesia, que, con razón, lamenta la violación de este derecho por el Estado totalitario, no debería olvidar que fue ella la que primero dio al Estado el mal ejemplo de la violación de la conciencia individual, tratando de asegurar por medio del brazo secular lo que solo puede tener su origen en la libre decisión." De modo semejante, A. HARTMANN: *Toleranz und christlicher Glaube*, 1955, págs. 172 y sgs.

La idea moderna de los derechos del hombre no procede, por eso, de ninguna manera, como pretende G. RITTER (*Zeitwende*, 1949, pág. 7), de "un mundo totalmente secularizado" y "de una filosofía de la pura utilidad y del egoísmo bien entendido, que hay que designar claramente como acristiana". Se comete una amarga injusticia con los portavoces "racionalistas" de la dignidad humana, describiendo el núcleo de su doctrina como la mera intención de dar a cada uno la misma pretensión a los bienes externos, pero sin conocer "el respeto a cada hombre como persona, es decir, como titular de un destino eterno, de un cometido ético" (G. RITTER: *Historische Zeitschrift*, 169, pág. 248). Para los progenitores iusnaturalistas de la idea de la dignidad humana, para Pufendorf y Wise, lo contrario es justamente la verdad.

126 Prólogo a Nizolius, n. 28.

127 LEIBNIZ: *Werke*, ed. Gerhard, I, 1 y sgs.

128 *De arte combinatoria*, n. 47: "Quasi jurisprudentia specialis."

como se ve, igualmente peligrosa para el Estado como para la Iglesia. En cambio, Leibniz rechaza entonces decididamente toda relación entre la jurisprudencia y la metamática. A Euclides se le cree, no porque él lo diga, sino porque prueba lo que dice, algo distinto de lo que ocurre con las leyes divinas y las humanas, en las que rige el principio de *stat pro ratione voluntas*[129]. Para hacer efectivas la justicia y la equidad, que, según él, constituyen el primero y segundo estadio del Derecho, es precisa, como tercer estadio, la voluntad de un superior. Este superior lo es, o bien por naturaleza, en cuyo caso es Dios, y su voluntad es, a la vez, o bien natural, de donde deriva la piedad, o bien legal, de donde deriva el Derecho divino positivo; o bien el superior lo es en virtud de contratos, en cuyo caso es un hombre, y de su voluntad deriva el Derecho positivo civil. La existencia de un ser supremo y omnipotente es, por ello, el último fundamento del Derecho natural[130]. Consecuente con ello, Leibniz polemiza contra la proposición de Grocio, de que el Derecho natural tiene validez aun cuando Dios no existiera. No es posible admitir que, en el caso de que Dios no existiera, habría todavía una justicia cualquiera, ya que, p. ej., morir por la patria sería una locura si no se esperara recompensa alguna en el más allá[131]. Desde aquí trata también de justificar la tesis de Trasímaco de que lo justo es solo el provecho del más fuerte, definiendo en detalle el concepto del provecho en Dios. En sentido propio, Dios es más poderoso que todos los demás seres; su provecho no consiste en la utilidad, sino en la gloria, por lo cual la gloria de Dios es la medida de todo Derecho. Partiendo de este principio, es posible desarrollar, científicamente, la teoría jurídica[132].

Las ideas jurídicas de su primera etapa las desarrolla, sin embargo, Leibniz de la manera más clara y contundente en su escrito sobre la elección de monarca polaco (1669), que tanta impresión había de causar al tiempo de su publicación. «Dios quiere lo que es útil al Universo. Lo que Dios quiere, lo quiere en virtud de su omnipotencia, y en virtud de su omnipotencia tiene derecho a todo, de acuerdo con lo que Hobbes prueba en su *De cive.* Lo que quiere aquel que tiene un derecho a todo, esto es justo»[133].

---

[129] *Nova methodus discendae docendaeque jurisprudentiae,* II, § 4.

[130] *Nova methodus,* II, § 75.

[131] *Elementa juris* (ed. de la Academia), VI, 1, pág. 431.

[132] *Correlaria* al *Ars combinatoria.*

[133] Propositio VIII, LEIBNIZ: *Opera,* ed. Dutens, IV, 3, pág. 530: "Quod universo utile, id Deus vult. Quod Deus vult, id omnipotens vult. Omnipotens habet jus in omnia per demostrata Hobbesii in Elementa de cive. Quos is vult, qui in omnia jus habet, id justum est."

Ideas estrictamente hobbesianas hablan en estas frases: la voluntad de aquel que posee la potencia superior es también la fuente de todo Derecho.

Es preciso tener en cuenta estas primeras ideas de Leibniz, acerca de la esencia del Derecho, para poder apreciar, en su verdadera dimensión, el cambio que se opera en su pensamiento más adelante, pero también, sobre todo, para comprender la actitud contra la que después combatirá con toda pasión. En íntima conexión evidentemente con el desarrollo de su metafísica de la sustancia, tiene lugar posteriormente en Leibniz, en efecto, un cambio radical en sus ideas acerca del Derecho natural. Sus nuevas concepciones las desarrolla, de la manera más clara, hacia finales del siglo, en violenta polémica contra Heinrich Cocceji [134] y Samuel Pufendorf [135]; en realidad, son sus propias ideas anteriores contra las que ahora polemiza con toda violencia, especialmente en su crítica a Pufendorf. Si la simple omnipotencia basta para crear Derecho, lo que se hace es echar mano de un principio de tiranía, tal como lo formula Trasímaco en Platón, a saber: que es justo lo que al detentador del poder le place. Hobbes mismo no retrocede ante esta consecuencia, al poner en la fuerza el fundamento del poder [136]. Basta con imaginarse que Dios es un ser malvado, para concluir

---

[134] *Observationes de principio juris*, 1700, Dutens, IV, 3, págs. 270 y sgs.

[135] *Monita quaedam ad S. Pufendorfii Principia, G. W. Molano directa* (Dutens, IV, 3, págs. 275 y sgs.). Las *Monita*, junto con la anticrítica de Barbeyrac, han sido reimpresas muy a menudo en las ediciones posteriores de la obra de PUFENDORF *De officio hominis et civis*. Leibniz escribió la carta con las *Monita* al abad de Loccum, Molanus. Pufendorf no llegó a conocerla, ya que, en otro caso, y dado su temperamento combativo, es seguro que no la hubiera dejado sin respuesta. La carta no fue publicada hasta 1706, doce años después de la muerte de Pufendorf, por el profesor de Helmstedt, Boehmer. La defensa de Pufendorf fue emprendida con gran habilidad por Barbeyrac. Para el cambio de actitud de Leibniz es muy instructiva la reelaboración, poco antes de 1700, de su escrito de juventud, *Nova Methodus*. Cfr. en la ed. de la Academia, VI, 1, pág. 294, línea 11, y pág. 344, línea 11.

[136] Es curioso que, en las dos cartas dirigidas por él a Hobbes en aquellos años, Leibniz no haga valer este argumento. En la segunda de las cartas, escrita desde París, reconoce, al contrario, las dos tesis principales de Hobbes, el *bellum omnius contra omnes* y el *jus in omnia*, aunque tratando de eliminar, si no su validez, sí su aplicación práctica. Es cierto, dice Leibniz, que todo hombre tiene el derecho a obrar de acuerdo con su provecho; pero, dado que Dios ha establecido premio y castigo para la vida futura, el verdadero bien de cada uno se encuentra en la esperanza de una vida mejor, con lo cual sería justo todo lo que cada uno tiene por ventajoso para la consecución de dicha vida. Aquí se ve cómo la idea mantenida hasta el final por Leibniz de que las penas eternas son la presuposición de la justicia terrena no significa más que la prosecución de las ideas hobbesianas.

que su poder sería suficiente para convertir lo más abominable en Derecho, lo cual contradice nuestro concepto del Derecho natural [137]. La proposición *stat pro ratione voluntas* es la divisa de un tirano y, según ella, no podría distinguirse entre Dios y demonio [138]. Es preciso, por eso, buscar un principio de Derecho mejor y más profundo, y buscarlo, no tanto en la voluntad como en el intelecto de Dios, no tanto en su poder como en su sabiduría [139].

La medida de la justicia se encuentra en la naturaleza de las cosas y en las verdades eternas [140]. Y como Leibniz conocía la íntima relación de los reformadores con el nominalismo, no duda en advertir a las Iglesias protestantes: «La doctrina de la voluntad absoluta de Dios, no guiada por ninguna ley de la sabiduría o de la bondad, que se ha atribuido—a mi parecer injustamente—a los reformados más rigurosos, ha hecho que sus adversarios se aparten de ellos con horror, como de enemigos de la bondad y justicia divinas. Es, por ello, de interés general para los protestantes interpretar de acuerdo con la razón aquellos dogmas sobre los cuales se sitúan los fundamentos del Derecho» [141].

Esta interpretación racional de los dogmas consiste, según Leibniz, en reconocer la voluntad de Dios en concordancia esencial con las verdades eternas, las *vérités éternelles et nécessaires* de la metafísica leibniziana, opuestas a las *vérités de fait* o *vérités contingentes ou arbitraires.* «Lo mismo que las reglas de las proporciones y de la igualdad, así también las reglas de la equidad y de la adecuación descansan en fundamentos raciona-

---

Las dos cartas a Hobbes se encuentran reproducidas en GUHRAUER: *Leibniz,* II, págs. 61 y sgs. Posteriormente, Leibniz se distancia de la antropología de Hobbes y, polemizando contra este, ve en el impulso de sociabilidad el instinto fundamental en la naturaleza humana. Cfr. *Nouveaux Essais,* III, cap. I, y I, cap. II, así como MOLLAT: *Rechtsphilosophisches aus Leibnizens ungedruckten Schriften,* páginas 77 y sgs.

[137] Dutens, IV, 3, pág. 271.

[138] MOLLAT, *ob. cit.,* pág. 56.

[139] Dutens, IV, 3, pág. 272: "Alia ergo sublimiora et meliora juris principia quaerenda sunt, non tantum in voluntate divina, sed in intellectu, nec tantum in potentia Dei, sed in sapientia."

[140] Idem, IV, 3, pág. 272: "Per se justitiae norma ex natura rerum veritatibusque aeternis."

[141] Idem, IV, 3, pág. 273: "Quae doctrina absoluti adeo placiti, ut sapientiae et bonitatis lege non regatur illa ipsa est, qua reformatis rigidioribus (sed plerumque meo judicio inique) imputata, factum est, ut tantopere ab iis, tanquam divinae bonitatis et justitiae hostibus, adversarii abhorrent. Ita etiam Ecclesiae Protestantium communis interest, dogmata, quibus juris fundamenta constituuntur, ad sani sensus formam explicari." Cfr. también MOLLAT, *ob. cit.,* pág. 56.

les eternos, que Dios es imposible que viole», como es imposible que pueda condenar a un inocente [142, 143].

No es preciso insistir en que los adversarios contra los que Leibniz polemiza aquí son, en gran parte, solo adversarios ficticios. Ni los reformadores [144], ni Guillermo de Ockham, ni Duns Escoto, entendían el voluntarismo como mera arbitrariedad, como el simple hecho brutal de la omnipotencia divina, ni tampoco lo comprendían así Cocceji o Pufendorf. Ni siquiera queda afectada la totalidad de la doctrina de Hobbes con esta polémica —pues Hobbes conocía muy bien la *bonitas legis* [145]—, sino solo ciertas proposiciones extremas de él, y, sobre todo, las propias ideas mantenidas por Leibniz en su juventud. Las frases de Leibniz contra Pufendorf, de que «Dios no solo ha de ser temido por su grandeza, sino amado por su bondad» [146], expresan exactamente la opinión de Pufendorf, así como de todo el voluntarismo: la bondad es el elemento esencial de la voluntad divina, un elemento anterior a los distintos actos volitivos singulares, y esta bondad es la que presta firmeza y seguridad a las decisiones divinas [147]. La voluntad de Dios es la voluntad del señor amante y compasivo. «La justicia es el amor del sabio; Dios ama a todos; ama el ser amado, es decir, ama a aquellos que le aman. Quien ama a Dios, trata de conocer su voluntad, y quien ama a Dios obedece su voluntad» [148]. Estas frases de Leibniz podrían haber sido escritas por cualquier voluntarista. Su violenta polémica contra Pufendorf deja intacta, por eso, la doctrina de este, ya que Pufendorf nunca había tomado la pura arbitrariedad y el mero poder como fundamento del Derecho.

---

[142] Dutens, IV, 3, pág. 273: "Uti proportionum et aequalitatum, ita et aequitatis et convenientiae regulae aeternis rationibus constant, quas violare Deum... impossibili est." Cfr. así mismo pág. 280 y *Teodicea,* II, págs. 177 y sgs.

[143] Leibniz trata de resolver las dificultades derivadas del relato bíblico acerca del sacrificio del hijo de Abrahán, diciendo que lo que Dios quería era solo la obediencia, no la acción misma, la cual, en efecto, fue detenida por El una vez que tuvo la obediencia. No se trataba aquí de ninguna acción que mereciera ser querida por sí misma. *Teodicea,* "Réflexions sur le livre de Hobbes", 11.

[144] Por lo que a Calvino se refiere, el mismo Leibniz lo reconoce: Calvino, según él, había conocido que las decisiones divinas están en consonancia con la justicia y la sabiduría, aun cuando nosotros desconozcamos los fundamentos de esta consonancia en cada caso concreto. *Teodicea,* II, 182. La discrepancia se halla en que Leibniz cree poder deducir de ello que, según Calvino, las leyes de la bondad y de la justicia preceden a las decisiones divinas.

[145] Posteriormente, el mismo Leibniz reconoció que Hobbes no abogaba tanto por el poder absoluto como solía creerse. Dutens, V, 355.

[146] Dutens, IV, 3, pág. 280: "Nec tantum timendus est ille ob magnitudem, sed etiam amandus ob bonitatem."

[147] Cfr. PUFENDORF: *Eris scandica,* pág. 79.

[148] LEIBNIZ: *Definitiones ethicae.*

En un punto muy esencial, eso sí, se separa Leibniz del voluntarismo. El voluntarismo, es verdad, no había eliminado nunca la perfección de la voluntad divina—la frase de Pufendorf de que la sabiduría, bondad y perfección prestan suficiente firmeza a las decisiones divinas [149] puede aplicarse a todo el voluntarismo—; pero, para los hombres, estas decisiones de la voluntad divina son contingentes y no evidentes racionalmente en su necesidad. Contra esta idea se alza Leibniz: Dios obra por justicia de tal manera, que puede satisfacer a todo sabio [150]. La justicia de Dios y la justicia de los hombres son conceptualmente idénticas y distintas solo por su grado. Precisamente por ello, podemos estar ciertos los hombres de que el poder que rige el mundo es bueno y no malo. Y porque la justicia de Dios descansa en las verdades eternas y necesarias de la naturaleza de las cosas, como las relaciones numéricas o las proporciones, por eso podemos distinguir a Dios del demonio [151].

Lo que aquí nos sale al paso es, pues, una diferencia de principio en la fe y en la concepción de Dios; Leibniz dirige a Dios ciertas exigencias conceptuales, a las cuales ha de acomodarse su obrar para poder ser tenido por divino. Los últimos fundamentos sobre los que reposa nuestra vida se basan, para Leibniz, no solo en verdades eternas, sino que los tiene por vinculantes solo porque pueden fundamentarse racionalmente, incluso frente a Dios. Dios, escribe Leibniz, está *obligado* por la ley de la justicia, válida lo mismo para El que para los hombres, a mantener su palabra, y a no condenar a un inocente [152]. El criterio de lo bueno es la regla racional invariable, a cuya observancia también Dios está obligado [153]. Solo estos principios justifican aquella confianza en Dios que nos ofrece tranquilidad [154].

En último término, es el concepto del Dios platónico-clásico, latente todavía en Santo Tomás, el que Leibniz hace valer aquí contra el concepto del Dios paulino-franciscano y protestante. También al Derecho natural de Leibniz tienen aplicación las palabras de San Pablo: «Porque ignorando la justicia de Dios y buscando afirmar la propia, no se sometieron a la justicia de Dios» *(Ep. Romanos,* X, 3). En este sentido, ya Barbeyrac formuló agudamente el punto de divergencia entre Leibniz y Pufendorf, al preguntar quién era más justo: si aquel que se esfuerza en obrar bien por creer en la obligación impuesta por Dios y su santa voluntad, o aquel que observa las

149 PUFENDORF: *Eris scandica,* pág. 79.
150 Dutens, IV, 3, pág. 280: "Ob justitiam ita agit, ut omni satisfaciat sapienti."
151 Mollat, *ob. cit.,* págs. 56, 59 y sgs.
152 *Teodicea,* II, 176, y I, 35.
153 *Nouveaux Essais,* II, cap. XXXVIII, § 4: "La règle invariable de la raison, que Dieu s'est chargé de maintenir."
154 *Teodicea,* III, 177.

leyes morales solo porque están basadas en la naturaleza de las cosas y en las de las verdades eternas como objetos del intelecto divino [155]. Pufendorf mismo había recomendado a su adversario Valentín Veltheim sustituir en el *Padrenuestro* la frase «hágase tu voluntad» por la de «que se haga lo que en sí y según su naturaleza es necesario». De seguir el parecer de sus adversarios, seguía diciendo, la integridad y el orden en el mundo solo tendrían firmeza si Dios no lo hubiera creado en absoluto, o bien si, después de haberlo creado, se hubiera alejado de él con toda la rapidez posible [156].

Duns Escoto había argumentado contra la teoría idealista del Derecho natural, diciendo que si Dios hubiera tenido que crear necesariamente una cierta forma de las relaciones sociales entre los hombres, ello hubiera implicado que su voluntad habría estado determinada por algo ajeno a El [157]. Los siglos siguientes habían puesto claramente de manifiesto que el desarrollo consecuente del punto de vista idealista hace superflua la idea de Dios. También en Leibniz aparece claramente esta consecuencia. «Así como un geómetra puede ser ateo, así también puede serlo un jurista, y no sin razón afirma Grocio que el Derecho natural puede conocerse aun cuando no hubiera Dios» [158].

Leibniz cree poder evitar de dos maneras esta consecuencia del ateísmo: de un lado, situando, en sentido agustiniano, en la mente divina las ideas, las cuales no han sido creadas por Dios. La mente divina es la región ideal de las posibilidades [159], y ella presta realidad a las verdades eternas, aun

---

[155] En su anticrítica a las *Monita ad Pufendorfium*, de Leibniz, impresa en su edición de Pufendorf, *De officio hominis et civis*. Sobre la polémica de Pufendorf contra la doctrina de la identidad de la justicia divina y la justicia humana, cfr. *Eris scandica*, págs. 188 y sgs. Sobre ello mi libro *Die Naturrechtslehre Samuel Pufendorfs*. Berlín, 1958.

[156] PUFENDORF: *Eris scandica*, pág. 80.

[157] Cfr. anteriormente, pág. 78. Leibniz cree poder desvirtuar esta objeción con el mismo argumento usado ya en la escolástica, a saber: que los fundamentos racionales eternos se encuentran en el intelecto divino y no son, por eso, anteriores a Dios; solo la razón divina es, por naturaleza, anterior a la voluntad divina: "Rationes aeternas esse in divino intellectu, nec ideo quicquam esse prius Deo, sed tantummodo divinam intellectionem esse natura priorem divina volitione" (Carta a Bierling del 20 de julio de 1712, Dutens, V, pág. 386). Su definición "Le bon est, que ce qui est de l'institution générale de Dieu, est conforme à la nature ou à la raison" *(Nouveaux Essais*, II, cap. XXVIII, § 4) responde a la definición suareziana. A Suárez le alaba en relación justamente con su doctrina sobre la naturaleza de la voluntad y de los principios de la justicia *(Nouveaux Essais*, IV, cap. VIII, § 5).

[158] Dutens, IV, 3, pág. 273: "Interim uti atheus potest esse geometra, ita atheus jurisconsultus esse potest, nec absurde statuit Grotius, intelligi jus naturae, etsi fingatur Deus non esse."

[159] *Teodicea*, II, 335.

cuando la voluntad divina no tenga parte en ellas, ya que toda realidad tiene que apoyarse en algo existente. Por ello es posible que un geómetra sea ateo, pero sin Dios no habría objeto de la geometría, ya que sin El no habría ni algo real ni algo posible. Ello no impide, sin embargo, que aquellos que no ven los lazos que unen todas las cosas entre sí y con Dios no puedan, por ello, entender ciertas ciencias, aun no percibiendo su origen en Dios [160].

El segundo camino por el que Leibniz quiere escapar a la consecuencia del ateísmo es aún más importante para su concepción del Derecho. Leibniz enseña, en efecto, que la necesidad existente en la naturaleza, según la cual las acciones malas merecen una pena y las buenas una recompensa, exige de por sí la existencia de Dios. Dios es el garante de la realización y el mantenimiento de la justicia eterna. «Por virtud de su mediación, podemos estar ciertos de que todo bien moral lo es también físico, o, como decían los antiguos, que toda acción buena es también útil» [161]. Por ello es Dios el fundamento en sentido propio del Derecho natural. «La pena que espera a los hombres en el más allá es el firme fundamento por el que los hombres pueden conocer que tiene que convertir en hechos sus deberes jurídicos, si quieren cuidar de sí mismos» [162]. Leibniz sigue manteniendo, en efecto, la opinión de que sería puro desatino arriesgar el patrimonio, la posición social y la vida por la patria, el Estado y la justicia, solo por razón de la buena fama, de la cual ningún provecho nos viene. Descuidar, en cambio, la vida futura, y contentarse con un grado más inferior del Derecho natural, con validez también para el ateo, significaría privar a la ciencia del Derecho natural de su parte más hermosa y aniquilar muchas obligaciones de esta vida [163].

También aquí son las ideas de Leibniz mucho más clásicas que cristianas. Para Platón, la teoría de la identidad entre justicia y felicidad, así como la teoría de las penas del más allá, era el dogma político más importante, un dogma que había que mantener e imponer, dado el caso, como una mentira política necesaria. La identidad de moralidad y utilidad, de bien moral y bien físico es también, de igual manera, para Leibniz, el fundamento decisivo para el cumplimiento de la justicia. En los casos en que

---

160 *Teodicea,* II, 184.

161 *Nouveaux Essais,* II, cap. XXVIII, § 4.

162 Dutens, IV, 3, 277.

163 *Ibídem, loc. cit.* Las palabras de Leibniz se dirigen contra la tesis de Pufendorf *(De officio hominis et civis,* praef., 8), de que el fin de la ciencia moral tiene que limitarse a esta vida. Barbeyrac defendió contundentemente a Pufendorf, indicando que Leibniz confundía el deber con las causas que mueven al cumplimiento del mismo.

lo honesto no es necesariamente, a la vez, lo útil, la consideración a Dios y la inmortalidad del alma hacen absolutamente indispensable el cumplimiento de la virtud y de la justicia [164].

En la teoría jurídica de Leibniz aparece así un rasgo profundamente utilitario. «La justicia es el talento de no perjudicar a otros, por causa de la pena, y de serles útil por causa de la recompensa. Porque estos son los únicos fundamentos para el cumplimiento de la justicia. Dios, empero, es en sí mismo recompensa. En general, la justicia es el talento de hacer bien a otros o, por lo menos, de no perjudicarlos, a fin de favorecerse a sí mismo por esta manifestación de voluntad, o al menos, de no perjudicarse, es decir, para recibir recompensa o evitar la pena» [165]. Todavía en 1713, lo que más censura en Pufendorf y en Thomasius es que quieren llegar al conocimiento de la inmortalidad y de las penas eternas no por la razón, sino por la revelación

Si Dios no nos hubiera dotado con principios por los que pudiéramos conocer la inmortalidad, no habría teología natural ni, prácticamente, ningún argumento contra el ateísmo, sino que, al contrario, los hombres podrían, sin la revelación, ser ateos. Sin la inmortalidad, la teoría de la providencia divina no tendría mayor fuerza para obligar a los hombres que los dioses de Epicuro, a los cuales les faltaba la providencia [166]

Si se prescinde, empero, de esta polémica de Leibniz, que deja intacta, la mayoría de las veces, la doctrina de los adversarios, y nos detenemos, más bien, en su propia fundamentación del Derecho natural, hay algo verdaderamente cautivador en su pensamiento. Una vez más resuena en puros y plenos acordes para el Derecho natural la amplia temática de la teoría platónica de las ideas. «La teoría jurídica cuenta entre aquellas ciencias que no dependen de la experiencia, sino de definiciones, no de pruebas de los sentidos, sino de la razón; es decir, entre aquellas ciencias que—si se puede decir—son *de iure,* no *de facto.* Porque como la justicia consiste en una congruencia y una proporcionalidad, puede conocerse algo como justo, aun cuando no haya nadie que cumpla la justicia, y nadie contra el que pueda ser ejercitada; exactamente lo mismo que la significación de los números es verdad, aun cuando no hubiera nadie que contara ni nada que pudiera ser contado; o como puede decirse de una casa, una máquina o

---

[164] *Nouveaux Essais,* II, cap. XXI, §§ 55, 70.

[165] MOLLAT, *ob. cit.,* pág. 35: "Ut ergo tandem justitia sit prudentia, qua non nocemus aliis poenae, prosumus praemii causa. Nam aliae rationes nihil ad justitiam. Deus autem ipse est praemium sibi. Generaliter: justitia est prudentia in efficiendo aliorum bono aut non efficiendo malo boni sui hac animi declaratione efficiendi aut mali sui non efficiendi (id est praemii assequendi aut poenae vitandae causa.")

[166] Carta a Bierling, Dutens, V, pág. 390.

un Estado que son hermosos, que funcionan o que son felices si existieran, aun cuando nunca existan. No es, por eso, extraño que las decisiones de esta ciencia sean de verdad eternas, ya que todas están condicionadas y no nos dicen nada acerca de lo que existe, sino solo acerca de lo que sucedería si algo existiera. Estas decisiones no proceden tampoco de los sentidos, sino de representaciones claras y distintas, las cuales eran llamadas ideas por Platón, y que son lo mismo, con otras palabras, que la definición»[167].

La justicia cuenta, pues, «entre las verdades eternas y necesarias, que son siempre las mismas», en oposición a lo que es «contingente, variable y arbitrario». La justicia es una definición o concepto racional «del que pueden extraerse consecuencias seguras, según las leyes inquebrantables de la lógica; del que pueden deducirse evidencias necesarias y demostrables, que no dependen de hechos, sino solo de la razón, como la lógica, la metafísica, la aritmética, la geometría, la dinámica y, también, la ciencia jurídica. Todas estas ciencias no están basadas en la experiencia ni en hechos, sino que sirven, al contrario, para fundamentar hechos y darles reglas *a priori*. Lo que podría afirmarse del Derecho, aun cuando no hubiera en absoluto ninguna ley en el mundo»[168, 169]

---

[167] "Doctrina juris ex earum numero est, quae non ab experimentis, sed definitionibus nec a sensuum, sed rationis demonstrationibus pendent et sunt ut ita dicam juris, non facti. Cum enim consistat justitia in congruitate ac proportionalitate quadam, potest intelligi justum aliquid esse, etsi nec sit qui justitiam exerceat nec in quem exerceatur, prorsus ut numerorum rationes verae sunt, etsi non sit nec qui numeret nec quod numeretur, et de domo, de machina, de republica praedici potest pulchram, efficacem, felicem fore, si futura sit, etsi nunquam futura sit. Quare mirum non est harum scientiarum decreta aeternae veritatis esse, omnia enim conditionalia sunt nec tradunt, quid existat, sed quid suppositam existentiam consequatur: nec a sensu descendunt, sed clara distinctaque imaginatione, quam Plato ideam vocabat quaeque verbis expressa idem quod definitio est." (MOLLAT, *ob. cit.*, págs. 24 y sgs. y ed. de la Academia, VII, pág. 460.)

[168] MOLLAT, pág. 61: "De toute definition on peut tirer des consequences certaines, en employant les règles incontestables de la logique; et c'est justement ce qu'on fait en fabriquant les sciences nécessaires et démonstratives, qui ne dependent point des faits, mais uniquement de la raison, comme sont la Logique, la Métaphysique, l'Arithmétique, la Géometrie, la Science des mouvements, et aussi la Science de Droit; qui ne son point fondées sus les expériences et faits, et servent plutôt à rendre raison des faits et à les régler par avance; ce qui aurait lieu à l'egard du droit, quand il n'y aurait point de loi au monde."

[169] Hasta qué punto Leibniz elimina la experiencia de la ciencia del Derecho, lo pone de relieve su observación en los *Nouveaux Essais*, IV, cap. VII, § 19, de que, mientras en la Medicina nunca se harán suficientes observaciones empíricas, en la Jurisprudencia el caso es el inverso. En la Jurisprudencia bastaría con la milésima parte de los libros existentes, mientras que en la Medicina no tendríamos suficientes aún si poseyésemos mil veces más de los que ya tenemos. En relación con lo que no se encuentra expresamente regulado, la Jurisprudencia se apoya totalmente sobre fundamentos racionales, de tal suerte que, cuando falta la dispo-

En toda la historia de las teorías del Derecho natural no hay un pensador que haya dado expresión tan pura, íntegra y brillante a la teoría platónica de las ideas, en el campo del Derecho, como Leibniz. ¿Dónde están, empero, aquellas seguras consecuencias de la idea o del concepto racional del Derecho, que puedan compararse, ni siquiera aproximadamente, con la plenitud de contenido de los conocimientos aritméticos o geométricos? [170].

Hasta Leibniz, el artificio del iusnaturalismo había consistido siempre en rellenar la idea vacía del Derecho apelando a la naturaleza del hombre. Con su idea de que el Derecho tiene que coincidir con la naturaleza racional del hombre y con la recta razón, el estoicismo había formulado, en este sentido, el tópico decisivo para todas las teorías iusnaturalistas subsiguientes. Leibniz, empero, se aparta de esta ruta. «¿Es justo lo que responde a la recta razón? En este caso, todo error, aun cuando solo perjudicara al que yerra, tendría que ser un crimen.» «Ni tampoco puede ser justo lo que responde a la recta razón..., pues entonces tendrían también que ser injustas las enfermedades» [171].

¿Ha abierto, empero, Leibniz un nuevo acceso a los contenidos eternos del Derecho natural, que hubiera buscado vanamente la teoría iusnaturalista anterior? Su teoría de los tres grados del Derecho, el *ius strictum,* la *aequitas* y la *pietas*—en el prólogo a su *Codex iuris gentium*—da en tan escasa medida una respuesta a aquella cuestión material de la justicia, como su doctrina de la comunidad de todos los espíritus bajo Dios [172], o como su proposición «bueno es lo que sirve al perfeccionamiento de los seres racionales» [173]. Contra la doctrina, muy utilizada entre los últimos escolásticos, de la *perseitas,* es decir, de la bondad o maldad en sí de una acción, que Leibniz defiende una vez frente a Pufendorf [174], había este ya objetado decisivamente que «lo que queremos saber precisamente es por qué esto o aque-

---

sición legal, es posible extraer la decisión oportuna del Derecho natural con ayuda de la razón. Uno no puede menos de pensar en lo que Leibniz diría si pudiese contemplar la inundación de "comentarios" en la moderna literatura jurídica.

170 En los *Nouveaux Essais,* I, cap. II, cree Leibniz poder responder a esta objeción diciendo que tampoco en la Geometría se ha llegado a una relación precisa y completa de sus axiomas.

171 MOLLAT, pág. 28: "Nec justum est, quicquid congruit naturae rationali... Sed ita injusti erunt morbi. An potius justum esse, quicquid congruit rectae rationi? Sed ita omnis error, etiam non nisi erranti damnosus crimen erit."

172 *Principios de la naturaleza y de la gracia,* n. 15 y sgs.

173 MOLLAT, pág. 62: Tampoco la siguiente proposición aporta estructuras concretas materiales: "De acuerdo con ello, orden, contento, alegría, bondad y virtud son, por esencia, algo bueno y no pueden nunca ser algo malo."

174 Dutens, IV, 3, pág. 273: "Intrinseca bonitas aut turpitudo." Cfr. también *Teodicea,* II, 181, donde se dice que el valor de las virtudes les viene por su naturaleza y por la naturaleza de las criaturas racionales.

llo es denominado bueno o malo» [175]. Su propia teoría filosófica del Derecho, tantas veces prometida [176], no llegó Leibniz a escribirla nunca. En sus *Monita* a Pufendorf aduce como prueba del contenido *a priori* de la justicia que esta «mantiene ciertas leyes de la igualdad y proporcionalidad que no están menos basadas en la naturaleza invariable de las cosas y en las ideas divinas, que los principios de la aritmética y de la geometría» [177]; con ello menciona el único principio de validez *a priori* que la teoría iusnaturalista había podido determinar como contenido material de la justicia desde Aristóteles [178], un principio, por lo demás, de naturaleza harto formal. Lo que Kant dice de la lógica, que, desde Aristóteles, no había hecho ningún progreso, puede afirmarse con tanto mayor razón del Derecho natural: desde que Aristóteles insertó el concepto de la igualdad en el concepto de la justicia, no se ha añadido al concepto del Derecho ningún otro contenido material de validez *a priori*. Todas las demás teorías idealistas del Derecho natural se han procurado su contenido—de aparente validez general—valiéndose del concepto proteico de la naturaleza humana. Al evitar Leibniz este error [179], restableciendo la forma pura de una teoría ideal del Derecho natural, salta a los ojos, como por sí mismo, cuán insignificantes han sido sus resultados a lo largo de una historia milenaria.

No obstante, la razón profunda que impidió a Leibniz la realización de su proyecto de una teoría filosófica del Derecho propia se encuentra en su polémica con Pufendorf y también con Thomasius. En el prólogo a su

---

[175] PUFENDORF: *Eris scandica*, págs. 237, 240.

[176] Cfr. el prólogo de Leibniz al vol. II de su *Codex juris gentium*, y GUHRAUER: *Leibniz' Deutsche Schriften*, I, pág. 281.

[177] Dutens, IV, 3, pág. 280: "Justitia servat quasdam aequalitatis proportionalitatisque leges, non minus in natura rerum immutabili, divinisque fundatas ideis, quam sunt principia Arithmeticae ac Geometriae."

[178] Excepción hecha de los principios de la teoría de la imputación, que Leibniz, empero, no examina.

[179] Aunque, desde luego, no totalmente. En los *Nouveaux Essais*, I, cap. II, introduce, de nuevo, bajo la denominación de instintos e inclinaciones innatos *(instinct, penchant, inclination)* la antigua teoría de las "inclinaciones naturales". Estas impresiones naturales son "ayudas a la razón e indicios del consejo de la naturaleza". Expresadas por el entendimiento, se convierten en un precepto o verdad práctica, y constituyen, junto con las verdades racionales necesarias, los dos subcasos de las razones innatas: aquellas, de carácter luminoso, y estas, de carácter confuso. Leibniz, eso sí, confiesa a continuación que es muy difícil distinguir los instintos innatos de las meras costumbres, y que la fuerza de los prejuicios hace aparecer, a menudo, como natural algo que solo es consecuencia de malas doctrinas o de malas costumbres; y no bastan tampoco, sin la razón, para dar plena certeza a la moral. Con ello se nos refiere, un vez más, a la razón, haciéndose harto problemático el valor de aquellos instintos naturales que habrían de ser ayudas a la razón e indicios de la voz de la naturaleza.

libro *De officio hominis et civis,* Pufendorf había escrito: El Derecho natural se contenta, en su mayor parte, con las acciones externas de los hombres entre sí; cuáles sean los motivos por los que los hombres cumplen sus obligaciones jurídicas es algo que al juez, aquí en la tierra, tiene que serle tan indiferente como todo lo que queda oculto en el pecho y no se manifiesta por acciones en el mundo exterior. La teología moral, de modo radicalmente distinto, indaga precisamente las acciones internas, y censura también el comportamiento externamente conforme con la ley, si este procede de un ánimo inmoral; para ella, una acción solo es verdaderamente buena si en todos sus extremos—tanto subjetiva como objetivamente—está de acuerdo con la ley.

Pufendorf parte, sin duda, de la conexión interna del Derecho y de la moral, y atribuye a todos los preceptos jurídicos la fuerza éticamente vinculante del valor moral; precisamente aquí radica la diferencia entre la *obligatio,* que impone un deber «interno», de la *coactio,* que es mera coerción externa. A diferencia, empero, de la moral, para el Derecho es indiferente el ánimo interno en una acción concorde con la ley jurídica. De aquí derivan, según Pufendorf, los límites entre la teología moral y el Derecho natural; solo este último es el objeto de su obra.

La limitación del Derecho por Pufendorf al comportamiento «externo» y la atribución del comportamiento «interno» a la teología moral va a convertirse en una de las ideas más fecundas para el futuro. De ella procede la delimitación clara y precisa del concepto del Derecho, que llevará en Christian Thomasius a la separación entre moral y Derecho (cfr., más adelante, pág. 171; va a constituir así mismo el precedente de la diferenciación kantiana entre legalidad y moralidad, sentando la base sobre la que podrá desarrollarse la libertad civil. Va a representar, en suma, el hito hacia la cultura jurídica de los dos siglos siguientes, una cultura jurídica de la que todavía vivimos nosotros.

Leibniz, en cambio, se opone violentamente a esta doctrina de Pufendorf [180]. Para él, todas nuestras virtudes en relación con los demás hombres pertenece a la jurisprudencia. La ética *enseña* la virtud, la jurisprudencia muestra su *ejercicio.* Que el Derecho natural se limite a las acciones *externas,* es algo que no han enseñado ni los filósofos de la Antigüedad, ni los juristas anteriores más sobresalientes; solo Pufendorf, un *virparum Jurisconsultus et minime Philosophus,* ha hecho que algunos de sus partida-

---

[180] En los *Monita* (cfr. anteriormente n. 135, pág. 152) y en las cartas a Kestner y Bierling, en Dutens, IV, 3 y sgs., 261 y sgs.; GRUA: *Leibniz' Textes inédits,* II, páginas 685 y sgs.; GERHARD: *Leibniz Rechtsphilosophische Schriften,* VII, págs. 489 y 509 y sgs., *passim.*

rios mantengan esta posición [181]. A la objeción de Kestner, de que, puesto que nadie puede ser forzado a la virtud, nadie puede tampoco ser forzado a acciones conformes a la virtud, responde Leibniz: «Cuando, por medio de castigos, premios, amenazas, promesas y alabanzas, se mueve a los hombres, desde la juventud, a acciones conformes a la razón, se siembra en ellos una tendencia a la virtud, por razón de la cual lo que al principio no hacían voluntariamente, lo hacen más tarde con gusto» [182]. Por ello mismo, un legislador sabio—sea cristiano o pagano—debe dirigir sus esfuerzos, no solo a la consecución del orden externo, sino también al logro de la virtud y de la conciencia, de tal suerte, que los súbditos sean llevados al buen camino, no solo por la esperanza y el temor, sino por la inclinación de su espíritu [183]. Desde este punto de vista combate Leibniz decididamente la idea de Pufendorf de que el Derecho natural ha de limitarse a la vida terrena, y de que la fe en el más allá y en sus penas solo pueden conocerse por la revelación, pero no por la razón.

Leibniz no pudo desarrollar su Derecho natural «teológico-jurídico», del cual solo podemos adivinar algo a través de las observaciones dispersas de los últimos años de su vida. La razón de ello se encuentra, más que en Leibniz mismo, en su época. A partir de 1700, las doctrinas de los últimos escolásticos que resuenan todavía en algunas tesis de Leibniz pierden todo contacto con la realidad [184] La insuficiente distinción entre moral y Derecho, y muy especialmente las manifestaciones confusas y altamente peligrosas sobre la coercibilidad de la virtud, se habían hecho—tras Pufendorf y Thomasius—inadmisibles en absoluto para la época; en último término, hubieran tenido que llevar a una especie de «inquisición de la virtud» [185]. Es por ello por lo que quedan sin desarrollar y sin influencia.

6. Jean Jacques Rousseau

Con mayor fortuna emprendió de nuevo y prosiguió J. J. Rousseau (1712-1778) el intento de Hobbes de unir la positividad y la idealidad del Derecho. Repetidamente se ha aludido a las estrechas relaciones que existen

---

181 Carta a Kestner de 21 de agosto de 1709, en Dutens, IV, pág. 261.

182 *Ibídem,* en Grua, II, pág. 690.

183 *Ibídem,* en Grua, II, pág. 688.

184 Sobre ello, Hans Peter Schneider: *Justitia universalis,* 1967, y los trabajos citados en la n. 185.

185 Cfr. Werner Schneider: "Naturrecht und Gerechtigkeit bei Leibniz", en *Zeitschrift für Philosophische Forschung,* XX, 647 y sgs., y mis "Bemerkungen zur Rechtsphilosophie von Leibniz", en *Festschrift für Gerhard Husserl,* 1968.

entre la teoría del Derecho natural de Hobbes y de Rousseau. Polemizando contra Grocio, Rousseau rechaza la suposición de un impulso social originario en el hombre, y hace suya la teoría de Hobbes de que en el estado de naturaleza no hay ningún lazo de simpatía que una a los hombres. Solo en un aspecto debilita la teoría de Hobbes, y es al atribuir al hombre en estado de naturaleza un egoísmo, no activo, sino solo pasivo. Entre los hombres en estado de naturaleza no es la lucha de todos contra todos lo que domina, sino solo la indiferencia recíproca [186]. Más estrecha es todavía la afinidad entre los conceptos del Estado de Hobbes y de Rousseau. Mientras que la teoría del Derecho natural posterior a Hobbes limita, de ordinario, su concepto de la soberanía, Rousseau hace suya, de nuevo, la teoría extrema mantenida por Hobbes en este punto. Para Rousseau, la voluntad del Estado, la *volonté générale,* es, sin más, omnipotente. La entrada en el Estado significa para el individuo «la enajenación total de cada asociado con todos sus derechos a toda la comunidad..., sin reserva..., y sin que ningún asociado tenga nada que reclamar» [187]. Frente al Estado de Rousseau, ningún ciudadano tiene derecho alguno, sino que, al contrario, es por gracia del Estado por lo que recibe exclusivamente todos sus derechos. Lo mismo que para Hobbes, también para Rousseau es el Estado el «dios mortal», el *Leviathan,* que tiene derecho a regular autoritariamente, no solo las acciones, sino también—en tanto que son socialmente relevantes—las ideas y convicciones religiosas de sus ciudadanos. Como para Hobbes la religión es la superstición permitida por el Estado [188], así también conoce Rousseau una religión puramente civil, a la cual ha de adherirse todo ciudadano bajo pena de destierro, y de la cual no puede apostatar ninguno bajo pena de muerte [189].

Y, sin embargo, tampoco Rousseau es, como no lo era Hobbes, un «totalitarista», para el cual el individuo no significa nada, y todo la colectividad. Su *pathos* de la libertad es verdaderamente auténtico. No para aniquilar la libertad del individuo, sino para asegurarla, funda él la institución protectora del Estado. La renuncia a la libertad individual es para él la injusticia por antonomasia, porque equivale a renunciar a la Humanidad en nuestra persona, a los derechos del Hombre y, en absoluto, a la posibilidad de un obrar ético [190]. El problema central, para él, lo ha expresado

[186] Cfr. *Discours sur l'origine et les fondements de l'inégalité,* y, sobre ello, E. Cassirer: "Das Problem J. J. Rousseau", en *Archiv für Geschichte der Philosophie,* vol. 41 (1932), págs. 210 y sgs.

[187] *Contrat social,* I, 6.

[188] *Leviathan,* caps. VI y XXXII.

[189] *Contrat social,* IV, 8.

[190] *Ibídem,* I, 4.

claramente con estas palabras: «Encontrar una forma de asociación que defienda y proteja con toda la fuerza común la persona y los bienes de cada asociado, y por la cual, cada uno, uniéndose a todos, no obedezca, sin embargo, más que a sí mismo y quede tan libre como antes» [191].

Para resolver este problema, Rousseau parte precisamente de aquel punto en que Hobbes había ignorado lo esencial. Hobbes había visto la bondad de una ley en la identidad del interés general con el interés particular, pero había creído que la realización de esta identidad era solo un cometido moral del soberano. Para expresarlo con conceptos escolásticos, en Hobbes quedaban escindidas la *potentia absoluta* y la *potentia ordinata* del Estado. La *potentia ordinata,* es decir, la identidad del bien particular y del bien general, era, es cierto, el fin ideal del Estado; pero, de hecho, solo un raro acaso debido a la acción de un soberano bueno y sabio; en la realidad imperaba la *potentia absoluta,* el poder jurídica y éticamente ilimitado del Estado, que nunca puede obrar mal. La intención expresa de Rousseau era aquí encontrar una constitución política en la que la voluntad del Estado fuera un poder absoluto y, sin embargo, siempre ordenado, o, para decirlo con palabras de Rousseau, una constitución en la que la voluntad del Estado fuera siempre justa por su propia existencia [192].

Aquí también hace suya Rousseau una idea de Hobbes, que en este representaba una evidente ficción. Hobbes había fundamentado su tesis de que el Estado nunca puede cometer injusticia, alegando, entre otros argumentos, que, al concluir el pacto de sumisión, el individuo aprueba todo lo que el Estado puede mandar en el futuro; si, por tanto, trata, más adelante, de oponerse a un mandato del Estado, se pone en contradicción con su anterior promesa y obra, en consecuencia, injustamente [193]. Esta identidad ficticia entre voluntad particular y voluntad general, conseguida por una pura construcción lógica, quiere convertirla Rousseau en una identidad real. Es lo que hace con su teoría de la *volonté générale.*

Un Estado, dice Rousseau, solo es posible si los intereses de todos los ciudadanos coinciden por lo menos en un punto. Lo común en todos estos intereses es lo que constituye el lazo social. La comunidad, por eso, tiene que ser gobernada única y exclusivamente de acuerdo con este lazo común [194]. El carácter común en un interés es lo que posibilita a cada individuo el perseguir su propio interés, persiguiendo, a la vez, el de la comunidad, y ello, porque el interés particular se halla contenido en el común.

---

191 *Contrat social,* I, 6.
192 *Ibídem,* I, 7.
193 HOBBES: *De cive,* III, 3; *Leviathan,* cap. XIV.
194 *Contrat social,* II, 1.

Siempre que el individuo obre así, obra de acuerdo con la *volonté générale*. Solo si pretende para sí un provecho singular, es decir, un interés que no es ya parte del interés común, deja su voluntad de responder a la *volonté générale* y se convierte en *volonté particulière*. La contraposición *volonté générale-volonté particulière* está determinada por el hecho de que, en aquella, el interés particular aparece como parte, y solo como parte, del interés común, mientras que en esta se persigue un interés singular, no contenido en el interés común. De aquí se sigue el principio de la justicia existencial permanente de la voluntad general. La voluntad general es siempre justa, porque abarca el interés igualmente común para todos los ciudadanos, de tal suerte que cada individuo, al perseguir el interés común, persigue el suyo propio, y, al contrario, al perseguir el suyo, persigue el interés común [195].

De este concepto superior del interés uniformemente común se siguen todas las demás consecuencias de la teoría del Estado de Rousseau: que cada uno tiene que someterse a las condiciones que él mismo impone a los demás, que el objeto de una regulación legal tiene siempre que ser general; que cada uno es libre, y está, sin embargo, sometido a las leyes; y, sobre todo, la consecuencia más importante, a saber: la de que la comunidad uniforme de un interés es el criterio de su justicia intrínseca. Este es, en efecto, el núcleo de la doctrina de Rousseau: si un interés es común, en el sentido de que cada individuo, al perseguirlo, persigue a la vez el suyo propio, este hecho significa por sí mismo que aquel interés es también necesariamente justo en su contenido, aun cuando, desde un punto de vista objetivo y trascendente de justicia material, no puede decirse de él que es un verdadero interés. Es decir, que para la justicia de una regulación legal lo único decisivo es la persecución de la comunidad uniforme de su objeto, no la bondad objetiva de su contenido. En este sentido repite Rousseau el argumento de Hobbes, de que una ley semejante nunca puede ser injusta, porque nadie puede ser injusto contra sí mismo [196]. La condición para que un interés común se convierta en un interés justo no es un contenido axiológico material, sino que aquella es, al contrario, la consecuencia de la comunidad formal de un interés. En este sentido, dice Rousseau que el soberano, es decir, la *volonté générale*, es ya, por su mera existencia, aquello que debe ser [197].

Con ello la realidad ha alcanzado, en efecto, la necesaria madurez para producir lo justo de su propio seno. La trascendencia se ha hecho superflua, ya que la realidad posee en sí la garantía de una justicia permanente.

[195] *Contrat social*, II, 4, y IV, 1.
[196] *Ibídem*, II, 6.
[197] *Ibídem*, I, 7.

Es así, que las siguientes palabras de Rousseau resuenan como una despedida del Derecho natural: «Lo que está bien y es conforme al orden, lo es así por la naturaleza de las cosas e independientemente de las convenciones humanas. Toda justicia viene de Dios, y El solo es su fuente; pero si nosotros supiéramos recibirla de tan alto, no tendríamos necesidad ni de gobierno ni de leyes.» Desde el punto de vista humano, sin embargo, las leyes de la justicia, privadas como están de sanción natural, son completamente vanas entre los hombres, y son precisos contratos y leyes para unir los derechos a los deberes y llevar la justicia a su objeto [198].

El neokantismo, en su afán por descubrir a Kant antes de Kant, trató de convertir la *volonté générale* de Rousseau en una idea regulativa, en un criterio ideal de validez general. Difícilmente podría haberse errado más al interpretar el propósito más esencial de Rousseau; este propósito no es ideal, sino existencial. Rousseau quería superar la antinomia no resuelta por Hobbes entre poder y fin estatal, entre *potentia absoluta* y *potentia ordinata;* su propósito era construir de tal manera el Estado real, que lo justo surgiera, por así decirlo, por sí mismo, de forma que se hiciera superfluo todo criterio ideal, bien en el sentido del antiguo Derecho natural, o bien en el sentido de la idea regulativa kantiana. Precisamente por ello, tenía Rousseau que dar una importancia tan decisiva al método según el cual se constituye en el Estado la voluntad general.

Rousseau ha hecho indicaciones precisas acerca de este método de formación de la «recta» voluntad estatal. Para exponer aquellas hay que partir del concepto de *volonté particulière.* Esta es el interés singular que el individuo persigue, sin tener en cuenta el bien común. En su expresión extrema, es decir, cuando excluye totalmente el interés común, la voluntad particular solo existe en épocas de decadencia política [199]. En los demás casos, la voluntad particular abarca, de ordinario, dos elementos: uno de ellos coincide con el interés general, mientras que el otro persigue exclusivamente un interés singular. La suma de estas voluntades particulares en que se contienen sin distinción intereses comunes y singulares es la *volonté de tous.* Ahora bien: en la votación, aquellas partes de las voluntades particulares que persiguen solo intereses singulares de los individuos se anulan recíprocamente, porque se contradicen entre sí, de suerte que lo único que resta es la *volonté générale,* como la otra parte de las voluntades particulares común a todos [200]. Presuposición para ello es, desde luego, que no se formen grupos de intereses iguales, porque, en otro caso, al lado del grupo

198 *Contrat social,* II, 6.
199 *Ibídem,* IV, 1.
200 *Ibídem,* II, 3.

más fuerte quedaría un resto de voluntad particular no anulada, que impediría el surgir de la voluntad general. Una voluntad mayoritaria de esta especie no revestiría «el rasgo característico» de la voluntad general, a saber: la comunidad uniforme del interés [201].

Como este principio de la comunidad del interés es, empero, puramente formal, son posibles muchos contenidos de voluntad que respondan a él formalmente, pero que disientan entre sí objetivamente. En este caso es la mayoría quien decide acerca de qué voluntad es la «voluntad general». «Del cálculo de los votos se extrae la declaración de la voluntad general. Cuando triunfa, pues, el parecer contrario al mío, ello no prueba otra cosa sino que me había equivocado, y que lo que yo estimaba ser la voluntad general, no lo era» [202].

Es fácil poner de manifiesto los puntos débiles en la argumentación de Rousseau, su supervaloración de la razón, su insuficiente valoración de las pasiones y de los intereses de grupo, etc. Sin embargo, su doctrina contiene el intento más audaz de la filosofía del Estado para cerrar la laguna entre idea y existencia, y organizar la realidad de tal manera que produzca lo justo desde su mismo seno. Rousseau es aquí el antípoda de Platón. Platón no había confiado en absoluto en la realidad, poniendo todas sus esperanzas en la aparición singular de un gran hombre, del rey-filósofo, el cual, revestido de poderes dictatoriales, impondría la realización de la idea, incluso contra la voluntad de sus súbditos [203]. Rousseau, en cambio, tiene confianza en la realidad, la cual cree poder organizar de tal suerte, que, con la identidad de interés particular y general, de voluntad particular y general, producirá por sí misma y directamente lo justo. El gran problema de la ética jurídica material, encontrar en cada caso la regulación justa, aquel problema con el que, durante dos milenios, se había debatido la teoría del Derecho natural, parece así resuelto de un golpe.

Sin embargo, y aunque se eliminaran realmente todos los momentos que pueden perturbar la formación de la «voluntad general», las pasiones, los intereses de grupo, etc., la creencia en que con la «voluntad general» se había alcanzado directamente lo justo materialmente, continuaría siendo un sueño engañoso. El principio formal de la comunidad uniforme queda abierto a múltiples intereses totalmente diversos, y aquel principio no podrá decirnos nada acerca de cuál de ellos es un bien supuesto y cuál es un bien verdadero y objetivo. A la vez, empero, y para robustecer la idea de que

---

201 *Contrat social,* II, 3.

202 *Ibidem,* IV, 2.

203 Para echar de ver en la vejez que la idea de un superhombre de esta especie no era más que un sueño. *Leyes,* 691, 713, 875.

por su sola existencia es ya siempre justo, aquel principio destruye la trascendencia, en la cual puede hallar orientación todo valor en la tierra. En este sentido, Hegel ha señalado el defecto decisivo en el sistema de Rousseau. Al concebir Rousseau la voluntad—dice Hegel—«solo en la forma determinada de la voluntad particular y de la voluntad general, no como lo racional en y para sí de la voluntad, sino solo como lo común, que surge como consciente de esta voluntad particular..., hizo que se siguieran de ello las consecuencias puramente intelectivas, destructoras de la divinidad existente en y para sí y de su absoluta majestad» [204].

---

[204] HEGEL: *Philosophie des Rechts*, 258.

CAPITULO IV

EL IDEALISMO ALEMAN (KANT Y HEGEL)

1. El derrumbamiento del Derecho natural y la pervivencia de sus problemas materiales

El siglo XVIII se convirtió en el siglo del Derecho natural. La simiente lanzada por los hombres del siglo XVII trajo a sus nietos una rica cosecha: el Derecho natural se convirtió en la potencia conformadora de la vida social. Alcanzó el triunfo en las declaraciones de los derechos del hombre en América y en Francia, penetró las codificaciones austríaca, prusiana y francesa, y dominó la conciencia jurídica y social de la época [1]. Cuando, sin embargo, después de una espera milenaria, comenzó a imperar sobre la realidad, depositó con ello mismo el germen de su propia decadencia. Desde un principio, el Derecho natural había vivido de la tensión entre idea y realidad, y, por eso, al convertirse en realidad, cegó la fuente de la que, hasta entonces, había extraído su fuerza. Después de haber salido a la liza con la pretensión de crear un Derecho válido para todos los pueblos y todos los tiempos, había terminado por convertirse en un código austríaco, prusiano, francés. El Derecho natural parecía así haber sido refutado por la realidad, sin que fuera precisa más polémica. Es sorprendente, en efecto, comprobar cómo una potencia espiritual milenaria, que había conjurado en su torno las fuerzas más nobles de la Humanidad, iba a venirse abajo tan oscuramente, que los contemporáneos creyeron poder liquidarla con un par de palabras intrascendentes. Características en este respecto son, p. ej., las escasas observaciones de Savigny contra el Derecho natural en el escrito programático de la Escuela histórica: *De la vocación de nuestra época para la legislación y la ciencia del Derecho.* Una verdadera polémica con el Derecho natural no la hubo en realidad [2].

¿Cómo puede explicarse esto? ¿Fue verdaderamente superado el De-

---

[1] Sobre ello, THIEME: *Das Naturrecht und die europäische Rechtswissenchaft,* 1947.

[2] El intento posterior de K. BERGBOHMS *(Jurisprudenz und Rechtswissenchaft,* 1892) habría sido emprendido—si hubiera tratado aunque solo fuese una parte de los problemas esenciales del Derecho natural—solo *post festum.*

recho natural por el criticismo kantiano y por el historicismo? Ambas direcciones asestaron, en efecto, al Derecho natural golpes terribles, pero ¿consiguieron solucionar el verdadero problema del Derecho natural, dando una respuesta a la cuestión ético-jurídica acerca de los contenidos del obrar recto? ¿No fueron, en realidad, víctimas de su justa crítica partes relativamente insignificantes de la teoría del Derecho natural, mientras que los problemas centrales seguían en pie bajo otro nombre? En efecto, si se considera profundamente, la antinomia entre voluntad y razón, entre idea y existencia, sigue todavía determinando nuestra conciencia ética y jurídica. Solo que ello no tiene lugar ya bajo el viejo rótulo de Derecho natural. La razón vamos a verla en seguida.

La cuestión material de los contenidos del obrar justo, que se plantea fundamentalmente de la misma manera para la ética que para el Derecho, había sido tratada secularmente bajo la denominación común de «Derecho natural». Al subrayar, sin embargo, Hobbes con gran precisión el elemento real del Derecho, tenía que aparecer mucho más claramente la distinción entre Derecho y moralidad y entre Derecho natural y Derecho positivo. En la distinción entre Derecho natural y Teología moral, ya Pufendorf había separado, con asombrosa claridad, legalidad y moralidad (cfr. anteriormente, págs. 162 y sgs.).

Mucho más allá que Pufendorf va su discípulo Christian Thomasius (1655-1728) en la separación de Derecho y moral. En contra de Grocio y de Pufendorf, y en contra también de sus propias primeras ideas, Thomasius afirma que es falso considerar como ley en absoluto la ley divina, en tanto que forma parte del Derecho natural. En sentido propio y estricto, el concepto de ley corresponde solo a la ley positiva [3]. De este error de sus predecesores depende no solo el que no se haya acertado a separar la obligación interna de la externa, sino, además, el que se haya considerado casi exclusivamente la primera como la única obligación. Ahora bien: sin una separación exacta de ambas obligaciones, es imposible establecer una distinción entre Derecho: *iustum*; moral: *honestum*, y usos sociales: *decorum*. De esta confusión entre moral y Derecho, entre Derecho natural y ética, se han hecho reos, dice Thomasius, no solo los escolásticos, sino también Pufendorf [4]. Por eso ve su cometido principal en separar moral, Derecho y usos sociales, como ya nos lo dice el título mismo de su obra principal [5]. «La moralidad guía las acciones internas de los necios; los usos

---

[3] *Fundamenta iuris naturae et gentium*, Proemium, IX.

[4] *Ibídem*, XI, XII.

[5] *Fundamenta iuris naturae et gentium ex sensu communi deducta, in quibus ubique secernuntur principia Honesti, Justi ac Decori.*

sociales, las externas, a fin de conquistar la benevolencia de los demás; el Derecho, las externas, a fin de no perturbar la paz o de restaurarla una vez perturbada» [6]. El Derecho impone una obligación externa, que descansa en el temor a la coacción por parte de otro hombre [7]. La moralidad y los usos sociales—*honestum* y *decorum*—obligan solo internamente. «De aquí se sigue que lo que el hombre hace por obligación interna y siguiendo las reglas de la moralidad y de los usos sociales, es guiado, en general, por la virtud, y por eso, en este caso, se llama al hombre virtuoso y no justo; lo que el hombre hace, empero, de acuerdo con las reglas del Derecho o por obligación externa, es guiado por la justicia, y por eso se le llama, por razón de estas acciones, justo» [8]. La obligación interna es una obligación de conciencia [9]; la obligación externa, en cambio, una obligación coactiva, que descansa en el temor a la coacción por parte de otro hombre [10]. Ahora bien: si la coacción externa es el carácter esencial de la obligación jurídica, el Derecho natural tiene que perder necesariamente el carácter jurídico. «Guárdate de creer que la ley natural y la positiva, la ley divina y la humana son especies del mismo género; la ley natural y la ley divina pertenecen, más bien, a los consejos que a los mandatos, mientras que la ley humana en sentido propio solo puede ser concebida en relación con una norma imperativa» [11]. Ahora bien: como al consejo le corresponde una obligación interna, no externa [12], también desde este punto de vista se le niega al Derecho natural el carácter jurídico.

En estas distinciones, todavía muy torpes y muy discutibles en sus detalles, se abren paso dos ideas, que van a determinar la época siguiente: de un lado, la estricta diferenciación entre moralidad y Derecho, y de otro,

---

[6] *Fundamenta iuris naturae et gentium,* I, cap. IV, 90.

[7] *Ibídem,* I, cap. V, 21: "Obligatio iuri correspondens semper externa est, metuens coactionem aliorum hominum." Cfr. también I, cap. V, 17 y sgs., y I, cap. IV, 59 y sgs.

[8] *Ibídem,* I, cap. V, 25: "Fluit ex dictis, quod quae homo facit ex obligatione interna et regulis honesti et decori, dirigantur a virtute in genere et ab iis homo dicatur virtuosus, non iustus; quae vero facit ex regulis iusti seu obligatione externa, diriguntur a iustitia et ab eiusmodi actionibus dicitur iustus." De este pasaje se deduce que Thomasio atribuye carácter vinculatorio externo no solo a la obligación correspondiente a un derecho subjetivo, como LARENZ pretende *(ob. cit.,* páginas 215 y sgs.).

[9] *Ibídem,* I, cap. IV, 61: "Ex concientia periculi naturalis."

[10] *Ibídem,* I, cap. IV, 61; I, cap. V, 21.

[11] *Ibídem,* I, cap. V, 34: "Cave tamen, ne putes, legem naturalem et positivam, divinam et humanam, esse species eiusdem naturae: Lex naturalis et divina magis ad consilia pertinet, quam ad imperia, lex humana proprie dicta non nisi de norma imperii dicitur."

[12] *Ibídem,* I, cap. IV, 62

la negación del carácter jurídico del Derecho natural y el conocimiento de la positividad de todo Derecho. Desgraciadamente, ambas ideas se compran a cambio del desdichado concepto de la «obligación coactiva».

Por lo que a la primera idea se refiere, la comprobación de la positividad del Derecho, en ella se contiene—independientemente del problema de la coactividad del Derecho—la conquista conceptual permanente de que la positividad, es decir, la determinación y la imposición real, constituye un momento esencial del Derecho. Aun cuando la positividad no agote plenamente—como quería el positivismo—el concepto del Derecho, no hay duda de que constituye un momento esencial de él: solo el orden que posee fuerza conformadora de la realidad es Derecho, y el orden más ideal, que no posee esta fuerza, no satisface la más elemental presuposición del concepto del Derecho. Para el Derecho natural, esta idea trajo consigo una consecuencia de gran alcance: la de tener que renunciar a la pretensión de ser Derecho. El Derecho natural es solo una parte del concepto del Derecho, a saber: su elemento ideal-normativo. La teoría del Derecho natural tenía, por eso, que transformarse en una teoría del Derecho «justo», en filosofía del Derecho y ética jurídica material.

También, en relación con el otro punto, la separación de moral y Derecho ejerció en Thomasius un enorme influjo sobre la época siguiente; sobre todo, desde que, a finales del último siglo, se interpretó en su sentido la teoría del Derecho de Kant, revistiendo así con la autoridad de este su distinción entre moral y Derecho. De esta suerte, pudo surgir la opinión de que «es, sin duda, el gran mérito de Kant haber elaborado estrictamente la coordinación de moral y Derecho, al distinguir la legislación para las acciones internas y la legislación para las externas: la legislación ética y la legislación jurídica. Con ello, Kant puso fin a la teoría jurídica moralizante de la época anterior» [13].

Kant distinguió, sin duda, la moral y el Derecho, pero lo hizo no sobre la base de la desdichada idea de una obligación coactiva, con la que Thomasius tantos partidarios iba a encontrar más tarde en el positivismo y en el neokantismo, sino desarrollando en su mismo sentido la distinción sentada por Pufendorf. Lo mismo que este, tampoco Kant distingue el Derecho de la moral, ni por el contenido de la obligación, ni por su forma de obligar: el uno, como la otra, contienen motivos de determinación interna, que, en el caso de la ética social y del Derecho, están dirigidos a un comportamiento externo frente a los demás hombres. «Bien se considere la libertad en el uso externo o interno de la voluntad, sus leyes, en tanto que

---

[13] BINDER: *Philosophie des Rechts*, pág. 821.

puras leyes racionales prácticas para la voluntad libre en absoluto, tienen que ser, a la vez, motivos internos determinantes de aquella, aunque no siempre pueden ser consideradas desde este punto de vista» [14]. El Derecho y la moralidad se distinguen, más bien, solo porque en el cumplimiento de sus imperativos el Derecho tiene que contentarse con legalidad, mientras que la moralidad tiene que exigir no solo cumplimiento externo, sino también moralidad, es decir, un obrar por razón de la obligación. «La teoría del Derecho y la teoría de la virtud se distinguen, por ende, no tanto por sus diversas obligaciones, cuanto por la diversidad del motivo que una u otra legislación une a la ley... Es decir, que, en el caso indicado, la obligación se inserta en la ética, no como una clase especial de obligación—una clase especial de acciones, a las cuales se está obligado—, ya que, tanto en la ética como en el Derecho, es una obligación externa, sino porque la legislación es interna y no puede tener ningún legislador externo» [15]. El Derecho y la moral no se distinguen, pues, según Kant, por el objeto de la obligación, como si la moral no tuviera como objeto más que el comportamiento interno, ni tampoco por la forma de obligar, como si el Derecho sólo impusiera una «obligación coactiva» [16], sino porque la moral «hace de la obligación, a la vez, el motivo del obrar», mientras que el Derecho «permite también otro motivo que la misma idea de la obligación» [17].

Esta percepción de la conexión interna entre moral y Derecho, en relación con el contenido de la obligación, es de gran importancia para el problema de la ética jurídica material. El problema material de los contenidos del recto obrar social se plantea, en principio, igual para la ética que para el Derecho, porque el objeto de ambos es también igual, en tanto que la ética, como ética social, regula el comportamiento de los hombres entre sí, y aunque, por virtud de la insuficiencia humana, puedan aparecer ciertas tensiones entre los dos campos al positivizarse en obligaciones jurídicas las obligaciones ético-sociales. Si ello no fuera así, y si lo que es mandado como recto jurídicamente no estuviera en concordancia con lo que es mandado como recto moralmente, sería imposible un obrar social unitario dotado de sentido. La contradicción en los principios fundamentales del obrar social haría imposible una decisión dotada de sentido. Esto

[14] KANT: *Metaphysik der Sitten* (Philos. Bibl.), pág. 15.

[15] *Ibídem*, págs. 22 y sgs. Sobre ello, cfr. mi trabajo ya cit. *Das Gesinungsmoment im Recht*, págs. 293 y sgs.

[16] El concepto de la obligación coactiva, es decir, no de la obligación cuya coerción está justificada—es la idea de Kant—, sino de la obligación que surge de la coacción, es una contradicción en sí. La coacción fuerza, pero no obliga; obligar solo puede obligar lo valioso.

[17] *Ibídem*, pág. 21.

significa, empero, que el problema material del recto obrar social en la ética y en el Derecho es, en principio, el mismo, con lo cual se justifica *a posteriori* la pretensión iusnaturalista de tratar todas las cuestiones materiales bajo el nombre común de Derecho natural. De aquí se sigue, a su vez, que, a pesar de la exacta diferenciación—no separación—de moral y Derecho, y pese al hecho de que el Derecho natural pierde el carácter jurídico, convirtiéndose en una ética jurídica material, sigue en pie el problema del Derecho natural, de encontrar los principios materiales del recto obrar social. En la época siguiente, por eso, si bien desaparece paulatinamente el nombre de Derecho natural, subsiste su problema central, el cual es tratado bajo el título de ética o filosofía del Derecho.

2. KANT

En Kant, la polémica con la ética de la felicidad, característica de la Ilustración, se halla íntimamente unida con su crítica del método del Derecho natural, que trata de extraer de la naturaleza del hombre principios ético-materiales. Aquí, Kant se dirige, en efecto, contra el punto más débil en la posición del Derecho natural. Del conocimiento de la naturaleza humana, que nosotros solo podemos poseer por la experiencia [18], no puede deducirse ninguna ley que revista necesidad absoluta [19]. El fundamento de vinculatoriedad de las leyes morales «no puede buscarse en la naturaleza del hombre o en las circunstancias del mundo en que está situado..., sino solo, *a priori,* en conceptos de la razón pura»; «todo otro precepto que se base en principios de la mera experiencia, e incluso un precepto general en determinado sentido, siempre que se apoye en fundamentos empíricos, aunque sea solo en una parte mínima, quizá solo en un motivo, podrá ser una regla práctica, pero jamás una ley moral» [20]. Kant separa, por eso, tajantemente la metafísica de las costumbres, purificada cuidadosamente de todo elemento empírico, y la antropología práctica. «Toda filosofía moral descansa completamente en su parte pura, y aplicada al hombre no toma nada del conocimiento de este (antropología), sino que le da, como a un ser racional, leyes *a priori*» [21]. Solo después que la filosofía moral ha deducido sus leyes independientemente de las peculiaridades de la naturaleza humana, precisa «de la antropología para su aplicación al hombre» [22].

[18] KANT: *Grundlegung zur Metaphysik der Sitten* (Philos. Bibl.), pág. 31.
[19] *Ibídem,* pág. 5.
[20] *Ibídem,* pág. 5.
[21] *Ibídem,* pág. 6.
[22] *Ibídem,* pág. 33.

Kant extrae la consecuencia, largo tiempo ya en el ambiente, de que todo contenido ético-material, bien se funde en la naturaleza del hombre, o bien en las circunstancias del mundo, es pura y exclusivamente empírico y solo puede fijarse concretamente para la situación especial en que se encuentra el sujeto del obrar.

Pero Kant va mucho más allá, viendo todo el contenido material de la ética exclusivamente desde el punto de vista de la ética de la felicidad de la Ilustración. Angostando enormemente el problema ético-material, cree que «todos los principios prácticos materiales, en tanto que tales, son de una y la misma especie, y pertenecen al principio general del egoísmo o de la propia felicidad» [23], y sitúan «el motivo determinante de la voluntad en nuestros apetitos», inclinaciones o instintos. Así considerado el problema, es evidente la conclusión de que, en relación con los fines materiales del obrar, no solo no es posible ninguna ley *a priori*, de validez general, sino que aquellos fines han de ser expulsados del terreno de la ética. «Todo lo que es empírico, no solo es totalmente inservible como aditamento al principio de la moralidad, sino que es altamente perjudicial a la pureza de las costumbres.» El principio del obrar moral «tiene que estar completamente libre de todo influjo de aquellos fundamentos casuales que solo puede brindarnos la experiencia» [24].

Y así tiene lugar el gran giro que imprimirá su sello a la ética moderna: en lugar de los problemas ético-materiales objetivos, que había sido la preocupación primaria de la investigación iusnaturalista durante dos milenios, avanza ahora al primer plano el problema de la moralidad subjetiva. El principio subjetivo de la moralidad, formulado por primera vez en el concepto estoico de la conciencia, y que, en la Edad Media, pese a su asombrosa profundización, hubo de detenerse ante las fronteras dogmático-teológicas, puede ahora desarrollarse libremente. La autonomía moral del individuo se convierte en «la ley fundamental del mundo moral». Es el principio de la voluntad libre, «la cual tiene necesariamente, a la vez, que poder coincidir con aquello a lo que debe someterse» [25].

Sin embargo, precisamente este principio presupone un «orden de las cosas» [26] ético-material objetivo, con el que la voluntad tiene que poder coincidir, si esta ha de sometérsele libremente, es decir, en virtud de su propia convicción.

---

[23] *Kritik der praktischen Vernunft*, pág. 27.

[24] *Grundlegung zur Metaphysik der Sitten*, pág. 50.

[25] *Kritik der praktischen Vernunft*, pág. 168; *Grundlegung*, pág. 56. Sobre ello, mi trabajo *Vom irrenden Gewissen*, 1949, págs. 14 y sgs.

[26] *Ibidem*, pág. 90.

Pese a su crítica del principio material de la moral, la ética kantiana presupone siempre un orden objetivo-moral de las cosas. Kant está muy lejos de ser el representante de un puro subjetivismo ético, tal como se le ha interpretado en el neokantismo y, posteriormente, en ciertas teorías existencialistas [27]. La fatal confusión, empero, de los problemas ético-materiales con el eudemonismo ha hecho, sin duda, que Kant no haya visto exactamente el lado ético-material de la moral. Kant desconoce la significación propia que reviste el problema ético-material, es decir, el «qué» de la acción, frente al problema moral subjetivo, es decir, el «cómo» de la acción. El medio para ello lo constituye el imperativo categórico. De la capacidad de los contenidos volitivos singulares—de la «máxima» subjetiva de la voluntad—para convertirse incontradictoriamente en generales, es decir, en «ley», se deduce, en cada caso, el contenido material de la obligación. Si este camino hubiera conducido verdaderamente a la meta deseada, se hubiera encontrado la piedra filosofal, que el Derecho natural ha buscado inútilmente a lo largo de dos milenios. Los desesperados intentos para extraer de principios generales—como, por ejemplo, «haz el bien»—la recta decisión para una situación concreta, hubieran sido superfluos, ya que de la situación concreta puede extraerse directamente lo éticamente justo. Habría solo que preguntarse: «¿Puedes querer que tu máxima se convierta en ley general? Allí donde no puedes, la acción es condenable» [28]. Con esta brújula en la mano, todo hombre puede, en cada caso, saber perfectamente y distinguir qué es bueno, qué es malo, qué está de acuerdo con la obligación y qué es contrario a ella [29].

La crítica ha rechazado ya hace tiempo este método—que, al principio, tan prometedor parece—para deducir los contenidos de la ética material. Todo contenido de voluntad puede convertirse en ley general, con solo aceptar las consecuencias que de ello se siguen. Es verdad que, de ordinario, el ladrón «corriente» contradice el contenido de su acción, ya que no quiere renunciar en absoluto a aquel mismo orden de la propiedad privada que él viola en el caso concreto. El anarquista, empero, que niega, incluso para él mismo, todo orden de propiedad, puede muy bien, sin incurrir en contradicción, elevar a ley general su modo de obrar. Ni tampoco el adúltero, que tiene por superada la institución del matrimonio, puede decirse que se contradice al elevar su acción a ley general del obrar. «No hay nada que no pueda de esta manera ser convertido en una ley moral» [30]. La validez

---

27 Sobre ello, *Vom irrenden Gewissen,* págs. 20 y sgs.
28 *Grundlegung,* pág. 22.
29 *Ibídem,* pág. 22.
30 HEGEL: *Schriften zur Politik und Rechtsphilosophie* (Lasson), pág. 351.

objetiva de los contenidos éticos de la acción es la presuposición de posibilidad de la autonomía, no algo que pueda extraerse de esta [31].

Ahora bien: Kant ha atribuido validez *a priori* a un fin material: la persona moral. Por virtud de la autonomía de la libertad, la persona es soporte del orden ético universal [32], y con ello, como sujeto de la ley moral, fin en sí misma. «La autonomía es el fundamento de la dignidad de la naturaleza humana, y de toda naturaleza racional» [33]. «El hombre, y en general todo ser racional, existe como fin en sí mismo, no meramente como un medio para su utilización caprichosa por esta o la otra voluntad, sino que tiene que ser considerado en todo momento como fin en todas sus acciones, tanto en las que se hallan en relación consigo mismo, como en las que se hallan en relación con los demás» [34]. Porque la persona alcanza un valor independiente de toda consideración final en virtud de su entrega autónoma y libre a lo debido moralmente; por ello también tiene que ser reconocida por todos los demás en este su valor ético «absoluto» y sustraída a todo punto de vista utilitario. El valor de la moralidad subjetiva que adquiere la persona ética es, para toda otra persona, un bien ético-material absoluto, y el único bien ético-material de validez absoluta. La libertad ética de la persona, es decir, su capacidad para un obrar ético autónomo—o lo que es lo mismo, responsable ante sí misma—, es intangible para toda otra persona. Ello significa que el hombre, es decir, la persona autónoma, no puede ser considerado nunca como medio, sino siempre como fin en sí mismo.

Las consecuencias de este principio no han sido desarrolladas nunca sistemáticamente por Kant. La mayoría de las veces ha «pasado por alto» la «determinación más detallada», dejándola para «la moral en sentido propio». Los pocos ejemplos, empero, aducidos por él han provocado siempre gran extrañeza. Así, dice Kant que, en los ataques a la libertad y propiedad, es evidente que el vulnerador de los derechos humanos tiene el propósito de servirse de la persona de otro como un mero medio [35]. Lo mismo puede decirse de la promesa falsa [36], y en el mismo sentido considera Kant toda mentira como un «desprendimiento de la dignidad humana». Un hombre que no cree él mismo lo que dice a otro, tiene un valor aún menor que

[31] Cfr. mi trabajo "Uber die ethischen Grundlagen der sozialen Ordnung", en *Süddeutsche Juristenzeitung*, 1947, cols. 409 y sgs.

[32] *Grundlegung*, pág. 61.

[33] *Ibídem*, pág. 62.

[34] *Ibídem*, pág. 52.

[35] *Ibídem*, pág. 55.

[36] *Ibídem*, pág. 54.

una cosa, y ni siquiera un buen fin puede justificar jamás una mentira [37]. Los mismos principios se aplican a las lesiones a sí mismo. Como el hombre no es una cosa, sino que tiene siempre que ser considerado como fin en sí mismo, «no puedo en absoluto disponer sobre el hombre en mi persona, ni puedo mutilarlo, ni pervertirlo ni matarlo» [38].

Ahora bien: ¿reviste, efectivamente, este principio la misma validez absoluta que la prohibición de la mentira? Con el fin de evitar todo malentendido, Kant remite a la moral en sentido propio toda determinación más concreta del principio; así, por ejemplo, de la amputación de un miembro, con el fin de conservar la vida, o de la aceptación de un riesgo mortal, con el fin de salvarme. Aquí, en la *Teoría de la virtud* [39], desarrolla, en efecto, más detalladamente este punto. «Aniquilar el sujeto de la moralidad en su propia persona equivale a hacer desaparecer en su existencia la moral, en lo que ella se da en él, la cual es, sin embargo, un fin en sí misma; disponer, por ello, de sí mismo, como mero medio para un fin cualquiera, significa denigrar la Humanidad en su persona—*homo noumenon*—, la cual, sin embargo, estaba confiada al hombre—*homo phaenomenon*—para su mantenimiento» [40]. De acuerdo con estos principios, Kant tiene por lícito hacerse amputar un miembro muerto o perjudicial para la vida, pero no, en cambio, despojarse de un órgano que es parte integrante del cuerpo; como, por ejemplo, regalar o vender un diente, a fin de insertarlo en la mandíbula de otra persona; incluso el cortarse el pelo con el fin de obtener ganancia, no está, para él, totalmente desprovisto de culpa. Según ello, también la transfusión de sangre sería un crimen contra la Humanidad, ya que el hombre se rebaja en ella a mero medio al servicio de otro.

Se plantea así la cuestión: «¿Es suicidio lanzarse a una muerte segura, con el fin de salvar a la patria? ¿O hay que considerar como un acto heroico el martirio voluntario y, en general, el sacrificio de la vida por el bien de la Humanidad?» [41]. Después de los principios formulados por él, no hay duda de cuál tendría que ser consecuentemente la respuesta de Kant. Si el disponer de uno mismo como mero medio para un fin significa la denigración de la Humanidad en nuestra persona, entonces todo sacrificio de la vida por otro es un suicidio ilícito, un crimen contra la Humanidad en nosotros mismos. Incluso la consecución de un buen fin significaría, en efecto, la utilización del hombre como mero medio para un fin. Parece

---

37 *Metaphysik der Sitten*, págs. 278 y sgs.
38 *Grundlegung*, pág. 54.
39 *Metaphysik der Sitten*, pág. 268.
40 *Ibídem*, pág. 269.
41 *Ibídem*, pág. 270.

como si tuviera razón Hegel cuando se preguntaba si, con sus ejemplos casuísticos, Kant no había tratado de burlarse del carácter absoluto de las obligaciones formuladas por él [42]. Ningún adversario hubiera podido desacreditar más fuertemente el principio cardinal kantiano—el no considerar nunca la persona como medio, sino siempre como fin—que lo que Kant lo hizo con su casuística. En su rigidez y absolutismo, esta va más allá de la casuística escolástica, que solo había considerado como absolutamente ilícitas la blasfemia y la mentira. El error de Kant es relativamente claro. Lo que Kant hace es repetir el equívoco, tan criticado por él, del antiguo Derecho natural, es decir, poner al hombre empírico en el lugar de la persona moral, introduciendo así, de nuevo, la antropología en la ética. El sacrificio de la vida por la patria o por el bien de la Humanidad no es «aniquilamiento de la moral en su existencia»—una idea bien poco clara—, sino la más alta realización de la personalidad ética. En el aniquilamiento del hombre empírico, triunfa la persona moral. Si se sitúa, en cambio, la Humanidad como idea en el seno del hombre empírico—por hallarse aquella confiada a este «para su mantenimiento»—, el hombre empírico tiene que convertirse, con todo lo que es, en fin en sí mismo, con la consecuencia de que la persona moral no puede disponer en absoluto sobre él, ni siquiera sobre sus dientes.

No el hombre empírico, no el cuerpo, la vida, la libertad, la propiedad, etc., son fines absolutos por sí, sino solo la persona moral. Y precisamente por ser así, es posible que el aniquilamiento del hombre empírico se convierta en la suprema verificación de la persona moral. No el hombre, sino solo la persona autónoma, ha de ser considerada éticamente como un bien intangible, es decir, como fin último. Que esto es lo que responde a las verdaderas intenciones de Kant, es cosa que no hay que subrayar especialmente.

¿Qué significa, empero, «no utilizar nunca la Humanidad en la persona de un hombre como mero medio, sino siempre como fin último»? Solo la existencia empírica del hombre puede, en realidad, ser utilizada como medio. Solo la libertad externa, no la libertad moral, es decir, la autonomía, puede ser aniquilada desde el exterior. Solo la persona misma puede destruir la «Humanidad en ella misma», la autonomía moral, y ello por un error heterónomo. El concepto de la Humanidad se encuentra, por ello, utilizado en aquella fórmula en un doble sentido: como *homo phaenomenon* y como *homo noumenon,* complicando así su inteligencia. El contenido más exacto de aquella fórmula sería: utilizar la persona en su exis-

[42] Ed. del centenario (Glockner), I, pág. 117.

tencia empírica, solo en tanto que su hacer o padecer es en sí la realización o verificación de la persona moral.

3. Hegel

Kant había relegado a la empiria la naturaleza del hombre, junto con los contenidos ético-materiales del obrar, pero había dejado sin respuesta la pregunta acerca de cuál era el terreno de la experiencia que les era propio. La respuesta va a darla la Escuela histórica, y su formulación más sucinta se encuentra en Friedrich Julius Stahl. En la realidad, dice Stahl, la naturaleza humana es siempre una «naturaleza determinada por la individualidad, el ambiente, el destino, el tiempo, la materia; en suma, por la historia. Así determinada, la naturaleza del hombre no posee necesidad lógica» [43]. Dicho en pocas palabras: el hombre no posee una «naturaleza esencial», la naturaleza del hombre es su historia. La conciencia histórica que despierta entre los siglos XVIII y XIX inserta así en el curso del acontecer histórico los contenidos de la existencia humana que Kant había relegado a la experiencia. Y, sin embargo, en estos comienzos de la Escuela histórica falta todavía esa historificación estremecedora de los contenidos históricos que, más adelante, desde finales del siglo XIX, va a conducir al «historicismo»; es decir, al relativismo histórico. Muy al contrario. La conciencia histórica y la conciencia iusnaturalista intercambian incluso su papel en relación con la necesidad de los contenidos aprehendidos por ellas. Según nos dice Savigny en el célebre escrito programático de la Escuela histórica [44], el Derecho arraiga «orgánicamente» en la esencia y en el carácter de un pueblo, lo mismo que el idioma, los usos y la constitución. «Lo que hace un todo de estas manifestaciones es la convicción común del pueblo, el mismo sentimiento de necesidad interna que excluye toda idea de un nacimiento casual y arbitrario.» El desenvolvimiento del Derecho tiene lugar bajo una «ley de necesidad interna», «crece con el pueblo, se conforma junto con este, y muere finalmente, tan pronto como el pueblo pierde su singularidad». El Derecho en sentido propio, el Derecho consuetudinario, es creado siempre «por fuerzas internas y calladas, no por la voluntad de un legislador». En estas frases del escrito programático

---

[43] F. J. STAHL: *Philosophie des Rechts,* 1830, I, pág. 112.

[44] SAVIGNY: *Vom Beruf unserer Zeit für Gesetzgebung und Rechtswissenschaft,* 1814. [Hay ed. española en el volumen THIBAUT y SAVIGNY: *La Codificación,* Editorial Aguilar, Madrid, 1970.] Sobre la metafísica histórica de Savigny, cfr. ahora STEN GAGNER: *Studien zur Ideengeschichte der Gesetzgebung,* Stockholm, 1960, páginas 15 y sgs.

de la Escuela histórica queda convertida en «voluntad del legislador» aquella «necesidad lógica» con que, un siglo antes, habían creído los iusnaturalistas poder deducir sus codificaciones de principios racionales. Mientras que, de otro lado, la creación histórica del Derecho se nos presenta como el resultado de una «ley dotada de necesidad interna».

A la larga, empero, no podía satisfacer la respuesta dada por la Escuela histórica. Para que los contenidos de la existencia humana entregados a la experiencia histórica escaparan al acaso y al arbitrio, quedando sometidos a una «ley de necesidad interna», sería preciso que la Escuela histórica nos mostrara la estructura de esta ley de necesidad interna. ¿Es posible, sin embargo, conciliar la singularidad y unicidad históricas con una «ley» de necesidad interna? El intento de mostrar esta posibilidad, que la Escuela histórica no había emprendido, va a tratar de llevarlo a cabo Hegel.

En el curso de su crítica a Kant, Hegel sitúa, de nuevo, en el centro de la teoría filosófica del Derecho, el problema ético-material, renovando así la cuestión primaria del Derecho natural. Hegel reprocha a los sistemas modernos de moral—el de Kant y el de Fichte—el haber «elevado a principio un ser-para-sí y la singularidad», mientras que «es de naturaleza de la moralidad absoluta el ser una generalidad o *ethos*» [45]. Kant, como Fichte, había invertido la relación del Derecho natural con la moral; en realidad, a la moral le corresponde solo el terreno de lo negativo en sí, mientras que el Derecho natural tiene como sector propio lo verdaderamente positivo: construir como la naturaleza moral alcanza su verdadero Derecho [46].

De esta suerte, Hegel es más justo que Kant en su juicio de la teoría del Derecho natural anterior. Justamente en aquello que Kant había reprochado al Derecho natural, en su orientación a la experiencia, reconoce Hegel una «justificación relativa» [47]. «Con razón exige el empirismo que un filosofar así tiene que orientarse hacia la experiencia» [48]. A la teoría del Derecho natural no le reprocha, por eso, la orientación hacia la experiencia, sino solo la manera ametódica de esta orientación. «La conciencia empírica es empírica porque en ella los momentos de lo absoluto aparecen diseminados, contiguos, sucesivos, desperdigados» [49]. El error de la antigua teoría del Derecho natural consiste en haber creído que, si se elimina todo lo arbitrario y casual de la imagen mixta del estado jurídico, esta

[45] "Über die wissenschaftlichen Behandlungsarten des Naturrechts", en *Schriften zur Politik und Rechtsphilosophie,* pág. 388.
[46] *Ibídem,* pág. 389.
[47] *Ibídem,* pág. 343.
[48] *Ibídem,* pág. 342.
[49] *Ibídem,* pág. 349.

abstracción nos ofrecerá, sin más, como residuo, lo necesario absolutamente [50]. En esta discriminación le falta, empero, «al empirismo, en primer término, todo criterio acerca de dónde se encuentran los límites entre lo casual y lo necesario, es decir, qué es lo que tiene que quedar y qué es lo que hay que eliminar en el caos del estado de naturaleza o en la abstracción del hombre. El criterio determinante aquí no puede ser otro que el de que allí quede tanto como es necesario para la exposición de lo que encuentra en la realidad; el principio rector para aquel *a priori* es el *a posteriori*» [51]. De esta suerte se llega, sin duda, a la «eliminación de una gran suma de singularidades y contraposiciones, pero siempre queda en él una cantidad indeterminable de determinaciones cualitativas, que no tienen para sí más que una necesidad empírica, y carecen entre sí de necesidad interna» [52].

La abstracción y fijación de determinaciones [53], la fijación como esencialidades singulares de los momentos disgregados de la moralidad [54], es el error fundamental del Derecho natural, que es preciso evitar. Hegel se plantea, por ello, como cometido, reducir a la unidad de la idea absoluta de la moralidad los «momentos disgregados de la moralidad orgánica», tal como los conocía el Derecho natural. Al recoger así, de nuevo, el problema central del Derecho natural—viendo en él «lo verdaderamente positivo» de la moralidad—, Hegel evita los dos errores capitales del Derecho natural, llevando su programa a la máxima perfección alcanzada hasta hoy. La filosofía del Derecho de Hegel es, bien entendida, la forma más acabada de una teoría material iusnaturalista.

En primer lugar, evita el error, evidente ya desde Thomasius, de desgarrar el Derecho en dos especies contradictorias entre sí. Hegel no quiere construir un Derecho ideal y un Estado ideal, sino concebir el Estado real como algo racional en sí. «La enseñanza que puede darse en un escrito filosófico no puede consistir en aleccionar al Estado cómo debería ser, sino en cómo debe conocerse al Estado, el universo moral» [55]. Porque «lo que es real es racional». Con ello no quiere decirse, desde luego, que todo lo fáctico, tan solo por ser fáctico, queda ya legitimado como racional; la existencia, al contrario, solo en una parte merece el nombre de real, mientras que, en otra parte, es solo fenómeno, *existencia corrupta,* «que no

[50] "Uber die wissenschaftlichen Behandlungsarten des Naturrechts", en *Schriften zur Politik und Rechtsphilosophie,* pág. 336.

[51] *Ibídem,* pág. 337.

[52] *Ibídem,* pág. 337.

[53] *Ibídem,* pág. 332.

[54] *Ibídem,* pág. 339.

[55] *Philosophie des Rechts* (Lasson), pról., pág. 15.

tiene mayor valor que el de algo posible, que tanto puede ser como no ser [56]. Real es solo lo que tiene un lugar en el proceso histórico de desarrollo de la idea, y comprender aquello es el cometido de la filosofía.

Hegel evita, en segundo término, el error más manifiesto del Derecho natural anterior: su ahistoricidad. Desde que Aristóteles fijó el criterio del Derecho natural en su validez general intemporal e inespacial, este criterio había constituido el más grave obstáculo para la concreción del Derecho natural en la realidad histórica. Con la distinción entre un Derecho natural absoluto y otro hipotético o relativo, se había hecho, es cierto, una leve concesión a la singularidad histórica, pero esta concesión no podía bastar a la potente penetración de la ciencia histórica en la escuela histórica. Con el carácter de la validez intemporal se arrojó también, por eso, por la borda, la noción misma de un Derecho natural. Hegel emprende, en cambio, el ensayo grandioso de fundir la conceptualidad intemporal y la mutación histórica. Este ensayo sólo podía lograrse poniendo al descubierto en el concepto mismo una dinámica interna, un proceso que tiene lugar en el «ahora» temporal, y en virtud del cual el desarrollo del concepto entra en un cierto paralelismo con el desarrollo temporal. Esta ley estructural dinámica, que domina tanto el desarrollo del concepto como la sucesión temporal, la encuentra Hegel en la dialéctica. La dialéctica, en efecto, tiene una función especialmente elucidadora para la determinación del concepto de la moralidad, y hay pocos conceptos a los que pueda aplicarse tan bien la dialéctica como al concepto de la moralidad.

La cuestión de qué acción es moral tiene que responderse partiendo de la ley moral. Moralmente obra el que cumple lo que la ley moral exige de él. Punto de partida en el concepto de la moralidad es, por eso, la moralidad objetiva, «sustancial». Este momento puramente objetivo de la moralidad se revela pronto, sin embargo, como no verdadero, porque el mero cumplimiento externo, legal, de lo exigido moralmente es incluso inmoral, si es reprochable la actitud interna que guía el cumplimiento. El punto de vista objetivo se desplaza, por tanto, a su opuesto: el punto de vista subjetivo, para el cual un obrar es bueno por razón de la buena intención, sin consideración a su contenido. Este punto de vista subjetivo solo se nos muestra también, sin embargo, como no verdadero, ya que un obrar reprobable éticamente, por su contenido, es imposible que sea moralmente irreprochable, tan solo por la mera actitud interna del sujeto. Solo la síntesis de ambos momentos de la moralidad, del momento objetivo y el subjetivo, nos da la plena moralidad «concreta». En ella quedan

---

[56] *Enzyklopädie*, § 6; *Philosophie der Weltgeschichte* (Lasson), I, pág. 55.

«resueltos» ambos momentos contradictorios en una unidad superior, es decir, quedan tanto mantenidos en su necesaria tensión interna, como superados en su unilateralidad.

En virtud de la identidad de razón y realidad, el desarrollo del concepto en sus distintos momentos tiene que responder a la serie histórica de formas reales en el mismo proceso dialéctico; el desarrollo histórico tiene que discurrir paralelamente, en lo esencial, al desarrollo del concepto, ya que ambos están sometidos a la misma ley de la dialéctica [57].

El punto de vista de la moralidad objetiva lo realiza el mundo antiguo. En él no había surgido todavía el principio de la subjetividad, sino que el sujeto era uno directamente con los órdenes objetivos, «sustanciales», del Estado. «Platón expone en su *República* la moralidad sustancial en toda su belleza y verdad. Sin embargo, no puede dominar el principio de la singularidad autónoma, que, en su época, había penetrado en la moralidad griega, de otra manera que oponiéndole su Estado solo sustancial, y eliminándolo totalmente en sus orígenes—propiedad privada y familia—y en su posterior desarrollo como propia voluntad, elección de profesión, etc. El principio de la personalidad del individuo, autónoma e infinita en sí; el principio de la libertad subjetiva, que va a surgir internamente en el cristianismo, y externamente... en el mundo romano, no alcanza sus derechos en aquella forma solo sustancial del espíritu real. Este principio es históricamente posterior al mundo griego» [58]. «El derecho de la singularidad del sujeto a sentirse satisfecho, o, lo que es lo mismo, el derecho de la libertad subjetiva, constituye el giro y el centro en la distinción entre la Antigüedad y la época moderna. Este derecho es expresado en su infinitud en el cristianismo y convertido en principio general real de una nueva forma del mundo» [59]. El principio subjetivo de la moralidad lo expresa el cristianismo al penetrar y destruir los Estados de la Antigüedad. La conciliación de ambos principios constituye la época de los Estados «germánicos», el «período del espíritu, que se sabe libre, al querer lo verdadero, eterno, general, en sí y para sí» [60]. «El reino del espíritu real—el mundo germánico—tiene el principio de la conciliación absoluta de la subjetividad para sí con la divinidad en y para sí, con lo verdadero, sustancial; el principio de que el sujeto es libre para sí y solo libre en tanto que él mismo con-

---

57 Sobre el paralelismo entre desarrollo conceptual y proceso histórico, cfr. *Philosophie des Rechts*, §§ 1 y 22 (adición), y especialmente *Geschichte des Philosophie* (Hoffmeister), pág. 34.

58 *Philosophie des Rechts*, § 185.

59 *Ibídem*, § 124.

60 *Philosophie der Weltgeschichte*, II, pág. 877.

cuerda con lo general, se halla en la esencia: el reino de la libertad concreta» [61]. El Estado moderno es así la realidad de la libertad concreta, es decir, la síntesis de vinculación objetiva y libertad subjetiva, de generalidad y singularidad. «La libertad concreta consiste, empero, en que la individualidad personal y sus intereses especiales tienen para sí, de un lado, su desarrollo pleno y el reconocimiento de su derecho [62], mientras que, de otro, se identifican, de una parte, con el interés de lo general, y de otra, con conocimiento y voluntad, reconocen lo general como su propio espíritu sustancial, actuando para el mismo como su propio fin último» [63]. «De lo que se trata es de que la ley de la razón y de la libertad especial se penetren, y que mi fin especial se haga idéntico con lo general; en otro caso, el Estado pende en el vacío» [64]. «Solo si ambos momentos subsisten en su fortaleza, puede considerarse al Estado como articulado y verdaderamente organizado» [65]. Así es que la filosofía del Derecho de Hegel nos aparece como filosofía de la historia coagulada, y que su filosofía de la historia es, en relación con el Estado, filosofía del Derecho desarrollada en la temporalidad.

Frente a la ética kantiana de la pura actitud interna, para la que en el mundo nada hay bueno, sino solo una buena voluntad, Hegel subraya, de nuevo, la significación del lado material-objetivo de la moralidad. Hegel ha superado, sobre todo, al menos en un principio, la unilateralidad de los dos puntos de vista anteriores: el de la ética social exclusivamente material del Derecho natural, y el de la ética formal kantiana de la pura actitud interna. La «moralidad concreta» se bifurca en ambas vertientes: la material-objetiva, que brinda el contenido de la obligación, y la moral-subjetiva, que afecta a la relación interna de la persona con la obligación objetiva. Partiendo de la moralidad, Hegel ha puesto así de manifiesto el punto crucial de toda filosofía del Derecho y del Estado, el cual consiste en la unidad dialéctica, plena de tensión, de la vinculación objetiva y la libertad subjetiva. Todos los cometidos materiales objetivos le son planteados al individuo por la totalidad supraindividual: por la comunidad. En este sentido, el individuo queda referido a la comunidad también en su existencia moral y subordinado a ella. Al consagrarse, empero, el indivi-

---

[61] *Philosophie der Weltgeschichte,* I, pág. 244.

[62] Sobre todo, en las tres libertades individuales más importantes: libertad de la persona, de la propiedad y de la elección de profesión *(Philosophie des Rechts,* § 62).

[63] *Ibídem,* § 260.

[64] *Ibídem,* § 265 (adición).

[65] *Ibídem,* § 260 (adición).

duo a estos cometidos supraindividuales, al luchar por el conocimiento adecuado de su contenido y tomar a este por su propia obligación moral, aparece—para valernos de una hermosa imagen de Max Scheler—, «a las espaldas del acto», el valor moral de la persona, valor que solo pertenece a esta, que la eleva sobre la condición de mero medio y la convierte en fin en sí misma. Comunidad e individuo son así miembros con valor propio de una totalidad cuyos momentos se hallan condicionados entre sí. Ni la comunidad es todo y el individuo nada, como enseñaba el colectivismo, ni el individuo es todo y la comunidad mero aparato protector para él, como cree el individualismo, sino que ambos tienen una propia sustancia, independiente frente al otro y no tomada de él. La comunidad formula al individuo los cometidos supraindividuales, mientras que, luchando por ellos y por la entrega a ellos, el individuo adquiere un propio valor ético, que no le es prestado por la comunidad, sino que le corresponde por su propio obrar. El individualismo y el colectivismo quedan así superados en este punto crucial de toda ética y toda filosofía social.

Ahora bien: ¿se ha mantenido Hegel verdaderamente fiel a este punto de partida—dado con el concepto de la moralidad concreta—de la pertenencia recíproca y llena de tensión de lo general y lo individual? ¿Cómo ha de hacerse efectiva la síntesis de la singularidad individual con la generalidad sustancial? En este respecto son muy instructivas sus manifestaciones sobre la conciencia. Hegel distingue una conciencia «formal», que «solo es la reflexión subjetiva de la autoconciencia», y una conciencia «verdadera», es decir, «la actitud interna de querer lo que es bueno en sí y para sí»[66]. «En tanto que unidad del saber subjetivo y de lo que es bueno en sí y para sí, la conciencia es un santuario, que sería un crimen tocar. Ahora bien: si la conciencia de un individuo determinado responde a esta idea de la conciencia, si aquello que él tiene por bueno o dice que tiene por bueno es también verdaderamente bueno, esto es algo que solo puede conocerse por el contenido de este deber-ser-bueno»[67]. La idea, empero, de esta conciencia «objetiva» que se contrapone así a la conciencia de un individuo determinado, y que es la única que puede considerarse como un santuario intangible, significa, en realidad, el aniquilamiento de la conciencia «en su forma peculiar». Una conciencia que no es individual-subjetiva, sino general-objetiva, es una contradicción en sí misma. Por eso, dice Hegel consecuentemente: «El Estado no puede, por ello, reconocer la conciencia en su forma peculiar, es decir, como saber subjetivo.» Nada tiene, por eso, de

[66] *Philosophie des Rechts,* § 137.
[67] *Ibídem, loc. cit.*

extraño que, en el momento en que Hegel pasa a la moralidad concreta, «desaparecen 'en la sustancialidad moral' la obstinación y la propia conciencia del individuo, la cual sería para sí y constituiría una oposición frente a aquella» [68]. Pese a todas sus altisonantes palabras sobre la conciencia y la singularidad subjetiva, Hegel hace que estas se sumerjan en el mar de la generalidad sustancial: en el Estado, «en el cual la libertad recibe su objetividad... Solo la voluntad que obedece la ley es libre, y ello porque se obedece a sí misma y permanece en sí, es decir, es, por tanto, libre... Al someterse la voluntad del hombre a las leyes, desaparece la oposición entre necesidad y libertad. Necesario es lo racional por ser lo sustancial, y nosotros somos libres en tanto que lo reconocemos como ley y lo seguimos como a la sustancia de nuestro propio ser: la voluntad objetiva y subjetiva se reconcilian así y son una y la misma totalidad serena. La moralidad del Estado no es, en efecto, la ética, producto de la reflexión, en la cual impera la propia convicción; esta es, más bien, asequible al mundo moderno [69], mientras que la verdadera, propia de la Antigüedad, tiene sus raíces en que cada uno se mantiene en su obligación» [70].

Hegel, que se había propuesto realizar la síntesis entre la Antigüedad y el cristianismo, retorna a la Antigüedad. En la «libertad racional» [71], cuya materia es lo general, desaparece el principio cristiano de la subjetividad y de la conciencia individual. Pese a todas las bellas frases que le dedica, Hegel ignora el problema de la subjetividad real. Contra este objetivismo se alzará, por eso, la protesta apasionada de Kierkegaard, el pensador «subjetivo».

Paralelamente al tránsito de la conciencia subjetiva a la conciencia «verdadera» objetiva tiene lugar también, según Hegel, la síntesis de la libertad «individual» con la libertad «concreta»; es decir, con aquella libertad cuya realidad es para Hegel el Estado. «El principio de los Estados modernos tiene la tremenda fuerza y profundidad de dejar completarse el principio de la subjetividad hasta convertirse en el extremo independiente de la singularidad personal, mientras que, a la vez, lo retorna a la unidad sustancial, manteniendo esta en él mismo» [72]. ¿Cómo tiene lugar, empero, esta síntesis del interés individual con el interés general, de la que

---

[68] *Philosophie des Rechts,* § 152.

[69] En *ibídem,* § 74 (adición), se dice de una manera algo distinta: "El principio de la moralidad, de la interioridad de Sócrates, fue creado necesariamente en sus días; pero para llegar a convertirse en autoconciencia general precisaba tiempo."

[70] *Philosophie der Weltgeschichte,* I, pág. 94.

[71] *Ibídem,* I, pág. 124.

[72] *Phil. d. Rechts,* § 260.

Hegel dice, en dos pasajes fundamentales [73], que los intereses individuales pasan al interés del Estado «por sí mismos» o «en sí mismos»?

El punto de partida es la sociedad civil como el «escenario de la lucha de los intereses particulares de todos contra todos» [74]. En este «sistema de la atomística» [75], la eticidad se pierde en sus extremos; es decir, la singularidad y la generalidad quedan escindidas [76]. El camino para su conciliación pasa a través de la corporación; es decir, de la «comunidad gremial» o del «estamento profesional». La corporación se cuida de sus miembros, y al imponerles obligaciones correspondientes a su estado, los circunda con un círculo ético, en el que aquellos tienen su honor profesional [77]. La corporación es así «la etificación del oficio aislado en sí y su elevación a un ámbito en el que adquiere fuerza y honor» [78]. Por el camino de la corporación, el interés individual se hace capaz de incorporarse al interés del Estado «por sí mismo». «El espíritu de la corporación, que se crea en la justificación de las diversas esferas, se transforma en sí mismo, a la vez, en el espíritu del Estado, ya que tiene en este el medio para el mantenimiento de los fines singulares» [79].

Sin solución de continuidad y armónicamente se inserta el interés singular en el interés general. ¿Está, sin embargo, esta síntesis verdaderamente garantizada? ¿Pasa efectivamente el interés singular a través de la corporación «por sí mismo» al interés general? Si la realidad es racional, sin duda alguna. Desde el punto de vista de la racionalidad o de la necesidad ética, el interés individual, a la larga, solo puede subsistir como parte del interés general; y al contrario, el interés general tiene que estar constituido de tal manera, que abarque, a la vez, los intereses singulares. «Lo decisivo, en último término, es la unidad de la generalidad y la singularidad en el Estado» [80]. Pero lo racional no es, por ello, necesariamente también «real». El peso del interés individual es, la mayoría de las veces, demasiado grande para que pase «por sí mismo» al interés común. También en las corporaciones, como lo muestra la historia [81], el interés particular es, en su mayoría, demasiado intenso como para transformarse «por sí mismo»

---

[73] *Philosophie des Rechts,* §§ 260 y 289.
[74] *Ibídem,* § 289.
[75] *Enzyklopädie,* § 523.
[76] *Ibídem,* § 184 y la "adición" correspondiente.
[77] *Ibídem,* § 253, y *Enzyklopädie,* § 534.
[78] *Ibídem,* § 255 ("adición").
[79] *Ibídem,* § 289.
[80] *Ibídem,* § 261 ("adición"). En los mismos términos hubiera podido formularlo Rousseau.
[81] Sobre la "desgraciada gremialidad", cfr. el mismo HEGEL, en *Phil. d. Rechts,* § 255 ("adición").

en el espíritu del Estado. Las corporaciones se han convertido con harta facilidad en asociaciones de intereses, en las cuales quedaba negado de hecho el espíritu del todo. La tesis de que lo real es también lo racional ha llevado a hipótesis sobre la realidad, que toman demasiado a la ligera el peso de elementos negativos.

Precisamente en este punto, es decir, en la «antinomia irresuelta» entre el fin último del Estado y el interés singular del individuo, se centra la crítica de Karl Marx en sus escritos de juventud [82], en la cual, en último término, lo que hace es invertir las cosas a lo que—a su parecer—es la situación «real», es decir, marxista: los intereses especiales de la sociedad civil son la sustancia, mientras que lo general, el Estado y el espíritu objetivo, son lo secundario, la «superestructura».

El Estado es, en Hegel, «la realidad de la idea moral» [83], más aún, como en Hobbes, el Dios terreno [84]. «Estado», sin embargo, es, para Hegel, y ello no ha de olvidarse, algo más que la organización de poder que hoy nos parece a nosotros ser [85]. El Estado es, en primera línea, un individuo espiritual [86], un fenómeno espiritual: el «espíritu de un pueblo» [87], «su religión, culto, moral, usos, arte, constitución, leyes políticas, toda la amplitud de sus instituciones, sus sucesos y hechos» [88], «las potencias espirituales que viven en un pueblo y lo gobiernan» [89]. La justificación de que estas potencias espirituales que dominan la vida del pueblo son también las justas y racionales, corre a cargo de la tesis según la cual lo real es, a la vez, lo racional. Si esta «presuposición frente a la historia», «de que la razón rige el mundo, y de que, por tanto, también la historia se desarrolla racionalmente» [90], desaparece como una premisa infundada de Hegel, no se modifica, es verdad, el contenido de lo general, pero su validez se reduce a la pura facticidad de las concepciones culturales y jurídicas dominantes en cada momento. Es el camino que seguirá, en los últimos representantes del neokantismo—así M. E. Mayer—, el problema de los contenidos materiales del obrar.

---

[82] KARL MARX: "Kritik des Hegelschen Staatsrechts", 1843, en K. MARX y FR. ENGELS: *Werke*, hrgn. v. Institut f. Marxismus-Leninismus beim ZK der SED, Berlín, 1958, vol. I, págs. 203 y sgs.

[83] *Philosophie des Rechts*, § 257.

[84] *Ibídem*, § 258 (adición), § 272 (adición).

[85] Sin que ello quiera decir que no aparezca a veces también en Hegel bajo esta forma. Cfr. especialmente *ob. cit.*, §§ 340 y sgs.

[86] *Philosophie der Weltgeschichte*, I, pág. 93.

[87] *Philosophie des Rechts*, § 274.

[88] *Philosophie der Weltgeschichte*, I, pág. 44.

[89] *Ibídem*, I, pág. 93.

[90] *Ibídem*, I, pág. 4.

CAPITULO V

EL PRESENTE

1. Positivismo y neokantismo

La pretensión de Hegel, de construir *a priori* todo, incluso la historia, como un proceso dialéctico de autorrealización de la idea, proceso al que la experiencia tenía que adaptarse [1]—la más osada aventura de la razón—, había agotado las fuerzas del idealismo. Después del derrumbamiento del hegelianismo, poco después de la muerte de su creador, aparece un agotamiento del espíritu idealista, que perdura hasta nuestros días. Al principio pudo incluso creerse que la misma fuerza filosófica se había acabado. «Este gran edificio se ha venido abajo porque toda esta disciplina se halla en tierra», escribía Haym en 1857 [2].

Ahora bien: ¿no es este cuadro todavía demasiado optimista? En todas las épocas, en la historia del espíritu humano ha habido períodos de descanso y de respiro, tras una tensión excesiva de las energías. Lo que ahora, a partir de mediados del siglo XIX, acontece es algo nuevo, algo incluso inédito en sus rasgos esenciales; no es que el espíritu descanse, sino que se vuelve contra sí mismo. Lo que, desde entonces, hemos vivido ha sido la autodestrucción y autodisolución de la razón, un proceso cuyas consecuencias en ningún terreno se manifiestan más claramente ni con efectos más terribles que en el terreno de los órdenes sociales. Es un proceso que discurre por cuatro rutas que, en parte, se entrecruzan: por las rutas del positivismo, de la doctrina de las ideologías, de la filosofía de la vida y del existencialismo. De todas ellas es el positivismo la que reviste significación más directa para la teoría y la práctica jurídicas.

El positivismo es la reducción de la razón, que capta e interpreta en su sentido las impresiones sensibles al entendimiento, en tanto que facultad orientada a la existencia y de carácter técnico-instrumental. Según la ley de los tres estadios de Auguste Comte, con el positivismo la Humanidad pasa del estadio metafísico al estadio científico, al limitarse a aquello que es susceptible de observación empírica—es decir, a los hechos y a las co-

[1] Hegel: *Philosophie der Weltgeschichte,* I, pág. 137.
[2] R. Haym: *Hegel und seine Zeit,* pág. 5.

nexiones causales de hechos—, dando de lado todo lo que trasciende de la observación empírica. Para la teoría jurídica, la limitación a lo «fáctico y existente en realidad»[3] significa la ocupación exclusiva con el Derecho positivo, como el Derecho «al que un poder competente y creador le confiere la cualidad jurídica... por medio de un proceso adecuado y externamente perceptible»[4]. El valor de este Derecho es irrelevante: «La existencia del Derecho es *una* cosa, y su valor o falta de valor, *otra*... Una ley efectivamente existente es una ley, aun cuando provoque nuestra censura»[5]. Lo decisivo es solo su funcionamiento en la realidad: «Solo lo que funciona como Derecho es Derecho, y *todo esto es Derecho, sin excepción alguna*»[6]. Solo este «concepto estricto del Derecho»[7] salva al juez de dificultades sin salida. «Si el juez no adopta el punto de vista de que Derecho es solo el Derecho positivo, sea cual fuere su tenor..., se verá envuelto en los conflictos más insolubles»[8]. Frente al hecho puro del Derecho positivo no existen verdades racionales. «En el campo del Derecho no hay una verdad objetiva, resultado del pensamiento filosófico, sino solo una representación incierta, fruto, si no de la imaginación artística, sí del sentimiento moral, de la ponderación racional, de tendencias políticas, etc. Esta representación puede reflejar las concepciones y sentimientos de grandes grupos humanos respecto al orden ideal de la convivencia, puede representar una cierta opinión pública, pero más no. Es decir, es irrelevante cuál es el contenido mental que se confiere al supuesto Derecho no positivo, como lo es el puesto que se le conceda entre las «ideas» desde un determinado punto de vista, bien como las ideas fijas de un psicópata, bien como las ideas seculares de hombres geniales, bien como las ocurrencias ridículas de un arreglamundos politizante, bien como la convicción de grandes naciones acerca de su misión histórica: como Derecho, todo otro Derecho que no sea el positivo es un contrasentido»[9].

Lo notable en estas frases—notable para el espíritu peculiar del positivismo—es la psicologización absoluta de los contenidos espirituales de significación para la materia jurídica; una psicologización que va tan lejos como para situar «las ideas seculares de hombres geniales» y «la convicción de grandes naciones acerca de su misión histórica» en el mismo plano que

---

[3] Karl Bergbohm: *Jurisprudenz und Rechtsphilosophie*, 1892, pág. 539.
[4] *Ibídem*, pág. 549.
[5] *Ibídem*, pág. 398, n.
[6] *Ibídem*, pág. 80 (el subrayado es mío).
[7] *Ibídem*, pág. 400.
[8] *Ibídem*, pág. 405, n.
[9] *Ibídem*, pág. 479.

las ideas fijas de los psicópatas; es decir, en el plano de su facticidad. Desde esta perspectiva, tenía que ser puesto en duda el valor científico del núcleo mismo de la labor científico-jurídica, la dogmática.

La dogmática jurídica [10] es la *explicación sistemática* de los principios jurídicos que se encuentran en la base de un orden jurídico o de algunas de sus partes; así, p. ej., «autonomía privada» y «propiedad privada», «culpa y pena», «principio de escuchar a las dos partes», «pluralismo de partidos», «Estado de Derecho», etc. Estos principios jurídicos descansan en últimos, originarios «proyectos de sentido» para la conformación de la vida social de un pueblo en un momento determinado [11]. La dogmática jurídica aísla los principios jurídicos implícitos en un orden jurídico, expone los diversos preceptos jurídicos como componentes o consecuencias de estos principios, y permite así entender el orden jurídico o sus partes como una estructura de sentido de carácter concreto con una determinada pretensión de verdad. El método de la dogmática jurídica no es el de la explicación causal, sino el de la comprensión del sentido, ya que solo *así* puede ser entendida una estructura de sentido como lo es un sistema jurídico. Quien se acerca, en cambio, a un sistema jurídico con el método positivista de la observación de los hechos y de su conexión causal, verá cómo el objeto de su estudio se le escapa de entre las manos, y cómo en lugar del Derecho le aparecerá el «mecanismo jurídico», es decir, el acontecer externo y visible que tiene lugar en la realización del Derecho: en lugar de la ciencia del Derecho, tendremos la «sociología jurídica» [12].

---

[10] Cfr. E. ROTHACKER: "Die dogmatische Denkform in den Geisteswissenschaften und das Problem des Historismus", en *Abhandlungen der Akademie der Wissenschaften und der Literatur in Mainz,* 1954, págs. 253 y sgs.

[11] Cfr., más adelante, págs. 255 y sgs.

[12] Una sociología del tipo que describe V. LUNDSTEDT (*Die Unwissenschaftlichkeit der Rechtswissenschaft,* I, II, 1932, 1936), siguiendo ideas del filósofo sueco A. Haegerström: "Una concepción positiva de los fenómenos jurídicos, basada constantemente en hechos empíricos." Según la misma lógica con que Lundstedt define los conceptos de "derecho subjetivo" u "obligación" (I, 119, 136), podría también definirse una estatua como un trozo de madera de tilo, y una pintura como un trozo de tela con manchas de colores secos, mientras que el contenido de su mensaje sería solo "superstición", "metafísica" o "quimera". Comparada con el libro de Lundstedt, la conferencia, sensacional en su tiempo, de JULIUS VON KIRCHMANN, *Die Wertlosigkeit der Jurisprudenz als Wissenschaft* (1848), contiene todavía mucha "metafísica", ya que en ella se ensalza como verdadero Derecho al Derecho "natural", tal como vive en el pueblo (es decir, que el concepto del Derecho de la Escuela histórica se había convertido en Derecho natural en 1848). Solo el Derecho positivo es "mera arbitrariedad" del legislador. Por ello, no puede haber una ciencia de él: "En tanto que la ciencia del Derecho hace de lo casual su objeto, ella misma se convierte en algo casual; tres palabras correctoras del legislador, y bibliotecas enteras se convierten en papel mojado."

El positivismo no ha logrado, es verdad, sustituir la dogmática jurídica por la sociología jurídica, pero sí ha conseguido conmover profundamente la creencia en el carácter científico de la dogmática [13]. Todavía en 1893, el criminalista Franz von Liszt dejaba en pie la cuestión de si la dogmática del Derecho penal era o no una ciencia; seis años más tarde, empero, verá el cometido de la dogmática tan solo en la formación pedagógica de los criminalistas prácticos, mientras que la labor científica del criminalista consiste solo, para él, en la indagación causal del delito y de los efectos de la pena [14]. Y cincuenta años más tarde, en 1947, escribirá el historiador del Derecho Paul Koschacker que, «medida con el concepto moderno de ciencia», la dogmática jurídica no constituye una ciencia, ya que su cometido consiste solo en desintegrar y ordenar el material que le es dado por vía de autoridad [15]. Solo la historia del Derecho posee valor científico, pero no como ciencia del Derecho, sino como ciencia histórica. Aquí, uno ha de preguntarse qué valor cognoscitivo puede tener el estudio—realizado metódicamente—del «material jurídico dado por vía de autoridad» de épocas anteriores, si la explicación sistemática de sus contenidos de sentido no constituye un objeto científico [16].

Lo que sí logró imponer, en cambio, el positivismo fue su «concepto estricto del Derecho». Para varias generaciones de juristas ha sido verdad inquebrantable «que el poder jurídico, o, según otras terminologías, el legislador, el Estado, el poder soberano, pueden promulgar como tal cualquier proposición jurídica» [17], incluso una proposición absolutamente inmoral [18]. Incluso el positivismo más sublimado, la teoría pura del Derecho de Hans Kelsen, sostiene que «todo posible contenido puede ser Derecho»; «no hay comportamiento humano que como tal, y por razón de su contenido, no pueda ser contenido de una norma jurídica. La validez de esta última

13 ROTHACKER, *ob. cit.*, ha sido el primero que ha mostrado claramente cómo la forma de pensamiento dogmática es "un modo de investigación de primera línea, que arroja resultados científicos permanentes", haciendo resaltar su indispensable función como "fuente de nuestro saber espiritual material"; todo lo cual reviste importancia suficiente, aun cuando el pensamiento dogmático no sea, como cree Rothacker, la *única* fuente de este saber.

14 F. V. LISZT: *Aufsätze*, II, págs. 77, 281, 296.

15 P. KOSCHACKER: *Europa und das Römische Rechts*, 1947, págs. 210, 284, 337.

16 Hasta qué punto se halla Koschacker bajo la influencia del concepto positivista de la ciencia y de la realidad, se pone de manifiesto en que, apelando a Lundstedt, solo atribuye carácter científico a la sociología jurídica, y no a la dogmática jurídica.

17 FELIX SOMLÓ: *Juristische Grundlehre*, 1917, pág. 309.

18 *Ibídem*, pág. 431.

no puede ser negada porque su contenido contradiga otra norma que no pertenece al orden jurídico» [19].

También la filosofía del Derecho que renace en los años noventa del último siglo—la filosofía del Derecho neokantiana—hace suyo este concepto del Derecho. Característico de esta dirección es el dualismo entre «concepto del Derecho» e «idea del Derecho», formulado por primera vez por Rudolf Stammler, un filósofo del Derecho perteneciente al «neokantismo de Marburgo». El concepto del Derecho contiene los rasgos constitutivos («las formas de pensar permanentes») que hacen de un contenido concreto un contenido jurídico, mientras que la idea jurídica representa, en cambio, la «medida», el «canon», el «criterio» para juzgar del Derecho, el cual no deja de ser Derecho aun cuando sea injusto o revista el carácter de la arbitrariedad [20]. El concepto del Derecho es constitutivo; la idea del Derecho, «solo» regulativa [21].

Con las expresiones «medida» y «criterio» surge, de nuevo, necesariamente la cuestión aporética de los contenidos materiales de la justicia. Al plantear Stammler la cuestión «de esta» manera, es decir, como una cuestión de la «medida» o del «criterio» del Derecho positivo, la respuesta tenía que ser necesariamente insatisfactoria. La idea del Derecho es, para Stammler, el «proceso» por el que se juzga de una manera incondicionalmente igualitaria [22], o también una «forma pura de ordenación» [23]. Pero con «puras formas de ordenación» no puede «medirse», ni con meras formas de procedimiento puede juzgarse. El defecto de Stammler consistió en que con su planteamiento del problema despertó esperanzas que él mismo tuvo que desilusionar [24]. Una vez, empero, despertadas estas esperanzas, era inevitable que comenzara, una vez más, la búsqueda de formulaciones ciertas sobre el contenido de la justicia. Ahora bien: tras la aparición de la

---

19 H. KELSEN: *Reine Rechtslehre,* 2 Aufl., 1960, pág. 201.

20 Cfr., sobre ello GRAF ZU DOHNA: *Kernprobleme der Rechtsphilosophie,* 1940, pág. 54.

21 Binder y Radbruch diluyen un tanto, es verdad, la clara distinción de Stammler, al atribuir a la idea jurídica "también" una cierta función "constitutiva", ya que es de esencia del concepto del Derecho que este trate de servir a la idea del Derecho (cfr. BINDER: *Rechtsbegriff und Rechtsidee,* 1915, pág. 60; *Philosophie des Rechts,* 1925, pág. 257; RADBRUCH: *Rechtsphilosophie,* 3 Aufl., 1932, págs. 4, 29); ninguno de ambos autores extrae "consecuencias" de ello, especialmente en los casos críticos, en los que es dudoso si el Derecho es todavía un intento de servir a la justicia. Cfr. anteriormente en el texto.

22 R. STAMMLER: *Lehrbuch der Rechtsphilosophie,* 3 Aufl., 1928, pág. 183.

23 *Ibídem,* pág. 178.

24 "La idea misma no es creadora... Quien pretende que nos suministre fines positivos se engaña a sí mismo." (STAMMLER: *Lehrbuch der Rechtsphilosophie,* página 182, n.).

conciencia histórica y el derrumbamiento de la filosofía de la historia *a priori,* esta búsqueda era incomparablemente más difícil que en la época del Derecho natural, siempre que no se tratara de cerrar los ojos a aquellas dos nuevas experiencias.

En contraposición al formalismo metódico de Stammler, las teorías jurídicas relativistas de Gustav Radbruch y de M. E. Mayer—ambas en conexión con el neokantismo sudoccidental de Windelband y Rickert—tratan de encontrar, de nuevo, el camino hacia determinaciones axiológicas de contenido, aunque renunciando a la absoluta validez de estos contenidos [25]. De esta suerte van a desembocar en una especie de «Derecho natural de contenido variable» [26].

Radbruch, p. ej., trata de «trazar una tópica de las posibles concepciones jurídicas dentro del marco de una tópica de las posibles concepciones del universo» [27]. Estas posibles concepciones del Derecho y del Estado son tres: la individualista, la supraindividualista y la transpersonal, según que se tenga como valor supremo, bien al hombre individual, bien a las personalidades colectivas, como, p. ej., al Estado, o bien a la cultura [28]. Un juicio «científico» sobre la justeza objetiva de una u otra de estas actitudes es imposible: los juicios de valor no son objeto del conocimiento, sino de una profesión de fe [29]. «La filosofía del Derecho relativista no puede quitar al individuo la carga de escoger entre las concepciones jurídicas elaboradas sistemáticamente desde presuposiciones últimas y contrapuestas» [30]. El orden de la convivencia humana no puede, naturalmente, quedar entregado a las diversas concepciones jurídicas de los individuos, sino que tiene que estar establecido inequívocamente por una instancia supraindividual. «Ahora bien, como, según la concepción relativista, ni la razón ni la ciencia pueden cumplir este cometido, es preciso que este quede a cargo de la voluntad y del poder» [31]. El poder se legitima por su capacidad para imponer el Derecho: «Quien es capaz de imponer el Derecho, prueba

---

[25] Cfr. M. E. MAYER: *Rechtsphilosophie,* pág. 63.

[26] La expresión fue utilizada ya por STAMMLER: *Wirtschaft und Recht,* pág. 185.

[27] RADBRUCH: *Rechtsphilosophie,* 3 Aufl., 1932, pág. 10.

[28] *Ibídem,* págs. 50 y sgs. Su tópica es una racionalización de la situación de los partidos políticos en el Imperio alemán y en la República de Weimar: cfr. págs. 58 y sgs. En su *Philosophie des Rechts,* 1925, Binder solo conoce la alternativa entre individualismo y transpersonalismo, y se decide por esta última posición.

[29] *Ibídem,* págs. 9 y sgs. Esta tesis une a Radbruch, sobre todo, con Max Weber. La tesis, como tal, no tiene en sí nada que ver con el "relativismo"; este último es un añadido de Radbruch. Sobre Max Weber, cfr. LEO STRAUSS: *Naturrecht und Geschichte,* 1953, págs. 37 y sgs.

[30] *Ibídem,* págs. 10 y sgs.

[31] *Ibídem,* pág. 81.

con ello que está llamado a establecer el Derecho»[32]. Así es como el relativismo lleva—necesariamente por lo demás—a la entrega del Derecho al poder[33].

A diferencia de Radbruch, M. E. Mayer trata de situar el ideal jurídico concreto en una relación de dependencia con el estado cultural del momento[34]. «Los fines, ideales e ideas que surgen de un estado cultural encuentran en él cierta justificación»[35]. Estos contenidos responden a los de la metafísica histórica hegeliana, pero sin su pretensión de validez absoluta. Aquí el relativismo nos sale al paso bajo la forma del historismo.

Lo decisivo para la valoración y el destino de la filosofía del Derecho neokantiana no es, sin embargo, sus esfuerzos en torno a la idea del Derecho, sino el hecho de que, debajo de su «superestructura ideal», e inafectado por ella, permanece intacto, como un bloque errático, el «concepto estricto del Derecho» del positivismo. El punto en que esto se muestra más claramente es en la interpretación neokantiana del concepto de «obligación jurídica». A partir de Thomasius, y en oposición consciente con la tradición iusnaturalista hasta Pufendorf, el concepto de obligación jurídica había sido separado como obligación «externa» o «coactiva» del concepto de obligación «interna» o de «conciencia» propia de la moral; sobre todo, desde que se creyó poder encontrar esta distinción en la obra kantiana[36]. Desde este punto de vista penetró el concepto de obligación coactiva en la conciencia jurídica general del siglo XIX, y muy especialmente en el positivismo. Y, sin embargo, en este concepto se da una *contradictio in adjecto:* la coacción fuerza, pero no obliga; la obligación procede de una esfera completamente distinta a la de la coacción. Esta contradicción fue salvada, por primera vez, por el neokantismo, y concretamente por Julius Binder. Las normas «de la moral proceden de la conciencia y obligan como consecuencia de ello, ya que obligación no es otra cosa que la convicción de tener que obedecer la norma, es decir, lo que llamamos conciencia moral. Los preceptos del orden jurídico se imponen por la coacción externa del Estado, proceden de una autoridad externa y no obligan, ni su validez depende de que yo los tenga por obligatorios en mi conciencia»[37]. Desde

---

[32] RADBRUCH, *ob. cit.*, pág. 81. Sobre las consecuencias de ello para la teoría y la práctica de la democracia, cfr., más adelante, pág. 265.

[33] Cfr., más adelante, pág. 198.

[34] M. E. MAYER, *ob. cit.*, págs. 69 y sgs.

[35] *Ibídem,* págs. 69 y sgs.

[36] Cfr., anteriormente, pág. 171.

[37] J. BINDER: *Philosophie des Rechts,* 1925, págs. 819 y sgs. Sobre la distinta teoría de R. Laun—una subespecie de la teoría del reconocimiento, que fundamenta

este punto de vista, no puede haber una «obligación jurídica». En este sentido concluye también Binder: «Es preciso rechazar el concepto de obligación jurídica que la *communis opinio* ha convertido en punto de partida de casi toda la dogmática jurídica. La obligación no es un concepto jurídico; en todos los casos en que hablamos de obligaciones fundamentadas por el orden jurídico, de lo que se trata, en realidad, es de algo completamente distinto. Hay que rechazar la categoría general de la obligación del súbdito, hay que rechazar la obligación jurídico-penal de no cometer delitos, hay que rechazar la obligación civil de cumplir lo convenido. En todos estos casos se trata, en verdad, de responsabilidades; de responsabilidades a que están sometidos quizá el cuerpo, la vida, el patrimonio, la libertad, el honor...» [38]. Esta teoría de Binder, a la que se ha llamado «nihilismo filosófico-jurídico», fue adoptada por Radbruch, sublimándola con sus formulaciones plásticas: el substrato del Derecho excluye con necesidad conceptual la obligatoriedad [39]. «Para el juez es una obligación profesional prestar vigencia a la voluntad de la ley, sacrificar el propio sentimiento jurídico al mandato jurídico autoritativo, preguntar solo qué es Derecho, y nunca si también es justo... Despreciamos al sacerdote que predica contra su propia convicción, pero veneramos al juez, que no permite que su sentimiento jurídico contrario le aparte de la fidelidad a la ley» [40, 41].

El psicólogo Erich Jaensch llamó una vez al neokantismo una «teoría complementaria del positivismo» [42], para cuya afirmación podía haber apelado al mismo Heinrich Rickert, que había dicho de sí que se mantenía fiel al concepto positivista de la realidad [43]. Con la misma razón puede desig-

---

el Derecho en la "vivencia originaria" de la conciencia o del sentimiento jurídico—, remito a mi trabajo "Gesetz und Gewissen", en *Hundert Jahre deutsches Rechtsleben. Festschrift des deutscher Juristentages,* 1960, I, págs. 383 y sgs.

[38] BINDER: *Rechtsnorm und Rechtsphlicht,* 1912, pág. 45; *Der Adressat der Rechtsnorm und seine Verpflichtung,* 1927, págs. 73 y sgs. También Kelsen define la "obligación jurídica" meramente como responsabilidad: como responsabilidad por el propio comportamiento, a diferencia de la responsabilidad por el comportamiento ajeno *(Reine Rechtslehre,* 2 Aufl., 1960, pág. 125).

Binder abandonó más tarde su teoría *(System der Rechtsphilosophie,* 1937, página 22, n.), reconociendo la posibilidad de leyes no vinculantes, aduciendo como criterio de la validez de una ley la conciencia jurídica del pueblo (!). BINDER: *Grundlegung zur Rechtsphilosophie,* 1935, pág. 160.

[39] RADBRUCH, *ob. cit.,* págs. 40, y también 42 y sgs., y 76, n. 2.

[40] *Ibidem,* págs. 83 y sgs. Radbruch exige aquí del juez un *sacrificium intellectus.*

[41] No hay que olvidar que los juristas alemanes se hallaban educados en tales doctrinas cuando cayó sobre ellos el Tercer Reich.

[42] E. JAENSCH: *Wirklichkeit und Wert,* 1929, págs. 70 y sgs.

[43] H. RICKERT: *Grenzen der naturwissenschaftlichen Begriffsbildung,* 3 u. 4 Aufl., 1921, págs. XVI y sgs.

narse la filosofía del Derecho neokantiana como una teoría complementaria del positivismo jurídico. La filosofía del Derecho neokantiana no solo hace suyo el concepto positivista del Derecho, sino que lo agudiza incluso, eliminando restos terminológicos procedentes de una época prepositivista, y completando la realidad positivista con componentes de otra esfera, de la esfera de la irrealidad, del «mero» ideal o del «mero» criterio, de tal suerte que el Derecho de la práctica jurídica y de la ciencia jurídica queda abandonado plenamente al «estricto concepto del Derecho» del positivismo. La razón más profunda del fracaso de la filosofía del Derecho neokantiana no se encuentra en el formalismo, en el relativismo o en el historicismo de su «medida» ideal, sino en el mantenimiento y consolidación del concepto positivista del Derecho.

2. El marxismo

El positivismo había reducido el Derecho al poder. Según Rudolf von Jhering, «Derecho» es el *modus vivendi* reconocido como vinculante por dos sectores de la población en lucha por el poder [44]. Jhering ridiculizaba la «idea corriente» de que una conciencia jurídica hubiera podido llevar a los hombres a distinguir entre la fuerza y el Derecho y a someter la fuerza al Derecho. En realidad, el Derecho no debe su posición actual en el mundo a la convicción ética de su altura y majestad; su posición hoy es, más bien, solo el resultado final de un largo proceso de desarrollo, en cuyo comienzo se encuentra el nudo egoísmo, que solo en el curso del tiempo ha ido cediendo a la idea y a la actitud éticas [45]. La fuerza ha ido aprendiendo lentamente que su propio provecho se halla en la prudencia y mesura: «Derecho» es «la fuerza que se ha hecho consciente de su provecho, y, por tanto, de la necesidad de la mesura, es decir, no algo distinto por esencia de la fuerza, sino una de sus manifestaciones»; «Derecho» es la fuerza disciplinada, en oposición a la fuerza anárquica [46]. Supuesto esto, ¿no parece evidente que el orden de la sociedad burguesa «responderá siempre a las relaciones de poder de los distintos estamentos o clases de que aquella se compone»? [47]. ¿Y no nos dice la experiencia, en efecto, que el poder estatal «no pocas veces» se halla al servicio de un único estamento prepotente? [48].

---

[44] JHERING: *Der Zweck im Recht,* I, 2 Aufl., 1884, pág. 245.
[45] *Ibídem,* págs. 247 y sgs.
[46] *Ibídem,* I, 1 Aufl., pág. 251; 2 Aufl., págs. 243 y sgs.
[47] *Ibídem,* I, 2 Aufl., pág. 553.
[48] *Ibídem,* I, pág. 450.

El positivismo de Jhering se acerca aquí hasta las más inmediatas fronteras de las formulaciones de Marx sobre el Derecho y el Estado. Lo que, en último término, separa a ambos es la idea de la «justicia» en Jhering, que es para él el «verdadero» bien de «toda» la sociedad [49]. Esta idea, sin embargo, aparece en la concepción de Jhering de la «mecánica social» de la fuerza disciplinada y del egoísmo moderado, como un *deus ex machina* procedente de un mundo distinto. Si se tiene, en efecto, al Derecho como la «política bien entendida de la fuerza» [50], lo más inmediato parecería ser insertar también las nociones de justicia en la política bien entendida de la fuerza, definiéndolas como enmascaramientos y encubrimientos destinados a estabilizar las situaciones de poder del momento. Ahora bien: mientras estos encubrimientos consistan en un engaño consciente, presuponen siempre la existencia de aquello que falsifican, de igual manera que la hipocresía representa la ocultación del vicio ante la virtud. De modo mucho más radical se problematiza la idea de justicia, cuando las representaciones de ella no se tienen como resultado de un engaño intencionado, sino que son «desenmascaradas» como mera «expresión», como «síntoma», como «sublimación necesaria» de las constelaciones de poder del momento. Esto va a tener lugar en la teoría de las ideologías en el siglo XIX, cuya más elevada manifestación se encuentra en Karl Marx [51].

A Marx, el discípulo de Hegel, se le había convertido en problema —como ya veíamos antes [52]—en la «Filosofía del Derecho» hegeliana la antinomia entre el fin último y general del Estado y el interés singular del individuo. Partiendo de aquí, como nos dirá más adelante Engels [53], Marx llega a la conclusión «de que la clave para el entendimiento del desarrollo histórico de la Humanidad no se halla en el Estado, descrito por Hegel como la cúspide de todo el edificio, sino en la sociedad civil, aquella esfera tan poco atendida por él». Marx no quiere descender del cielo a la tierra, como la filosofía alemana, sino, al contrario, ascender de la tierra al cielo, es decir, su propósito es partir del «hombre realmente activo», exponiendo desde su verdadero proceso vital el desarrollo de los «reflejos ideológicos y de los ecos de este proceso vital» [54]. El fundamento real de

---

[49] JHERING, *ob. cit.*, I, págs. 369 y 554; II, págs. 212 y sgs.

[50] *Ibídem*, pág. 378.

[51] Fundamental, HANS BARTH: *Wirklichkeit und Ideologie*, 2 Aufl., 1961.

[52] Cfr., anteriormente, págs. 188 y sgs.

[53] K. MARX y FR. ENGELS: *Werke*, hrgn. v. Institut für Marxismus-Leninismus beim ZK der SED, Berlín, 1958 y sgs. (= *MEW)*, I, pág. 604. En lo que sigue, cito por esta edición, fácilmente asequible, y solo complementariamente por la Marx-Engels: *Gesamtausgabe* (= *MEGA)*, Frankfurt, 1927 y sgs.

[54] *Ibídem, MEW*, III, pág. 26.

lo que los filósofos se han imaginado como «sustancia» o «esencia del hombre» es la «suma de las fuerzas productivas, capitales y formas de tráfico que todo individuo y toda generación encuentra como algo dado de antemano»[55]. Debido a ello, la conciencia del hombre es «desde un principio un producto social y continuará siéndolo, *en tanto que los hombres existan*»[56]. «En la producción social de la vida los hombres se insertan en relaciones determinadas, necesarias, independientes de su voluntad, en formas de producción que responden a cierto estadio de desenvolvimiento de sus fuerzas materiales de producción. La totalidad de estas formas de producción constituye la estructura económica de la sociedad, la base real sobre la que se alza una superestructura jurídica y política, a la cual responden determinadas formas de conciencia social. La forma de producción de la vida material condiciona el proceso vital social, político y espiritual. La conciencia de los hombres no condiciona su ser, sino, al contrario, es su ser social el que condiciona su conciencia»[57]. Con esta referencia de la conciencia a las formas de producción, todos los contenidos espirituales, como «moral, religión, metafísica y demás ideologías», pierden su «apariencia de independencia» y se convierten en «sublimaciones necesarias» del «proceso vital material, verificable empíricamente y vinculado a presuposiciones materiales»[58]. El Derecho y la moral, sobre todo, son solo «condiciones de existencia de la clase dominante expresadas idealmente..., independizadas teóricamente con mayor o menor conciencia por sus ideólogos... y presentadas como normas de vida a los individuos de la clase dominada»[59, 60]. Incluso las supuestas verdades eternas del Derecho natural, como libertad, justicia, etc., son solo las formas generales de conciencia en las que se expresa la explotación de una parte de la sociedad por la otra, como un hecho común a todos los siglos precedentes[61].

Ahora bien: tanto la teoría de las ideologías como el relativismo cuenta entre aquellas doctrinas que no pueden predicarse como definitivas y, sobre todo, que no pueden aplicarse a sí mismas. La misma afirmación de que un contenido espiritual es la «expresión» ideológica de un proceso vital, presupone la posibilidad de un punto de vista «fuera» de la conexión

---

55 MARX: *MEW*, III, pág. 38.

56 *Ibídem*, III, pág. 31 (el subrayado es mío).

57 *Ibídem*, XIII, pág. 8. ("Zur Kritik der politischen Okonomie", pról.).

58 *Ibídem*, III, pág. 26.

59 *Ibídem*, III, pág. 405.

60 "El Estado es la forma en que los individuos de una clase dominante hacen valer sus intereses comunes" (*Ibíd.*, III, pág. 62).

61 *Ibídem*, IV, pág. 480. Sobre los "sedicentes derechos humanos generales", cfr. también *ibíd.*, II, págs. 119 y sgs.

ideológica. Si la dependencia del espíritu de la «infraestructura» fuera total, es decir, «de tal naturaleza que el hombre pensara y actuara 'forzosamente' tal como le es prescrito por la infraestructura, sería imposible percibir una dependencia del uno respecto de la otra. Lo único que podría decirse, todo lo más, es que en otros tiempos se pensó de otra manera» [62]. Toda teoría ideológica—total—tiene por eso que ser «de doble fondo», o bien —utilizando otra imagen—tiene que partir de que se puede detener el coche de punto del pensamiento ideológico, para embarcarse en el avión del pensamiento objetivo, guiado por las cosas.

El pensamiento marxista es, en especial medida, un pensamiento de «doble fondo». Es un pensamiento que conoce una conciencia ideológica «exacta» y una conciencia ideológica «falsa». La conciencia ideológica falsa ha surgido una vez en el curso de la historia de la Humanidad, y desaparecerá también una vez. El hecho primario es la división del trabajo, aquel pecado original en la historia, del que provienen la propiedad privada, la explotación, la división en clases y la lucha de clases. Con la división del trabajo, que solo se hace verdadera división en «el» momento en que aparece una separación entre el trabajo intelectual y el trabajo manual, surge también la conciencia ideológica falsa. «A partir de este momento, la conciencia puede imaginarse efectivamente que es algo distinto a la conciencia de la *praxis* existente, puede representarse 'realmente' algo, sin representarse algo real» [63]. La conciencia se emancipa del mundo y produce la teoría «pura», teología, filosofía, moral, etc. [64]. Estas «superestructuras ideológicas» [65] o «fantasmagorías» no son más que «la expresión idealista y espiritual» para «las cadenas y barreras, muy empíricas, dentro de las cuales se mueve la forma de producción vital y las formas de tráfico en conexión con ella» [66]. Desde el punto de vista de la división del trabajo, la conciencia ideológica aparece tan solo como una «deformación delimitada en el tiempo de las energías esenciales del hombre» [67]—una deformación, empero, que, hasta su superación por la supresión de la división del trabajo, tiene que imponerse a «todos» los hombres, tanto al proletario como al burgués. Y es «que la clase poseedora y la clase de los proletarios representan la misma alienación humana» [68].

---

[62] H. BARTH: *Wahrheit und Ideologie*, pág. 287.
[63] MARX: *MEW*, III, pág. 31.
[64] *Ibídem*, III, pág. 31.
[65] *Ibídem*, III, pág. 36.
[66] *Ibídem*, III, pág. 32.
[67] H. BARTH, *ob. cit.*, pág. 163.
[68] MARX: *MEW*, II, pág. 37.

Sin embargo, y como es natural, no es este el sentido de la teoría de las ideologías de Marx: ideología, es decir, falsa conciencia de la realidad, la tienen solo los enemigos de la clase, los burgueses, mientras que las proposiciones teóricas del comunismo «no descansan, en absoluto, en ideas, en principios inventados o descubiertos por este o el otro utópico. Se trata, al contrario, de expresiones generales de relaciones fácticas de una lucha de clases existente» [69]. El efecto deformador de la autoalienación se impone, por eso, solo a la conciencia del burgués, mientras que la del proletariado se halla inmune a ello. La conciencia del proletariado se encuentra en la posición privilegiada de poder conocer la realidad tal y como es: la prueba de ello es la realidad.

Sobre este doble fondo de la teoría ideológica del marxismo ha podido desarrollarse posteriormente la doctrina comunista, extraordinariamente eficiente, del doble partidismo. Todo pensamiento, no hay duda, tanto el del burgués como el del proletario, es siempre partidista. Pero «no todo partidismo es una y la misma cosa». «El partidismo de las clases reaccionarias elimina la posibilidad de una investigación científica», ya que estas clases «entran en conflicto inevitablemente con la realidad»; «muy otra es la situación de una clase progresiva, la cual, como consecuencia de su situación social, se halla a la altura de la Historia» [70]. «Los intereses de la clase trabajadora coinciden en absoluto con el curso objetivo del desenvolvimiento histórico... [El] proletariado está interesado, por ello, en un conocimiento exacto y máximo de la realidad objetiva, y «por ello», facultado también para este conocimiento» [71].

La teoría marxista de las ideologías, en cuyo centro se encuentra la noción exacta de elementos tales como la «vinculación al ser social» y del «saber condicionado por la visión del mundo» [72], se nos muestra en su

69 MARX: *MEW*, IV, pág. 475. Cómo, de otro lado, es posible el conocimiento exacto de la realidad, bajo el supuesto de una autoalienación permanente, y, sobre todo, cómo le ha sido posible precisamente a un sector de los "ideólogos burgueses" (Marx y Engels), es uno de los misterios de la teoría de las ideologías. A esta objeción evidente aluden Marx y Engels en el mismo *Manifiesto comunista,* cuando hablan de los ideólogos burgueses, "que se han elevado a la comprensión teórica de todo el movimiento histórico" *(Ibídem,* IV, pág. 472).

70 *Grundlagen der marxistischen Philosophie,* por un equipo de autores rusos, ed. por el Philosoh. Institutut der Akad. d. Wiss. der SU., Berlín, 1961, páginas 401 y sgs.

71 M. S. SELEKTOR: "Das Prinzip der kommunistischen Parteilichkeit in der Ideologie", en *Philosophie und Gesellschaft,* hrgn. v. Pfoh-Schulze, Berlín, 1958, pág. 252. En honor de los teóricos rusos hay que decir que la teoría del partidismo comunista no deja de ser discutida, incluso en el ámbito soviético. Cfr. SELEKTOR, páginas 240 y sgs.

72 Cfr., sobre ello, H. BARTH: *Wahrheit und Ideologie,* 1961, y H. J. LIEBER: *Wissen und Gesellschaft,* Tubinga, 1952.

función como un instrumento de lucha extremadamente refinado, el cual —para los marxistas—al «desenmascarar» las posiciones adversarias como condicionadas por simples intereses, las desvaloriza de tal manera, que es imposible una argumentación objetiva con ellas; mientras que, de otra parte, la posición propia, al hacer valer que «solo ella» puede conocer la realidad, se sitúa por encima de toda polémica; es decir, se convierte así en la perfecta ideología.

Si bien la teoría de las ideologías sirve para la eliminación de las estructuras sociales anteriores, es decir, burguesas, queda, no obstante, en pie el problema central de cómo pretende Marx resolver la antinomia entre el fin último del Estado y el interés del individuo. Su punto de partida es también aquí la división del trabajo. Con ella comienza la distribución «desigual» del trabajo y sus productos, o, lo que es lo mismo, la propiedad privada. Surge así la contradicción entre los intereses singulares y el interés común, ya que a cada uno le es impuesto cierto ámbito de actividad, del que no puede ya escapar. «Es cazador, pescador o pastor o crítico y tiene que seguir siéndolo, si no quiere perder sus medios de vida...» «Esta consolidación de la actividad social... en una potencia objetiva situada sobre nosotros, que escapa a nuestro control, que hace imposibles nuestras esperanzas, que aniquila nuestros cálculos, es uno de los momentos principales del proceso histórico hasta ahora, y precisamente por razón de esta contradicción del interés singular y el común, este último, el interés común, adopta como Estado una conformación independiente, separada de los verdaderos intereses singulares y totales»; adopta la forma de una comunitariedad «ilusoria», que se alza sobre la base real de las clases condicionadas por la división del trabajo, de las cuales una domina a todas las demás [73].

Marx radicaliza así la antinomia hegeliana entre el interés individual y el fin general, convirtiéndola en un antagonismo entre clase dominante y dominada. «Todas las luchas dentro del Estado no son otra cosa... que formas ilusorias, bajo las cuales tienen lugar las luchas verdaderas de las distintas clases entre sí» [74]. «La historia de toda la sociedad hasta ahora es la historia de luchas de clase» [75], la cual, en su proceso «dialéctico», desemboca «necesariamente» [76], por fin, en la dictadura del proletariado. El

[73] MARX: *MEW*, III, 33.

[74] *Ibídem*, III, 33.

[75] *Ibídem*, IV, pág. 462.

[76] Este proceso no puede ser evitado, sino solo abreviado por "el terrorismo revolucionario" (MARX: *Ibíd.*, V, pág. 457). La destrucción del capitalismo por medio de una *revolución* no es necesario aquí tan solo para la imposición del comunismo, sino, sobre todo, para una "creación en masa de la conciencia comunista" por medio

Estado se va haciendo así paulatinamente superfluo: «La intervención del poder estatal se hace superflua en todos los terrenos, uno tras del otro, y cesa de por sí. En lugar del gobierno sobre personas aparece la administración de cosas y la dirección de procesos de producción. El Estado no es 'suprimido', sino que *muere por sí mismo*» [77]. Los individuos, que antes, y por virtud de la división del trabajo y de la propiedad privada, habían estado subsumidos bajo potencias objetivas y extrañas a ellos, subsumen ahora estas instancias debajo de sí. En lugar del Estado, este «sucedáneo de la comunidad» [78], aparece la verdadera comunidad, la sociedad comunista, «en la que nadie tiene un ámbito exclusivo de actividad, sino en la que todos pueden formarse en cualquier terreno que les plazca», en la que «la sociedad regula la producción general, creándome así la posibilidad de hacer hoy esto y mañana lo otro, de cazar por la mañana, pescar por la tarde y dedicarme por la noche a la ganadería, de criticar después de la comida, todo según bien me parezca, sin convertirme, por eso, en cazador, pescador, pastor o crítico» [79].

Ahora bien: esta muerte del Estado, ¿resuelve de alguna manera la antinomia entre el fin último general y los intereses individuales? Si, en lugar del «gobierno político sobre personas», aparece «una administración de cosas y una dirección de procesos de producción», «los hombres empleados en estos procesos y que viven de estas cosas tendrán necesariamente también que ser administrados y dirigidos, aunque solo sea como apéndice inevitable de cosas y procesos; como «instrumental vivo» de un mecanismo muerto, como el mismo Marx dice» [80]. Marx «resuelve» la an-

---

de una "modificación en masa de los hombres". "La revolución es necesaria no solo porque la *clase dominante* no puede ser derribada de otra manera, sino también porque la clase *que la derriba* solo por medio de una revolución puede lograr quitarse de encima toda la inmundicia anterior, haciéndose capaz para una nueva fundamentación de la sociedad" *(Ibíd.*, III, pág. 70 y también 195). La esperanza utópica de Marx y Engels en la muerte del Estado en la sociedad comunista se funda, no en último término, en la fe en el efecto modificador y purificador de la conciencia que ha de ejercer la revolución proletaria sobre los mismos proletarios. Sobre "la idea de la revolución en Marx y en el marxismo", cfr. R. HEISS, en *Archiv f. Rechts- u. Sozialphilosophie,* XXXVIII (1949), págs. 1 y sgs.

77 FRIEDRICH ENGELS: *Herrn Eugen Dührings Umwälzung der Wissenschaft,* Berlín, 1959, pág. 319.

78 MARX: *MEW,* III, pág. 74.

79 *Ibídem,* III, pág. 33. En la sociedad comunista "no hay pintores, sino, todo lo más, hombres que, entre otras cosas, pintan también" *(ibíd.,* III, pág. 379). Este es el "humanismo real" del desarrollo del individuo en todas direcciones, tal como se describe en *ibíd.,* III, págs. 273, 424, y *MEGA,* III, pág. 121.

80 A. RÜSTOW: *Ortsbestimmung der Gegenwart,* 1957, III, pág. 639; cfr. también la polémica con la teoría de la explotación (págs. 302 y sgs.) y con la teoría de la propiedad privada como fuente de la desigualdad (págs. 316 y sgs.).

tinomia hegeliana, tan solo «encubriéndola»; de aquí la irritación con que rechazó siempre toda pregunta acerca de la estructura futura de la sociedad [81].

Solo a finales de su vida, en los capítulos últimos de *El Capital,* alza el telón urdido con las visiones utópicas de sus escritos juveniles y permite una ojeada sobre el escenario de la vida real. «El reino de la libertad comienza, en realidad, solo allí donde cesa el trabajo determinado por la necesidad y los fines externos; es decir, se halla necesariamente más allá de la esfera de la producción material en sentido propio. Así como el salvaje tiene que luchar con la naturaleza para satisfacer sus necesidades, para mantener y reproducir su vida, así también tiene que hacerlo el hombre civilizado, y *tiene que hacerlo en todas las formas de sociedad y bajo todos los modos de producción posibles.* Con su desenvolvimiento se amplía este ámbito de la necesidad natural, porque se amplían también las necesidades; a la vez, empero, se amplían las fuerzas productivas que satisfacen estas últimas. La libertad en este terreno solo puede consistir, por ello, en que el hombre en sociedad, los productores asociados, regulen este su metabolismo con la naturaleza, situándolo bajo su control común, en lugar de ser dominados por él como por una potencia ciega; en que lo lleven a cabo con el mínimo despliegue de fuerzas y bajo las condiciones más dignas y adecuadas a su naturaleza humana. *Pero este campo continúa siempre siendo un reino de la necesidad.* Más allá de él comienza el despliegue de fuerzas humanas entendido como fin en sí mismo, el verdadero reino de la libertad, el cual, empero, solo puede florecer sobre la base de aquel reino de la necesidad. Condición esencial de él es la reducción de la jornada de trabajo» [82].

A la cuestión, empero, de cómo los individuos singulares, los «productores asociados», van a participar en el «control comunitario», el cual no funciona por sí mismo, a esta pregunta central no ofrece Marx ninguna respuesta.

Es erróneo pensar que la «eliminación *institucional* del egoísmo, este enemigo jurado y amoral», va a hacer surgir una solidaridad que baste para la «administración de los derechos» de modo «postulativo y concreto», tal como hoy lo espera todavía Ernst Bloch [83]. El Estado no es meramente

---

[81] Cfr. las citas sobre ello en RÜSTOW, *ob. cit.*, págs. 294 y sgs.

[82] K. MARX: *Das Kapital,* hrgn. v. F. Engels, Berlín, 1956, III, cap. XLVIII (página 873). RÜSTOW, *ob. cit.*, pág. 294, observa aquí sarcásticamente que, con estas palabras, el reino legendario de la "libertad" se contrae ante nuestro asombro en el mero reino del "tiempo libre".

[83] E. BLOCH: *Naturrecht und menschliche Würde,* Frankfurt, 1961, págs. 269, 274.

un fruto del pecado, sino, sobre todo y ante todo, una necesidad, por razón de la contingencia de todas las cosas de la tierra. Incluso los ejércitos celestiales—como dijo ingeniosamente Radbruch [84]—necesitarían un reglamento de instrucción, y también, añado yo, naturalmente, un mando unitario. La *polis* sin *politeia* [85] de Bloch es menos que una esperanza utópica [86]. Bloch ve, en efecto: «Insuficiencias y deslices humanos quedarán todavía bastantes, incluso aquellos que no son de índole antagónica, sino que se dan en la tensión aguda entre buena y mala voluntad, entre el acorde solo aproximativo entre persona y comunidad, comunidad y persona, y ello incluso en una situación de solidaridad asegurada» [87]. Y ve también: «No es sostenible, de otro lado, que los hombres se pongan de acuerdo sobre ideas justas» [88]. Y ve, finalmente, que no es posible «una democracia sin socialismo, ni un socialismo sin democracia» [89]. Acerca, sin embargo, de cómo esta democracia funciona en la realidad, acerca de esta cuestión fundamental, no se encuentra una sola palabra en todo su libro sobre *Derecho natural y dignidad humana,* a no ser la observación de que esta democracia no debe ser «una mera democracia jurídica formal, es decir, una sociedad clasista» [90]. Ello solo es comprensible en un pensador que cree seriamente en el establecimiento de una situación económica y política «en la que —como Lenin decía—cualquier cocinera puede gobernar el Estado y en la que este no necesita de ninguna codificación» [91].

Lo utópico de estas palabras es, en último término, la razón de que Bloch no haya podido publicar su libro en el ámbito de la primera realización del socialismo marxista, sino en una «democracia jurídica meramente formal». Y es que el vacío que deja la utopía de la administración de cosas tiene que ser colmado rápidamente en la realidad. Bloch mismo nos describe este proceso [92]. En los primeros años de la Unión Soviética se

---

[84] G. RADBRUCH: *Rechtsphilosophie,* pág. 74, n.
[85] E. BLOCH, *ob. cit.,* pág. 259.
[86] Incluso *La Jerusalén celestial* tiene en Dios su guía.
[87] E. BLOCH, *ob. cit.,* pág. 272.
[88] *Ibídem,* pág. 218.
[89] *Ibídem,* págs. 227, 232.
[90] *Ibídem,* pág. 270.
[91] *Ibídem,* pág. 259. Con ello se viene abajo también la defensa decidida por Bloch —en contra de K. Marx—del contenido supraideológico de los derechos del hombre, la cual constituye la aportación más importante de su libro a una teoría marxista de la sociedad. Los derechos del hombre presuponen, en efecto, como contrapunto, el Estado. Quien no toma en serio el Estado destruye los "derechos" del hombre, los cuales se hacen lo mismo de "superfluos" que, p. ej., el derecho a la renta del trabajo (Cfr. BLOCH, *ibíd.,* pág. 232).
[92] *Ibídem,* págs. 253 y sgs. Cfr. también J. FETSCHER: "Recht und Gerechtigkeit

creyó poder eliminar el Derecho todo lo rápidamente posible; el Derecho es opio para el pueblo, no hay un Derecho proletario, y no debe haber, por eso, tampoco un Derecho socialista (Paschukanis). Pero ya Lenin se percató de que en el comunismo, y por cierto tiempo, es necesaria la subsistencia no solo del Derecho burgués, sino también del Estado burgués..., aunque, eso sí, sin burguesía. Y Vychinski, finalmente, en la era de Stalin, definió el Estado y el Derecho como habían sido interpretados para el período de la lucha de clases: Derecho es la voluntad de la clase dominante, y el Estado es el poder coactivo destinado a asegurar la situación social querida por la clase dominante. La retractación de la teoría de la muerte del Estado ha sobrevivido la era de Stalin, en parte con la limitación de que el Estado es absolutamente necesario para la «primera» fase del comunismo, para el tránsito del socialismo al comunismo, y que en este período debe experimentar un robustecimiento especial [93]. Entre tanto, empero, ha manifestado Jruschef que «también en el comunismo» subsistirán «algunas funciones sociales análogas a las actuales funciones estatales» [94].

Con este restablecimiento del Estado y del Derecho se le plantea al marxismo un problema imprevisto, a saber: el establecimiento de criterios ideológicos para la determinación del contenido del Estado comunista y de su Derecho. Nada parece más a mano aquí que apelar al «dogma central» del materialismo histórico, a la ley dialéctica de la historia, un punto en el cual Marx se muestra más fielmente que en ningún otro como discípulo de Hegel [95]. En esta ley histórica, según opinión comunista, Marx «ha fijado científicamente, por primera vez, la conexión internamente necesaria entre los fenómenos sociales..., suministrando así la clase para el entendimiento científico del pasado y del presente, y sentando la posibilidad para la previsión científica... del curso del acontecer» [96]. La ley histórica marxista

---

im Sowejmarxismus", en *Zur Frage nach dem richtigen Recht. Bericht über d. Tagung d. Deutschen Sektion d. Intern. Jur. Kommission,* 1961, págs. 6 y sgs.

[93] Bloch, *ob. cit.,* págs. 256 y sgs. *Grundlagen der marxistischen Philosophie,* págs. 591 y sgs.; *Grosse Sowjetenzyklopëdie* (trad. alemana, 1957), art. "Staat".

[94] *Grundlagen der marxistischen Philosophie,* pág. 595. Hay que suponer que esta analogía está destinada a poner de "acuerdo" la realidad comunista de robustecimiento del Estado con la teoría de Engels de la muerte del Estado.

[95] Eso sí, invirtiendo la sustancia histórica, no la idea, sino la base económica, se desenvuelve en el proceso "dialéctico" de las luchas de clase, desde el comunismo primitivo, descrito por Engels, a través de las sociedades esclavistas de la Antigüedad, el feudalismo y el capitalismo, hasta llegar a la dictadura del proletariado, bajo la cual se emprende el "salto de la Humanidad del reino de la necesidad al reino de la libertad" (Engels).

[96] *Grundlagen der marxistischen Philosophie,* pág. 390.

se encuentra funcionalmente en el mismo lugar en el que, en la «ideología burguesa», se encuentran el «Derecho natural» y los «derechos humanos»[97]. Esta ley hace posible, «por primera vez en la historia de las doctrinas éticas, la elaboración de la ética de un modo absolutamente científico»[98]. Y de la misma manera, «tanto el Estado como el Derecho proletarios... se alzan sobre la ley del desenvolvimiento social»[99].

Aquí surge, sin embargo, otra dificultad, ya que la ley histórica de Marx sólo describe el desenvolvimiento dialéctico en la sociedad clasista. Entre tanto, empero, la sociedad soviética socialista ha dado «el salto del reino de la necesidad al reino de la libertad». Este no debe entenderse en el sentido de que en el socialismo las leyes objetivas históricas desaparecen en él; al contrario, tienen vigencia «nuevas» leyes de desenvolvimiento peculiares del orden socialista[100]. Bajo estas nuevas leyes de desenvolvimiento también es imposible, desde luego, ofrecer una descripción exhaustiva de todos los acontecimientos futuros, y mucho menos puede hacerlo todo trabajador. Sin embargo, lo que este no puede conocer, «sí lo conoce con su entendimiento colectivo el partido comunista; es decir, su comité central»[101]. El partido «muestra a cada miembro de la sociedad el desenvolvimiento total de esta, conduce a las masas y a los individuos a colaborar con toda energía en este desenvolvimiento. El partido pone de manifiesto... que él corporeíza la más alta moral y eticidad»[102]. El hecho de que toma en sus manos la dirección de los procesos económicos, que en el capitalismo discurren «espontáneamente», no hace menor, como piensan los revisionistas, la importancia del partido comunista, sino cada vez mayor. Es por eso también por lo que la «unidad del partido y la disciplina férrea en sus líneas es una necesidad vital»[103].

Marx dejó sin resolver la antinomia hegeliana entre el fin último general del Estado y los intereses individuales; de aquí que el «salto de la humanidad a la libertad», tan anhelado por él, desemboca en la subsunción total del individuo bajo el poder objetivo de un partido omnisciente. «El

---

97 Cfr. el paralelo formulado en *Grundlagen der marxistischen Philosophie*, páginas 639 y sgs., así como 622.

98 HANS BOECK: *Zur marxistischen Ethik un sozialistischen Moral*, Berlín, 1959.

99 KARL POLAK: "Zur Funktion der Moral in der bürgerlichen Staats- und Rechtslehre", en *Staat und Recht*, 9 Jg. (1960), pág. 1198.

100 SELEKTOR, en *Philosophie und Gesellschaft*, pág. 355, y *Grundlagen der marxistischen Philosophie*, págs. 393 y sgs.

101 *Ibídem*, págs. 355 y sgs.

102 K. POLAK, *loc. cit.*, pág. 1198 y también 257; *Grundlagen der marxistischen Philosophie*, pág. 597.

103 *Grundlagen der marxistischen Philosophie*, págs. 599 y sgs.

camino de la muerte del Estado y del Derecho en el comunismo» es, «a la vez, el camino del desenvolvimiento en todas direcciones del papel rector del partido». Esta frase grotesca de Polak [104] adquiere un verdadero sentido si se la entiende como descripción del destino que ha cabido a la utopía social de Marx en la realidad comunista.

3. La filosofía de la vida

Pese a su reducción e inversión de la razón, tanto el positivismo como el marxismo se mueven todavía dentro del marco del «racionalismo» europeo. Mucho más problemática se hace la razón en las grandes corrientes del voluntarismo y del irracionalismo, que surgen, a mediados del siglo XIX, del pensamiento de Schopenhauer y de Kierkegaard, y que van a conducir a la filosofía de la vida y a la filosofía existencial.

La cuestión de si la razón o la voluntad es lo primario había sido planteada, una y otra vez, en el curso del pensamiento occidental, siendo respondida de muy diversas maneras. Nunca, empero, se había convertido la razón en mera función de una «voluntad» interpretada como fuerza natural ciega e instintiva [105]. Esto tiene lugar «por primera vez», «tras milenios de filosofar», en el pensamiento de Schopenhauer [106]. Según él, la esencia del mundo es un impulso ciego, un instinto inmotivado, al que llama «voluntad»; el intelecto es solo el producto de la voluntad vital—en sí inconsciente—, simplemente un instrumento y un arma en la lucha por la existencia. Esto tiene aplicación en igual medida al hombre que al animal; en el ascenso, empero, del animal al hombre, el intelecto se desprende, cada vez más, de la voluntad, hasta que finalmente—en casos excepcio-

---

104 Polak, *loc. cit.*, pág. 1199. En este papel rector del partido, como único intérprete autorizado de las "leyes objetivas del desenvolvimiento social", radica la esencia de la "legalidad socialista". "Las decisiones del partido surgen del conocimiento de lo históricamente necesario, es la traducción de este en la práctica política. Las decisiones del partido son el fundamento de nuestra legalidad y de nuestras leyes. Estas, a su vez, se incorporan en forma de normas jurídicas estatalmente vinculantes a las leyes de nuestro desenvolvimiento social conocidas y formuladas en las decisiones del partido, las concretizan y son, en este sentido, ellas mismas, decisiones del partido. Nuestro Derecho socialista es, en tanto que instrumento de la clase obrera dominante en el Estado, una expresión específica del papel rector del partido." Buchholz: *Neue Justiz*, 1961, pág. 745. Sobre ello, E. Hirsch: "Was bedeutet sozialistische Gesetzlichkeit", en *Juristenzeitung*, 1962, págs. 149 y sgs.

105 Schopenhauer: *Sämtliche Werke*, hrgn. v. Frauenstadt-Hübscher, Wiesbaden, 1946-1950, III, pág. 242. El intelecto es una mera función del cerebro, alimentada por el organismo como un parásito.

106 *Ibidem*, III, pág. 222.

nales—se hace capaz de contemplar el mundo desinteresadamente, es decir, hasta que «aprehende el mundo de modo completamente objetivo y, de acuerdo con ello, configura, poetiza y piensa» [107]. La mayoría de las veces, sin embargo, también en el hombre se impone «la potencia misteriosa y directa» de la voluntad, de tal suerte, que sus propios intereses, como, por ejemplo, los prejuicios de la posición social, de la profesión, de la nación, de la religión, perturban y enturbian el juicio del intelecto [108]. Pero «de repente» tiene lugar el milagro de que el intelecto escapa del servicio de la voluntad, se transforma en el puro y avolitivo sujeto del conocimiento y asciende al conocimiento de las ideas [109]. La metafísica voluntarista de Schopenhauer se detiene ante el último y definitivo paso: hace que la razón surja de la voluntad, pero no disuelve aquella en esta. El pensamiento de Schopenhauer es, por eso, en el fondo, dualista: la independencia de la razón, su «total diferencia» de la voluntad [110], así como la posibilidad de un conocimiento objetivo de la verdad, quedan intactas.

El último paso en la reducción de la razón a las supuestas fuerzas irracionales que se hallan en su base va a ser dado por Nietzsche. La objetividad desinteresada del pensamiento, en la que todavía veía Schopenhauer el camino para la liberación del hombre de la voluntad primaria irracional, solo ha servido, según Nietzsche, para crear «una falsa jerarquía». Nietzsche quiere reconquistar para el sujeto del conocimiento el «derecho al gran afecto» [111]. Objetividad es solo el «signo de pobreza de voluntad y de energía» [112].

Ya en uno de sus primeros manuscritos, atribuía Nietzsche la verdad y la necesidad de verdad al Estado: «Con la sociedad comienza la necesidad de verdad» [113]. Impulsado por la necesidad y el aburrimiento, el hombre trata de vivir en sociedad y en horda, teniendo además que poner término por un acuerdo de paz al aspecto más feroz del *bellum omnium contra omnes*. En este acuerdo «se fija lo que en el futuro deberá ser 'verdad', es decir, se inventa una denominación uniformemente válida y vinculante de las cosas, mientras que las leyes del idioma suministran también las primeras leyes de la verdad» [114]. Hobbes había deducido de la decisión estatal los conceptos de bueno y malo, justo e injusto; ahora Nietzsche ex-

---

[107] SCHOPENHAUER: *ob. cit.*, III, págs. 331, y 245, 313, *passim*.
[108] *Ibídem*, III, pág. 244, así como V, pág. 479.
[109] *Ibídem*, II, pág. 209.
[110] *Ibídem*, III, pág. 242.
[111] NIETZSCHE: *Werke*, Leipzig (Kröner), 1905-1911, XVI, pág. 99 (n. 612).
[112] *Ibídem*, XVI, pág. 85 (núm. 585 A).
[113] *Ibídem*, X, pág. 149.
[114] *Ibídem*, X, pág. 192.

tiende el procedimiento a *todos* los contenidos espirituales. Todas las supuestas verdades «objetivas» son meras «convenciones»[115], un «ejército en movimiento de metáforas, metonimias, antropomorfismos; en otras palabras, una suma de relaciones humanas»[116]. Solo por olvido puede el hombre llegar a imaginarse que posee una «verdad» en sentido objetivo[117]. Verdad es solo el «manto que encubre instintos e impulsos de naturaleza muy distinta»[118].

Estos impulsos e instintos que se hallan en el fondo de la supuesta vei dad, y que esta encubre, son interpretados posteriormente por Nietzsche como «voluntad de poder». La «verdad» no es «algo que esté ahí y que haya que encontrar o que descubrir, sino algo que *hay que crear* y que da nombre... a una voluntad de imposición...: insertar la verdad..., *determinación activa*... Es un término para designar la «voluntad de poder»[119]. «La verdad es la especie de error sin el cual cierta clase de seres vivos no podría vivir. El valor para la vida decide en último término»[120].

La voluntad de poder significa la transmutación de todos los valores válidos hasta ahora, una transmutación que procede de la energía de la vida ascendente, del «querer ser más fuerte, del querer crecer». Es la formulación de nuevos valores, ya que la «valoración misma es solo esta voluntad de poder»[121].

Los nuevos valores puestos al servicio de la voluntad de poder son descritos por Nietzsche hasta el extremo con predicados procedentes de la esfera vital y biológica: «procedentes del cuerpo y sirviéndose de este como de guía»[122]. En lugar de los «valores morales», entran en escena «toda una serie de valores naturalistas» y una «naturalización de la moral»[123]. Aquí trabaja Nietzsche con el mismo método de la reducción ideológica que Marx. De lo que se trata es de una «reducción de todas las funciones orgánicas fundamentales a la voluntad de poder»[124]. De acuerdo

---

115 Nietzsche, *ob. cit.*, X, pág. 192.

116 *Ibídem*, X, pág. 196.

117 *Ibídem*, X, pág. 193.

118 *Ibídem*, X, pág. 215. La fe en la verdad es necesaria para la vida; por ello es eudemonista todo el ámbito del pensamiento.

119 *Ibídem*, XVI, pág. 56 (núm. 552).

120 *Ibídem*, XVI, pág. 19 (núm. 493). La verdad es, por eso, "perspectivista": "Hay una multiplicidad de ojos... y por ello hay una multiplicidad de "verdades", y por ello, no hay verdad ninguna" (XVI, pág. 47). La teoría del conocimiento es sustituida por una "teoría perspectivista de los afectos" (XV, pág. 487).

121 *Ibídem*, XVI, pág. 138 (núm. 675).

122 *Ibídem*, XVI, pág. 44 (núm. 532); XVI, pág. 125 (núm. 659).

123 *Ibídem*, XV, pág. 486 (núm. 462).

124 *Ibídem*, XIII, pág. 66.

con ello, la moral es un «lenguaje simbólico de los afectos», mientras que «los afectos mismos son un lenguaje simbólico de todo lo orgánico» [125]. «Nuestro pensamiento y nuestras valoraciones son solo expresión de apetitos que se encuentran detrás de ellos», y su «unidad es la voluntad de poder» [126].

En la evolución posterior de su pensamiento, Nietzsche combina la reducción ideológica de los valores espirituales a los valores biológicos con elementos sociológicos, entendiendo por sociología la «teoría de las conformaciones de poder» [127]. Moral es la «teoría de las relaciones de dominación, bajo las cuales surge el fenómeno «vida» [128]. Hay dos tipos fundamentales de moral, la moral de los señores y la moral de los esclavos [129]: aquella es expresión de la vida sana, ascendente y plena de poder, y esta, de la vida enfermiza, impotente, decadente [130]. «La valoración moral se refiere, en primer término, a la distinción entre hombres—o castas—superiores o inferiores. La moral es, ante todo, autoglorificación de los poderosos, y en relación con los impotentes, desprecio» [131]. De acuerdo con ello, el Derecho es la «voluntad de hacer permanente una determinada situación de poder» [132]. «Alguien superior y más fuerte manda y promulga *su* sentimiento como ley para los demás» [133].

Verdad y justicia pierden así todo contenido objetivo y constituyen solo la «superestructura ideológica» sobre el hecho de la vida; son no más que «sublimaciones», «encubrimientos», «enmascaramientos» de la última sustancia de la vida, de la voluntad de poder. Proféticamente ve Nietzsche

---

125 NIETZSCHE, *ob. cit.*, XIII, pág. 153.

126 *Ibídem*, XIII, pág. 66.

127 *Ibídem*, XV, pág. 487 (núm. 462). Sobre ello, y en general sobre la teoría de la ideología en Nietzsche, cfr. H. BARTH: *Wahrheit u. Ideologie*, 2. Aufl., 1961.

128 *Ibídem*, VII, pág. 31.

129 *Ibídem*, VII, págs. 239 y sgs.

130 En la moral de los esclavos "se manifiesta una voluntad de poder, por virtud de la cual unas veces los esclavos y oprimidos, otras veces los fracasados y los que sufren en sí, otras veces los mediocres, tratan de imponer los juicios de valor que *les* son favorables" (XV, pág. 430). El ataque de Nietzsche está dirigido, sobre todo, contra el cristianismo y contra las ideas de la Revolución francesa: "cristianismo, revolución, supresión de la esclavitud, igualdad de derechos, filantropía, pacifismo, justicia, verdad" (XV, pág. 200). Contrapuesta a ella se da la "moral de los señores", es decir, la voluntad de poder del superhombre, del "tipo máximamente logrado" (XV, pág. 51), en el cual "no puede desconocerse al animal de presa, a la espléndida bestia rubia, que vaga ávidamente a la busca de triunfo y botín" (VII, pág. 322).

131 *Ibídem*, XIII, pág. 150.

132 *Ibídem*, XIII, pág. 205. "Justicia es la función de un poder que sabe precaverse en su torno."

133 *Ibídem*, XIII, pág. 150.

acercarse la época en que «la lucha por el dominio de la tierra» se llevará a cabo «en nombre de teorías filosóficas fundamentales». «Como 'verdad' se impondrá siempre lo que responda a las condiciones de vida de una época o de un grupo»... «La exigencia de conservación de la vida ocupará cada vez más tiránicamente el lugar del 'sentido de la verdad'; es decir, recibirá y hará suyo este nombre» [134].

Nietzsche ha llevado a sus últimos extremos el moderno voluntarismo vital, ejerciendo así una influencia amplia y profunda. Las ideas de Nietzsche resuenan en el «alma fáustica» de Spengler, «toda en sí fuerza y voluntad», como resuenan también en la glorificación activista por Ernst Jünger de los nuevos dioses «fuerza, puño, valor viril». Se trata del acompañamiento al terrible acontecer que ha pesado sobre nosotros y que Nietzsche previó como pocos.

Si se prescinde de esta radicalización activista de la filosofía de la vida, la característica de ella que nos queda es la reducción de todos los procesos espirituales al hecho de la vida. Así como Nietzsche escribía que la voluntad de poder es el «último hecho» al que podemos descender» [135], así también nos dice Dilthey: «Más allá de la vida, el pensamiento no puede avanzar» [136]. La filosofía de la vida es el intento de «entender la vida desde sí misma» [137]; es decir, sin ninguna consideración de la trascendencia. «El último fundamento del mundo es la facticidad, el puro hecho» [138]. En la interpretación del mundo histórico, esta teoría conduce al historicismo. «Este mundo inabarcable, inconmensurable, insondable, se refleja de múltiples maneras en visionarios religiosos, en poetas y filósofos. Todos ellos se encuentran bajo la potencia del lugar y de la hora. Toda concepción del mundo está condicionada históricamente y es, por tanto, limitada y relativa» [139].

Ahora bien: si el último fundamento explicativo del mundo es la pura facticidad, hay que concluir que las objetivaciones históricas del hombre, en su multiplicidad inagotable y en sus cambios temporales, solo pueden ser comprobadas, pero no retrotraídas, a un centro de sentido vinculante. En este punto se encuentra la diferencia fundamental con la conciencia histórica de la primera mitad del siglo XIX. Cuando, en su tiempo, Ranke trata de dar expresión a la unicidad y al valor igual de las manifestaciones

---

[134] NIETZSCHE, *ob. cit.*, XII, págs. 207 y sgs.
[135] *Ibídem,* XIV, pág. 327.
[136] W. DILTHEY: *Gesammelte Schriften,* V, págs. 5, 83; VIII, pág. 189.
[137] *Ibídem,* V, pág. 4.
[138] *Ibídem,* VIII, pág. 53.
[139] *Ibídem,* VIII, pág. 224.

históricas del hombre, y lo hace diciendo que toda época se encuentra a la misma distancia de Dios o en relación directa con Dios, lo que se halla en el fondo de esta crítica de la fe en el progreso y de las construcciones históricas apriorísticas es la convicción de que todas las obras históricas del hombre tienen un punto de referencia extrahistórico, desde el cual han de entenderse como la realización de un cometido impuesto de momento a momento, único, pero que, sin embargo, obliga de modo incondicionado. Si se elimina esta presuposición, o si se abstrae de ella metódicamente, lo único que queda, con el relativismo y el historicismo, es solo la posibilidad de determinación de una facticidad.

En la consideración histórica, esta actitud puede dejar abierta todavía la posibilidad de gozar estéticamente el ir y venir de las mareas de la vida; para la interpretación del Derecho es, sin más, fatal. Y es que quien ve solo en la historia el espectáculo fascinante de «fuerzas y potencias» en lucha, tiene también que ver en el Derecho una relación de poder estabilizada en el momento dado.

Desde esta actitud estético-pasiva—paralela a la actitud que adoptan, siguiendo a Nietzsche, tanto Spengler como Jünger—hay que entender la teoría iridiscente y proteica de Carl Schmitt [140].

Partiendo de una antropología pesimista, según la cual el hombre es un ser malvado, peligroso, dinámico, un lobo, Carl Schmitt formula el concepto de «lo político» [141], como una conjugación «amigo-enemigo», determinando la hostilidad como algo situado más allá de «todo concepto moral», como la oposición extrema y «existencial»; es decir, no como una oposición espiritual o económica, sino como una oposición en la que los oponentes se niegan «en su propio ser» [142], y se hallan dispuestos a solventar su oposición con las armas en la mano. «El sentido de la guerra no se encuentra en que se lleva a cabo por ideales o normas jurídicas, sino en que se lleva a cabo contra un verdadero enemigo» [143]. Partiendo de aquí, el Derecho se convierte en la decisión de un poder supremo. «Una norma puede tener validez porque es justa, y entonces llegamos consecuentemente al concepto de Derecho natural..., pero es también po-

---

140 En este sentido habla Scheuner de "una actitud de Schmitt frente a lo político, de carácter pasivo-estético, y tendente, por ello, a la romantización". Cfr. SCHEUNER, en *Staatsverfassung und Kirchenordnung. Festgabe für R. Smend*, 1962, pág. 242. Sobre C. Schmitt, P. SCHNEIDER: *Ausnahmezustand und Norm. Eine Studie zur Rechtslehre von Carl Schmitt*, 1957; GRAF VON KROCKOW: *Die Entscheidung. Eine Untersuchung über Ernst Jünger, Carl Schmitt, Martin Heidegger*, 1958.

141 C. SCHMITT: *Der Begriff des Politischen*, 3 Aufl., 1932.

142 *Ibídem*, pág. 14.

143 *Ibídem*, pág. 38.

sible que una norma sea válida, porque está ordenada de modo positivo; es decir, en virtud de una voluntad existente» [144]. Schmitt se decide por el concepto positivo de constitución: la constitución es la decisión total —nacida normativamente de la nada [145]—acerca de la forma y manera de la unidad política, una decisión que procede de una autoridad o de un poder políticamente existente [146]. «Toda unidad política existente tiene su valor y su 'justificación de existencia', no en la justicia o en la eficiencia de normas, sino en su existencia. Todo lo que existe con dimensión política lleva en sí, jurídicamente hablando, la razón de su existir.» Es por ello por lo que el derecho a la propia conservación es la presuposición de toda problemática constitucional. La propia conservación es el valor «existencial» de una constitución política [147].

No obstante, C. Schmitt no se detiene en este «decisionismo». También a Nietzsche se le hubiera podido denominar, en un principio, un «decisionista». Nietzsche llegó incluso a reducir la verdad a la decisión estatal, fundamentándola en su necesidad existencial para la sociedad. Y fue aún más allá, pero su camino le llevó a categorías sociológico-abstractas. De acuerdo con ellas, dos «castas humanas», o los esclavos o los señores—la masa o la minoría selecta—deciden acerca de la verdad, la moral y el Derecho, de tal manera, que es entre estos dos grupos entre los que tiene lugar la lucha por el dominio del mundo. El pensamiento de Nietzsche se mantiene aquí en los límites de lo abstracto y ahistórico [148]. En contraposición a ello, el pensamiento de Carl Schmitt desemboca en el terreno histórico [149].

En su obra *El nomos de la tierra* (1950), C. Schmitt determina la «ocupación de tierra» como el acto originario fundamentador del Derecho, y ello tanto en sentido histórico como en sentido lógico. La «ocupación de tierra» es el *nomos*, en el sentido arcaico griego de «apropiar», «repartir» y «apacentar». El *nomos* fundamenta el Derecho hacia el exterior y hacia el interior: hacia el exterior, como «apropiación» frente a las otras potencias ocupantes o poseedoras de tierra; hacia el interior, como partición o distribución de la tierra dentro del grupo ocupante. Tales actos constituti-

---

[144] C. Schmitt: *Verfassungslehre*, 1928, pág. 9.

[145] Idem: *Politische Theologie*, 1922, pág. 31.

[146] Idem: *Verfassungslehre*, págs. 20 y sgs.

[147] *Ibídem*, págs. 22 y sgs.

[148] Cfr. W. Dilthey, *ob. cit.*, VIII, pág. 226.

[149] Entre ambos estadios se encuentra el intento de Schmitt de entender adecuadamente "las fuerzas y contenidos sustanciales del pueblo alemán" (*Legalität und Legitimität*, 1932, pág. 97), insertando al Derecho en "órdenes concretos". C. Schmitt: *Ueber die drei Arten des rechtswissenschaftlichen Denkens*, 1934.

vos no son algo cotidiano, pero tampoco algo que solo tiene lugar en la noche de los tiempos. «Mientras que la historia universal no esté conclusa, sino abierta y en movimiento...; mientras que los pueblos y los hombres tengan todavía un futuro y no solo un pasado, surgirá también un 'nuevo *nomos*' en los fenómenos siempre nuevos de los acontecimientos histórico-universales... En la base de toda nueva época y de todo nuevo período de coexistencia de pueblos, imperios y países, de detentadores del poder y de construcciones del poder de toda clase, se encuentran nuevas distribuciones espaciales, nuevos deslindamientos y nuevas ordenaciones de la tierra» [150].

De acuerdo con ello, los actos primarios fundamentadores del Derecho, es decir, aquellos actos de los que surge el Derecho lógica e históricamente, avanzan al centro mismo de la historia universal. Su decurso recibe contenido y estructura del nacimiento e imposición del nuevo *nomos* y del acabamiento y superación de un *nomos* anterior. Incluso la lamentación de la filosofía de la vida sobre la «anarquía de los sistemas» [151], tan obsesionante para ella, pierde aquí su justificación. Con el alumbramiento del nuevo *nomos* se apaga el anterior. El cometido para el jurista consiste en poner de manifiesto el nuevo *nomos* naciente, en concebir su peculiaridad y en configurarlo en sus consecuencias jurídicas.

Ya aquí, empero, surgen las primeras dudas: ¿en qué rasgos se conoce el nuevo *nomos?* «Desde luego, no toda invasión ni toda ocupación transitoria significa un orden fundamentado por la 'ocupación de tierra'. En la historia universal ha habido bastantes actos de violencia que se han destruido por sí mismos. Por eso, no toda ocupación de tierra es un *nomos*» [152]. Es decir, que lo esencial del *nomos* es que no se imponga tan solo *transitoriamente.* Pero ¿le es posible al contemporáneo prever esto? ¿Puede el contemporáneo suspender su juicio hasta que ha pasado el tiempo suficiente para saber que la nueva «ocupación de tierra» no ha fracasado? ¿Qué criterios del obrar tendrá hasta entonces? Aquí se ve claramente que la actitud presupuesta por C. Schmitt es posible para el historiador que dirige pasiva y contemplativamente la mirada hacia el pasado, pero no es posible, en cambio, ni para el individuo que ha de tomar una decisión ni para el jurista conformador de la realidad. La «anarquía de los sistemas» queda solventada para el historiador, pero no, en cambio, para el hombre precisado de obrar.

---

150 C. SCHMITT: *Der Nomos der Erde,* 1950, pág. 48.
151 DILTHEY, *ob. cit.,* VIII, págs. 75, 224, *passim.*
152 C. SCHMITT: *Der Nomos der Erde,* pág. 48.

Para C. Schmitt, el acto originario fundamentador del Derecho es exclusivamente un hecho histórico: la «ocupación de tierra», que se *impone* en «apropiación» y «distribución», hasta que es superada por una nueva «ocupación de tierra». El Derecho, por ello, sigue la «supremacía histórica» de aquel que se muestra suficientemente potente para la ocupación de la tierra [153] y cambia con cada una de las grandes peripecias de la historia universal, cayendo del lado de los «más poderosos históricamente». Y como no existe una superioridad definitiva, el Derecho se encuentra en una fluencia permanente, constituyendo la función de una relación de poder consolidada en cada momento [154]. Aquí, en el ámbito del poder, acaba la pregunta por el Derecho.

También aquí había acabado, en último término, tanto en el positivismo —incluida la teoría pura del Derecho—como en la filosofía del Derecho relativista. Si la idea del poder aparece en C. Schmitt más intensamente y de modo más descarado, ello se debe, en lo esencial, a que en el pensamiento de Schmitt el Derecho no es considerado aisladamente y de forma especial, como en aquellas teorías—de la manera más extrema en la teoría pura del Derecho—, sino que lo ve allí donde efectivamente existe; es decir, como un fenómeno histórico en la conjunción de fuerzas de la Historia. Es aquí, empero, donde la cuestión jurídica se plantea en su última radicalidad. ¿Se agota efectivamente su respuesta en la referencia a la pura facticidad; es decir, a una funcionalidad determinada y real del poder superior? Es evidente que al Derecho le es de esencia el elemento del poder: el Derecho ha de tener poder, a fin de crear un orden verdadero, ya que, en otro caso, no es Derecho. Ahora bien: ¿todo aquello que tiene fuerza bastante para crear un orden real es también Derecho, independientemente

---

153 De acuerdo con esta tesis, interpreta también C. Schmitt la "ocupación de tierra" del nuevo continente; es decir, la conquista española en América. El descubridor poseía una "posición históricamente superior" en relación con el descubierto. "Solo puede descubrir aquel que conoce mejor su botín que este se conoce a sí mismo, y que sabe sometérselo partiendo de esta superioridad de formación y de saber." La conquista fue "obra del nuevo racionalismo occidental", el cual, unido a la "energía europeo-cristiana", había llegado a la altura de una "grandiosa potencia histórica'" (*Nomos*, págs. 102 y sgs.). Schmitt habla aquí repetidamente, de modo intencionado, de una "superioridad espiritual", pero esta no posee, en realidad, ninguna función propia al lado de la superioridad "histórica", sino que es solo una parte de esta misma. De lo que aquí se trata es, naturalmente, solo de un *sector* en el ámbito del espíritu, a saber, de la "capacidad de dominación y de acción", la cual, junto a la audacia, la bravura y la decisión, constituyen los factores principales de la superioridad de hecho de los conquistadores españoles. ¿Justifica, empero, todo ello las crueldades de los conquistadores?

154 Debiendo entenderse aquí "poder", naturalmente, no solo como mero poder físico.

del contenido de este orden? Junto al elemento de la facticidad, ¿no es también de esencia del Derecho el elemento de la idealidad?

4. El existencialismo

El tono fundamental de la filosofía de la vida estaba caracterizado por una referencia confiada a la inagotable riqueza de la vida, por el sentimiento positivo sobre su cambio inacabable y por la esperanza de nuevas y fecundas posibilidades y constelaciones. Este tono fundamental era, sin embargo, ambivalente. Frente a la disolución de todos los contenidos y frente a la «anarquía de las convicciones», se transformó, cada vez de modo más intenso y permanente, en resignación y angustia vital. De este estado de ánimo iba a surgir la filosofía existencial.

Como hijo del moderno irracionalismo y subjetivismo, el existencialismo es el hermano menor de la filosofía de la vida. En tanto que, en oposición a esta, abate y elimina todos los contenidos vitales, arroja al sujeto al «qué» puro y anónimo de su existir. Con ello el subjetivismo queda fundamentado de modo más puro y profundo que en la filosofía de la vida. La «verdad» se transforma en una serie de significaciones «subjetivas-existenciales»: y solo hay «verdad» en tanto y mientras haya existencia... «Toda verdad es relativa... al ser de la existencia» [155]. La transformación de la verdad «objetiva-abstracta» en la verdad «subjetiva-existencial» se nos muestra ya, como característica esencial del existencialismo, en el pensamiento «existente» de Kierkegaard y en su oposición radical al pensamiento «abstracto» o «sistemático» de Hegel.

Mientras que Hegel había hecho que el sujeto quedara sumergido en la objetividad y sustancialidad del espíritu universal, todo lo objetivo y general se desvanece y evapora en la subjetividad apasionada de Kierkegaard. El individuo adquiere, de nuevo, un valor infinito. «Existir significa, ante todo, ser un individuo singular» [156]. Con la individualidad avanzan al primer plano otras fuerzas anímicas distintas del pensamiento objetivo y desinteresado: la pasión y la voluntad. «Todos los problemas de la existencia son problemas de pasión» [157]. «La subjetividad es, en lo esencial, pasión... Tan pronto como se elimina la subjetividad, y de la subjetividad la pasión, y de la pasión el interés infinito, no es posible, en abso-

---

[155] Heidegger: *Sein und Zeit* (= *SuZ)*, págs. 226 y sgs.

[156] Sören Kierkegaard: *Gesammelte Werke,* hrgn. v. E. Hirsch (E. Diederichs), VII, pág. 23.

[157] *Ibídem,* VII, pág. 45.

luto, una decisión... Toda decisión, toda decisión esencial, radica en la subjetividad»[158]. En la «sacudida» de la decisión existencial actúa la voluntad: «Cuanto más voluntad, tanto más existencia.» De acuerdo con ello, se modifica también el concepto de verdad. Eterna y esencial es solo «la verdad que se comporta esencialmente respecto a un existente, en tanto que afecta esencialmente el existir; todo otro saber es casual y su grado y extensión indiferentes»[159]. Se trata de una transposición esencial del rango entre las *vérités éternelles* y las *vérités de fait* de Leibniz. Todas las verdades «objetivas»—empíricas, históricas, matemáticas—son producto del conocimiento abstracto y desinteresado, que no necesita decidirse por nada. Una verdad esencial, en cambio, es solo aquella que es esencial para la decisión real en su ser temporal; para esta verdad lo decisivo es el «cómo», no el «qué». «La pasión es lo decisivo, no su contenido, porque su contenido es justamente ella misma. Es decir, que el cómo sujetivo y la subjetividad son la verdad»[160]. «La verdad consiste en el riesgo de escoger lo incierto objetivamente con la pasión de la infinitud»[161].

Toda exposición del existencialismo, como toda polémica con él, tiene que comenzar poniendo en claro las dificultades de la empresa, las cuales consisten en que un pensamiento «existente» se cierra, desde un principio, a ser entendido como una totalidad conexa en sí. A ello hay que añadir la otra dificultad de que el existencialismo no solo ha experimentado un desenvolvimiento, sino que, además, ha experimentado una nueva interpretación por boca de su principal representante, M. Heidegger, la cual hace aparecer la doctrina original en una perspectiva totalmente nueva. Aquí puede quedar en pie, por de pronto, la cuestión de si, en efecto, tenemos ante nosotros un «giro» del pensamiento, y ello porque el «existencialismo» de Heidegger fue, en todo caso, entendido originalmente *de otra manera* que su posterior «ek-sistencialismo», y porque ha sido en aquella concepción originaria en la que se ha ejercido la influencia de Heidegger. En conexión con nuestra problemática, el existencialismo solo puede ser, naturalmente, expuesto, a fin de poner de relieve sus consecuencias para el mundo del Derecho, especialmente para la cuestión de los contenidos materiales del Derecho.

En su libro *Ser y tiempo,* Heidegger se plantea el cometido de analizar el ente que somos cada uno de nosotros[162]. A este ente lo denomina

[158] KIERKEGAARD, *ob. cit.,* VI, pág. 126.
[159] *Ibídem,* VI, pág. 261.
[160] *Ibídem,* VI, pág. 259.
[161] *Ibídem,* VI, pág. 260.
[162] HEIDEGGER: *SuZ,* pág. 40.

Dasein. En el ser del *Dasein* está implícita la necesidad de la individuación más radical; es siempre el «ser mío»[163]. La determinación esencial de este ente no puede tener lugar por la alusión a un «qué» objetivo[164], sino que su esencia se encuentra más bien en su existencia[165]. El hecho de que el *Dasein* se califica ónticamente porque «lo decisivo en su ser es este ser mismo»[166], hace que el *Dasein* se comporte respecto a su ser como respecto a su más íntima posibilidad: el *Dasein* puede «escogerse» a sí mismo y puede «perderse». De aquí la distinción entre los dos modos de ser del *Dasein:* el «ser propio» y el «ser impropio»[167]. Esta distinción es esencial para el «ser con los demás». Si bien la expresión *Dasein* muestra claramente que este ente es, «en primer término», en su falta de relación con lo demás, no puede, sin embargo, ignorarse que «el *Dasein* es esencialmente en sí mismo un ser con otros», aunque siempre teniendo en cuenta que este «ser con otros»[168] es solo una «determinación del propio *Dasein* de cada uno»[169]. «En primer término y la mayoría de las veces», el «ser con otros» reviste el carácter del apartamiento, de la mediocridad y de la nivelación: el *Dasein* se encuentra en el *modus* del «ser impropio», caído al «se»[170]. Aquí el «se» descarga de tal manera al *Dasein* concreto, que le quita la responsabilidad. Esta descarga del ser no es, sin embargo, duradera, ya que es solo una huida del *Dasein* de sí mismo. En la angustia, como dato fundamental del *Dasein,* se derrumba la confianza cotidiana que posee el *Dasein* en el «se». La angustia recupera y extrae al *Dasein* de su pérdida en el mundo del «se» y lo individualiza radicalmente, convirtiéndolo en un *solus ipse*[171]. La angustia descubre al *Dasein* su «estar arrojado a la muerte», abriéndole, a la vez, «la posibilidad de una anticipación existencial de la existencia *total;* es decir, la posibilidad de existir como *un poder ser total*»[172].

El poder ser en sentido propio es atestiguado por la conciencia: la conciencia recupera al *Dasein* del «se», llevándolo al «ser sí mismo» en sentido

---

163 HEIDEGGER: *SuZ,* págs. 38, 240.

164 *Ibídem,* pág. 12.

165 *Ibídem,* pág. 42. En el *Dasein* la existencia tiene precedencia a la esencia (página 43).

166 *Ibídem,* págs. 12, 42, 143, 191, *passim.*

167 *Ibídem,* págs. 42 y sgs.

168 *Ibídem,* págs. 120 y sgs.

169 *Ibídem,* pág. 121.

170 *Ibídem,* págs. 126 y sgs.

171 *Ibídem,* págs. 188 y sgs.

172 *Ibídem,* pág. 264. Cfr. también JASPERS: *Philosophie,* II, pág. 223: "Lo que queda esencialmente ante la muerte ha sido hecho existentemente; lo que perece es meramente existencia."

propio. Esta recuperación la define Heidegger como «recuperación de una elección» o como «elección de esta elección», y la denomina «decisión»[173]. Heidegger distancia su análisis de la conciencia de la interpretación «vulgar»[174] de esta. Esto se pone de manifiesto, sobre todo, en la interpretación de la voz de la conciencia. En primer término, Heidegger rechaza estrictamente la interpretación «vulgar» de la voz de la conciencia «como una potencia extraña que penetra en el *Dasein*»[175]. En la inquietud angustiada de su ser-en-el-mundo, «el *Dasein* se llama a sí mismo en la conciencia»[176]: «la inquietud angustiada persigue al *Dasein* y amenaza su abandono olvidado por él mismo»[177]. La interpretación «vulgar» de la voz de la conciencia es, «bien vista», solo una huida de la conciencia, un recurso del *Dasein* con el que se aparta de la tenue divisoria que separa al «se» de la inquietud angustiada de su ser[178]. El *Dasein* no necesita «buscar refugio en potencias extrañas a él», «porque la llamada procede del ente que soy yo mismo»[179].

Heidegger rechaza también, en contra de la interpretación «vulgar» de la conciencia, todo contenido en la voz de la conciencia: el yo mismo no es *llamado,* sino *exhortado.* A la conciencia, tanto a la acusatoria como a la admonitoria, le falta todo *texto.* La interpretación «vulgar» de la conciencia ve, es verdad, la culpa en una «insuficiencia respecto a una exigencia dirigida al ser existente con otros»; con ello, empero, el «ser culpable» es «confinado al ámbito del cuidado, en el sentido de la compensación conmutativa de pretensiones»[180]. «El entendimiento del 'se' solo conoce la suficiencia o insuficiencia respecto a reglas manuales o normas públicas. Las infracciones de estas las compensa buscando una compensación. El 'se' ha eludido furtivamente el ser culpable en el sentido más propio, a fin de poder hablar tanto más alto de faltas»[181].

Para poder pasar del ser culpable «vulgar» al ser culpable «en el sentido más propio» es preciso que la idea de culpa «sea *formalizada* hasta tal punto, que *desaparezcan* los fenómenos de culpa vulgar referidos al ser

173 HEIDEGGER: *SuZ,* págs. 268, 270.

174 La denominación "vulgar" es uno de los términos más frecuentes en *SuZ,* de Heidegger, y desempeña en él la misma función que la denominación en el marxismo como "ideología" de la posición contraria. (Por lo demás, también Marx denomina muchas veces como "economía vulgar" la economía de los "ideólogos burgueses".)

175 HEIDEGGER, *SuZ,* pág. 275.

176 *Ibídem.*

177 *Ibídem,* pág. 277.

178 *Ibídem,* pág. 278.

179 *Ibídem,* pág. 278.

180 *Ibídem,* pág. 283.

181 *Ibídem,* pág. 288.

con otros en el cuidado». «La idea de culpa no solo tiene que ser elevada por encima del ámbito del cuidado compensatorio, sino que tiene que ser independizada también de la referencia a un deber ser y a una ley cuya infracción signifique culpa para alguien» [182].

¡Una formalización insólita!, podría decirse con Helmut Kuhn: «La acción de Caín y el beso de Judas, las matanzas en masa y la esclavización bajo la cruz gamada o la hoz y el martillo, 'desaparecen' para la indagación existencial de la conciencia» [183]. Todo ello pertenece al mundo del «se», en el que las infracciones son compensadas y en el que se buscan conmutaciones. En lugar de enfrentarse con el concepto derivado de culpa, en el sentido de la culpabilidad por una acción o una omisión, hay que limitarse al sentido existencia del ser culpable, según el cual el *Dasein* es, como tal, culpable, o el fundamento de una inanidad [184]. Desde este punto de vista, la voz de la conciencia es una apelación a ser culpable, y este una llamada preliminar a la posibilidad de ser [185]. Con su interpretación de la conciencia, Heidegger se aleja tanto de su comprensión «vulgar», que él mismo se pregunta si en ella es posible «reconocer todavía el fenómeno de la conciencia, tal como este es 'realmente'» [186].

Pero tampoco en la conciencia admonitoria es posible, según Heidegger, mostrar nada que haga positiva la voz de la conciencia. La esperanza de indicaciones para el obrar «se basa en el horizonte hermenéutico del cuidado en su comprensión, el cual fuerza el existir del *Dasein* bajo la idea de un decurso de cosas susceptible de ser reducido a reglas... La voz de la conciencia no nos suministra tales indicaciones prácticas, y ello por la única razón de que por ella el *Dasein* es exhortado a la existencia, al poder ser sí mismo en el sentido más propio» [187]; es decir, a la «decisión». «Ahora bien: ¿en qué sentido se nos hace patente el *Dasein* en la decisión? ¿A qué debe decidirse? La respuesta *solo* puede darla el acto mismo de la decisión. Sería totalmente erróneo querer entender el fenómeno de la decisión viendo en él tan solo un asir pasivo frente a una serie de posibilidades dadas y recomendadas. El acto de decisión es precisamente el proyecto patentizador y la determinación de la posibilidad fáctica del momento» [188].

---

[182] HEIDEGGER: *SuZ*, pág. 283.

[183] H. KUHN: *Begegnung mit dem Sein*, 1954, pág. 9.

[184] Una relación tan a la mano con el pecado original es rechazada, sin embargo, por HEIDEGGER: *SuZ*, pág. 306, n. 1.

[185] *Ibídem*, pág. 287.

[186] *Ibídem*, pág. 289.

[187] *Ibídem*, pág. 294.

[188] *Ibídem*, pág. 298.

«La decisión 'existe' solo como acto de decisión que se entiende a sí mismo en la forma de proyecto» [189].

No obstante, aun cuando el análisis existencial no puede elucidar aquello por lo que, de hecho, se decide el *Dasein,* sí puede indicar de dónde se extraen las posibilidades, respecto de las cuales el *Dasein* se hace proyecto, de hecho: de la herencia que la decisión, en tanto que proyecto, hace suya. Esta apropiación tiene lugar por la «repetición de una posibilidad de existencia anterior», de tal manera que el *Dasein* escoge sus héroes» [190]. «En esta apropiación se elige, en principio, lo elegido, aquello que hace libre para la secuencia combativa y la fidelidad a lo repetible.» Esta repetición no nos trae al presente algo pasado, sino que «replica la posibilidad de una existencia que ha sido» [191]. La decisión existencial—independizada del deber ser y de la ley, que le privarían de la posibilidad de obrar [192]—encuentra así paradigmas con contenido en la «elección de héroes como réplica».

Ahora bien: se obtiene así verdaderamente «la verdad primaria, *en sentido propio,* del *Dasein*»? [193]. Si el hombre no puede oír en la conciencia una voz que le habla desde fuera, ya que esta voz no existe, sino que es él mismo quien se «llama», ¿qué es lo que le impide escoger como héroe a un azote de la Humanidad, y hacerlo, no de modo caprichoso, sino realmente, en la carrera hacia la muerte, en una última decisión? ¿No hemos escuchado, no hace todavía mucho tiempo, el proyecto de existencia: «Mejor un día león, que cien días cordero»? Ni siquiera la carrera hacia la muerte garantiza en absoluto la verdad «en sentido propio» del *Dasein.* ¡Y, sobre todo, la idea de la «elección»! El hombre elige, no solo un «héroe», sino también, p. ej., un compañero de vida, y en esta elección es «libre»; es decir, independiente de un deber ser y de una ley. Pero, una vez que lo ha escogido, le debe fidelidad, confianza, asistencia, ayuda, y se las debe *a él,* al cónyuge, no una existencia pasada y en secuencia combativa de este paradigma. Al contraer matrimonio, el hombre se sitúa en una relación vital supraindividual, sobre la cual no puede disponer en lo esencial, y que le impone deberes, sin tener en cuenta si, al contraer matrimonio, podía preverlos y si podía, por tanto, o no, «elegir». El matrimonio es

---

189 HEIDEGGER, *SuZ.*

190 *Ibídem,* pág. 385.

191 *Ibídem,* pág. 386. Por ello también la historia "en sentido propio", a diferencia del curso histórico "vulgar", no tiene su centro de gravedad ni en el pasado ni en el presente en su conexión con el pasado, sino en el acontecer en sentido propio de la existencia, el cual surge del *futuro* del *Dasein.*

192 *Ibídem,* pág. 294.

193 *Ibídem,* pág. 297.

una «relación de comunidad de la más alta existencialidad» [194]. Esta existencialidad, empero, es completamente distinta de la existencia de la filosofía existencial, que solo puede ser el «cada uno del momento» [195]. Como todas las «instituciones», el matrimonio es una unidad vital supraindividual, cuyos miembros puede aprehenderla en una última decisión o cumplirla en la cotidianeidad del «se», pero que, independientemente de estos modos de comportamiento, plantea exigencias *objetivas* al individuo. Partiendo de aquí se ve claramente qué es lo que «desaparece» en la formalización existencial de la culpa. No solo el deber ser y la ley, sino todo un ámbito de la existencia: la existencialidad de las unidades sociales supraindividuales, en las que el hombre se encuentra en tanto que individuo [196]

Sartre enlaza con la posición de Heidegger en *Ser y tiempo,* radicalizándola parcialmente [197]. Sartre comienza con la polémica contra la idea de un Dios representado como un artesano más perfecto que ha creado el mundo según exigencias existentes de por sí; es decir, contra una doctrina según la cual «la voluntad sigue más o menos al entendimiento, o por lo menos, lo acompaña» [198]. Se repite aquí la polémica llevada a cabo por el nominalismo de la baja Edad Media contra la versión tomista del platonismo; es decir, contra el realismo de las ideas. En Sartre, empero, a diferencia de aquellos teólogos nominalistas, no es Dios en el que la existencia

[194] R. SMEND: "Das Problem der Institutionen und der Staat", en *Zeitschr. f. Evang. Ethik,* VI (1962), págs. 63 y sgs. Aquí Smend habla del Estado, pero piensa también en el matrimonio. La referencia al Estado hace aparecer aún más clara la distancia entre la existencialidad de que aquí se trata y la existencia de la filosofía existencial. Sobre el problema de las instituciones, cfr. también, más adelante, páginas 247, n. 321, y 257, n. 12.

[195] Por ello también, el "ser con otros", "en sentido propio", es "solo una determinación del *Dasein* propio de cada uno" (HEIDEGGER: *SuZ,* pág. 121); en sentido análogo habla Jaspers de la "comunicación existencial de dos hombres *solitarios*" (*Philosophie,* Vol. II, págs. 50 y sgs.). Sobre Jaspers, cfr. J. THYSSEN: "Staat u. Recht in der Existenzphilosophie", en *Archiv. f. Rechts- u. Sozialphilosophie,* Vol. LI (1954), págs. 1 y sgs., y U. HOMMES: *Die Existenzerhellung und das Rechts,* 1962.

[196] W. MAIHOFER (*Recht u. Sein,* 1954) ha percibido acertadamente la insuficiencia de la filosofía existencial frente a la existencialidad de unidades sociales supraindividuales. Ello, sin embargo, no puede corregirse añadiendo un "ser como" al "ser sí mismo". El matrimonio no es una ordenación recíproca de dos fórmulas vacías sociales (pág. 115), es decir, del "ser marido" y del "ser esposa". Con ello no se llega en absoluto a la "existencialidad" del matrimonio. Sobre Maihofer, cfr. THYSSEN: *Archiv f. Rechts- u. Sozialphil.,* Vol. XLIII (1957), págs. 87 y sgs.; H. SCHULZ: *Studia Philosophica,* Vol. XVIII (1958), págs. 167 y sgs.; W. WIELAND: *Phil. Rundschau,* Bd. IV (1956), págs. 89 y sgs.

[197] SARTRE: *L'existentialisme est un humanisme,* París.

[198] *Ibídem,* pág. 19.

precede a la esencia, sino, como en Heidegger, el hombre [199]. El hombre individual se convierte en heredero de la «potencia Dei absoluta», una vez que se ha declarado por muerto a Dios. «El hombre es, antes que nada, un *proyecto* que se vive subjetivamente... Nada existe antes de este proyecto, nada en el cielo inteligible; y el hombre será, antes que nada, aquello de que se ha hecho proyecto» [200]. Como el Dios Padre nominalista, así también el hombre es, en sentido absoluto, libre; es decir, no hay valores o preceptos preordenados a su voluntad que puedan indicarle lo que se debe hacer. Al contrario, él mismo es el único y pleno creador, el «inventor» de todos los valores y normas en el mundo. El valor no es otra cosa que el sentido que el hombre elige o inventa [201]. No hay ningún otro legislador fuera de él; es él quien decide en pleno abandono sobre sí mismo [202]. «No tenemos frente a nosotros ningún valor, ningún precepto que justifiquen nuestro comportamiento. Ni detrás ni delante de nosotros poseemos en el reino luminoso de los valores justificaciones o disculpas. Estamos solos, sin disculpas. Esto es lo que quiero significar con las palabras «el hombre está condenado a ser libre» [203].

Mientras que los teólogos nominalistas de la baja Edad Media poseían en la voluntad revelada de Dios un punto de referencia firme y objetivo para los órdenes humanos, en el pluralismo de Sartre el problema del orden intersubjetivo y universalmente válido se convierte para los «dioses» en un enigma insoluble. No obstante lo cual, Sartre intenta lo, al parecer, imposible. Sartre distingue, entre dos significaciones del concepto «subjetivismo», una, puramente subjetiva, y otra, pudiéramos decir, supraindividual. «Cuando decimos que el hombre se elige, entendemos con ello que cada uno de nosotros se elige a sí mismo; pero, a la vez, queremos también decir que el hombre, al elegirse a sí, elige a todos los hombres. Y es que, en efecto, no hay ninguna de nuestras acciones que, al crear al hombre que nosotros queremos ser, no cree, a la vez, una imagen del hombre tal y como nosotros creemos que *debiera* ser. El elegir ser así o de otro modo significa, a la vez, la afirmación del valor de lo que escogemos, ya que no podemos nunca escoger lo malo. Lo que escogemos es siempre lo bueno, y nada puede ser bueno para nosotros si no lo es para todos» [204].

---

199 Siguiendo la tesis inicial de Heidegger de la "prioridad de la existencia respecto a la esencia en el *Dasein*", *SuZ*, pág. 43.

200 SARTRE, *ob. cit.*, pág. 23.

201 *Ibídem*, pág. 89.

202 *Ibídem*, pág. 93.

203 *Ibídem*, pág. 37.

204 *Ibídem*, pág. 25. (Sigo aquí la traducción de Bollnow en *Die Sammlung*, 1947, pág. 657.)

«Hay que preguntarse siempre: ¿Qué pasaría si, efectivamente, todo el mundo obrara de la misma manera?» [205].

¿No hemos oído ya antes estas palabras: Pregúntate solo si puedes querer que tu máxima se convierta en una ley general? Con razón apunta Bollnow que la doctrina de Sartre aparece casi como una repetición existencial del imperativo categórico [206]. ¿Era necesario para ello toda la gran construcción y los numerosos radicalismos de la filosofía existencial? A todo ello se añade que lo que era cierto para el «idealista» Kant, no puede serlo para el existencialista Sartre. Una existencia que no fuera la absolutamente individual, la mía de cada uno, sino una existencia «en general» —algo análogo a la «conciencia en general» de Kant—sería una contradicción en sí misma. La proposición de que no podemos nunca escoger lo malo es una tautología, una vez que, por definición, lo bueno es siempre lo que yo elijo. De otro lado, la proposición descansa en un hábil trastrueque del valor del acto—«elegir partiendo de un ánimo recto»—con el valor objetivo «elegir lo bueno». ¡Y cuán necesitada de prueba está la afirmación de que nada puede ser bueno para nosotros, sin serlo también para todos! ¿Por qué la monogamia que yo elijo ha de ser buena para todos? [207]. ¿Quién son, por lo demás, «todos»? ¿«Toda nuestra época»? [208]. ¿Por qué solo ella y por qué *incluso* ella? Y de otro lado, este «para todos», ¿no presupone necesariamente una esencia humana común, cosa que el existencialista niega tan vivamente? Y aquí prescindo de todas las dificultades que se oponen a la recepción del imperativo categórico como un medio para obtener lo justo materialmente de la generalidad formal [209]. Con razón dice, por eso, Mounier que esta parte del pensamiento de Sartre es la menos inteligible y apunta a una transición oculta hacia un idealismo extremo [210].

Heidegger ha rechazado vivamente a Sartre como seguidor de su pensamiento. El punto de partida de Sartre, la tesis de la prioridad de la existencia respecto a la esencia, no tiene «ni lo más mínimo en común» con la misma proposición, tal como se formula en *Ser y tiempo* [211]; el que haya podido creerse esto da testimonio, más bien, de la fuerza del olvido del

---

205 SARTRE, *ob. cit.*, pág. 28. Análogamente, JASPERS: *Philosophie*, II, pág. 269: "Lo que yo hago tiene que ser tal, que yo pueda querer que el mundo sea de tal manera, que por doquiera tenga que acontecer así... Criterio de la conciencia es que lo que yo soy en mi hacer quiera serlo eternamente."

206 BOLLNOW: *Sammlung*, 1947, pág. 665.

207 SARTRE, *ob. cit.*, pág. 27.

208 *Ibídem*, pág. 26.

209 Sobre ello, cfr. anteriormente, págs. 176 y sgs.

210 E. MOUNIER: *Merkur*, 1947, pág. 633.

211 HEIDEGGER: *Ueber den Humanismus*, pág. 18.

ser, en el que se ha hundido toda filosofía [212]. La «existencia» analizada en *Ser y tiempo* es, en realidad, una «ek-sistencia», es decir, un «asomarse a la verdad del ser» [213]. El «proyecto» de que se habla en *Ser y tiempo* no es, por eso, obra del sujeto, sino la «referencia extática al claro del ser» [214]. El proyectante en el proyecto no es el hombre, sino el ser mismo que remite al hombre a la ek-sistencia como a su esencia [215]: el *Dasein* «es esencialmente en el lanzamiento del ser, en tanto que este es el remitente sometido al destino» [216]. De igual manera, tampoco hay que entender la «decisión» como la «acción decidida de un sujeto», sino como «la apertura del *Dasein*, que pasa de la perplejidad en el ente a la claridad del ser» [217, 218]. Si en el *Ser y tiempo* Heidegger había negado una voz de la conciencia que, procedente del exterior, resonara en el *Dasein*, y ello porque la llamada procede del ente que soy yo mismo, ahora nos dice que el hombre «es llamado por el ser mismo al cobijo de su verdad» [219]. Como consecuencia de ello, surgen ahora, de nuevo, el deber y la ley, que antes habían «desaparecido». «Solo en tanto que el hombre, ek-sistente en la verdad del ser, pertenece a este último, puede llegar del ser mismo la asignación de aquellas indicaciones que tienen que convertirse para el hombre en ley y regla. Asignación se llama en griego νέμειν [220]. El νόμος no es solo ley, sino, más originariamente, la asignación oculta en el destino del ser. Solo a esta le es posible remitir al hombre al ser... En otro caso, toda ley queda reducida a algo hecho por la razón humana. Más esencial que toda formulación de reglas es que el hombre encuentre el camino hacia la estancia en la verdad del ser... El punto firme para todo comportamiento es un don de la verdad del ser» [221].

Aquí podemos dejar en pie la cuestión del «giro» en el pensamiento de Heidegger, que este tan apasionadamente niega [222]; más importante es ver

212 HEIDEGGER: *Was ist Metaphysik?*, pág. 18.
213 Idem: *Humanismus*, pág. 16.
214 *Ibídem*, pág. 17.
215 *Ibídem*, pág. 25.
216 *Ibídem*, pág. 16.
217 Idem: *Holzwege*, pág. 55.
218 Sobre la forzada interpretación de sus propios escritos por Heidegger, cfr. LÖWITH: *Heidegger. Denker in dürftiger Zeit*, 2 Aufl., Göttingen, 1960.
219 HEIDEGGER: *Humanismus*, pág. 29; *Was ist Metaphysik?*, pág. 46.
220 Sobre ello, cfr. también C. SCHMITT: "Nehmen, Teilen, Weiden", en *Gemeinschaft u. Politik*, 1 Jg. (1953), págs. 18 y sgs.
221 HEIDEGGER: *Humanismus*, pág. 44.
222 Heidegger se ha cubierto contra la posibilidad de refutarle con sus propios textos, calificando de "necedad" toda refutación en el campo del pensamiento esencial. *Humanismus*, pág. 24.

qué nos dice acerca del Derecho y de la justicia la opinión *en sentido propio* de Heidegger, ahora «al descubierto». En este punto se siente uno un poco defraudado por el contenido de las frases que acabamos de citar. Que «ley y regla» precisan de un punto de apoyo trascendente a la existencia, es una convicción que recorre toda la historia del iusnaturalismo. Heidegger ve este punto de apoyo en el «ser». «Sí, el ser, pero ¿qué es el ser? Es él mismo. Experimentar y formular esto tiene que aprenderlo el pensamiento futuro»[223].

Sería injusto, desde luego, esperar de Heidegger fórmulas sobre el último punto de apoyo del Derecho terreno, fórmulas que tampoco ha suministrado ninguno de los pensadores anteriores a él. No obstante, su respuesta satisface menos que muchas de los pensadores precedentes. Si bien nunca podremos decir otra cosa sobre el último punto de apoyo del Derecho sino que este punto existe, es nuestro deber esforzarnos *por un orden terreno que deje abierto el acceso a este último punto de apoyo.* No es bastante confiar en que el ser va a enviarnos la asignación de las «indicaciones» para el obrar, sino que tenemos que actuar a fin de que estas nos lleguen. Para ello solo disponemos del esfuerzo de la conciencia y de la fuerza de la razón. Ahora bien: para Heidegger la razón es justamente «la adversaria más terca del pensamiento»[224]. Para él, una ley es, *o bien* «asignación del ser», *o bien* «producto de la razón humana». En la desvalorización de la razón, que recorre toda su obra, se repite la reducción de la razón al entendimiento constructivo, tal y como se ha venido haciendo en los últimos cien años: en contraposición al pensar «esencial», la razón es el pensar «calculador», en el cual «la realidad de lo real se hace susceptible del incondicionado *ser hecho,* propio de la objetividad corriente»[225]. En lugar de la razón, el *lenguaje* se convierte en «albergue del ser» y en «cobijo de la esencia humana». Si se tiene en cuenta, sin embargo, la libertad con que Heidegger mismo maneja el lenguaje, habrá que darle la razón en la sospecha de que «este pensar del ser cae en lo arbitrario»[226]. En todo caso, es seguro que para percibir las instrucciones del ser en el campo del Derecho no basta la alusión al lenguaje.

---

[223] HEIDEGGER: *Humanismus,* pág. 19.

[224] Idem: *Holzwege,* pág. 247. Al contrario que en Heidegger, en Jaspers puede hablarse de un "giro" hacia una alta apreciación de la razón. "El cometido es hoy fundamentar, de nuevo, la razón en sentido propio en la existencia. Esta es la exigencia más urgente en una situación determinada por Kierkegaard y Nietzsche, por Pascal y Dostoyevski." K. JASPERS: *Die philosophische Glaube,* 1948, pág. 125.

[225] HEIDEGGER, en el epílogo a *Was ist Metaphysik?,* págs. 43 y sgs.

[226] Idem: *Humanismus,* pág. 46.

5. La renovación del Derecho natural y la teología jurídica

Los años que van de 1933 a 1945 han significado también una profunda cisura para la teoría jurídica. Positivismo y neokantismo, las teorías de las ideologías y el existencialismo, fueron arrojados al crisol de un nihilismo, no meramente imaginado, sino muy real. Después de estos años, el mundo del Derecho presentaba un aspecto muy distinto al de antes. El cambio puede señalarse muy claramente por dos manifestaciones de Radbruch, una del año 1932 y otra del año 1947. Un año antes de la llegada al poder del nacionalsocialismo, que iba a despojarle de su cátedra, Radbruch había consagrado filosóficamente, por así decirlo, el «concepto estricto» del Derecho del positivismo: «Quien es capaz de imponer el Derecho, prueba con ello que está llamado a crear Derecho» [227]. De su convicción de la «incognoscibilidad del Derecho justo», que le había conducido al «relativismo», Radbruch dedujo, tanto la imposibilidad de un Derecho natural como la validez ilimitada del Derecho positivo [228]. Dos años después del derrumbamiento del nacionalsocialismo, escribía: «La ciencia del Derecho tiene que meditar, de nuevo, sobre la verdad milenaria de que hay un Derecho superior a la ley, un Derecho natural, un Derecho divino, un Derecho racional, medido con el cual la injusticia sigue siendo injusticia, aunque revista la forma de ley, y ante el cual la sentencia pronunciada de acuerdo con esta ley injusta no es Derecho, sino lo contrario del Derecho» [229].

El formalismo e historismo de la filosofía del Derecho neokantiana se habían mostrado incapaces de impedir o de superar la reducción del Derecho al poder, que era la consecuencia necesaria del positivismo y de la teoría de las ideologías. Con tanto más fuerza iba a resonar, por eso, la apelación a principios jurídicos materiales y permanentes. Y si no se quería recorrer, una vez más, la «ruta, ya cubierta de hierba», del Derecho natural, parecía que la «ética material de los valores» fundada por Max Sche-

---

[227] Véanse, anteriormente, págs. 196 y sgs.

[228] Radbruch: *Rechtsphilosophie*, págs. 15 y sgs. Solo en la vinculación del Estado a sus propias leyes, es decir, en la eliminación del arbitrio individual, veía Radbruch el "mínimo" de obligatoriedad iusnaturalista (pág. 182). A diferencia de él, Kelsen calificaba (*Allgemeine Staatslehre*, 1925, págs. 335 y sgs.) de "ingenuidad o arrogancia iusnaturalista" la afirmación de que en un Estado dominado por el arbitrio despótico individual no existía Derecho. El pasaje ha sido suprimido en la edición inglesa de la misma obra de 1949.

[229] Idem: "Die Erneuerung des Rechts", en *Die Wandlung*, 2 Jg. (1947), pág. 9.

ler[230] y desarrollada por Nicolai Hartmann[231] era el camino más adecuado para llegar a principios jurídicos materiales que no se redujeran a un contenido trivial.

Polemizando críticamente con Kant y apoyándose en la fenomenología de Husserl, Scheler y Hartmann se lanzaron con decisión a la empresa de reconquistar una esfera absoluta de valores. Apelando a la teoría platónica de las ideas, interpretaron los valores como esencialidades ideales, irreales, «ideas platónicas por su modo de ser»; no se trata «de estructuras formales, carentes de contenido, sino de contenidos, materias, estructuras, que determinan un específico *quale* en cosas, relaciones o personas». Como las ideas platónicas, constituyen un reino axiológico subsistente de por sí, a lo largo del cual se desliza la mirada histórica, produciendo así la apariencia de una relatividad de los valores, cuando solo se trata de una relatividad de nuestra conciencia de los valores[232]. Scheler distingue entre cuatro clases de modalidades axiológicas: los valores sensibles, los vitales, los espirituales y los religiosos[233]. La afinidad de los tres primeros con los valores platónicos de los apetitos, el valor y la razón como partes del alma salta a la vista; solo se les ha añadido, procedente del mundo cristiano, el valor de lo sagrado. Entre estos valores existen relaciones apriorísticas de jerarquía, siendo los valores sensibles los inferiores, y siguiéndolos los demás en orden ascendente. Esta jerarquía constituye «el *a priori* material en sentido propio de nuestro conocimiento de los valores y de nuestra preferencia respecto a ellos»[234]. Y, en efecto, si realmente pudieran hacerse indicaciones concretas sobre las relaciones jerárquicas entre los valores, habríamos dado un paso decisivo en la cuestión acerca de los fines rectos del obrar. Ya, empero, el mismo Hartmann tuvo que objetar a los criterios de Scheler sobre la altura de los valores[235]. «Si se pretendiera en serio determinar la jerarquía de los valores basándose en tales características, no

---

[230] MAX SCHELER: *Der Formalismus in der Ethik*, Halle a. d. S., 1916; cit. por la 3.ª ed., 1927.

[231] N. HARTMANN: *Ethik*, pág. 121.

[232] SCHELER: *Formalismus*, págs. 306 y sgs.; HARTMANN: *Ethik*, págs. 158 y siguientes. Contra este desplazamiento de las mutaciones históricas al campo de la *conciencia* axiológica se ha objetado, con razón, que ello significa una "desvalorización" de la historia misma. Según esta idea, lo esencial, los valores mismos, no están insertos en la fluencia histórica, sino que es solo lo accidental, la *conciencia* de los valores, lo que cambia.

[233] *Ibídem*, págs. 103 y sgs.

[234] Para Scheler, los valores son, completamente en sentido agustiniano, pensamientos de Dios, en tanto que "plenitud infinita de lo bueno, extendida ante la mirada del espíritu divino". *Formalismus*, pág. 511, n. 1.

[235] *Ibídem*, pág. 103.

pasaríamos de trazar los contornos más generales»[236]. Que los valores morales son más elevados que los valores vitales, es algo de por sí ya evidente. Para una diferenciación más minuciosa de la altura de los valores dentro de una misma clase no nos sirven los criterios de Scheler.

Pero tampoco los análisis más precisos de Hartmann han conducido a mejores resultados. «Son muy escasas las leyes que pueden extraerse de aquí»[237]. Pero aun cuando pudiera abrigarse la esperanza de poder determinar algún día *a priori* la jerarquía de los valores, continuaría siendo problemático el valor práctico del resultado para la decisión concreta. Frente a la vieja ley de preferencia—de origen escolástico—de la *altura* de los valores, utilizada por Scheler, Hartmann formula, en efecto, la ley de preferencia contraria de la *fuerza* de los valores, de acuerdo con la cual el valor inferior, en tanto que más fundamental, demanda la prioridad respecto al superior[238]. «Al hambriento o al que sufre físicamente se le escapa el sentido por los goces del espíritu»[239]. Surge así una «antinomia de la preferencia axiológica», quedando sin respuesta la cuestión decisiva de en qué casos hay que preferir el valor superior al inferior, o viceversa, y de dónde se encuentra la frontera más allá de la cual el valor espiritual no debe ya ser sacrificado al valor vital[240, 241].

La insuficiencia en este punto de la ética de los valores de Scheler y Hartmann tiene su causa más profunda en que la llamada ética «material» de los valores solo en un sentido muy relativo, a saber: relativamente a Kant[242], ostenta el nombre de «ética *material* de los valores». En realidad, empero, elimina la cuestión *material* en sentido propio del «qué» de la acción moral; su tema es, más bien, la *bondad* del acto, el llamado «valor del acto», pero no lo *bueno* como contenido y fin de la acción moral. Como dice Hartmann[243], la ética no tiene como cometido «la explicación... de aquella amplia esfera de valores». Hartmann no roza, por eso, más que superficialmente esta esfera, hablándonos de una «tabla de los valores de bienes o de circunstancias», en la que, junto a los bienes de cosas—posesión y propiedad—, menciona también «los grados de la comunidad», desde

---

236 SCHELER: *Formalismus*, págs. 88 y sgs.

237 HARTMANN: *Ethik*, pág. 280.

238 Sobre ello, WEISCHEDEL: *Recht u. Ethik*, Karlsruhe, 1956.

239 HARTMANN: *Ethik*, pág. 145.

240 *Ibídem*, pág. 607.

241 *Ibídem*, pág. 604.

242 También esto lo ha relativizado posteriormente Hartmann. Cfr. HARTMANN: "Vom Wesen sittlicher Forderungen", en *Kleinere Schriften*, I, Berlín, 1955, pág. 298.

243 Idem, *Ethik*, pág. 251.

la familia a la idea de la Humanidad, como «otra clase de bienes» *(sic)*[244]. ¿De dónde, empero, procede el contenido del deber ser que se dirige imperativamente al hombre como ser social, si no es de *aquella* «amplia esfera» de los «valores de bienes o de circunstancias»? Como miembro de la familia y frente a los otros miembros de ella, como miembro de una profesión y respecto a los demás que necesitan de ella, como ciudadano respecto a la asociación política del Estado, etc., el hombre tiene, en cada caso, cometidos, deberes y derechos concretos. De su inserción en relaciones vitales, constelaciones sociales e instituciones supraindividuales se deducen para él los cometidos concretos del obrar moral, la «materia ética». El problema primario de la ética social no consiste en decisiones sobre conflictos entre valores superiores e inferiores, sino en la determinación del contenido de los cometidos éticos derivados de la inserción de la persona en unidades vitales supraindividuales.

Ante este problema, la fórmula de «valores de bienes y circunstancias» es muy problemática, porque induce a error. Tiene, sin duda, su sentido designar comprensivamente como «valores del acto» las diversas especies de actitud moral, como bondad, amor, fidelidad, sinceridad, veracidad, etc. Todas ellas son realizaciones por las que el hombre alcanza aquella dignidad de la persona moral que, según Kant, se halla por encima de todo «precio». Los «valores de bienes o circunstancias» a los que puede aplicarse este nombre propiamente, como la posesión y la propiedad, son, en cambio, solo medios para otra cosa: para decirlo con Kant, solo tienen un valor «relativo» o un «precio». Ahora bien: si junto a ellos y con ellos se caracteriza también como «valores de bienes» al otro hombre o a unidades supraindividuales, como el matrimonio, la familia, el Estado o la Humanidad, lo único que se hace es falsear la naturaleza de estas últimas. Cuando el buen samaritano ayuda al herido con entrega desinteresada, realiza una acción moral, pero no salva ningún «valor». El soldado que defiende su patria, su mujer y sus hijos, sus padres y hermanos, está dispuesto, sin duda, a sacrificar su vida por *ellos,* pero no por un «valor»[245]. Los contenidos de las acciones morales—la materia ética—no se extraen de valores abstractos de bienes, sino de la relación viva con otros hombres; es decir, de la inserción real del hombre en unidades sociales supraindividuales[246, 247]

---

244 HARTMANN: *Ethik,* pág. 368.

245 HEIDEGGER: *Holzwege,* pág. 94. Como nadie está tampoco dispuesto a morir por el mero "ser" de Heidegger.

246 Tampoco COING *(Die obersten Grundsätze des Rechts,* 1947) ha podido deducir sus principios jurídicos supremos de la ética material de Scheler y Hartmann, sino que—como lo muestra la comparación con los derechos fundamentales de la Consti-

No puede extrañar, por eso, que pronto se volviera, una vez más, a recorrer el viejo camino aristotélico-estoico en pos de la «naturaleza» del hombre, a fin de aportar contenido a los principios apriorísticos formales. Con ello retornan los teólogos, a la vez, a un campo de batalla, del que fueron expulsados hace trescientos cincuenta años [248]. Quien con mayor facilidad podía hacer esto era la teología moral católica, ya que, aunque últimamente de manera muy cautelosa, no había dejado nunca de cultivar el Derecho natural. Para ella el Derecho no era mucho más que un «Derecho-marco» [249], que solo traza algunos contornos generales, mientras que todo lo demás queda entregado al Derecho positivo [250]. Esta cautela no ha desaparecido hoy todavía completamente [251], pero ha tenido que ceder el sitio, en su mayor parte, a una utilización masiva del Derecho natural.

Así, p. ej., Josef Fuchs se congratula de que «en los últimos tiempos desaparece más y más la limitación del Derecho natural a principios generalísimos» [252]. Derecho natural no son solo para él las proposiciones más generales, sino también las siguientes deducciones, las aplicaciones a hechos concretos y, finalmente, también las aplicaciones a situaciones singulares concretas [253]. No es de extrañar, por eso, que pueda escribir: «La mayoría de los problemas de la vida, tanto de la vida privada como de la pública, pueden resolverse con el Derecho natural» [254]. Si se indaga, empero, más

tución de Weimar (pág. 25)—los ha extraído de la situación histórica de los últimos ciento cincuenta años. ¿Cómo puede afirmarse que son "contenido necesario de todo orden jurídico" (pág. 73) la prohibición de penetrar en la esfera del secreto personal, de coaccionar la libre manifestación de la opinión o la libre actividad artística, científica o religiosa? Se trata, sin duda, de exigencias de política jurídica importantes o discutibles, pero no de Derecho natural.

247 Resultados concretos de validez apriorística no los ha aportado aquí tampoco la teoría material de los valores, sino el ámbito de la "teoría de la imputación", o más exactamente, la teoría de la acción. Los análisis categoriales de la acción final en la ética de Hartmann cuentan, desde el punto de vista jurídico, entre sus resultados más fructíferos.

248 Cfr., anteriormente, pág. 112.

249 ROMMEN: *Die ewige Wiederkehr des Naturrechts,* 2 Aufl., 1947, pág. 251. Sobre lo que sigue, cfr. RUDOLF HENNING: *Der Masstab des Rechts im Rechtsdenken der Gegenwart,* 1961.

250 V. CATHREIN: *Naturrecht u. positives Recht,* 1909, pág. 279. Casi en los mismos términos, ROMMEN, *ob. cit.,* pág. 251. Cfr. también MAUSBACH: *Die katholische Morallehre,* 2 Aufl., 1902, pág. 168 y sgs.

251 Cfr., junto a Rommen, especialmente SCHÖLLGEN: "Konkrete Ethik", en *Wort u. Wahrheit,* XIV, 1959, pág. 91; KARL RAHNER, en *Orientierung,* 1955, págs. 239 y siguientes.

252 J. FUCHS: *Lex naturae,* 1955, pág. 110.

253 *Ibídem.*

254 *Ibídem,* pág. 153.

de cerca, de dónde proceden las proposiciones del Derecho natural, lo único que nos dice, en el fondo, Fuchs es que «desde la realidad empírica del hombre real» puede determinarse «la naturaleza absoluta o metafísica» [255], y que este «concepto de la naturaleza humana, que hay que elaborar filosóficamente, no es completamente indeterminado en su contenido, sino que permite formulaciones sobre la esencia, el sentido y el deber ser, tanto de la personalidad humana como de la comunidad humana» [256]. Fuchs, empero, no nos aporta ningún criterio que nos permita conocer en los componentes empíricos del hombre su «esencialidad metafísica», sino que confiesa que no es posible determinar de la manera más precisa lo que en detalle y hasta lo último pertenece a la esencia del hombre. No es sorprendente, por ello, que la capacidad para «la cognoscibilidad natural del Derecho natural en toda su amplitud» [257] solo se atribuya a quien se apoya en «una autoridad superior a la autoridad puramente humana» [258], a saber: en la revelación divina y en la doctrina de la Iglesia. De la Iglesia «como la intérprete auténtica... tenemos que recibir... el Derecho natural, en tanto que no ha sido formalmente revelado» [259]. Objetivamente, lo que aquí tenemos es la confesión de la infecundidad para el Derecho natural del proceso de inferencia, harto problemático ya en sí [260], de la naturaleza absoluta del hombre desde su realidad empírica.

La renovación del Derecho natural del lado católico tiene su contrapartida protestante en el libro sobre *La justicia,* del teólogo de Zurich Emil Brunner. En esta obra se emprende la construcción de un Derecho natural aristotélico-estoico basado en el orden divino de la Creación y con contenidos extremadamente concretos.

A toda criatura le es dada su ley de vida con la creación y en la forma

---

[255] J. FUCHS: *Lex Naturae,* pág. 53, quien continúa diciendo: "Tratamos, desde luego, partiendo de la experiencia del hombre concreto y de la naturaleza humana metafísica conocida aquí, de llegar a proposiciones amplias y muy concretas sobre el ser del hombre en cuanto tal *(natura metaphysica et absoluta),* y, consecuentemente, sobre su sentido interno y sobre el deber ético dado con su ser y sentido."

[256] *Ibídem,* pág. 54.

[257] *Ibídem,* pág. 141.

[258] *Ibídem,* pág. 153.

[259] *Ibídem,* pág. 150.

[260] Lo problemático de esta inferencia se pone aún más claramente de manifiesto cuando se quieren obtener contenidos concretos de Derecho natural, como lo hace, p. ej., Ziegler, quien trata de deducir el derecho de decisión del hombre en el matrimonio del hecho de que, "por naturaleza", el hombre puede mandar mejor y la mujer obedecer mejor (ZIEGLER: *Das natürliche Entscheidungsrecht des Mannes in Ehe und Familie,* 1958, y sobre ello, MIKAT: *FamRZ,* 1960, págs. 301 y siguientes). SÜSTERHENN *(Wir Christen u. die Erneuerung des staatlichen Lebens,* 1948) pretende deducir del Derecho natural incluso el federalismo.

de ser que se manifiesta en la creación [261]. Detrás de lo dado en la naturaleza se encuentra una voluntad divina, y esta sanciona el hecho natural como algo que ha de ser respetado por nosotros. «Un orden que el infiel denomina simplemente un orden natural... es reconocido en la fe como algo que no solo es así, sino que debe ser así» [262]. Lo natural tiene que ser observado y reconocido como algo querido por Dios [263].

Lo natural se convierte, pues, de nuevo, como «orden divino natural», en el criterio axiológico del comportamiento social. También en Brunner desemboca la argumentación en el viejo círculo vicioso del iusnaturalismo: todas las convicciones axiológicas—en su mayoría muy respetables o, al menos, discutibles—, insertadas, primero, por el autor en el concepto de lo natural, son extraídas después de aquel por él mismo. La articulación jerárquica de la familia con el hombre a su cabeza es, para Brunner, el orden natural divino, mientras que la equiparación de la mujer, y más aún el matriarcado, son antinaturales [264]. La procreación, sobre la que descansa toda vida humana, está sustraída al capricho, y todo impedimento arbitrario y egoísta de la procreación en el matrimonio es una destrucción del orden divino, aunque ello no excluye una regulación moral de la fecundidad natural [265]. «El Creador ha creado al fuerte y al débil, a fin de que el débil sirva al fuerte y de que este ofrezca ocasión a aquel para servir» [266].

Otras doctrinas iusnaturalistas han extraído, en cambio, otras consecuencias de la distinción «natural» entre los fuertes y los débiles. ¿Quién puede decidir cuál de ellas es la «más natural»? La historia milenaria del Derecho natural ha probado suficientemente que de los principios de lo «na-

---

261 E. Brunner: *Gerechtigkeit*, pág. 58.

262 *Ibídem*, pág. 105 y también 81.

263 *Ibídem*.

264 *Ibídem*, págs. 169 y sgs.

265 *Ibídem*, págs. 171 y sgs. Aquí se pone de manifiesto con especial claridad que los conceptos "natural" y "antinatural" dependen de decisiones éticas previas. Ello se muestra también en la discusión actual en torno a la inseminación artificial. En razón de la intervención médica, ¿es la inseminación artificial homóloga, es decir, la fecundación artificial de una mujer con el semen de su marido, antinatural o no? Mientras que la pregunta es respondida afirmativamente muy a menudo, dice Barnikoel ("Geburtenregelung u. Eugenik", en *Schriftenreihe der Evang. Akad.* Hamburg, 1959, págs. 13 y sgs.): "*Natural* y *antinatural* no se deferencian ya en el momento de la intervención humana, sino solo en la esencia del matrimonio como una situación vital de dos personas de distinto sexo, entendida como duradera en el tiempo. En tanto que la comunidad de vida de los dos cónyuges no es modificada por la intervención médica, el fruto nacido de ambos es *natural*, es decir, responde a la voluntad divina."

266 *Ibídem*, pág. 84.

tural» no puede extraerse ningún orden valorativo, sino que, al contrario, este es una presuposición del concepto de lo natural.

El resurgimiento de ideas iusnaturalistas no quedó limitado a «mera» teoría, sino que ha tenido gran influjo en la práctica jurídica alemana de la posguerra. En este influjo se cruzan—sin que sea siempre posible deslindar unos de otros—los motivos iusnaturalistas más diversos, sobre todo los procedentes de la noción de los órdenes de la Creación de Brunner y la metafísica neotomista de la esencia, así como elementos de la ética de Scheler y Hartmann. Así, p. ej., de un «orden de valores dado e imperativo y de las proposiciones del deber ser que rigen la convivencia humana» se llega a deducir que el comercio sexual entre hombre y mujer debe tener lugar fundamentalmente en el matrimonio [267]. La familia está fundada por Dios y es, «según el orden de la Creación, una unidad que sigue estrictamente su propio orden», en la que la mujer está orientada hacia el interior y el hombre hacia el exterior; el hombre la representa hacia el exterior y es, en este sentido, su «cabeza». Querer aplicar a este hecho primigenio formas jurídicas de naturaleza social es absurdo [268]. Los bienes que protege el § 823, párrafo 1, del Código Civil alemán—la vida, el cuerpo, la salud, la libertad, la propiedad—, son una parte de la naturaleza y de la creación y por ello preceden al orden jurídico [269]. De las normas de la ley moral se deduce la estricta reprobación del suicidio y el imperativo del auxilio mutuo [270].

Según las palabras de Weinkauff, primer presidente del Tribunal Supremo alemán y uno de los más influyentes propagadores de ideas iusnaturalistas en la jurisprudencia, estas y otras tesis en las sentencias de dicho tribunal [271] constituyen «fragmentos de *una* gran confesión» [272].

En la larga historia del Derecho natural se han extraído, desde luego, también otras consecuencias de un «orden de los valores dado e imperativo». ¿Es que la jurisprudencia ha encontrado un camino mejor y más seguro para la intelección de este orden? Las sentencias judiciales no dan naturalmente respuesta a esta cuestión decisiva, ya que «ello no es cometido

---

267 *BGHSt,* VI, págs. 52 y sgs.

268 *BGHZ,* XI, apénd., págs. 34 y sgs. De un "orden de la creación" habla también el Tribunal de Garantías Constitucionales; p. ej., *BVerfG,* VII, pág. 12.

269 *BGHZ,* VIII, pág. 243.

270 *BGHSt,* VI, pág. 147.

271 Una ojeada crítica sobre estas sentencias, en EVERS: *Juristenzeitung,* 1961, pág. 241, y WIEACKER: *Juristenzeitung,* 1961, págs. 337 y sgs.; cfr. también ESSER: *Studium Generale,* XII, págs. 99 y sgs.; EBERHARD SCHMIDT: *Die Sache der Justiz,* 1961, págs. 42 y sgs.

272 WEINKAUFF: "Der Naturrechtsgedanke in der Rechtssprechung des Bundesgerichtshofs", en *Neue Juristische Wochenschrift,* 1960, págs. 1689 y sgs.

de un tribunal» [273]. Con palabras en las que resuenan claramente ideas de la ética material de los valores [274], Weinkauff habla de un orden de los valores «contemplable» [275], que puede ser aprehendido con una seguridad «intuitiva» relativamente grande. El criterio de verdad de las proposiciones del Derecho natural es «el sentimiento de certeza interior que· comunican» [276].

Estas escasas indicaciones no pueden, como es natural, revelar el secreto del conocimiento del Derecho natural. Si se prescinde de la última frase citada, que solo dice algo sobre el grado de certeza subjetiva, todos los otros conceptos de «contemplación» o de «intuición» apuntan al «conocimiento de la esencia» o a la «contemplación de las ideas», que, desde la teoría de las ideas de Platón, se hallan en la base de todo sistema idealista de Derecho natural. La creencia, empero, de que, p. ej., las estructuras del matrimonio y de la familia descritas por el Tribunal Supremo alemán constituyen una idea «intemporal» y pueden ser aprehendidas por una contemplación intuitiva, es, sin más, inverificable y contradictoria en sí misma. Ya la diferencia entre los sexos, la presuposición más elemental del matrimonio, no es un objeto de la «contemplación de la esencia», sino algo que solo empíricamente podemos percibir; y con mayor razón son también hechos biológicos e históricos todo lo que se refiere a la concepción y nacimiento, alimentación y educación de los hijos. Una vez presupuestos estos hechos, especialmente la actuación del hombre hacia el exterior y la de la mujer hacia el interior, *puede* revestir sentido la preeminencia jurídica del marido, pero esta no se deriva de un «hecho primario» de la familia, accesible a la «contemplación de la esencia». La fuerza persuasiva de las sentencias citadas descansa en las razones objetivas aducidas en ella, no en las normas de Derecho natural que se alegan. La apelación al Derecho natural solo puede debilitar esta fuerza persuasiva, ya que solo tiene sentido para aquel que profesa la misma «confesión» iusnaturalista. El Derecho natural no está en situación de fundamentar ni el oficio del juez ni la autoridad de sus decisiones.

---

273 WEINKAUFF, *ob. cit.*, pág. 1962.

274 Con su "reino de los valores", ni Scheler ni Hartmann pensaron nunca en tales relaciones sociales concretas, como el matrimonio, la familia, la propiedad privada, etc., que son las que el Tribunal Supremo alemán cree poder "contemplar" como órdenes intemporales. La ética material de los valores no ha hecho más que suministrar al Tribunal Supremo alemán el instrumento conceptual; los contenidos proceden, en lo esencial, de la doctrina de los órdenes de la Creación.

275 Cfr. también AUER: *Der Mensch hat Recht,* 1956, pág. 53: "Leyes fundamentales del obrar contemplables intuitivamente."

276 WEINKAUFF, *ob. cit.*, pág. 1692.

Contra la amplia profesión de fe iusnaturalista de la jurisprudencia hubiera debido prevenir ya la crítica que se había alzado en el seno del protestantismo contra la doctrina de los órdenes de la creación. En esta crítica se agudiza todavía más la posición reformada contra el Derecho natural. Aun cuando Lutero había privado al Derecho natural del fundamento objetivo de los «órdenes de la creación», en virtud de su doctrina de la *natura corrupta,* el reformador había dejado, sin embargo, al hombre en la «voz de su conciencia» un conocimiento, aunque débil, del Derecho natural. Ahora, incluso esta posibilidad es negada radicalmente. La ética —dice Karl Barth—tiene, desde un principio, que decir al hombre «que en la cuestión acerca de la bondad o maldad de sus acciones no tiene que enfrentarse con su conciencia... ni con ninguna ley natural o histórica percibible o no percibible..., sino, en tanto que hombre libre, solo con la voluntad, la obra y la palabra de Dios» [277]. La proposición de Lutero de que el hombre se justifica por la fe—*hominem justificari fide*—es interpretada como una manifestación acerca de la esencia del hombre. Esta proposición pone de manifiesto «que el hombre se hace hombre, cada vez, en actos de la libertad que le ha sido atribuida, que es retornado a su condición humana por su encuentro existencial con Cristo» [278]. El hombre *extra fidem (sc. christianam)* o el hombre «natural» aparece así como «hombre sin humanidad», cuya naturaleza se halla «pervertida hasta el fondo por su pecado» [279] como un *homo faber* con una razón solo técnica e instrumental [280] cuando no como «una bestia feroz» [281]. Por razón de ello, no tiene, en absoluto, ningún acceso a la justicia [282], no posee «ningún conocimiento natural de la justicia», sino que la conoce «solo por la revelación» [283]. El entendimiento evangélico del Derecho se halla referido, por eso, exclusivamente a la Sagrada Escritura. Sobre esta concepción del Derecho pesa así una responsabilidad que ninguna otra lleva implícita. Al negar al hombre «natural» toda fuerza propia para el conocimiento de lo justo e injusto, del bien y del mal, reconociendo este conocimiento solo al creyente, como don de la fe y de la revelación, esta concepción se ve forzada, como ninguna otra, a entender los contenidos jurídicos «dogmáticamente»,

---

[277] K. Barth: *Das Geschenk der Freiheit,* 1953, págs. 16 y sgs.

[278] Ernst Wolff: "Naturrecht oder Christusrecht?", en *Unterwegs,* Bd. XI (1960), pág. 19.

[279] Jacques Ellul: *Die theologische Begründung des Rechts,* 1948, pág. 45.

[280] Helmut Thielicke: *Theologische Ethik,* I (1951), págs. 238 y sgs.

[281] *Ibídem,* II, 2, pág. 21.

[282] Es decir, que no es solo al Derecho natural al que no tiene acceso.

[283] Ellul, *ob. cit.,* pág. 51; igualmente, Erik Wolff: *Rechtsgedanke u. biblische Weisung,* 1947, págs. 27 y sgs.

descubriéndolos en la revelación. Es ya, empero, problemático de qué parte de la revelación debe arrancar el conocimiento jurídico. ¿De la alianza de Noé, en la que Dios hace patente su *voluntad de conservación* de la humanidad caída? ¿Del hecho de la redención por Cristo? ¿O de ambos hechos? ¿De la conservación del mundo amenazado de disolución, con vistas a la redención por Cristo?[284]. Según que se tenga fundado al Derecho en el «orden de conservación» o en «el reinado de Cristo» o «trinitariamente», en la relación del orden de la conservación con la redención de Cristo, surgirán profundas diferencias en la comprensión del Derecho.

La primera concepción tiene que subrayar entre los cometidos del Derecho la represión por la fuerza del mal, y se situará, por ello, necesariamente en una relación positiva con el poder estatal[285]. Según la segunda concepción—«cristológica»—, fundada por Karl Barth y sostenida de la manera más decidida por los teólogos Ernst Wolf y Jacques Ellul, Cristo es el rey de todos los poderes y de todas las fuerzas. Por esta razón, adopta una actitud mucho más crítica frente al Estado que la primera dirección.

Basándose en que la Iglesia es la «depositaria legítima de la Sagrada Escritura», ve en la Iglesia el «medium de recepción del Derecho divino» en el ámbito terreno[286]. Con el fin de hacer resaltar más la peculiaridad del Derecho profano y para precaver el peligro de una confusión entre ley y Evangelio[287], la tercera dirección, la «trinitaria-redentora», ve el fundamento del Derecho terreno, «no en el acto redentor de Cristo en la cruz..., sino

---

[284] Sobre ello, cfr. HELMUT SIMON: *Der Rechtsgedanke in der gegenwärtigen deutschen evangelischen Theologie unter besonderer Berücksichtigung des Problems materialer Rechtsgrundsätze* (tesis doctoral de la Univ. de Bonn), 1954, y del mismo autor: "Die kritische Frage Karl Barths an die moderne Rechtstheologie", en *Antwort. Festschrift f. K. Barth z. 70. Geburtstag,* 1956, así como H. H. SCHREY, en SCHREY-WALZ: *Gerechtigkeit in biblischer Sicht,* 1955, págs. 51 y sgs.

[285] WERNER ELERT: *Das christliche Ethos,* 1949; WALTER KÜNNETH: *Politik zwischen Dämon und Gott,* 1954.

[286] ERNST WOLF, en DEHN-WOLF: "Gottesrecht u. Menschenrecht", en *Theologische Existenz heute,* N. F., XLII (1954), págs. 26 y sgs.; del mismo autor, en *Unterwegs,* vol. XI (1960), pág. 28; H. H. SCHREY: "Die Wiedergeburt des Naturrechts", en *Theologische Rundschau,* N. F., XIX, pág. 217. Fundamental, K. BARTH: *Rechtfertigung u. Recht,* 2 Aufl., 1948, pág. 45: Lo que es Derecho humano no se mide "por un Derecho natural cualquiera, romántico o liberal, sino simplemente por el derecho concreto de libertad que la Iglesia tiene que arrogarse para su palabra, en tanto que esta es la palabra de Dios. Este derecho de libertad significa la fundamentación, el mantenimiento, la restauración de todo Derecho".

[287] Y también una clericalización del Derecho. La doctrina del reinado de Cristo convierte al Estado en un "anejo secundariamente cristológico de la Iglesia". K. BARTH: *Rechtfertigung u. Recht,* pág. 33. Cfr., más adelante, n. 303.

en la acción y la ordenación de Dios, el conservador de todo, en tanto que dirigidas a aquella acción redentora» [288].

Esta diferencia de concepciones en la *fundamentación* del Derecho influye naturalmente también en la *obtención* de principios jurídicos materiales. Quien ve la fundamentación del Derecho en la voluntad conservadora de Dios, tiene que hacer avanzar a primer término el Decálogo [289]. Según Thielicke, este posee un carácter puramente negativo y contiene solo proposiciones sobre lo injusto por naturaleza, señalando una «calzada» [290] «delimitada a derecha e izquierda por los abismos de lo que es contra Dios, y dentro de la cual tiene la razón amplias posibilidades para dirigir el curso político, económico y social, según su concepción fundamental... o según las circunstancias concretas» [291]. Más positivamente juzga Erik Wolf en sus conferencias sobre «Pensamiento jurídico y mandamiento bíblico» (1947) la función del Decálogo. Junto a las «tablas» de las Epístolas de los Apóstoles y al lado de las palabras del Señor, el Decálogo representa un grupo relevante de «mandamientos» bíblicos supratemporales, los cuales, es verdad, no contienen proposiciones jurídicas, pero sí principios jurídicos para la conformación del Derecho. A diferencia de las proposiciones contradictorias de las doctrinas del Derecho natural [292], y de la «voz engañosa de una conciencia desorientada y carente de línea rectora» [293], los preceptos bíblicos rellenan los esquemas formales de la idea de justicia con un contenido *inequívocamente* obligatorio [294]. Si se examina, sin embargo, la interpretación que da Wolf en detalle del Decálogo, en seguida desaparece el «contenido inequívocamente obligatorio», y surgen, de nuevo, las mismas controversias—respecto a la prohibición de matar o de violar la propiedad, por ejemplo—con que se había debatido la escolástica medieval y moderna. Wolf mismo concede la existencia de diferencias de interpretación y pide que no se las convierta en piedra de escándalo [295]. A la incertidumbre sobre el contenido de los preceptos hay que añadir, empero, además, la duda todavía más profunda acerca de cuáles son las palabras de la Sagrada Escritura que revisten el carácter de precepto intemporal y

[288] EDMUND SCHLINK: "Gerechtigkeit u. Gnade", en *Kerygma u. Glaube,* 1956, págs. 256 y sgs.

[289] W. KÜNNETH: *Politik zwischen Dämon u. Gott,* págs. 141, 159, 571.

[290] THIELICKE, *ob. cit.,* I, págs. 706, 712; más positivamente, sin embargo, II, 2, pág. 763: "Los mandamientos nos señalan como una aguja magnética la dirección de nuestro camino."

[291] *Ibídem,* II, 2, págs. 680 y sgs.

[292] ERIK WOLF: *Rechtsgedanke u. biblische Weisung,* 1947, pág. 17.

[293] *Ibídem,* pág. 40.

[294] *Ibídem,* pág. 28.

[295] *Ibídem,* pág. 53.

cuáles son simples preceptos formales condicionados en el tiempo. Wolf rechaza aquí toda decisión según la voz de la conciencia o según las reglas de la razón, confiando en la guía y dirección del Espíritu Santo[296]. ¿Qué significa, empero, esta renuncia a la razón y a la voz de la conciencia en cuestiones acerca de los contenidos obligatorios del recto obrar? Si han de ser eliminadas tanto la razón como la conciencia, ¿significa esto que hemos de seguir ciegamente los preceptos de la Escritura como mandatos ajenos? Ello podría defenderse *quizá* todavía si los mandatos divinos fueran completamente inequívocos tanto por su contenido como por su procedencia, como, por ejemplo, según el relato bíblico, el mandato de Dios a Abrahán de que sacrificara a Isaac. ¿Qué ocurre, empero, si las palabras bíblicas son inseguras, tanto en su contenido como en su carácter imperativo? El creyente mismo, ¿no tendrá en este caso que responder ante Dios, según su conciencia y su leal saber y entender, de lo que extrae de la letra de la Biblia y de su cumplimiento? Thielicke, que en el primer tomo de su ética teológica[297] se había ocupado con poca fortuna de estas tensiones entre teonomía y autonomía, llega en el último tomo de la obra[298] a una conclusión, inevitable también para la ética teológica: «La exigencia de Kant de que tengo que hacerme responsable de la obediencia de los preceptos divinos, es decir, que no debo tomarlos simplemente como un mandato heterónomo, sino que tienen que pasar primero por la instancia de mi conciencia y recibir la aprobación de ella, esta exigencia es irrevisable»[299].

Contra la utilización de la Biblia para la obtención de «preceptos *supratemporales*» para el Derecho, aduce la dirección cristológica que con ello no se expresa radicalmente la negación del Derecho natural[300]. El precepto divino es en la Biblia una *realidad histórica* y no una *verdad intemporal*. «Nada tiene de extraño, por eso, que allí donde se intenta entender el precepto divino como una verdad intemporal, de hecho solo se le puede hacer realmente aplicable y utilizable a través de interpretaciones más o menos arbitrarias—incluso respecto al texto—y echando mano de toda clase de extensiones y añadidos, procedentes del patrimonio del Derecho natural y de la tradición»[301].

Tan pronto, empero, como se pone en duda la función del Decálogo o

---

296 Erik Wolf, *ob. cit.*, pág. 56.

297 Thielicke, *ob. cit.*, I, págs. 524 y sgs. Sobre ello, Hans Reiner: *Z. f. phil. Forschung*, VII (1953), págs. 235 y sgs.

298 *Ibídem*, II, 2, págs. 237 y sgs.

299 *Ibídem*, II, 2, pág. 238.

300 Ernst Wolf, en Dehn-Wolf, *ob. cit.*, pág. 33.

301 K. Barth: *Kirchliche Dogmatik*, III, 4, pág. 12.

de otros preceptos bíblicos como base para la obtención de proposiciones jurídicas, la utilización de la Biblia como fuente de principios jurídicos materiales se hace, como es natural, incomparablemente más difícil. La idea de hacer «del mandamiento del amor una cláusula jurídica general» es ya de por sí imposible [302]. Partiendo de la idea fundamental de que Cristo es el Señor de la Iglesia y del Estado, Karl Barth llega a la conclusión [303] de que la Iglesia y el Estado se encuentran en la relación de dos círculos concéntricos: la Iglesia verdadera y el Estado verdadero se comportan entre sí como el modelo y la copia. Es por ello por lo que el Estado es capaz y necesita reproducir como en un espejo las verdades constitutivas de la Iglesia. Valiéndose de la analogía, Barth pretende obtener de las verdades de la Iglesia principios jurídicos para el Estado: por haberse hecho Dios hombre y nuestro prójimo, tiene también que estar el hombre en el centro del ámbito político; porque la Iglesia es testimonio de la justificación divina, el Estado tiene que ser un Estado de Derecho; porque la Iglesia sabe de la diversidad de dones y cometidos, tiene que defender la división de poderes; porque vive bajo *un* Señor y en *una* fe, tiene que exigir la igualdad de derechos de todos en la formación de la voluntad política, aun cuando los partidos políticos sean algo altamente problemático, etc.

Barth ha encontrado poco eco con sus analogías. Lo que Barth extrae del Evangelio, *per analogiam fidei,* para el presente, es históricamente el contenido del Derecho natural «profano» de la Edad Moderna. Barth mismo se percata de ello [304], aunque sin manifestar claramente que la prioridad corresponde, no al tesoro de revelación de la Iglesia, sino al Derecho natural profano. «¿Con qué razón—se pregunta, por eso, E. Schott—se cosechan, de pronto, del árbol de la Revelación, los frutos que han crecido en el árbol de la Razón?» [305]. Por lo demás, la analogía es la forma de conclusión más débil que existe, lo mismo si se trata de la *analogia entis* que si se trata de la *analogia fidei.* De la analogía no se puede extraer más que lo que ya se ha introducido en ella. El que concluye por vía de analogía tiene que echar mano necesariamente de complementos que no estaban contenidos en las premisas. En este sentido, en la analogía, lo más importante no es la conclusión, sino quién la lleva a cabo. Lo decisivo es, por eso, la determinación de quién está legitimado para extraer la conclusión, y este «quién» es, según la concepción cristológica, la Iglesia, la cual es el mode-

302 DOMBOIS, en DOMBOIS-SCHÜRMANN: *Familienrechtsreform,* 1955, pág. 20.
303 K. BARTH: *Christengemeinde u. Bügergemeinde,* Zollikon-Zurich, 1946.
304 *Ibídem,* pág. 28.
305 E. SCHOTT: *Ztschr, f. syst. Theologie,* vol. XXIV (1955), pág. 176.

lo y paradigma del Estado. «La comunidad civil pagana vive de que esta guía de los ciegos ha hecho posible, una y otra vez, su subsistencia y su función» [306].

De esta suerte, la Iglesia se convierte en «medium de la recepción del mensaje bíblico para el mundo del Derecho», siendo el único criterio de esta recepción, según Ernst Wolf, la interpretación por Cristo del Decálogo a través del mandamiento del amor [307]. Mientras que las teorías del Derecho natural podían partir de la premisa de que sus exigencias eran asequibles a todo hombre, hay que decir precisamente lo contrario de los preceptos bíblicos: son preceptos que se derivan exclusivamente de la revelación y solo son asequibles a un número limitado de personas. «Precisamente por ello, surge aquí para el cristiano, y especialmente para la

---

[306] K. Barth, *ob. cit.*, pág. 31.

[307] Ernst Wolf, en *Unterwegs*, XI, pág. 28. En contra de ello, y a diferencia de sus trabajos anteriores, Erik Wolf—en su "esbozo teológico-jurídico" "Derecho del prójimo" (1958)—hace retroceder totalmente al Decálogo como fuente de los preceptos bíblicos, sin mencionarlo ya más. En lugar del Decálogo aparece la *lex charitatis.* El amor no es ya la frontera del Derecho, sino el fundamento de un nuevo orden de la existencia (pág. 16). El amor al prójimo se convierte así en fundamento de un "Derecho del prójimo", cuyos preceptos antepuso a su Derecho constitucional la "Declaration of Rights", de Virginia, como "obligación recíproca de todos a tolerarse, amarse y ayudarse los unos a los otros". De aquí deduce Wolf una serie de máximas que, ya en su formulación, muestran que se trata, sin duda, de postulados morales, pero no de principios jurídicos. El prójimo tiene que llegar a su derecho de por sí, no solo con ayuda de la "legislación de un Estado de Derecho formal" o con "las garantías procesales de un Estado de justicia formal". Y al contrario, toda persona tiene que *esperar,* no *forzar* la atribución de lo que le corresponde. La salvaguardia de los intereses particulares legalmente justificados solo debe, por eso, hacerse valer "precavidamente"; solo excepcionalmente está permitido hacer uso de todas las posibilidades de la protección judicial; en principio, debe recomendarse la transacción, como debe también aconsejarse la renuncia al ejercicio de la defensa propia en el estado de necesidad, etc. (págs. 24 y sgs.). Como se ve, se trata de reglas de comportamiento que, desde el punto de vista cristiano—tal como Wolf lo entiende—, constituyen imperativos para los cristianos dentro de un orden jurídico (aunque es dudoso cómo podrían imponerse a los no-cristianos); es decir, son reglas que presuponen las "normas distributivas de un orden jurídico". Como dice exactamente Trillhaas *(Ethik,* 1959, pág. 353), "un comportamiento guiado por el amor, y sobre todo la renuncia a hacer valer intereses propios, no solo no elimina el orden jurídico, sino que solo tiene sentido suponiendo la subsistencia de un orden jurídico". No hay duda de que se puede y se tiene que exigir que "el orden jurídico haga posible el derecho del prójimo" (pág. 34); es decir, que deje abierta la posibilidad de un obrar cristiano dentro del sistema de vinculaciones válido para todos; lo que sí es problemático, en cambio, es que, en el aspecto de postulados éticos "superiores", este orden jurídico sea desvalorizado y se hable de la "legalidad de un Estado de Derecho formal" y de un "Estado de justicia formal" (págs. 25-26). El Derecho es libertad, dentro de la cual es posible el obrar ético de todos. Toda desvalo-

Iglesia, la grave e ineludible responsabilidad, como medium de la recepción, de llegar, una y otra vez, a la formulación concreta de los preceptos bíblicos ante circunstancias determinadas» [308].

Más inextricable es todavía la aporía de cómo los preceptos jurídicos recibidos de la Biblia pueden llegar más allá del ámbito de los creyentes, si no se quiere que los no-cristianos los acepten simplemente como un mandato extraño. Si el hombre, en virtud del pecado original, ha perdido la capacidad del conocimiento del Derecho, no solo parcial, sino absolutamente, si, en tanto que hombre «natural», es un «hombre sin humanidad», un *homo faber,* dotado solo de un entendimiento técnico-instrumental, es evidente que no puede haber un Derecho fuera de la revelación cristiana. La concepción radical del pecado en la teología reformada priva de toda base no solo al Derecho natural, sino también al conocimiento terreno o «natural» del Derecho [309].

Afortunadamente, nadie hace suya definitivamente esta consecuencia [310]. La conferencia de teólogos evangélicos en Treysa (1950) hizo constar como convicción *común,* que Dios «no ha dejado a los paganos sin su testimonio» [311], e incluso en la escuela de Barth, y por el camino de una

---

rización del espacio de libertad—supuestamente "formal"—creado por el Derecho pone en peligro la posibilidad misma del obrar ético.

[308] HELMUT SIMON: *Der Rechtsgedanke in der gegenwärtigen deutschen evangelischen Theologie,* pág. 169.

[309] Al *homo faber* lo único que le resta es la posibilidad de un orden puramente fáctico o "funcionable" (ELLUL, pág. 67), como acuerdo sobre "lo que ha de ser tenido por orden", mientras que queda prohibido al Derecho la apelación al bien o al mal (en este sentido, H. H. WALZ: *Gerechte Ordnung,* 1948, pág. 49).

[310] La cuestión se hace, sobre todo, patente en THIELICKE: *Theologische Ethik,* I, págs. 691 y sgs., al discutir el problema de si le es posible a un cristiano, y hasta qué punto, argumentar vinculatoriamente con el representante de una concepción "secularizada" del Derecho. ¿Es posible dirigirse a una persona en nombre de una vinculación normativa que esta persona no reconoce? La única posibilidad la ve Thielicke en obligar al otro a mantenerse dentro de las consecuencias que derivan de su propio sistema axiológico. Así lo hizo, p. ej., la Iglesia frente a los detentadores del poder en el nacionalsocialismo, obligando a estos a reconocer la fuerza de ciertas manifestaciones de Hitler, aun cuando la Iglesia misma, naturalmente, no participaba de la fe en el Führer. "En este sentido, puedo, en alguna ocasión, dar por supuesto que el iusnaturalista tiene la razón de su parte cuando hace depender la existencia del mundo de principios iusnaturalistas, como, p. ej., el de la Humanidad. Y esto supuesto, le argumento de acuerdo con sus propias presuposiciones. Por muy frágil que sea, en efecto, el principio de la Humanidad, aún es peor abandonar esta última tabla salvadora." Una ética teológica que argumenta así, ¿no ha abandonado ya ella misma toda "tabla salvadora" entre cristianos y no cristianos?

[311] Cfr. los debates de la conferencia de Treysa de 1950 en *Gerechtigkeit in biblischer Sicht,* 1950, pág. 49. El testimonio de Dios lo ve la conferencia en las "Instituciones". Sobre ello, véase n. 321.

«cristología inclusiva», se concede la posibilidad de un conocimiento extra-cristiano del Derecho, «ya que todo lo que el hombre natural cree tener en sí de humanidad, verdad y bondad, hay que considerarlo como irradiaciones de la gracia actuante en Jesucristo» [312].

Aunque poco consecuente, y muy discutido en su extensión, también en la teoría del Derecho protestante nos sale al paso, por eso, un acercamiento a ideas iusnaturalistas, muy en especial en el escrito de Erik Wolf, «Pensamiento jurídico y mandamiento bíblico»: también el hombre natural puede pensar la idea de la justicia absoluta [313], y conocer los principios fundamentales del orden divino primario [314], de tal manera, que puede darse una «coincidencia entre verdades de la fe y conocimiento racional» [315]. Incluso el activismo voluntarista de Jacques Ellul, que trata de fundamentar el Derecho en el acto eternamente presente de la voluntad divina [316], de tal suerte que en cuestiones de justicia no habría siquiera ni «reglas del juego» [317], incluso este voluntarismo encuentra en las instituciones como matrimonio, Estado, propiedad, «creaciones inmutables de Dios» surgidas de una elección necesaria [318]; y hace surgir también de la nueva alianza de Dios con el hombre derechos humanos, de cuya concesión no puede retroceder Dios, ya que los ha fundamentado de manera

---

312 SOUZEK, en *Antwort. Festschrift f. K. Barth z. 70. Geburtstag,* 1956, pág. 112. Cfr. así mismo K. BARTH: *Kirchliche Dogmatik,* II, 2, pág. 632: "La voluntad de Dios se ha cumplido en todos los tiempos, también fuera de la Iglesia..., y no por razón de una bondad natural del hombre, sino porque Jesús... es el Señor del mundo entero, que tiene sus servidores también allí donde su nombre no ha sido aún o no es ya conocido y alabado."

313 ERIK WOLF: *Rechtsgedanke u. biblischer Weisung,* pág. 61.

314 *Ibídem,* pág. 31.

315 *Ibídem,* pág. 32. Por virtud de la revelación, el cristiano posee, desde luego, un conocimiento mejor y más seguro. En su libro *Das Problem der Naturrechtslehre,* 1955, pág. 109, Erik Wolf abandona también esta limitación y atribuye a la teoría iusnaturalista "auténtica" el cometido de "vigilar" en todo momento sobre la esencia del Derecho. Schrey se pregunta con asombro (*Theol. Rundschau,* XXIV, pág. 227) si esto significa que, tras la conmoción de la catástrofe, la seguridad y la confianza en sí mismo se han hecho tan grandes de nuevo, que puede prescindirse de la fe cristiana. La respuesta "cristológica" de Erik Wolf se encuentra últimamente en su *Recht des Nächsten,* 1958.

316 JACQUES ELLUL: *Die theologische Begründung des Rechts,* 1948. Para la crítica, LUDWIG RAISER: *Ztschr. f. ev. Kirchenrecht,* I (1951), págs. 181 y sgs., y E. SCHOTT: *Ztschr. f. system. Theologie,* XXIV (1957), págs. 166 y sgs. y 179 y y sgs.

317 J. ELLUL, *ob. cit.,* pág. 41.

318 *Ibídem,* págs. 58, 60.

eterna[319]. Con ello queda, en último término, apresada, de nuevo, la voluntad divina en «órdenes esenciales»[320, 321], los cuales, si se diferencian de las determinaciones escolásticas (p. ej., las referentes a la propiedad), es, todo lo más, por su menor grado de exactitud.

---

319 J. ELLUL, *ob. cit.*, pág. 42.

320 *Ibídem*, pág. 80.

321 La necesidad—pese a todas las afirmaciones en contra—, no solo de preguntar a la Biblia, sino de acudir además a argumentaciones objetivas, se pone de manifiesto en los últimos esfuerzos de la teoría del Derecho protestante para obtener principios jurídicos materiales apoyándose en el concepto de las instituciones (cfr. DOMBOIS: *Naturrecht u. christliche Existenz,* 1952; *Recht u. Institution,* hrgn. v. Dombois, 1956; ROLF-PETER CALLIES: *Eigentum als Institution,* 1962). Estos esfuerzos confluyen con ideas de la sociología moderna, para la cual el concepto de institución es el correlato de la concepción del hombre como un ser no fijado y libre de reglas innatas de comportamiento. El concepto de institución, como dice Gehlen, designa las formas supraindividuales de relación que prestan apoyo y sostén al individuo, en tanto que ser abierto al mundo. Mientras que la sociología, como es natural, no decide acerca del carácter obligatorio de las instituciones, la consideración teológica deduce este carácter de que las instituciones son "fundaciones de Dios". De aquí se sigue, que la clase y el contenido de las instituciones deben extraerse exclusivamente de la Sagrada Escritura. Las instituciones "no pueden conocerse, en absoluto, desde sí mismas, por medio de un análisis de su estructura fenoménica, sino solo por la fe, partiendo de la palabra fundadora de Dios que les presta forma concreta" *(Recht u. Institution,* pág. 71). La indagación en la Biblia a la busca de instituciones arroja, empero, un resultado tan poco satisfactorio como la busca de principios jurídicos materiales. No solo el número de instituciones—se mencionan, entre otras, el matrimonio, el poder político, la Iglesia, la propiedad—, sino también su contenido son poco seguros. Esto se ha puesto de manifiesto, sobre todo, en la institución más concreta entre las que conoce la Biblia: el matrimonio. Si se parte solo de su carácter fundacional, la única conclusión a la que se llega es a la preeminencia del hombre sobre la mujer, de acuerdo con el esquema patriarcal del matrimonio que impera en la Biblia. "La argumentación bíblica a favor del principio de la igualdad solo puede hacerse valer sobre la base de la igualdad que Cristo nos regala"... Por todo ello, sería mucho más exacto y mucho más sincero, como escribe H. H. SCHREY, "conceder con toda tranquilidad que lo decisivo aquí es el factor real del cambio sociológico, y que es este el que hay que tener en cuenta en la conformación del Derecho, sin entrar en especulaciones sobre la "configuración cristológica" del mundo, que solo nos llevan a abismos teológicos". Cfr. SCHREY: *Theol. Rundschau,* XXIV, pág. 235. Véase también, antes, pág. 225, n. 194, y más adelante pág. 257, n. 12.

CAPITULO VI

OJEADA RETROSPECTIVA

¿QUÉ ES LO QUE QUEDA?

En los papeles póstumos de Kant se encuentra el siguiente fragmento: «Todo pasa ante nosotros como el decurso de un río, y el gusto cambiante y las distintas figuras de los hombres hacen de todo el espectáculo algo incierto y engañoso. ¿Dónde encuentro puntos firmes de la naturaleza que el hombre no puede nunca desplazar, y dónde puedo hallar referencias de la orilla a la que debe atenerse?» [1].

Estas frases podrían servir de lema a toda la teoría del Derecho natural. Lo notable en ellas es *la manera* en la que formulan la eterna cuestión del Derecho natural, y la *época* en la que tiene lugar la formulación. Las postrimerías del siglo XVIII trajeron consigo el triunfo de la búsqueda y de la lucha dos veces milenaria en pos de derechos inalienables del hombre y del ciudadano. Ninguna época anterior a la época del llamado Derecho natural «profano» había estado tan profundamente penetrada de la convicción en el poder *determinante* del Derecho, tanto para la vida del individuo como para la vida de los pueblos. Queramos confesárnoslo o no, lo olvidemos o lo arrojemos inconscientemente al olvido, de aquella época proceden los elementos esenciales de lo que todavía hoy tenemos en nuestra vida por digno de ser vivido: la idea de la dignidad humana, de la *humanitas,* de la libertad personal, de la igualdad ante la ley, de la tolerancia recíproca, del derecho a la felicidad individual. Y también sus consecuencias para el orden político: los principios de la separación de poderes, de la colaboración de los ciudadanos en la formación de la voluntad estatal, el principio del Estado de Derecho del bienestar general, de la publicidad de la justicia penal, de la humanidad en la ejecución de la pena, y no, en último término, la abolición de la tortura

---

[1] KANT: *Sämtliche Werke,* hrgn. v. K. Rosenkranz u. F. W. Schubert, 1838-1842, vol. XI, pág. 241.

y de la persecución hasta la hoguera de las brujas. Por mucho que se pueda aducir contra los fundamentos teológicos y filosóficos de este período del Derecho natural, a él le corresponde, con palabras de Franz Wieacker [2], la «gloria indeleble» de «haber hecho posible el siglo de oro de la cultura jurídica europea».

Y, sin embargo, es de esta época de donde proceden las frases citadas de Kant, las cuales, por su aliento vital, parecen proceder de un tiempo completamente distinto. Uno estaría tentado de datarlas, por lo menos, cuatro generaciones más tarde, en aquel ápice del historicismo, en el que todo lo firme y seguro parecía ser arrastrado por la corriente de lo exclusivamente histórico. Desde la perspectiva de esta época, cuya angustia es todavía la nuestra, la pregunta de Kant se convierte en la pregunta acerca de qué es lo que queda de la *doctrina* del Derecho natural.

¿Qué es lo que queda de los esfuerzos realizados a lo largo de dos mil quinientos años por la teoría del Derecho natural, a fin de lograr un conocimiento de la justicia material? ¿Qué es lo que queda de estos esfuerzos, que, a lo largo de una historia milenaria, se apagan una y otra vez, y una y otra vez se emprenden de nuevo? ¿Se trata solo de un fenómeno histórico, que, en ocasiones, ha hecho surgir revolucionariamente los ideales ético-sociales de una época, mientras que, otras veces, los ha mantenido a la defensiva? ¿O bien contiene un elemento integrante intemporal que se piensa siempre cuando se habla de Derecho? Si, guiándose por estos interrogantes, se dirige la mirada a la historia tan llena de vicisitudes del Derecho natural, se echa en seguida de ver que lo permanente no se halla en la segunda, sino en la primera parte de la denominación. La segunda parte, la «naturaleza», lo «natural», se ha mostrado como título común de contenidos los más diversos. Bajo la unidad engañosa de la misma denominación, se oculta lo diverso, opuesto y cambiante. Lo común y permanente siempre es tan solo la idea del *Derecho,* que se expresa en la primera parte de la denominación «Derecho natural»: se trata de la pregunta *jurídica* frente al Derecho; es decir, frente a un orden existente socialmente de hecho. Se puede entender bajo la denominación de Derecho natural lo que se quiera; en ella va implícita siempre la idea de que el Derecho no es idéntico sin más con el mandato de un poder dado. Esta idea se manifiesta, sobre todo, en las doctrinas iusnaturalistas idealistas y teístas-voluntaristas; pero incluso en la teoría del derecho del más fuerte puede también percibirse levemente. La teo-

---

[2] FRANZ WIEACKER: *Privatrechtsgeschichte der Neuzeit,* 1952, pág. 152. [Hay edición española; *Historia del Derecho privado en la Edad Moderna,* Aguilar, Madrid, 1957.]

ría del derecho del más fuerte, siempre que se manifiesta, en efecto, como teoría del Derecho natural, no quiere decirnos nunca lo que tiene lugar fácticamente, sino lo que *en justicia* tiene lugar o *debería* tener lugar.

En la contraposición entre un Derecho natural y un Derecho positivo se expresa en la historia, de la manera más patética y persistente, la convicción de que en las relaciones sociales humanas no solo hay algo que se nos impone por su fuerza prepotente o que es cumplido, sin más, por una costumbre inveterada, sino algo que posee más que una mera facticidad real, algo que, independientemente de un mandato o de una costumbre, nos *obliga* a una acción en lo más íntimo de nuestro ser. La idea del *estar obligado* incondicionadamente es el núcleo y el contenido de verdad permanente del Derecho natural. Esta idea se refiere a un momento que trasciende toda realidad, toda facticidad, y que pertenece a una esfera distinta. Frente a este momento, el mandato real, por muy *efectivo* que pueda ser, aparece tan solo como mera *pretensión* de deber ser, no como un deber ser vinculante.

Las teorías del Derecho natural parten de este deber ser trascendente a la existencia y vinculante como se parte de un axioma. En el fondo, no son otra cosa que el punto histórico en el que este deber ser se ha hecho conciencia en el hombre. Que estas teorías traten de este deber como de un axioma, no tiene nada de extrañar, ya que, de hecho, es un dato último, desde el cual puede procederse a una prueba, pero que en sí mismo no puede ser probado. Lo que sí puede hacerse, desde luego, es mostrar fenómenos que lo evidencian y que hacen verosímil su contenido. En este respecto, figura, en primer lugar, la voz de la conciencia [3]. Se ha tratado de eliminarla, es cierto, como si fuera algo meramente fáctico, y dentro del campo psicoanalítico, como un super «yo» o como un dato colectivo-inconsciente o, desde el punto de vista sociológico, como una pretensión social con carácter de tabú, para no hablar ya de otras interpretaciones. En todos estos ensayos se confunden, en la mayoría de los casos, los contenidos con la misma voz de la conciencia y su exhortación vinculante. Tampoco el análisis existencial originario de Heidegger, según el cual en la voz de la conciencia es el *Dasein* mismo el que se llama [4], acierta en el dato fenoménico: «No es mi *Dasein* la que me llama, sino el ser que no soy yo» [5]. La voz de la conciencia es la percepción de

---

[3] Sobre ello, cfr. mi artículo "Gesetz u. Gewissen", en *Hundert Jahre deutsches Rechtsleben. Festschrift z. hundertjärigen Bestehen des Deutschen Juristentages,* 1960, I, págs. 383 y sgs.

[4] HEIDEGGER: *Sein u. Zeit,* pág. 275. Cfr., anteriormente, págs. 221 y sgs.

[5] MARTIN BUBER: *Das Problem des Menschen,* pág. 100.

la trascendencia en la inmanencia. Aquí podría tratarse de un espejismo, ya que solo en la inmanencia podemos percibir la trascendencia. La prueba de que la trascendencia no es mera ilusión, se encuentra en que el hombre sólo es comprensible como un ser dirigido a la trascendencia: sus reglas de comportamiento no le son dadas biológicamente de modo innato, sino como un cometido vinculante. El hombre es un ser que lleva en sí la responsabilidad, una responsabilidad ante una «instancia» que se le enfrenta desde fuera.

En el problema del Derecho, el hombre se ve situado ante esta alternativa entre inmanencia y trascendencia de una manera tan directa y tan ineludible, que tiene que hacer frente a su decisión con toda su existencia física y espiritual: si no hubiera trascendencia, es decir, si la obligatoriedad y el deber ser trascendente a la existencia solo fueran la proyección ilusionista de hechos psicológicos o sociológicos, entonces el hombre se encontraría entregado sin remedio al poder superior. Las fronteras de su entrega total solo podrían subsistir mientras varios bloques de poder se contrabalancearan recíprocamente; pero desde el momento en que una potencia lograra poder ilimitado, el hombre quedaría entregado a ella, no solo de manera física, sino también espiritual. Esta significación realmente «existencial» del problema jurídico la ha llevado a conciencia en todos los tiempos la idea del Derecho natural; una idea que ha puesto de manifiesto que la existencia de un deber ser trascendente a la existencia y vinculante es el presupuesto de posibilidad de una existencia humana *dotada de sentido.*

Con ello no solo se había encontrado el polo superior, del que pende toda teoría jurídica, sino que también se había descubierto implícitamente el correlato del deber ser vinculante: la *persona responsable.* Y es que, mientras la coacción convierte al hombre en mero objeto de una influencia física, hace de él una cosa entre cosas, la obligatoriedad le impone la *responsabilidad* por un orden de su vida dotado de sentido, haciendo de él el *sujeto* de la conformación de su vida. En el momento, por eso, en que frente a la coacción del *poder* superior se descubrió el carácter *obligatorio* del Derecho, se descubrió también, a la vez, por lo menos en germen, la *personalidad* del sujeto obligado [6]. El ámbito y la

[6] Ello significa que en la esclavitud, en tanto que *institución jurídica,* se hallaba ya implícito el principio de su propia negación. Ya los sofistas la atacaron, y Aristóteles pudo defenderla solo trabajosamente, negando totalmente la razón en ciertos hombres y convirtiéndolos así en "instrumentos animados" (cfr. anteriormente página 10). En la Antigüedad clásica fueron, sobre todo, los estoicos los que más decididamente la impugnaron. El mismo cristianismo la mantuvo, defendiéndola, en parte, con argumentos aristotélicos (pág. 64). Solo el moderno Derecho natural

significación de esta vertiente personal de la verdad iusnaturalista es verdad que solo paulatinamente ha ido poniéndose de manifiesto; así, por ejemplo, en la *syneidesis* griega y en la *conscientia* romana, en la *synderesis* medieval y, sobre todo, en la autonomía kantiana; sin embargo, se nos muestra ya claramente en los primeros tiempos del Derecho natural, en una figura como la de Antígona. *Obligación* y *persona responsable* son dos conceptos unidos inseparablemente. En toda obligación, el obligado es tomado como *persona responsable.* Todo mandato, por eso, que pretenda *obligar* a una persona, en tanto que norma *jurídica,* tiene que reconocer a esta persona como *persona. El reconocimiento del hombre como persona responsable es el presupuesto mínimo que tiene que mostrar un orden social si este no quiere forzar simplemente por su poder, sino obligar en tanto que Derecho.* Este contenido material está implícito necesariamente en el axioma supremo del Derecho natural, de que hay una obligatoriedad o un deber ser trascendente a la existencia.

Otra aportación duradera de las doctrinas del Derecho natural es la idea de la «legalidad», o mejor dicho, del carácter ordenado del obrar ético social; es decir, ético y jurídico. En este punto se echa de ver cierto paralelismo con las leyes naturales. Así como el «acontecer según leyes» constituye el presupuesto de posibilidad, si no de la existencia, sí de la comprensibilidad de la fenomenalidad natural [7], así también el «carácter ordenado» representa el presupuesto de posibilidad del obrar ético social, no solo de su comprensibilidad, sino incluso de su existencia. La conformación previsible del futuro, es decir, el obrar, no sería posible si las circunstancias en que este obrar ha de actuar fueran incomparables e irrepetibles, únicas, en último término, individuales. Una ética de la situación *absoluta* es, por eso, una idea imposible de representar. Pero no solo las *circunstancias* del obrar no deben ser, sin más, únicas, sino

---

profano la superó (pág. 145). Ultimamente Ernst Wolf, apelando a Ulrich Scheuner, ve en el reconocimiento del hombre como persona autónoma con "vistas a la esclavitud del mundo antiguo", no el contenido mínimo de toda ética, sino solo la consecuencia de la ética cristiana *(Unterwegs,* vol. XI, pág. 33); en este punto, el autor yerra en ambas direcciones. Así lo muestra MANFRED LINZ ("Sklaverei als ethischer Modelfall", en *Evang. Theologie,* Bd. XIX, pág. 583) en el "caso modelo" de la abolición de la esclavitud en Norteamérica. El hecho de que el humanismo y la filosofía iusnaturalista habían superado ya la esclavitud en la esfera secular obligó a la Iglesia a seguir el mismo camino; "lo que era todavía posible para San Pablo en su situación histórica, y lo que la Iglesia desde San Agustín, a través de Santo Tomás y Lutero, había defendido con razones cada vez peores, se hizo imposible en un mundo distinto." Tampoco aquí es lícito cosechar del árbol de la Revelación frutos que han crecido en el árbol de la Razón. Cfr. también, AUG. M. KNOLL: *Katholische Kirche und scholastisches Naturrecht,* Wien, 1962, págs. 73 y sgs.

[7] Ello constituye el tema de la "crítica del juicio" kantiana.

que también sus reglas, órdenes y normas directivas tienen que encontrarse en una conexión interna si ha de ser posible una vida unitaria y con sentido. Es preciso que exista una «concordancia» de los órdenes ético-sociales, porque, en otro caso, sería imposible una vida ordenada con sentido. Esta «concordancia» de los órdenes ético-sociales no elimina tensiones, contraposiciones e incluso contradicciones, siempre que puedan coincidir en una *unidad superior,* o por lo menos, puedan ser conciliadas en ella. En este sentido, la concordancia de los órdenes ético-sociales es una *coincidencia oppositorum.*

Todos estos elementos—el deber ser incondicionado, el sujeto responsable, el carácter ordenado del obrar ético-social y la concordancia de los órdenes ético-sociales—cuentan entre las nociones supratemporales de la doctrina del Derecho natural, porque representan el presupuesto de posibilidad de todo orden ético-social y son, por ello, independientes de los contenidos de estos órdenes.

Los contenidos vinculantes creyó la doctrina del Derecho natural que podía extraerlos de la «naturaleza», y aquí es donde entra en función la segunda parte de su nombre. El método según el cual tiene lugar la deducción de los contenidos vinculantes desde la naturaleza ha sido trazado de modo paradigmático por Aristóteles, de una vez y para siempre: lo concorde con la naturaleza ha de verse en las cosas que se encuentran en su estado mejor—en una situación «conforme a la naturaleza»—, no en aquellas cosas corrompidas [8]. El círculo vicioso propio de este método salta a la vista: antes de comprobar lo que es «conforme» o «contrario» a la naturaleza, tenemos que saber cuál es el estado mejor o el estado corrompido de una cosa; es decir, que no nos es posible deducir lo «bueno» o lo «malo» de lo «conforme» o de lo «contrario» a la naturaleza. En realidad, se trata del camino inverso: las ideas de valor que los iusnaturalistas han puesto en las cosas es justamente lo que extraen después como lo «natural» o «antinatural» [9]. Ninguna teoría del Derecho natural

---

[8] Cfr., anteriormente, págs. 25 y sgs.

[9] Lo que se dice en el texto de la "naturaleza" tiene también aplicación a otros conceptos utilizados con énfasis semejante, como, p. ej., el de "ser" (SANTO TOMÁS: "Ens et bonum convertuntur") o "realidad" (HEGEL, pról. a la *Filosofía del Derecho:* "Lo que es racional es real, y lo que es real es racional.") Se trata siempre de conceptos "cargados" ya con ingredientes de sentido. Características en este sentido son las palabras de Hegel en su *Enciclopedia* § 6: "La existencia (es) en parte fenómeno, y solo en parte realidad... Ya en la concepción corriente, no se atribuirá a una existencia casual la denominación enfática de algo real." Nada hay que objetar a la utilización de estos términos enfáticos, siempre que se tenga conciencia de que lo que en ellos se expresa son *estructuras de sentido* del ente. Es

ha podido hasta ahora escapar de este círculo vicioso ni tampoco la apelación—hoy tan en boga—a la «naturaleza racional» del hombre. Lo único que puede considerarse como «naturaleza racional» del hombre es el correlato personal del deber ser incondicionado; es decir, el sujeto responsable. Ahora bien: ya el tránsito desde este sujeto responsable hacia el hombre trasciende la «naturaleza racional» y penetra en la existencia *empírica*. Kant, por eso, al tratar del correlato personal del deber ser, de la «ley moral», habla siempre de «seres racionales en absoluto» [10], y para el tomista, sobre todo, la *posibilidad de imaginarse* seres racionales no humanos tenía que ser una prueba de que la «diferencia ontológica» del hombre respecto a un «ser racional en absoluto» se halla en elementos que *solo* son aprehensibles empíricamente.

Toda apelación a lo «conforme a la naturaleza» y toda negación de lo «contrario a la naturaleza» va precedida de una decisión axiológica primaria no susceptible de prueba. Las manifestaciones sobre contenidos del deber ser arraigan en «estructuras de sentido» primarias, en las que el hombre trata de interpretar el sentido de su existencia, explicitándole en fines vinculantes del obrar. Estas estructuras de sentido son ensayos de interpretación del deber ser trascendente en el «aquí» y «ahora» de la situación histórica, en la que le es impuesta como cometido al hombre la conformación de su propia vida; ensayos de interpretación, empero, que pueden ser más o menos logrados. El hombre no puede tener jamás la certeza absoluta de que la estructura de sentido que extrae de sí o cuya verdad afirma es la única justa en una situación histórica. El hombre sólo puede percibir la trascendencia en la inmanencia de su conciencia y de su

---

muy fácil, empero, que, como consecuencia de su significación equívoca, sugieran la idea de "deducir" del ente (p. ej., de las inclinaciones naturales, o del Derecho positivo efectivamente existente) el sentido del ser. Cfr. también E. TOPITSCH: "Der Historismus u. seine Ueberwindung", en *Wiener Z. f. Phil.*, 1952, pág. 97.

En la polémica en torno al Derecho natural, Joachim Ritter aconseja últimamente a la moderna teoría del Derecho "entender lo que busca desde aquello que es", o lo que es lo mismo, "interpretar la realidad que se halla en el fondo del Derecho positivo real, desde el punto de vista de lo que ella es como realización del ser humano" (J. RITTER: *Naturrecht bei Aristoteles,* 1961, págs. 34 y sgs.). Aquí se nos hace ineludible la pregunta de si esto es aplicable también al Derecho del nacionalsocialismo o del comunismo; y el jurista querrá igualmente saber en qué dirección ha de moverse su actividad de *lege ferenda.* Si, como Ritter escribe, la moderna teoría del Derecho ha de percatarse de que "el fundamento del Derecho positivo no puede encontrarse en una idea trascendente..., ni tampoco en un concepto separado de la realidad espiritual y político-histórica actual", es difícil ver si puede evitarse, y de qué manera, un deslizamiento hacia el historicismo, y, por tanto, de acuerdo con Dilthey, a la nuda facticidad.

[10] KANT: *Grundlegung zur Metaphysik der Sitten* (Meiner), págs. 5, 31, 33, 49; *Kritik der praktischen Vernunft,* págs. 41 y sgs.; 168.

razón. Y es que ninguno de nosotros, los hombres, hemos asistido al consejo de los dioses, en el que se tomaron decisiones últimas acerca de las tablas de lo recto y de lo justo [11]. Las proposiciones iusnaturalistas sobre lo recto y vinculante en el campo de lo ético-social no son más que tales estructuras de sentido primarias e interpretativas, tan presas en el tiempo como otras estructuras de sentido formuladas en el curso de la Historia, y que no apelan a la «naturaleza» como a su fuente originaria. La apelación a la «naturaleza» es, más bien, solo un medio para sustraer a toda duda los juicios de valor formulados. La «naturaleza» no es más que la diana alegre con que una estructura de sentido se lanza al ataque contra un orden de vida anacrónico, o bien la señal en el crepúsculo que llama al campamento a los combatientes diseminados, a fin de poder hacer frente juntos a los peligros de la noche: algo así como lo que hoy ocurre con la apelación al Derecho natural. La apelación a la naturaleza puede tener lugar lo mismo en un sentido conservador y mantenedor que en un sentido revolucionario y creador. Las cimas del Derecho natural se encuentran siempre en el iusnaturalismo revolucionario, allí donde, en lucha contra formas petrificadas de vida, se formulan y se imponen los fundamentos de un orden nuevo:

> Cuando el oprimido no puede encontrar en ninguna parte su derecho,
> cuando el peso se hace insoportable, alza su mano
> serenamente hacia el cielo
> y se busca desde allí sus derechos eternos,
> que se hallan allí arriba inalienables
> e indestructibles como las mismas estrellas.

La apelación a la naturaleza es un *medio de lucha,* un *arma,* bien para la defensa o bien para el ataque. No añade una nueva fundamentación *objetiva* a un proyecto de existencia ético-social, sino que es el grito de

---

[11] Y nadie ha podido hacerse una idea tampoco del "adecuado desenvolvimiento histórico", ni como filósofo de la Historia "dialéctico" ni como filósofo de la Historia "teólogo". C. A. Emge, que afirma que una "auténtica filosofía teleológica de la Historia"—enraizada en la filosofía de la religión—hará posible decir: "Qué comportamiento... sería justo por adecuación en una situación histórica", tiene que conceder poco después: "¡Ay, si pudiésemos saber de qué manera podríamos conocer con toda certeza esta norma última! Aquí no hay ningún camino seguro" (C. A. EMGE: *Einführung in die Rechtsphilosophie,* 1955, págs. 196, 343). Con ello, el mismo Emge hace problemática su—importante—distinción fundamental entre ley y Derecho, pretensión normativa y "auténtico deber ser", y la hace problemática precisamente por ponerla en relación con un "puro canon supremo" que ha de determinarse desde el punto de vista de la filosofía de la religión y de la filosofía de la Historia.

guerra que trata de robustecer en las propias filas la fe en la victoria, quebrantando, de otra parte, la resistencia del adversario. *En este aspecto,* todas las teorías del Derecho natural son «ideológicas». Ello no quiere decir, en absoluto, que su contenido sea falso sin más, pero sí que su fundamentación transpone sus propios límites; es decir, que se arrogan una validez que no poseen. Las doctrinas del Derecho natural, en tanto que teorías sobre el Derecho de la naturaleza, figuran entre aquellos dogmas de fe que sobrepasan la inmanencia y creen poder aprehender directamente lo trascendente; lo mismo que la fe en la revelación respecto a ciertas reglas de comportamiento social, y de igual manera que la fe en una instancia terrena infalible, como, p. ej., los reyes-filósofos de Platón, capaces de una «contemplación de las esencias», o como—en el presente—la directiva del partido comunista, capaz de interpretar infaliblemente el proceso histórico científicamente cognoscible.

La caracterización de los contenidos del deber ser como ensayos de interpretación del sentido de la existencia no significa identificarlos con el «capricho» individual o entregarlos al «arbitrio» de los grupos humanos, ni significa tampoco, como lo hace el existencialismo, afirmar que están «inventados» o que son «fabricados» por el hombre. En contra de ello habla, en primer lugar, el hecho de que son ensayos de interpretación del *deber ser* trascendente, o, lo que es lo mismo, que es el *deber ser* lo que *exige* del hombre una estructura de sentido para su existencia, una exigencia que no *puede* eludir en absoluto. Esta admonición del deber ser, tal como se nos hace consciente en la voz de la conciencia, elimina, por principio, toda idea de un capricho arbitrario en la interpretación del sentido de la existencia.

A las estructuras de sentido les son trazadas fronteras inmanentes, empero, no solo por el carácter de la llamada del deber ser, sino también por las estructuras ónticas a interpretar. Y es que las constelaciones objetivas ónticas son preliminares a toda interpretación de su sentido, y estas se hallan, por eso, vinculadas a aquellas. En las relaciones internas entre la interpretación de sentido y las objetividades a interpretar descansa una gran parte de las nociones de validez permanente en la doctrina del Derecho natural. Dado que todos los valores son valores regionales, el objeto de la valoración deslinda también la posibilidad de determinadas valoraciones. Incluso los más estrictos nominalistas vinculaban la voluntad de Dios al principio de contradicción: Dios podría haber salvado a Judas, pero no, en cambio, a una piedra. La bienaventuranza o la desesperación son cosas de las que solo puede participar, en efecto, un ser dotado de sensibilidad. Aquí hay que mencionar también la limitación del deber ser por la imposibilidad física. Ninguna norma, ni moral ni jurídica, puede preceptuar a las mujeres que den a luz hijos viables a los seis meses, en lugar de a los nueve, como no pueden tampoco prohibir a un aviador que si se precipita contra el suelo, no traspase la velocidad de treinta kilómetros por hora. Estas y otras proposiciones semejantes son la consecuencia trivial de la idea nada trivial de que todas las normas morales y jurídicas solo pueden referirse a *actos*, los cuales son algo distinto de meros procesos naturales causales, distinguiéndose de estos por el momento de la dirección consciente hacia un objetivo; es decir, por el momento de la «finalidad». La estructura de la acción humana es el presupuesto de posibilidad para valoraciones, las cuales, si han de tener sentido, solo pueden ser valoraciones *de una acción*, tales como, p. ej., la ilicitud y la culpa. En el campo de la llamada doctrina de la imputación o de la acción es, por eso, también donde la doctrina del Derecho natural ha realizado progresos más firmes desde Aristóteles y los escolásticos [12].

Pero incluso en el ámbito de las estructuras de sentido propiamente hablando, no hay ni «capricho» ni «arbitrariedad». En primer lugar, aquí son también las objetividades ónticas las que no solo delimitan el marco de posibles estructuras de sentido, sino que también conforman en cierta manera su contenido. Con ello penetramos en el ámbito de la «naturaleza» *empírica* del hombre y nos enfrentamos con los tres aspectos ónticos elementales, sin los cuales no es pensable ninguna estructura social [13]: la

---

[12] Se trata aquí del campo de las "estructuras lógico-objetivas". Sobre ello, cfr. mi artículo "Naturrecht u. Rechtspositivismus", en *Festschrift für Niedermeyer*, 1953, págs. 290 y sgs., ahora también en el volumen colectivo *Naturrecht oder Rechtspositivismus*, Darmstadt, 1962. Cfr., así mismo, GÜNTHER STRATENWERTH: *Das Rechtstheoretische Problem der Natur der Sache*, Tubinga, 1957; ARMIN KAUFMANN: *Die Dogmatik der Unterlassungsdelikte*, Gotinga, 1956, págs. 16 y sgs., y del mismo autor, "Probleme rechtswissenschaftlichen Erkennens am Beispiel des Strafrechts", en *Wissenschaft u. Verantwortung. Universitätstage 1962*, Berlín, 1962.

[13] El concepto de "institución" debería limitarse a estas unidades sociales indispensables para la existencia humana. Esencial en ellas es, en primer lugar, su absoluta necesidad existencial, y en segundo, su carácter obligatorio incondicionado. Se trata de unidades vitales supraindividuales, en las que se especifica históricamente para la existencia humana el deber de ser trascendente. Es un error, por eso, como lo hace hoy corrientemente la sociología, nivelar estas unidades sociales como "modelos de comportamiento sancionados socialmente", parangonándolas con simples reglas convencionales, como, p. ej., las reglas de juegos de grupos (cfr. GEHLEN: *Urmensch u. Spätkultur*, 1956, págs. 48 y sgs. De esta manera, se pierde el carácter obligatorio de las instituciones, y se presenta la dificultad—insoluble—de cómo es posible que las acciones humanas "se conviertan en algo así como una norma propia, solidificándose en algo así como un orden objetivo situado sobre los mismos hombres" (GEHLEN: *Anthropologische Forschung*, 1962, pág. 71). La expresión hegeliana, procedente del arsenal marxista, de la "conversión" (bien en una "norma

indigencia física del hombre, su diferenciación en sexos y su «socialidad»; es decir, su necesidad de otros hombres y su dependencia de ellos. En el principio de todas las *estructuras sociales humanas* se encuentran, por eso, las «instituciones» de la propiedad, del matrimonio (familia) y de la comunidad política (del Estado) [14]. Aquí, empero, la uniformidad del título no debe ocultarnos que la conformación concreta de cada una de estas instituciones depende de toda una suma de condiciones empíricas y variables históricamente.

Esto se ha puesto de manifiesto hoy, de nuevo, para mostrarlo en un ejemplo actual, en el tránsito de la forma patriarcal del matrimonio a la forma de equiparación de derechos o de camaradería entre hombre y mujer en el matrimonio. La posición preeminente que poseía antes el padre de familia, como jefe de la *unidad económica de producción* que constituía la familia, tenía que hacerse dudosa, en el mismo momento en que el padre se convirtió en el sustentador—con una actividad fuera de la casa—de una familia convertida en *comunidad de consumo*. Lo que la familia ha perdido con ello en cometidos *externos* y materiales, lo recibe, en cambio, incrementado en funciones *internas*, de tal suerte que la familia se ha convertido hoy en el último refugio de existencia privada y de vivencias recíprocas íntimas. La familia es «el último gran contrapunto institucional de las modernas tendencias colectivizadoras» [15]. Dentro de este cambio funcional, la relación de los cónyuges no puede estar determinada ya desde el punto de vista del viejo patriarcalismo, sino que tiene que orientarse según el nuevo modelo de la «camaradería».

Lo que se ha indicado aquí con pocas palabras acerca de las últimas polémicas en torno a la igualdad de derechos entre los sexos [16]—sin pretender, naturalmente, un asentimiento general—trata simplemente de señalar el camino metódico por el que se ha llegado, una y otra vez, a estructuras sociales de sentido; se trata siempre de entender e integrar los datos empíricos de un mundo en transformación, como elementos consti-

---

propia", bien en una "validez de deber ser") oculta solo la dificultad; el carácter obligatorio de las instituciones no puede deducirse, como el de las reglas convencionales, del ser, sino que es un elemento primario y constitutivo de toda (auténtica) institución.

[14] Estado como "estructura de sentido": J. GLASTRA VAN LOON, en *Staatsverfassung u. Kirchenordnung. Festschr. f. R. Smend*, 1962, pág. 171: Estado como "institución": SMEND: "Das Problem der Institutionen u. der Staat", en *Zeitschr. f. Evang. Ethik*, vol. VI (1962), págs. 65 y sgs.

[15] MACKENRODT: *Bevölkerungslehre*, 1953, pág. 376.

[16] Cfr. SCHEFFLER, *Ehe u. Familie, en* BETTERMANN-NIPPERDY-SCHEUNER: *Die Grundrechte*, vol. IV, págs. 245 y sgs.

tutivos de una conexión de sentido de la existencia humana. Como medios auxiliares para ello, el hombre dispone tan solo de su *razón* y de su *conciencia.*

Ahora bien: lo singular de nuestro tiempo, desde mediados del siglo XIX, es decir, desde el derrumbamiento del Derecho natural profano y del idealismo alemán, es que ha quedado conmovida la fe en estas dos facultades del hombre como medio para la comprensión del sentido de su existencia; conmovida, sobre todo, por el positivismo y la doctrina de las ideologías.

El positivismo ha destruido la razón—que era para Kant la «facultad de las ideas»—haciendo de ella un entendimiento técnico e instrumental. Para el Derecho, ello significa su entrega total al poder establecido. Derecho es lo que está determinado por la autoridad competente [17]; el poder soberano puede imponer todo contenido jurídico, incluso el absolutamente inmoral [18].

Aun cuando estas opiniones reproducen la conciencia jurídica de varias generaciones, no habría que conceder hoy demasiada importancia al positivismo si la destrucción de la razón humana que se halla en su base no encontrara un paralelismo en un punto totalmente inesperado, a saber: en un sector de la teología protestante. La teoría de los reformadores sobre la *natura corrupta* es radicalizada aquí, y conduce—en gran parte bajo la impresión de la degradación humana en los regímenes totalitarios—a la recepción y consolidación de rasgos esenciales de la idea positivista del hombre: el sedicente hombre «natural», es decir, el hombre *extra fidem chistianam* es el *homo faber,* con un intelecto puramente técnico, que es no más que el instrumento para hacer posible su vida. Este hombre no posee ni en la razón ni en la conciencia un acceso al bien, al mal o a la justicia, sino que este acceso solo le es dado en la revelación y en la obediencia en la fe [19]. Si se podía denominar ya al neokantismo una teoría complementaria del positivismo, este calificativo lo merece aún más esta dirección de la teología protestante. Se trata de una línea de pensamiento que hace suya la descomposición positivista del hombre como imagen «realista» de él, complementándola con elementos de otro mundo, del mun-

---

17 K. BERGBOHM: *Rechtswissenschaft u. Rechtsphilosophie,* 1892, pág. 549.

18 SOMLÓ: *Juristische Grundlehre,* 1917, págs. 308 y sgs. Cfr. también KELSEN: *Reine Rechtslehre,* 2 Aufl., pág. 201: "Todo contenido imaginable puede ser Derecho. No hay ningún comportamiento humano que, como tal, y en virtud de su contenido, quede imposibilitado de ser contenido de una norma jurídica."

19 Así define ahora ERNST WOLF la conciencia en la enciclopedia *Die Religion in Geschichte u. Gegenwart,* 3 Aufl., 1960.

do de la fe y de la revelación. Lo que escapa al hombre natural, le es dado al creyente por la revelación. Y como la revelación escrita no es bastante para ello, aparece la Iglesia en la brecha, ya que ella es «como depositaria legítima de la Escritura, el medium de la recepción del Derecho divino en el ámbito secular».

En el tránsito del siglo XVI al XVII, los dos siglos de las guerras civiles religiosas y confesionales, instrumentadas, en gran parte, con los medios suministrados por el Derecho natural escolástico, escribía el internacionalista de Oxford Alberico Gentili (1612): «Silete theologi in munere alieno»[20]. Bajo este lema inició su carrera el Derecho natural profano de la Edad Moderna, cuyo objetivo declarado era encontrar un fundamento jurídico independiente de las diferencias religiosas y confesionales, sobre cuya base pudieran concluir la paz los partidos en lucha. Hoy, tres siglos y medio más tarde, tras la ruina de la idea del Derecho en los regímenes totalitarios, se hace llegar a los juristas el consejo de «no quebrar el coloquio con la teología y la Iglesia»[21]. El individuo, cree J. Ellul, puede engañarse y errar sobre sus verdaderos derechos, ya que no es infalible; la Iglesia, en cambio, no puede engañarse[22].

El círculo parece cerrarse así, y el proceso parece retornar a sus inicios. Es imposible, sin embargo, hacer retroceder a la Historia, como es imposible que las experiencias de nuestro *inmediato* pasado puedan borrar experiencias *anteriores*. No hay solo una Iglesia, sino varias, y dado que hoy, menos aún que en tiempos anteriores, podemos identificar el mundo con el Occidente cristiano, hay incluso muchas formas de fe religiosa. El Derecho y el Estado tienen, por tanto, que disponer formas institucionales, dentro de las cuales pueda solventarse la disputa acerca de la estructura más justa de los órdenes seculares. Pero hay un reparo aún más grave: el desplazamiento de los problemas jurídicos materiales a la esfera de la fe cristiana lleva—si se toma la actitud con plena seriedad—a la consecuencia de que los cristianos han de encerrarse en una torre de márfil, desde la cual no pueden contar ni con la comprensión ni con el entendimiento de los no-cristianos, y ello precisamente en aquellos problemas que afectan a la convivencia recíproca.

Afortunadamente, esta consecuencia no se mantiene íntegramente, sino que se concede también a los no-cristianos una auténtica intelección del Derecho, incluso fuera de la revelación. Esta concesión reviste una

---

[20] Cfr., anteriormente, pág. 112.

[21] HELMUT SIMON: *Der Rechtsgedanke in der gegenwärtigen deutschen evangelischen Theologie* (tesis doctoral de la Univ. de Bonn), 1954, pág. 175.

[22] J. ELLUL: *Die theologische Begründung des Rechts,* 1948, pág. 101.

importancia decisiva para nuestro futuro. Es evidente, en efecto, que, si no en esta, sí en la próxima generación habrá de fundirse el muro de hielo que separa al mundo occidental del oriental. En este momento se nos planteará el mismo problema que los iusnaturalistas de los siglos XVII y XVIII hubieron de resolver bajo las condiciones de *su* tiempo; es decir, encontrar un fundamento jurídico *común* e independiente de la fe religiosa, sobre cuya base el Occidente y el Este no solo puedan coexistir, sino, además, concluir una verdadera paz.

El segundo y no menos peligroso ataque contra la razón en la segunda mitad del siglo XIX fue lanzado por la *teoría de las ideologías;* es decir, por aquellas doctrinas del desenmascaramiento y de la reducción, que «ponen al descubierto» cómo todos los contenidos espirituales son «expresión», «manifestación», «sublimación» o «derivados» de fuerzas elementales y no espirituales, a saber: de las relaciones económicas (Karl Marx), de la voluntad de poderío (Friedrich Nietzsche), de estructuras instintivas (Vilfrido Pareto)[23], etc. La verdadera realidad, la sustancia del desarrollo histórico, se encuentra, según estas teorías, en aquellas fuerzas elementales, mientras que los contenidos espirituales son simple superestructura, sucedáneo ideológico o seudorracionalización. Las consecuencias de estas teorías saltan a la vista y pueden describirse con las palabras de Hans Barth: «Si las creaciones espirituales son, en último término, ideológicas, es decir, si detrás de su sentido aparente y «externo»—expresar la verdad o la justicia—se oculta un sentido «real» en verdad, a saber: el ser euna manifestación de la voluntad de poderío o bien—lo que es lo mismo—de las relaciones económicas, porque lo que hacen es dar expresión meramente a una relación de poder estabilizada, hay que concluir que la discusión espiritual queda entregada a la decisión de la lucha político-económica por el poder»[24].

La teoría de las ideologías desembocan, por eso, en la misma descomposición del hombre en un ser vital y la misma conversión del Derecho en una relación de poder que el positivismo. Ambos, tanto el positivismo como la teoría de las ideologías, conducen a la alternativa fundamental expuesta ya al principio entre mera facticidad y deber ser vinculante, entre existencia biológica y existencia dotada de sentido, entre poder y Derecho, en el seno de cuya alternativa ambos optan por la facticidad, la existencia biológica y el poder.

---

[23] Sobre Pareto, cfr. G. EISERMANN: "V. Pareto als Wissenssoziologe", en *Kyklos,* XV (1962), págs. 427 y sgs.

[24] H. BARTH: *Wahrheit und Ideologie,* 2 Aufl., 1961, pág. 289.

Como ya veíamos, es verdad que contra estas direcciones no es posible hacer valer ningún contraargumento contundente. Sin embargo, ningún orden político *real* se ha definido como mera relación de poder, y ninguna teoría política se ha definido tampoco a sí misma como ideología. Ambos presuponen una instancia objetiva que les trasciende, de acuerdo con la cual, el uno se entiende como orden justo y vinculante, y la otra, como exposición verdadera y de validez general. Tanto el positivismo como la teoría de las ideologías absolutizan elementos parciales del Derecho y del proceso cognoscitivo: el positivismo convierte en único componente del Derecho uno de sus momentos, la facticidad, mientras que la teoría de las ideologías, partiendo de que el hombre pensante, en tanto que hombre existente, está interesado en los contenidos de su pensar, concluye que el pensamiento del hombre se halla en relación de dependencia con sus intereses. El hombre, empero, es aquel ser que no solo *tiene* intereses, sino que, además, *sabe* de sus intereses, y cuyo cometido consiste en insertar estos intereses en un orden dotado de sentido.

Si hemos de ver, por tanto, en la razón—pese a todos los ataques del positivismo y de la teoría de las ideologías—una facultad para el entendimiento del sentido de la existencia humana irreducible a cualquier fuerza elemental, tanto más urgente es también librar a la razón de los impactos ideológicos que se encuentran en las doctrinas del Derecho natural. Ninguna argumentación iusnaturalista tiene más valor probatorio que el que se encuentra en sus fundamentos objetivos; la apelación a la naturaleza no añade un ápice a esta fuerza probatoria [25], y lo único que puede hacer es exponerla a la sospecha ideológica. Un ejemplo muy actual se nos ofrece en la polémica en torno al llamado derecho de los padres frente a los hijos, el cual es menos una suma de derechos que una suma de deberes, especialmente de deberes de educación. Ahora bien: deberes respecto a la educación de las nuevas generaciones, no solo los tienen los padres, sino también la sociedad y el Estado, y de modo creciente incluso, a medida que el adolescente va emancipándose de la familia e insertándose en la sociedad y en la comunidad política. Y dado que los intereses objetivos que se hallan en el fondo de estos deberes no constituyen una armonía preestablecida, es preciso, siempre que entren en conflicto, que sean puestos de acuer-

[25] Ya el Derecho natural profano percibió esto claramente. En sus escritos polémicos, Pufendorf se lamenta, en numerosos pasajes, de la "esterilidad" de una argumentación que condena una acción (p. ej., el incesto) porque es mala "por naturaleza". Para él, lo importante es determinar cuál es el fundamento de esta malicia de la acción. Sería necio preguntar más allá de los primeros principios, pero todavía es más necio tener por un principio supremo lo que es todavía susceptible de indagación objetiva. Cfr. *Eris scandica*, págs. 88, 217, 237, 240, 251, etc.

do, o que, en caso necesario, sea determinada la preeminencia de los unos sobre los otros. Cuando en la polémica actual se sublima el interés de los padres en la educación de sus hijos, hasta hacer de él un «Derecho natural de carácter divino» [26], esta acentuación de *uno* de los varios puntos de vista objetivos que participan en el problema educativo solo tiene el sentido de situar al margen de toda discusión la preeminencia del derecho educativo de los padres frente al del Estado, y muy especialmente de restar valor al interés del Estado multiconfesional en la educación de su juventud en la tolerancia recíproca. No hay duda de que pueden aducirse argumentos de peso en favor de una educación religiosa unitaria de la juventud, pero la apelación a un Derecho natural no añade a estos argumentos ninguna otra prueba objetiva. En estas circunstancias, puede decir Hans Peters que es superflua la discusión acerca de si el derecho «natural» de los padres mencionado en el art. 6, § 2, de la Constitución Federal alemana, es o no un «Derecho natural»; quien no está dispuesto a reconocer la existencia de un Derecho natural no reconocerá, evidentemente, como Derecho natural el derecho de los padres, «sin que por ello se modifique objetivamente en nada el problema en cuestión» [27]. Todo ello es, desde luego, cierto, pero con la denominación «Derecho natural» se pretende algo más por parte de aquellos que la utilizan.

Al hombre le es impuesto de modo ineludible el cometido de dar expresión al deber ser trascendente bajo los presupuestos y las condiciones cambiantes de su existencia histórica, y de hacerlo en la forma de estructuras sociales dotadas de sentido. En la solución de este cometido no hay

---

[26] Cfr. el artículo "Derecho de los padres" en el *Staatslexikon der Görresgesellschaft,* 1958. La fundamentación del derecho de los padres, intentada aquí con argumentos de Santo Tomás de Aquino, es especialmente débil. De acuerdo con la falta de significación que Santo Tomás atribuye a la función de la madre en la procreación del hijo, el derecho de los padres es para él, en sentido propio, un derecho del padre; el hijo es, por naturaleza, "algo del padre" y se halla, por ello, bajo el cuidado del padre: "filius naturaliter aliquid patris". S. Th., II, 2, qu. 10, a. 12; qu. 102, a. 1. Los derechos y deberes educativos se convirtieron en el siglo XVIII en objeto favorito de las construcciones iusnaturalistas más opuestas, las cuales no hacían más que reflejar los deseos político-educativos de los respectivos autores. Y así se contraponía al derecho natural de los padres un derecho igualmente natural de los hijos a una formación comprensiva y estatal, sustraída a los prejuicios de los padres, especialmente en las teorías pedagógicas de la Revolución francesa. Pero ya, antes, había atribuido Chr. Wolff al hijo frente al padre un derecho natural a la educación, en virtud del cual el Estado podía forzar a los padres a enviar a los hijos a las escuelas públicas. Cfr. CHR. WOLFF: *Jus naturae,* VII, §§ 253 y sgs.; VIII, §§ 430 y sgs.; *Vernünftige Gedanken v. d. gesellsch. Zustand d. Menschen,* 1747, §§ 18, 81, 82.

[27] H. PETERS, en BETTERMANN-NIPPERDEY-SCHEUNER: *Die Grundrechte,* IV, página 373.

ningún aseguramiento contra el error ni contra el fracaso. La corrección de faltas no es posible ni echando mano de lo absoluto ni apelando al poder, sino solo por medio de la discusión y la argumentación.

Esta idea no solo tiene una significación teórica, sino, sobre todo, una significación práctica. Lo que nos dice, antes que nada y en primera línea, es que toda constelación social de poder tiene que ser de tal naturaleza, que lleve en sí la posibilidad constante de su propia corrección. Esta autocorrección es *posible de hecho* en las más diversas formas estatales; *asegurada*, en cambio, lo es tan solo allí donde está *institucionalizada jurídicamente;* es decir, en aquellos Estados en los cuales está garantizado constitucionalmente el cambio entre gobierno y oposición, y en los cuales, por tanto, se halla asegurado jurídicamente que la lucha acerca de la estructura social más justa es siempre una polémica por medio de *argumentos*. Las constituciones estatales de este tipo vienen llamándose tradicionalmente «democracias». El concepto, empero, se halla muy tarado hoy en día, no solo por el hecho de que en el Este, y bajo el nombre de «democracia popular», se ha convertido en su contrario, a saber: en una constitución *sin* oposición, sino también porque en Occidente se desconoce, cada vez más, la idea que se encuentra en su base. Si—como acabamos de ver—la institucionalización del cambio de gobierno y oposición se desprende de la idea de que todas las estructuras sociales son solo *intentos* de dar expresión al deber ser trascendente bajo las condiciones cambiantes de la situación histórica, hay que concluir que esta idea se halla en igual medida sobre el gobierno y sobre la oposición. La idea fundamental de la democracia es, por ello, el aseguramiento de la disposición fundamental de todos los grupos en lucha por el poder político, a que la lucha por el orden social justo sea llevada a cabo como una lucha *de ideas*, sin tratar de aniquilar como *enemigo* al que piensa de otra manera, tan pronto se han conseguido la mayoría y el poder. En la democracia, todo el mundo tiene el derecho a expresar su opinión, siempre que el mismo esté dispuesto también a *escuchar* la opinión contraria. La democracia descansa en la idea fundamental de la tolerancia *recíproca*, no de la tolerancia unilateral, y el mismo principio de la mayoría está subordinado a aquella idea. En este sentido, la democracia es una *société ouverte* [28]. Uno de sus elementos integrantes es el aseguramiento de la libertad frente a aquellos grupos que pretenden utilizar la tolerancia para aniquilar la libertad [29].

---

[28] WERNER KÄGI: *Rechtsstaat u. Demokratie,* en *Demokratie u. Rechtsstaat. Festgabe f. Giacometti,* págs. 107 y sgs.

[29] De acuerdo con el principio: "Si nos hallamos en minoría, exigimos libertad, de acuerdo con vuestros principios; si estamos en mayoría, os la negamos, de acuer-

Desde los días de Protágoras se ha intentado, una y otra vez, en cambio, justificar la democracia desde el punto de vista del relativismo. En nuestro tiempo lo han hecho, sobre todo, Kelsen [30] y Radbruch. «El relativismo—escribía Radbruch en el prólogo a su *Filosofía del Derecho* (1932)—es el presupuesto mental de la democracia. La democracia rechaza identificarse con una determinada concepción política, y está, más bien, dispuesta a entregar la dirección del Estado a toda concepción política que acierta a conquistarse la mayoría; y ello porque la democracia no conoce un criterio unívoco para la justicia de las concepciones políticas, ni reconoce la posibilidad de un punto de vista por encima de los partidos.»

Del mismo modo que el relativismo se anula si se aplica a sí mismo, así también la democracia se anula si se relativiza entendiéndose a sí misma como tolerancia de *todo* punto de vista [31]; es decir, si se muestra dispuesta a «entregar la dirección del Estado a *toda* concepción política capaz de alcanzar una mayoría». El destino de la república de Weimar ofrece en este respecto un ejemplo bien instructivo. Y así como la duda acerca de si una proposición es verdadera no puede ni debe llevar nunca a poner en duda la verdad misma, ya que esta es la presuposición para formular en absoluto una proposición como algo dotado de sentido, de igual manera, la duda acerca de si una estructura social es o no justa no puede ni debe llevar nunca a poner en duda la justicia misma, ya que esta es el presupuesto para poder ordenar con sentido la vida social. Cuando el relativismo se deja llevar por este camino, lo que hace es entregar a la decisión del poder la polémica espiritual en torno a la verdad y a la justicia [32].

---

do con los nuestros." Esta frase, por lo demás, procede del sector eclesiástico, y ha sido atribuida a Louis Veuillot, uno de los portavoces del catolicismo francés en el siglo XIX. Hoy es todavía sostenida por los paladines (españoles) de un "Estado católico". Cfr. ALBERT HARTMANN: *Toleranz u. christliche Glaube,* 1955, págs. 216 y sgs. Para el método de la dominación totalitaria es completamente indiferente cuál es su contenido. Cfr. también C. J. FRIEDRICH: *Demokratie als Herrschafts u. Lebensform,* 1959, págs. 74 y sgs.; HANS RYFFEL: "Das Problem des Naturrechts heute", en *Zeitschr. d. Berner Jur. Vereins,* 1956, y "Gegenwartsaufgaben einer Philosophie der Politik", en *Zeitschr. f. Schweiz. Recht,* 1961, págs. 239 y sgs.; ADOLF ARNDT: *Das Toleranzproblem aus der Sicht des Staates,* Bielefeld.

30 H. KELSEN: *Vom Wesen u. Wert d. Demokratie,* 2 Aufl., 1929, págs. 100 y siguientes.

31 Cfr. también DIETRICH SCHINDLER: "Alles ist relativ", en *Recht, Staat, Völkergemeinschaft,* 1948, págs. 60 y sgs.; W. KÄGI: "Entwicklung d. schweizerischen Rechtsstaates", en *Hundert Jahre Schweiz. Recht,* 1952, págs. 179 y sgs.; U. SCHEUNER: *Augaben u. Probleme d. Verfassungsschutzes,* 1961.

32 Radbruch retrocedió finalmente ante esta consecuencia. En su conferencia en Lyon *Der Relativismus in der Rechts philosophie* (1934) vincula—en dos pasajes—el poder del Estado a la presuposición de que la lucha en torno a las diversas convicciones jurídicas sea una lucha *de ideas.* "El derecho a legislar le es confiado al le-

Un orden social es solo Derecho, si es más que la manifestación de una determinada relación de poder; es decir, si en él se contiene el intento de hacer realidad lo justo y adecuado bajo las condiciones y supuestos de un momento histórico. Solo desde este punto de vista puede un orden social enfrentarse con el individuo, no solo con la coacción, sino con la pretensión de *obligarle* en conciencia [33]. En esta pretensión ha de contentarse—para utilizar una formulación de Georg Jellinek—con ser un «mínimo ético». El Derecho no puede limitarse a meras regulaciones técnicas y axiológicamente neutrales, como, p. ej., las referentes al tráfico rodado, aun prescindiendo aquí de que estas regulaciones son siempre algo más que regulaciones técnicas [34]; para no hablar ya aquí de que los mismos rasgos fundamentales de un orden concreto de la propiedad, del matrimonio o de la familia presuponen en sí ciertas decisiones de carácter ideal. La limitación, sin embargo, a los *rasgos fundamentales* de las instituciones sociales posibilita a los que sostienen otras convicciones hacer valer su propia manera de pensar. El orden jurídico del matrimonio basado en el principio de la paridad de derechos no impide a los cónyuges vivir según principios patriarcales; el matrimonio civil obligatorio no elimina el matrimonio religioso, de la misma manera que el hecho de la licitud del divorcio civil no impide a los cónyuges mantener el principio de la indisolubilidad del matrimonio. Cuanto más intensamente intenta, en cambio, el Derecho imponer por medio de la sanción una cierta concepción del mundo, tanto más intensamente entrará también en conflicto con la conciencia del individuo. Y al contrario, cuanto más se limite a los elementos fundamentales de las instituciones sociales, tanto más podrá esperar su cumplimiento incluso de convicciones éticas distintas, ya que no hay vida social sin un *cierto* marco institucional. Allí, empero, donde el Derecho, dentro incluso de este marco de «continencia» ideológica, entra en conflicto con la conciencia del individuo, le es imposible, sin duda, reconocer la *justeza,* pero sí deberá, al menos, reconocer la *sinceridad* de las auténticas decisiones de conciencia distintas de los criterios mantenidos por él. Por razón del mantenimiento de un orden

---

gislador bajo la condición de dejar intacta la lucha ideal entre las distintas convicciones jurídicas"; y en otro lugar dice que es preciso "neutralizar" las potencias irracionales—el capital y la masa—"si se ha de realizar la propia potencia de las ideas". G. RADBRUCH: *Der Mensch im Recht,* 1957, págs. 82, 87. Sobre ello, A. BARATTA: "Relativismus u. Naturrecht im Denken Gustav Radbruchs", *Arch. f. Rechts- u. Sozialphil,* Bd. XLV (1959), págs. 505 y sgs.

[33] Sobre ello, mi artículo *Gesetz u. Gewissen* (anteriormente, n. 3).

[34] La misma autorización de vehículos de gran velocidad es ya en sí algo más que una decisión técnica. En 1861 todavía, la Audiencia de Munich declaró ilícita "en sí" la explotación de un ferrocarril.

supraindividual, y a fin de proteger a los otros individuos que confían en este orden, el Derecho no puede entregar su vigencia a la aprobación en conciencia de su contenido por los individuos singulares. No obstante, en la regulación de las consecuencias jurídicas deberá respetar la sinceridad de las decisiones según criterios distintos. *También* aquí, y *precisamente* aquí, el Derecho deberá mostrarse como *Derecho* y no simplemente como *poder*[35].

En estas condiciones es posible esperar hacer justicia a la verdad permanente del Derecho natural, imprimiéndola en los órdenes fácticos de poder. Lo que queda del mundo de ideas del Derecho natural no es un sistema de principios jurídicos materiales eternos, sino la exigencia frente al Derecho positivo—una exigencia que hay que cumplir bajo condiciones siempre nuevas—de que la lucha en torno a la conformación justa de las relaciones sociales sea siempre una polémica *entre ideas,* y no se trate de poner fin a ella por el sometimiento, ni mucho menos por la aniquilación del hombre por el hombre.

---

35 Sobre ello, mi artículo *Gesetz u. Gewissen.*

INDICE ALFABETICO DE NOMBRES

INDICE ALFABETICO DE NOMBRES

ADAMS, John, 148.
ADAMS, Samuel, 148.
ALBERTI, Valentín, 138.
ALCIDAMAS, 10.
ALTHAUS, Paul, 48.
Anónimo de Iámblico, 9.
ANTIFÓN, 10.
ANTIPÁTER, 41.
ARISTÓTELES, 10, 11, 15, 16, 22-34, 37, 44-46, 54-58, 62, 65, 68, 76, 82, 89, 106-108, 110, 119, 120, 129, 134, 137, 146, 161, 184, 251, 253, 254, 257.
ARNDT, Adolf, 265.
ARNOLD, Franz Xaver, 101.
ARQUÍMEDES, 139.
AUER, Albert, 238.

BACON, 110, 111.
BARATTA, Alesandro, 266.
BARBEYRAC, 141, 148, 152, 155, 157.
BARNIKOEL, 236.
BARTH, Hans, 200, 202, 203, 213, 261.
BARTH, Karl, 239, 240, 242, 243, 244, 246.
BELARMINO, Cardenal, 122.
BENZ, Ernest, 49.
BERGBOHM, Karl, 170, 192, 259.
BEYERHAUS, Gisbert, 107.
BIDINGER, Josef, 101.
BIEL, Gabriel, 92, 95, 98, 150.
BIERLING, Friedrich Wilh, 158.
BINDER, Julius, 173, 195-198.
BINKOWSKI, 66.
BLOCH, Ernest, 206, 207.
BODINO, Juan, 106.
BOECK, Hans, 209.
BOEHMER, J. Chr., 152.
BOHATEC, Josef, 106.
BOLLNOW, Otto Driedrich, 226.
BOUCHHOLZ, Erich, 210.
BOURLAMAQUI, 148.
BRUNNER, Emil, 150, 236.
BUBER, Martín, 250.
BÜCHSEL, Friedrich, 49.
BURIDAN, 108, 111.

CALICLES, 11.
CALVINO, 64, 106, 107, 122, 154.
CALLIES, Rolf-Peter, 247.
CARNÉADES, 40, 41, 45.
CASSIRER, Ernst, 164.
CATHREIN, Viktor, 234.
CICERÓN, 33, 35-38, 41, 43, 45, 46, 62, 88, 104, 128, 132.
CLEANTES, 38.
COCCEJI, Heinrich, 152, 154.
COING, Helmut, 233.
COMTE, Auguste, 191.
CONNAUS, 112.
COOLIDGE, 149.
CRISIPO DE CILICIA, 33-37, 42.

D'AILLY, Pedro, 90.
DESCARTES, 110, 111, 114, 116, 117, 135.
DILTHEY, Wilhelm, 95, 214, 216, 217, 254.
DIÓGENES, 40.
DIONISIO AREOPAGITA, 49.
DOHNA, Alexander Graf, 195.
DOMBOIS, Hans, 243, 247.
DOSTOYEVSKI, 229.
DRESS, Walter, 91.
DUNS ESCOTO, Juan, 18, 48, 50, 52, 61, 65-90, 94, 95, 106, 107, 111, 113, 116, 117, 123, 149, 150, 154, 156.

EISERMANN, Gottfried, 261.
ELERT, Werner, 340.
ELLUL, Jacques, 239, 240, 245-247, 260.
EMGE, Carl August, 255.
ENGELS, Friedrich, 200, 203, 205, 208.
EPICTETO, 33.
EPICURO, 12, 117, 158.
ERASMO DE ROTTERDAM, 127.
ESCIPIÓN, 33.
ESCHWEILER, Karl, 111.
ESSER, Josef, 237.
Estoicismo, 14, 33-44, 45, 47, 51, 52, 54, 57, 59, 61, 64, 76, 88, 111, 117, 128, 132, 160, 175.
EUCLIDES, 157.
EVERS, Hans-Ulrich, 237.

FETSCHER, Iring, 207.

FICHTE, 182.
FRIEDRICH, C. J., 265.
FUCHS, Josef, 234, 235.

GAGNER, Sten, 181.
GALILEO, 107, 108, 114.
GARVENS, Anita, 82.
GEHLEN, Arnold, 247, 257.
GENTILI, Alberico, 112, 128, 260.
GERSON, Juan de, 91, 122.
GESENIUS, Friedrich, 142.
GIERKE, Otto von, 89, 95.
GLASTRA VAN LOON, 258.
GORGIAS, 11.
GROCIO, Hugo, 92, 109, 111, 112, 114, 126-135, 138, 143-146, 148, 149, 151, 156, 164, 171.

HAAS, Alb., 117.
HAEGERSTRÖM, Axel, 193.
HARTMANN, Albert, 150, 265.
HARTMANN, Nicolai, 231-234, 237, 238.
HAYM, Rudolf, 191.
HAZARD, Paul, 134.
HECKEL, Johannes, 101, 104, 105.
HEGEL, 56, 169, 170, 177, 180, 181-184, 186-190, 191, 200, 205, 206, 208, 219, 253.
HEIDEGGER, 219, 220-229, 233, 250.
HEIMSOETH, Heinz, 112.
HEINECIO, 148.
HEISS, Robert, 205.
HENNING, Rudolf, 234.
HERÁCLITO, 3, 4, 34, 35.
HIPIAS, 9, 10, 15.
HIPÓCRATES, 4.
HIRSCH, Ernest, 210.
HOBBES, Tomás, 52, 85, 90, 107, 109, 111-115, 116-125, 126, 127, 133, 134, 138, 145, 150, 152-154, 163-166, 171, 190, 211.
HOCHSTETTER, E., 82, 84, 85, 87.
HÖFFNER, Joseph, 65.
HOMMES, Ulrich, 225.
HUME, David, 111.
HUSSERL, Edmund, 231.

JAEGER, Werner, 4, 13.
JAENSCH, Erich, 198.
JASPERS, Karl, 221, 225, 227, 229.
JELLINEK, Gerog, 149, 266.
JENOFONTE, 9, 13, 14.
JHERING, Rudolf von, 199, 200.
JRUSCHEF, 208.
JÜNGER, Ernest, 214, 215.
JUVENAL, 91.

KÄGI, Werner, 265.
KAHL, W., 50.
KANT, 19, 64, 68, 146, 162, 167, 170, 173, 174, 175-180, 181, 182, 186, 227, 231, 232, 233, 242, 248, 249, 252, 254, 259.
KAUFMANN, Armin, 257.
KELSEN, Hans, 52, 194, 198, 230, 259, 265.
KIERKEGAARD, 188, 210, 219, 220, 229.
KIRCHMANN, Julius von, 193.
KLEIN, Jos., 66.
KNOLL, August M., 252.
KOSCHAKER, Paul, 194.
KRAUSE, Otto Wilhelm, 96.
KROCKOW, Christian Graf von, 215.
KUHN, Helmut, 223.
KÜNNETH, Walter, 240, 241.

LAGARDE, Georges de, 75, 82, 87, 89.
LARENZ, Karl, 141, 172.
LATTE, Kurt, 46.
LAU, Franz, 104.
LAUN, Rudolf, 197.
LEIBNIZ, Gottfried Wilhelm, 18, 19, 109, 111, 124, 126, 135, 141, 149-163, 220.
LELIO, 33.
LENIN, 207, 208.
LEWALTER, Ernst, 111.
LICOFRÓN, 9, 10.
LIEBER, Hans-Joachim, 203.
LINZ, Manfred, 252.
LIPP, Karlheinz A., 31, 63.
LISZT, Franz von, 194.
LOCKE, John, 110, 111, 146, 148.
LONHPRÉ, E., 66.
LÓPEZ DE MADERA, 95.
LOTZE, Hermann, 17.
LÖWITH, Karl, 228.
LUNDSTEDT, A. Wilhelm, 193, 194.
LUTERO, 91, 101-106, 150, 239, 252.

MACKENRODT, Gerhard, 258.
MAIER, Anneliese, 108.
MAIHOFER, Werner, 225.
MARCO AURELIO, 33.
MARIO, Victorino, 49.
MARSILIO DE PADUA, 89.
MARX, Karl, 190, 200-210, 212, 222, 261.

MASCHKE, R., 31.
MAUSBACH, Josef, 234.
MAYER, M. E., 190, 196, 197.
MELANCHTON, 106, 110, 111.
MEYER, Hans, 46.
MIKAT, Paul, 235.
MOLANUS, G. W., 152.
MOLINA, Luis, 96, 139.
MOUNIER, Eduard, 227.
MUSONIO, Rufo, 39.

NESTLE, Wilhelm, 34.
NEWTON, 120.
NIEDERMEYER, Hans, 9.
NIETZSCHE, 211-214, 215, 216, 229, 261.

OCKHAN, Guillermo de, 81-89, 89-94, 107, 108, 111, 116, 117, 119, 121, 123, 150, 154.
ORESMES, Nicolás de, 108.
OTIS, James, 148.
OTT, 92.

PAINE, Tomás, 148.
PANATIO, 33.
PARETO, Vilfredo, 261.
PARRINGTON, Vernon L., 146, 148.
PASCAL, 119, 229.
PASCHUKANIS, 208.
PELAGIO, 51, 53.
PERICLES, 4, 6, 7, 9, 20.
PETERS, Hans, 263.
PETERSEN, Peter, 111.
PHILIPPINUS, Juan Crisóstomo, 63.
PÍNDARO, 35.
Pitagóricos, 92.
PLATÓN, 4, 6, 7, 8, 9, 10, 11, 12, 13, 15-23, 24, 27, 29, 30, 34, 36, 43, 45, 46, 47, 49, 56, 64, 68, 69, 73, 134, 152, 155, 157, 159, 168, 185, 231, 238.
PLUTARCO, 40, 41.
POHLENZ, Max, 40, 42, 43, 46.
POLAK, Karl, 209, 210.
POSEIDONIO, 33.
PROTÁGORAS, 6-10, 18, 21.
PUFENDORF, Samuel, 11, 31, 32, 52, 92, 94, 106, 109, 111-115, 133-149, 152, 154-156, 171, 173, 197, 262.

RADBRUCH, Gustav, 125, 195, 196, 198, 207, 230, 265, 266.
RAHNER, Karl, 234.
RAISER, Ludwig, 246.
RANKE, Leopold von, 214.
REIBSTEIN, Ernst, 93, 95.
REINER, Hans, 52, 242.
RESS, 66.
RICKERT, Heinrich, 196, 198.
RIMINI, Gregorio de, 54, 93-96, 98, 126, 130, 131, 150.
RITTER, Gerhard, 150.
RITTER, Joachim, 28, 254.
ROMMEN, Heinrich, 126, 149, 234.
ROTHACKER, Erich, 193, 194.
ROUSSEAU, Jean Jacques, 64, 109, 163-169.
RÜSTOW, Alexander, 206.
RYFFEL, Hans, 265.

SALANDER, Gustav Adolf, 149.
SAN AGUSTÍN, 19, 45, 49-57, 63, 65, 71-73, 93, 97, 156, 231, 252.
SAN ALBERTO MAGNO, 54.
SAN BUENAVENTURA, 113.
SAN FRANCISCO DE ASÍS, 66.
SAN GREGORIO NICENO, 65.
SAN PABLO, 43, 45, 47, 48, 51, 71, 74, 155, 252.
SAN VÍCTOR, Hugo de, 94, 98, 126.
SÁNCHEZ, 139.
SANTO TOMÁS DE AQUINO, 31, 44, 54-66, 68, 76, 80, 81, 82, 85, 86, 88, 89, 92, 99, 101, 103, 106, 107, 111, 113, 139, 140, 141, 146, 155, 252, 253, 263.
SARTRE, 225-227.
SAUTER, Johann, 92, 95, 126, 129, 132, 149.
SAVIGNY, 170, 181.
SCHEFFLER, Erna, 258.
SCHELER, Max, 187, 230-232, 237, 238.
SCHERZER, 148.
SCHEUNER, Ulrich, 215, 252, 265.
SCHINDLER, Dietrich, 265.
SCHLINK, Edmund, 241.
SCHMID, Wolfgang, 12.
SCHMIDT, Eberhard, 237.
SCHMITT, Carl, 215-218, 228.
SCHNEIDER, Peter, 215.
SCHÖLLGEN, Werner, 234.
SCHOPENHAUER, 210, 211.
SCHOTT, Erdmann, 243, 246.
SCHREY, H. H., 104, 239, 240, 246, 247.
SEEBERG, R., 66, 88, 107.
SELEKTOR, M. S., 203, 209.
SÉNECA, 33, 35, 42, 47, 61.
SERVET, 64.

SIBLEY, John L., 146.
SIEBER, 149.
SIMON, Helmut, 240, 245, 260.
SMEND, Rudolf, 225, 258.
SNELL, Bruno, 46.
SÓCRATES, 8, 13-16, 20, 21, 42, 74, 188.
Sofística, 3, 4, 5, 6-12, 13, 14, 15, 16, 17, 34, 45, 64, 117, 119, 251.
SOMLO, Félix, 194, 259.
SOTO, Domingo de, 92.
SOUZEK, 246.
SPENGLER, 214, 215.
SPINOZA, 135.
STAHL, Friedrich Julius, 181.
STALIN, 208.
STAMMLER, Rudolf, 195, 196.
STRATENWERTH, Günter, 66, 257.
STRAUSS, Leo, 196.
SUÁREZ, Francisco, 98-100, 112, 126, 127, 131, 144, 156.
SÜSTERHTENN, Adolf, 235.

THIELICKE, Helmut, 239, 241, 242, 245.
THIEME, Hans, 126, 170.
THOLOSANUS, Petrus Gregorius, 113.
THOMASIUS, Christian, 112, 138, 158, 171-173, 183, 197.
THOMASIUS, Jacob, 150.
THYSSEN, Johannes, 225.
TOPITSCH, Ernst, 254.
TRASÍMACO, 12, 19, 151.
TRILLHAAS, 244.
TUCÍDIDES, 12, 20, 117.
TYLER, M. C., 146.

ULPIANO, 103.

VALENCIA, Gregorio de, 95, 126, 139.
VATTEL, Emmerich von, 148.
VÁZQUEZ, Gabriel, 95, 96-100, 126, 129-131, 139, 144.
VÁZQUEZ DE MENCHACA, Fernando, 92, 93, 112, 126, 132.
VECCHIO, Giorgio del, 95.
VELTHEIM, Valentín, 139, 142, 156.
VEUILLOT, Louis, 265.
VITORIA, Francisco de, 92, 95, 96, 126, 127.
VYCHINSKI, 208.

WALZ, H. H., 245.
WEBER, Max, 196.
WEIGEL, Erhard, 135.
WEINKAUFF, Hermann, 237, 238.
WEISCHEDEL, Wilhelm, 232.
WELLCHMIED, Karl, 129.
WIEACKER, Franz, 237, 249.
WIELAND, W., 225.
WINDELBAND, Wilhelm, 110, 196.
WISE, John, 146-149, 150.
WOLF, Eric, 242, 244, 246.
WOLF, Ernst, 104, 239, 240, 242, 244, 252, 259.
WOLFF, Christian, 263.
WUNDT, Max, 111.

ZÄNKER, O., 50.
ZENÓN, 33.
ZENTGRAF, Joh. Joachim, 140.
ZIEGLER, Albert, 235.